2023 | 경비지도사 2차시험대비

SubNote식 요점정리
경호학

현대에 이르러 산업발전과 사회구조의 복잡 다양화로 예기치 못하게 발생하는
사회 곳곳의 자연적·인위적 위험으로부터 자신의 신변과 가정, 사회를 지키려는 움직임이
활발해지고 있습니다.

특히 최근에 그동안 다소 등한시되었던 안전 분야에 대한 관심이 어느 때보다 높아지고,
사회 각 분야의 안전망구축과 정부 차원에서 각 부처별로 사회 구석구석의 행정이 미치는 곳에
제반 안전매뉴얼 점검에 나서기에 이르렀습니다.

사회의 다변화와 범죄의 증가, 각종 유형의 크고 작은 위험에 경찰력만으로 대응하기에는
어려운 현실 속에 경찰력 보완을 위한 민간경비의 중요성이 날로 커지고 있고

민간 경비현장에서 활동 중인 종사자들의 전문성과 효율적 관리를 위한 감독자의 역할이
중요해짐에 따라 경비지도사가 새로운 희망 직업으로 관심이 높아지고 있습니다.

경호학은 주로 대통령경호처와 경찰에서 공경호를 담당하고 있어
최초 기획 단계에서부터 실행단계에 이르기까지 전문가들 외에는 접근하기 쉽지 않은
학문으로 용어 자체도 생소하며, 관계 법령 및 관련분야가 경찰업무의 전문성을 필요로 하는
범위 또한 광범위하여 수험생들이 공부하기에 난제임이 틀림없습니다.

또한, 경호현장에서 한 치의 실수도 용납되지 않는 치밀한 계획수립, 시행과 예행연습,
부단한 훈련 등 완벽주의를 지향함으로써 한 문장도 쉽게 넘길 수 없는 어려운 과목입니다.

필자가 30여 년간 경찰공무원 재직 시, 오랜 기간을 경비 분야 실무책임자로
수많은 경비와 경호현장의 경호계획 수립, 준비, 실행, 점검단계까지 축적된 현장 경험과
승진시험 시 시간 절약을 위해 Sub-note식 요점정리를 활용하여 좋은 성과를 거두었던
개인적 경험을 토대로, 시험을 준비하는 경호, 경비, 경찰 관련학과 학도들과
수험준비생들에게 미력이나마 도움을 주고자 이 수험서를 저술하게 되었습니다.

경·비·지·도·사

수많은 법령과 기본서 그리고 혼재된 많은 해설을 찾는 번거로움을 줄이기 위해
기본서, 관계법령, 기출 문제와 해설 경찰법령 등을 이해하기 쉽고 암기하기 편하게
관련 항목끼리 한 묶음으로 연결해 흩어져 있는 관련 내용을 요점별로 정리하여,
수험생들이 단기간 내에 학습효과를 거둘 수 있도록 하였습니다.

지난 11년간의 기출문제와 상세한 해설을 Chapter별로 나누어 함께 수록하여 출제자의
출제경향 파악은 물론 고난이도 문제의 변별력과 이해력을 높이는데 주력하였습니다.
아무쪼록 본 수험서가 길잡이가 되어 꼭 합격의 영광을 누리시기를 기대합니다.

끝으로 2014년 9월 초판 출간 후 이 책을 통해 효율적인 수험공부에 큰 도움이 되었다는
수많은 합격자들의 응원에 힘을 얻어 개정 9판까지 이르게 되었음을 먼저 감사드리며,

이 책이 출간되기 까지 편집과 교정에 수고를 아끼지 않은 웅비출판사 김성권 대표님과
관계자 여러분께도 감사의 말씀을 드립니다.

2023년 4월
개정 9판을 내며
저자 씀

이 책을 효과적으로 공부하는 방법

1. 단원별로 관련되는 항목을 한 묶음으로 정리하여 처음에는 전체 맥락의 이해가 다소 난해하겠지만, 처음부터 암기하려 하지 말고 여러 차례 반복하여 읽다 보면 거듭할수록 속도도 빨라지고 점차 머릿속에 정리되는 걸 느끼게 됩니다.

2. 법조항과 기본서, 출제빈도가 높은 항목과 관련된 한 묶음의 단원은 빠뜨리지 말고 연결해 반드시 이해하고 넘어가야 합니다.

3. 기출문제를 풀어보다가 막히는 부분은 반드시 요점정리를 반복 확인하여, 확실하게 이해하고 다음 문제로 넘어가는 습관을 기르시기 바랍니다.

4. 암기가 잘 안 되는 항목은 별도 메모하여 집중적으로 암기하는 것도 좋은 방법입니다.

5. 새로이 개정된 법령 관련 문제는 법조문을 꼼꼼하게 읽는 것이 도움이 됩니다.

6. 숫자의 경우는 별도 구분하여 암기하는 것이 도움이 됩니다.
   혼동하기 쉬운 대통령령과 행정안전부령을 이해하기 쉽게 별도 구분 정리하였습니다.

7. 기출문제는 단순히 문제만 풀고 답을 찾지 말고 해설을 잘 숙지해야 합니다.

8. 11년간 기출문제를 통해 전체적으로 이해하고 실전 적응력을 높일 수 있도록 하였습니다.
   출제된 지문에만 한정하지 말고 관련된 해설들을 내가 출제하는 입장에서 이해하면 아무리 고난도 문제라도 수학 공식처럼 쉽게 풀어낼 수 있습니다.

9. 새로이 개정된 법령을 적용하여 문제로 출제하였고, 기출문제도 개정법령으로 수정하여 개정법령 적응력을 높이는 데 주력하였습니다.
   또한, 출제빈도가 높은 항목은 청색처리 또는 음영처리로 강조하였습니다.

목차 Contents

PART 1 경호학 / 9

CHAPTER 1 경호와 경호학 ··· 11
  → 기출문제 / 25

CHAPTER 2 국가별 경호의 변천과정 ·· 44
  → 기출문제 / 57

CHAPTER 3 경호의 조직 ·· 66
  → 기출문제 / 81

CHAPTER 4 경호의 작용 ·· 101
  → 기출문제 / 140

CHAPTER 5 경호원의 복장과 장비 ··· 207
  → 기출문제 / 219

CHAPTER 6 경호의 윤리 ·· 227

CHAPTER 7 경호의전과 구급법 ·· 229
　　　　　　▸ 기출문제 / 244

CHAPTER 8 경호의 환경 ·· 256
　　　　　　▸ 기출문제 / 286

1 PART 요점정리 경호학

경·비·지·도·사

Chapter 1 경호와 경호학

경호의 개념

- 경호에 대한 사전적 의미는 **경계하고 보호하는 것**으로 개념정의
  (美 비밀경호국의 정의 : 경호란 실제적이고 주도면밀한 공격의 성공기회를 최소화하는 것)
- 경호란 경호대상자를 인위적·자연발생적 위해로 부터 신변을 지키고 안전을 확보하는 활동
- 「대통령 등의 경호에 관한 법률」(제2조)에 따르면 경호란 경호대상자의 생명과 재산을 보호하기 위해 신체에 가해지는 위해를 방지하거나 제거하고, 특정지역을 경계·순찰 및 방비하는 등의 모든 안전 활동을 말한다.

실질적의미의 경호와 형식적의미의 경호

실질적의미의 경호개념	형식적의미의 경호개념
• 경호활동의 본질·성질·이론(학문)적 관점에서 정의된 개념	• 현실적 경호기관을 기준으로 정립된 개념 (경호기관이 수행하는 활동)
• 경호작용 전체 중에서의 공통적인 특성을 추상화한 개념	• 실정법상 일반경호기관의 권한에 속하는 일체의 경호작용
• 경호대상자에 대하여 인위적·자연발생적 위해로부터 신변보호 및 안전의 확보 기능	• 역사적·제도적의미의 경호, 조직을 중심으로 파악한 개념
• 경호의 성질상 구분에 의한 것	• 경호의 주체 또는 권한, 제도에 따른 구분
• 피경호자에 대한 위해요인의 사전방지 및 제거하기 위한 제반작용	

경호의 법원(法源)

- 성문법원 : 헌법·법률·조약 및 국제법규·명령 등
  불문법원 : 경호관습법·판례법·조리법

법령상의 경호

법 률	명 령
• 대통령 등의 경호에 관한 법률	• 대통령 등의 경호에 관한 법률 시행령
• 전직대통령 예우에 관한 법률	• 대통령경호안전대책위원회규정
• 경찰관직무집행법	• 경호규정 (경호처장이 정함)
• 청원경찰법	• 경호규칙 (경찰청장이 정함) ※ 대통령경호처지침과 경호규칙이 상이할 경우 대통령경호처지침이 우선한다고 규정
• 경비업법	
• 민영교도소 등의 설치·운영에 관한 법률	
• 항공안전 및 보안에 관한 법률	

※ 경찰법, 경찰공무원법은 경호경비와는 비교적 관련이 적다.

경호관련 법률 연혁

대통령 등의 경호에 관한 법률	1963. 12. 14 대통령경호실법으로 제정
전직대통령 예우에 관한 법률	1969. 1. 22 법률 제2086호로 제정
경찰관 직무집행법	1953. 12. 14. 법률 제299호로 제정
국가경찰과 자치경찰의 조직 및 운영에 관한 법률	2020. 12. 22. 법률 제17689호로 개정 (최초 1991. 5. 31. 법률 제4369호로 제정)
청원경찰법	1962. 4. 3 법률 제1049호로 제정
경비업법	1976. 12. 31 법률 제2946호로 제정
국민보호와 공공안전을 위한 테러방지법	2016. 3. 3 법률 제14071호로 제정

경호의 분류

구분		내용
대상	甲(A)호 경호	국왕·대통령·대통령 당선인과 그가족, 외국원수 또는 그 특사
	乙(B)호 경호	수상, 국무총리, 국회의장, 대법원장, 헌법재판소장급의 외국인사
	丙(C)호 경호	경호처장·경찰청장이 필요하다고 인정하는 주요인사, 국회의원, 정치인
장소	행사장경호	일반군중과 경호대상자의 거리 접근등 취약하므로 완벽경호 필요
	숙소경호	관저(임시 외지 거처장소 포함)경호, 체류기간이 길고 야간경호 필요
	연도(노상)경호	경호대상자의 행·환차로 위해요소 배제작용(육로경호, 철도경호)
성격	공식경호(1호,A호)	사전 통보에 의해 계획·준비되는 공식행사 시 실시하는 경호
	비공식경호(2호,B호)	사전 통보나 협의절차 없이 이루어지는 비공식행사 시 경호
	약식경호(3호,C호)	출·퇴근 등 일상적으로 실시하는 경호
이동 수단	보행경호	경호대상자가 근거리 도보이동 시 실시하는 경호
	차량경호	경호대상자가 차량으로 중거리 이동 시 실시하는 경호
	열차경호	경호대상자가 열차를 이용하는 경우 열차 내에서 이루어지는 경호
	선박경호	경호대상자가 선박을 이용하는 경우 선박 내에서 이루어지는 경호
	항공경호	경호대상자가 항공기 이용 시 항공기 내에서 이루어지는 경호
경호 수준	1(A)급 경호	행사보안의 사전노출로 경호위해가 증대된 상황하의 각종행사와 국왕 및 대통령 등 국가 원수급의 국빈행사 경호
	2(B)급 경호	행사준비의 시간적 여유 없이 갑자기 결정된 상황하의 각종행사와 수상급의 국빈행사 경호
	3(C)급 경호	행사준비 등 경호조치가 거의 전무한 상황하의 각종행사와 장관급의 국빈행사 경호
직접 간접	직접경호	행사장에 인원과 장비배치, 물적·인적·자연적 위해요소를 배제하기 위한 직접적인 경호작용
	간접경호	평상시의 치안 및 대공활동, 국제정세를 포함한 안전대책 작용 등 간접적인 경호작용
직종	경제인경호	크고 작은 규모의 회사운영 회장 또는 사장 등 경제인 대상 경호
	정치인경호	대통령후보, 정당인, 국회의원 등 정치인 유명인사 대상 경호
	연예인경호	가수, 배우 등 주요 연예인 대상 경호
형식	노출경호	누구나 경호실시를 알 수 있는 경호대상자 중심의 공개적 경호
	비노출경호	일반인이 경호원임을 알지 못하도록 자유 복장으로 실시하는 경호
	혼합경호	상황에 따라 노출경호와 비노출경호를 혼합하여 실시하는 경호

경호학의 정의

- 경호에 관한 여러 현상을 연구하는 학문으로 **경호학술적 사회과학**이다.
- 자연과학을 포함한 종합과학이다.

경호학의 대상

- 경호학은 경호규범과 경호현상을 대상으로 한다.
- 경호현상은 경호의식·경호제도·경호관계 등으로 구성된다.

> · 경호의식 : 경호에 대한 국민적 감정, 경호에 관한 지식, 체계적인 경호학설, 경호의식 분석, 경호경험의 가치관의 객관적 파악 등
> · 경호제도 : 경호규범을 구현하기 위한 대통령·정부·국회·헌법재판소·법원 등 경호대상·경호기관 및 제도가 연구대상
> · 경호관계 : 경호규범·경호의식·경호제도·경호인 양성 등에 의해 직·간접적으로 규정되고 구체적인 경호현상을 조성하는 관계

- 경호의 개념·분류·이론, 한국 및 외국 경호제도의 역사, 경호의 조직, 신변보호 및 시설경비의 상호작용, 경호무기 및 장비, 암살 및 테러 등 경호환경, 경호인의 양성 등의 현상과 이론연구를 대상으로 한다.
- 경찰과의 상호관계에 있어서 **경찰권의 성질, 경찰권의 행사, 법집행** 등을 연구대상으로 한다.
- 경호법 해석학적 연구의 방법을 기본으로 한다.
- 경호규범의 구현을 위해 경호대상, 경호기관 및 제도가 연구대상이다.

경호의 이념

합법성	법의 테두리 내에서 경호가 이루어져야 한다. 부득이하게 법을 어기지 않고는 경호대상자의 신변보호가 어려운 경우를 제외하고는 경호활동은 합법성을 지켜야 한다.
협력성	성공적인 경호활동 완수를 위해 각 조직이나 국민들과 체계적인 협력이 필요하다. 경호처나 경찰기관이 성공적인 경호활동을 위해서는 기관 및 국민들의 협조가 필수적이다.
보안성	경호활동을 위해서는 위해요소로부터 경호대상자나 경호주체의 움직임을 전혀 모르도록 하는 것이 바람직하다.
희생성	경호활동은 위해에 대한 공격적인 행위보다는 방어적인 행위를 기본원칙으로 하므로 경호 시 경호원은 생명과 신체의 위협으로부터 자유로울 수 없다.
정치적 중립성	경호원은 어느 한편의 정치적 이념을 지지하는 경향을 띠는 경우에는 성공적인 경호활동을 수행하기 어려우므로 정치적으로 중립성을 유지해야 한다.

경비의 분류

구분		내 용
경비기관 (주체)	공경비	국가공권력을 집행하는 국가기관(경찰, 경호처 등)의 경비
	사경비(민간경비)	특정의뢰자로부터 보수를 받고 경비 및 안전서비스를 제공하는 경비
경계개념	정(正)비상 경계	국가적 중요행사 전후 일정기간 또는 비상사태발생 징후예견, 고도의 경계 필요시 실시하는 경계
	준(準)비상 경계	비상사태발생 징후 희박하나 불안전한 사태지속 및 비상사태발생 우려 시 실시하는 경계
경계대상	경호경비	경호대상자를 각종 위해로부터 보호하기 위하여 실시하는 경계활동의 일환, 경호대상자가 참석하는 행사장이나 숙소, 이동로 등 특정한 지역의 안전을 확보하기 위하여 해당 지역을 경계·순찰·방비하는 모든 안전활동
	치안경비	국민의 생명과 재산을 보호하기 위하여, 공공의 안녕과 질서를 저해하는 범죄행위의 발생을 예방·경계하고 진압하는 경비활동
	재해경비	천재지변, 홍수, 태풍, 지진 등의 재해로 인해 발생 가능한 위해를 예방·경계·진압하여 국민의 생명과 재산을 보호하고 공공의 안녕과 질서를 유지하는 활동
	혼잡경비	기념행사, 각종 경기대회, 제례행사 등의 대규모 행사로 인해 모인 군중들에 의해 발생되는 혼란상태를 사전 예방·경계하고, 사태발생시 신속히 대처하여 혼란상태의 확대를 방지하는 경비활동
	특수경비	총포, 도검, 폭발물, 기타 흉기에 의한 중요범죄 등의 사태로부터 발생할 위해를 예방·경계·진압하여 국민의 생명과 재산을 보호하고 공공의 안녕과 질서를 유지하는 경비활동
	중요시설경비	시설내의 재산과 문서에 대한 비인가자의 접근방지, 간첩, 태업, 절도 등 기타 침해행위를 예방·경계·진압하는 경비활동
	비상경비	긴급사태, 중요사태 발생시 지역·기능별 경찰력을 동원하여 예방·경계·진압하는 경비활동
경비업법	시설경비	경비대상시설의 도난, 화재, 혼잡 등 위험발생 방지 경비업무
	호송경비	운반중의 현금·유가증권·귀금속·상품 기타 물건 등의 도난·화재 등 위험발생방지 경비업무
	신변보호	사람의 생명·신체에 대한 위해 발생방지, 신변보호 경비업무
	기계경비	경비대상시설 설치 기기에 의해 감지·송신된 정보를 경비대상시설외 장소 관제시설 기기로 수신, 도난·화재 등 위험발생을 방지하는 경비업무
	특수경비	공항(항공기 포함) 등 대통령령이 정하는 국가중요시설의 경비 및 화재 위험발생을 방지하는 경비업무

🔵 국가원수 공관 및 숙소 경비작용

- ◆ 국가원수의 공관 및 숙소경비 : 대통령 관저, 전직대통령의 현 거주지 및 별도 주거지
- ◆ 대통령 관저의 경계지점으로부터 **100m 이내**의 장소에서는 옥외집회·시위를 할 수 없다.
- ◆ 구체적 근무요령
  - · 경비배치의 내부, 내곽, 외곽으로 구분하여 실시
  - · 출입문에 출입통제반 배치
  - · 면담요청자, 종업원, 투숙객관리
  - · 비상구, 비상통로 등 확보
  - · 주차장 질서유지와 경계
  - · 도보순찰조와 기동순찰조 운영
  - · 안전조사 및 위해요소 봉쇄 등
- ◆ 건물의 외곽경비 : 내부, 내곽, 외곽으로 구분 실시하고, 외곽은 **1,2,3선**으로 경계망 구성
- ◆ 경비구역의 출입관리 : 사람·차량의 출입통제 및 관리, 물건 및 물자의 반출·반입관리

🔵 경비경찰의 특징

- ◆ 경비사태는 언제나 긴급 중요사태이므로 신속한 작용과 처리 요구
- ◆ 빠르면 빠를수록 사태 확대방지와 진압이 용이하므로 **처리기한이 없다.**
- ◆ 지휘관과 장비, 무기, 통신, 보급 등 조건을 구비한 조직적 부대작용으로 **하향적 특성**
- ◆ 사회공공의 안녕과 질서유지를 위해 **경찰부대작용**으로 이루어진다.
- ◆ 상황에 따라 예방·경계도 하고 진압도 하는 **복합적인 기능**을 가지고 있다.

🔵 경비경찰의 특성

현상유지적 활동	현재의 질서상태 유지
복합기능적 활동	사후진압과 사전예방활동을 동시에 수행, 예방적 기능 우선
즉응적 활동	비상사태 신속 처리
하향적 명령활동	계선조직에 의해 지휘관이 명령하며 책임도 지휘관에 있다.
안녕 및 질서유지 활동	공공의 안녕질서 유지를 위해 사회질서 파괴범죄를 대상으로 한다.

경비수단의 원칙

구분	내용
균형의 원칙	상황과 대상에 따라 유효적절하게 부대를 배치, 실력행사를 실행하는 원칙
위치의 원칙	상대방보다 유리한 지점과 위치를 신속하게 확보 유지하는 것
적시성의 원칙	상대방 기세와 힘이 가장 허약한 시점을 포착, 강력한 실력행사를 감행하는 것
안전의 원칙	경비사태 발생시 경비병력, 군중들을 사고 없이 안전하게 진압해야 한다는 원칙

경비수단의 종류

간접적 실력행사	경고	· 관련자에게 주의를 주고, 일정한 행위를 요구하는 임의처분 · 경찰관 직무집행법 제5조(위험발생의 방지)에 근거 · 日本판례 "행동에 의한 경고"
직접적 실력행사	제지	· 경찰상 즉시강제 수단 · 경찰관 직무집행법 제6조(범죄의 예방과 제지)에 근거 · 강제해산, 주동자 및 주모자 격리, 해산명령 등
	체포	· 형사소송법에 근거

경비중요도에 따른 분류

- ◆ 가급 : 국가안전보장 및 국가기간산업에 **고도의 영향**을 미치는 산업시설에 대한 경비
- ◆ 나급 : 국가안보 또는 국가경제·사회생활에 **중대한 영향**을 미치는 행정·산업시설에 대한 경비
- ◆ 다급 : 국가안보 또는 국가경제·사회생활에 **중요하다고 인정**되는 행정·산업시설에 대한 경비
- ◆ 라급 : 중앙부처의 장 또는 시·도지사가 필요하다고 지정한 행정 및 산업시설에 대한 경비

국가중요시설의 분류 (국가중요시설 지정 및 방호훈령 제6호)

가급	적에 의해 점령, 파괴, 기능마비 시 광범위한 지역의 통합방위작전 수행이 요구되고, 국민생활에 결정적인 영향을 미칠 수 있는 지역	
	· 행정시설	대통령실, 국회의사당, 대법원, 정부중앙청사, 국방부, 국가정보원, 한국은행 본점
	· 산업시설	국가경제에 중대한 영향을 미칠 수 있는 시설(철강, 조선, 항공기, 정유 등) 원자력발전소, 국제공항 등
나급	적에 의해 점령, 파괴, 기능마비 시 일부 지역의 통합방위작전수행이 요구되고, 국민생활에 중대한 영향을 미칠 수 있는 지역	
	· 행정시설	중앙행정기관 각 부처 및 이에 준하는 기관 대검찰청, 경찰청, 기상청, 한국산업은행, 한국수출입은행 본점
	· 산업시설	국가경제에 영향을 미치는 중요산업시설로 파괴 시 대체가 곤란한 시설 '가급' 이외의 방위산업시설 중 주요 전투장비 완제품 및 핵심부품 생산시설, 국제공항을 제외한 주요 국내공항
다급	적에 의해 점령, 파괴, 기능마비 시 제한된 지역에서 단기간 통합방위작전수행이 요구되고, 국민생활에 상당한 영향을 미치는 시설	
	· 행정시설	중앙행정기관의 청급 독립청사(조달청, 통계청, 산림청 등), 국가정보원 지부, 한국은행 각 지역본부, 남북 출입관리시설, 기타 중요 국·공립기관
	· 산업시설	'가급' '나급' 이외의 특별한 보호가 요구되는 산업시설, 송신시설, 댐 등

비상사태 구분 (통합방위법 제2조)

甲종 사태	일정한 조직체계를 갖춘 적의 대규모 병력 침투 또는 대량살상무기 공격 등의 도발로 발생한 비상사태로 통합방위본부장 또는 지역군사령관의 지휘·통제하에 통합방위작전을 수행한다.
乙종 사태	일부 또는 여러 지역에서 적이 침투·도발하여 단기간 내에 치안이 회복되기 어려워 지역군사령관의 지휘·통제하에 통합방위작전을 수행해야 할 사태
丙종 사태	적의 침투·도발위협 예상되거나 소규모의 적이 침투하였을 때에 시·도경찰청장, 지역군사령관 또는 함대사령관의 지휘·통제하에 통합방위작전을 수행하여 단기간내에 치안이 회복될 수 있는 사태

경비경찰 조직운영의 원리

부대단위 활동의 원칙	경비경찰은 부대단위로 활동하므로 명령에 의해 임무를 수행한다.
지휘관 단일성의 원칙	긴급성과 신속성을 위해 한사람의 지휘관에 의해 지휘되어야 한다.
체계통일성의 원칙	임무의 중복방지를 위해 명령과 복종체계가 계선을 통해 확립되어야 한다.
치안협력성의 원칙	경비조직은 업무 수행시 국민과 협력을 이루어야 효과적 목적달성이 가능하다.

경비경찰권의 한계

소극목적의 원칙	(현상유지적 활동과 관련되는 조리상의 원칙) · 경찰권은 적극적인 국민의 공공복리 증진을 위해 허용되지 않고, 소극적으로 사회 공공의 안녕과 질서유지를 위해서만 발동되어야 한다는 원칙 (크로이츠베르크 판결)
경찰공공의 원칙	(경찰권 행사 영역과 조건에 관한 원칙) · 경찰권은 사회공공의 안녕질서 유지를 위해서만 발동할 수 있고, 사회질서와 관련 없는 개인 사생활에는 관여하지 않는다는 원칙 · 사생활 불가침의 원칙, 사주소 불가침의 원칙, 사경제 불가침의 원칙
경찰책임의 원칙	(경찰권 발동 대상에 관한 원칙) · 경찰권은 경찰위반행위 또는 발생위험에 대해 직접 책임을 질 지위에 있는 자에 대해서만 발동할 수 있다는 원칙 · 경찰책임의 판단은 객관적·외형적인 상태에 대해서만 판단, 주관적 요소는 고려하지 않음
경찰비례의 원칙	(경찰권 발동의 조건과 정도에 관한 원칙) · 사회 공공의 질서유지를 위해 묵과할 수 없는 위해 또는 위해발생위험을 제거하기 위해 필요한 최소한도로만 발동할 수 있다는 원칙 · 적합성의 원칙, 필요성의 원칙, 상당성의 원칙
경찰평등의 원칙	경찰권 발동시 상대방의 성별, 종교, 사회적신분 등을 이유로 차별해서는 안 된다는 원칙

私경비

◆ **사경비 개념**
- 특정의뢰인에게 일정한 보수를 받고 개인의 이익·생명·재산 등을 경비하는 개인, 단체
- 사회불안의 심각성 증대, 경찰인력·예산부족에 따른 경찰력의 한계 보완

◆ **사경비의 구성요소**
- 주체 : 특정의뢰인으로 부터 보수를 받은 개인이나 단체
- 경비서비스 : 범죄예방·피해확대 방지·범죄로부터의 방어
- 보수 또는 대가 : 시장경제 원리적용, 보수의 많고 적음으로 서비스 질의 차등화
- 객체 : 경비서비스를 의뢰한 고객

◆ **公경비와 비교**

구분	공경비(경찰)	사경비
공권력의 작용	법 집행에 관한 모든 권한 보유	권한 극히 한정되고 각종 제약받음
역할과 기능	시민을 대상으로 범인수사 위한 법집행	받은 보수만큼 고객을 위한 역할수행
업무의 주체	정부기관	영리기업
서비스 목적	범인체포 등 법 집행측면 우선시	고객 손실감소, 재산보호 등 예방적 측면 중시

민간경비 이론

◆ **경제환원론적 이론**
- 특정한 현상이 경제와 직접적으로 무관하나 그 원인을 경제문제에서 찾으려는 입장
- 사경비 시장의 성장을 **범죄증가에 따른 직접적 대응**이라는 전제하에 출발한다는 입장
- 특히 거시적 차원에서 범죄의 증가를 **실업의 증가**에서 원인을 찾으려는 것이 특징
- 美경기침체기(1965~1972)에 사경비 시장이 크게 증가했다는 경험적 관찰에 근거한 이론

◆ **공동화 이론**
- 경찰의 범죄예방 서비스 능력 감소로 생겨난 공동상태를 민간경비가 보충한다는 이론
- 사회적 긴장과 갈등, 대립 등에 의한 무질서·범죄증가 대응을 위한 경찰력 증가는 어려운 현실이므로 그 결과 생겨나는 공동(空洞)을 메우기 위해 민간경비가 발전한다는 이론
- 민간경비는 경찰의 부족한 범죄대응능력을 **보완·대체**하며 성장한다는 입장
- 공경비와 사경비는 상호 갈등, 경쟁이 아닌 **상호보완적·협조적·역할분담적 관계**

◆ **이익집단 이론**
- 경제환원론적 이론이나 **공동화의 이론을 부정**하는 이론으로, "그냥 내버려 두면 보호받지 못한 채로 방치될 재산을 사경비가 보호 한다"는 주장
- 사경비를 하나의 **독립적 행위자로 인식**, 사경비도 자신의 집단적 이익을 실현키 위해 새로운 규모를 팽창시키고 새로운 규율이나 제도 창출 등의 노력을 기울인다는 이론
- 사경비의 양적성장은 초기단계에서 일어나는 현상이며, 궁극적으로 이익집단으로서의 내부결속과 제도화, 조직화로 세력과 입지를 강화한다는 이론

◆ **수익자 부담이론**
- 경찰 공권력은 질서유지나 체제수호 등 거시적 측면의 역할과 기능으로 한정하고, 개인·집단·조직 등의 안전과 보호는 해당 개인이나 조직이 담당해야 한다는 이론
- 개인의 신체·재산의 보호는 개인적 비용에 의해 담보 받는다는 이론

◆ **공동생산이론**
- 치안서비스 생산과정의 경찰의 공공부분에 민간부분의 **공동참여**로 민간경비가 발전해 왔다는 이론
- 민간경비를 공경비의 보완적 차원이 아닌 **주체적 차원**으로 인식한다.
- 공경비가 안고 있는 한계를 극복하고 시민의 안전욕구 증대를 위해 범죄예방에 **자율적·적극적**으로 민간경비가 역할을 담당, 치안서비스 공동생산에 참여한다는 이론

경호의 목적

◆ 질서유지
◆ 신변안전보호
◆ 국위선양
◆ 권위유지 (기관장의 권위유지 및 기업회장, 정치지도자 등 체면 또는 기풍유지)
◆ 환송영자간의 친화도모

경호의 일반원칙

◆ 3중경호(중첩경호)의 원칙
- 경호대상자가 위치한 집무실이나 행사장으로부터 내부(근접경호), 내곽(중간경호), 외곽(외곽경호)으로 구분 경호행동반경을 거리개념으로 논리 전개
- 위해기도 시 시간 및 공간적으로 지연시키거나 피해범위를 최소화하기 위한 방어전략

1선(내부)안전구역	2선(내곽)경비구역	3선(외곽)경계구역
・피경호자가 위치하는 구역	・소총유효사거리內 취약지점	・주변 동향파악, 감제고지확보
・내부행사 : 건물 자체	・바리케이트등 장애물설치	・감시조 운용
・외부행사 : 본부석	・소방차, 구급차대기	・기동순찰조 운용
・MD운용, 비표확인, 출입자감시		・원거리 불심자 검문검색

◆ 두뇌경호의 원칙
- 경호실시 도중에 상황발생 시 완력이나 무력으로 경호대상자의 안전을 도모하는 것보다 사전에 **치밀한 계획과 철저한 준비**로 위험요소를 제거하는 데 중점을 둔다.
- 긴급하고 위험상황 발생 시 고도의 예리하고 순간적인 판단력이 중시된다.

◆ 방어경호의 원칙
- 경호대상자가 위험에 처했을 경우 경호대상자의 머리를 숙이게 한다든지, 완력으로 안전한 곳으로 인도한다든지 하여 위험을 모면케 하는 경호를 말한다.
- 경호대상자에게 긴급상황 발생시 경호원은 경호대상자를 **우선 안전한 곳으로 대피**시키는 것이 가장 바람직하며, 무기사용의 공격적 행동보다 방어위주의 엄호행동이 요구된다.

◆ 은밀경호의 원칙
- 경호원은 은밀하고 침묵 속에 행동하고 행동반경은 언제나 경호대상자 신변을 엄호할 수 있는 곳에 한정시키고, 위기시 신속히 안전장소로 대피시켜 혼란 없이 다음 임무를 수행해야 한다.
- 경호는 예방경호가 중점이므로 가급적 경호규모를 비공개하는 소극적 방법을 택하기도 하고, 경호기만 같은 적극적 방법으로 암살기도자가 경호목적 달성에 영향을 미치지 않도록 유도

경호의 기본원리 (이두석 교수)

1. 3중 경호의 원리
5. 촉수거리의 원칙
2. 자연방벽 효과의 원리
6. 체위확장의 원칙
3. 주의력효과와 대응효과의 원리
7. 대응시간의 원리
4. 경호원 이격거리

3중경호의 원리

- 공중과 지하를 포함하는 입체적 개념(평면적 개념으로는 3선경호라고도 함)
- 경호영향권역을 공간적으로 구분, 해당구역의 인적·물적 위해요소에 대해 상대적으로 차등화된 경호조치와 경호인력의 배치 및 중첩된 통제를 통해 경호의 효율화를 기하고자 하는 경호방책
- 3중의 경호막을 통해서 종심(縱深)이 있는 조기경보체제 확립으로 위해행위 대비
- 공간적·시간적·대상별로 차등화된 통제를 통해 완벽한 경호추구
- 자원과 시간과 인력의 낭비적요소 제거
- 공간적 개념으로만 적용되는 것이 아닌 경호의 효율성 향상을 위한 원리

1선 (안전구역)	안전구역 (근접경호)	(권총 등 유효사거리 고려한 건물내부) • 경호대상자에게 직접적인 위해를 가할 수 있는 위험지역, 완벽한 통제 필요 • 경호원의 확인을 거치지 않은 인원출입과 물품의 반·출입 금지 ※ 경호처에서 경호주관 및 책임 (경찰은 경호요청시 인력·장비 지원)
2선 (경비구역)	경비구역 (중간경호)	(소총 등 유효사거리 고려한 울타리 내곽) • 경호대상자 신변안전과 행사에 직·간접적으로 영향을 미칠 수 있는 구역, • 부분적 통제가 실시되나 경호원의 확인을 거치지 않은 인원이나 물품도 감시의 영역을 벗어서는 아니 된다. ※ 경호책임은 경찰이 담당, 군부대 내부일 경우 군이 책임
3선 (경계구역)	경계구역 (외곽경호)	(소구경 곡사화기 유효사거리 고려한 외곽) • 경호대상자 안전에 직접적 위협은 없으나, 행사에 간접적 영향권 • 행사 및 경호대상자 안전 요소들에 대한 사찰활동 및 제한적 통제실시 ※ 통상적으로 경찰 책임하에 경호실시

자연방벽효과의 원리

◆ 수평적 방벽효과

· 고정된 위해기도자의 위치에서 볼 때	경호원의 위치가 위해기도자와 가까울수록 방벽효과는 증대
· 고정된 경호대상자의 위치에서 볼 때	경호원의 위치가 경호대상자와 가까울수록 위해기도자는 좌우로 더 많은 거리를 이동해야만 목표(경호대상자)를 확보하여 공격을 가할 수 있으므로 높은 방벽효과를 기대할 수 있다.
· 자연적인 수평적 위치일 경우	경호원이 위해기도자와 가까이 위치할수록 방벽효과가 크다.
· 개활지 등에서 위해기도자의 위치를 모르는 경우	경호원이 경호대상자와 가까이 위치할수록 위해기도자의 이동 요구거리를 증대시켜 높은 방벽효과를 기대할 수 있다.

- 경호원은 경호대상자의 활동공간을 충분히 확보해주면서 우발상황 발생시 신속한 대응을 할 수 있는 최적의 위치를 확보하기 위해서는 위해기도자가 위치 할만한 장소를 충분히 고려하여 그 일직선상에서 자신의 위치를 선정해야 한다.

  ※ 이동하는 경호대상자를 보호하기 위하여 위해기도자의 위치파악이 쉽지 않으므로 경호원은 항상 주변의 변화하는 상황에 따라 주도면밀한 자신의 위치선정이 필요하다.

◆ 수직적 방벽효과

- 위해기도자가 개활지나 고층건물 등에서 공격을 시도한다고 가정할 경우, 경호대상자와 가까이 위치한 경호원이 높은 방벽효과를 제공한다.
  (경호원의 신장의 차이가 수직적 방벽효과에 큰 영향을 미친다)

주의력효과와 대응효과의 원리

주의력	경호원이 이상 징후를 포착하기 위해 기울이는 힘 (철저하고 예리한 사주경계가 요구됨)	경계대상을 잘 살필 수 있도록 경호원이 경계 대상과의 거리를 좁히는 것이 효과적임
대응력	위해기도자가 공격시, 신속하고 효과적으로 경호 대상자를 보호하고 대피시켜 경호대상자 신변을 보호하는 경호능력(무조건 반사적, 기민함 요구됨)	우발상황시 신속한 대처를 위해 경호원이 경호 대상자와 거리를 좁히는 것이 효과적임

※ 주의력효과와 대응효과는 서로 상반된 개념으로 경호원은 주의력효과와 대응효과를 고려한 위치선정에 신중해야 한다.

경호원 이격거리

- 군중이 가까이 있다면 경호대상자와 경호원의 거리도 가까워 질 것이나, 위협이 없거나 위협적인 군중이 둘러싸고 있지 않다면 경호원은 경호대상자가 경호원에게 신경 쓰지 않고 자기 일을 할 수 있는 활동공간을 확보해 줌과 동시에 위해상황 발생시 신속하게 경호대상자를 방호할 수 있는 위치에 있어야 한다.
- 군중과의 접촉이 많은 경호대상자를 경호할 경우, 이론적 경호거리 확보는 현실적으로 어렵기 때문에 상황에 대비한 경호기법의 개발과 적용이 요구된다.

촉수거리의 원칙
- 우발상황시 경호원이 자신의 팔을 뻗어 닿을 수 있을 정도로 가까이에 있는 대상자(경호대상자 혹은 위해기도자)를 선택하고 위해기도자와 촉수거리에 있을 정도로 가까이에 있는 경호원이 위해기도자를 대적한다는 원칙

체위확장의 원칙
- 우발상황 발생시 경호원 자신의 몸을 최대한 확장시켜 경호대상자에 대한 방호효과를 극대화해야 한다는 원칙
- 두 팔과 상체를 최대한으로 크게 벌려서 신체에 의한 자연적 방벽효과를 극대화하고, 위해기도자의 위해공격을 몸으로 막아냄으로써 경호대상자가 조금이라도 덜 위험에 노출되도록 해야 한다.

대응시간의 원리
- 경호행사 중에 발생한 우발상황에 대하여 경호원이 대응행동을 취하는데 소요되는 시간을 대응시간이라고 한다.
- 우발상황시 근거리에서 무기를 들고 공격해오는 적을 대적할 경우에 경호원은 총을 뽑을 시간에 몸을 날려 위해자의 공격방향을 편향시키거나 제압하는 것이 더욱 효과적이다.

경호의 특별원칙

◆ 자기담당구역 책임의 원칙
- 경호원은 자기 담당구역内 발생하는 어떠한 사태도 자신만이 책임지고 해결해야 한다는 원칙
- 비록 자기담당구역이 아닌 인근 지역에 위급상황이 발생해도 자기책임구역을 이탈해서는 안 된다는 원칙 **(예, 미국 트루먼 대통령 암살미수사건)**

◆ 목표물보존의 원칙
- 경호대상자(목표물)를 위해가능성이 있는 자들로부터 떼어놓는 원칙**(상호격리의 원칙)**
- 목표물을 안전하게 보존하기 위한 방법

  1. 행차코스는 비공개 원칙
  2. 경호대상자의 행차예정 장소는 일반 대중에게 알려지지 않아야 한다.
  3. 동일한 장소에 수차 행차했던 곳은 가급적 변경되어야 한다.
  4. 대중에게 노출된 보행행차는 가급적 제한되어야 한다.

  (예, 육영수 여사 피살사건, 미국 존 F.케네디 대통령 암살사건)

◆ **하나의 통제된 지점을 통한 접근의 원칙**
  • 경호대상자와 접근할 수 있는 통로는 하나만 필요하고 여러 개의 통로는 필요 없다는 원칙
  • 하나의 통제된 출입구나 통로라도 접근자는 경호원에 의해 인지되고 확인되어야 하며 허가절차를 거쳐 접근하도록 해야 한다. (예, 에이브라함 링컨 대통령 암살사건)

◆ **자기희생의 원칙**
  • 경호대상자는 어떤 상황에서도 절대적으로 보호되어야 한다는 원칙
  • 경호대상자가 위기에 처했을 때 자신을 희생하여 보호해야 한다는 원칙
                                                    (예, 이승만대통령 암살미수사건)

○ 경호의 기본원칙 (이두석 교수)

예방경호	예방경호는 경호의 존재 이유이자 경호의 목표이다. 경호원은 가능한 모든 상황을 가정하여 그에 대비한 경호대책을 강구하여, 위해의 발생을 미연에 방지하여야 한다.
경호원리에 입각한 경호	경호원리는 경호의 효율성과 완벽성을 기하기 위한 기본지침으로, 경호원의 행동을 통제하는 규범이다.
우발상황에 대비한 경호	경호원은 예상 가능한 우발상황에 대한 대비책을 철저히 강구하여, 우발상황에 효과적으로 대처할 수 있어야 한다. (위해정보의 수집, 비상대책 준비, 작전요소 간의 협조체제 구축, 즉각조치 훈련 강화)
예외 없는 경호	모든 위해요소(인적·물적·지리적)에 대해 예외 없는 경호조치가 이루어 져야 한다. 모든 사람이 검색대상(경호대상자 제외), 경호구역 내 모든 물품과 시설물의 검측, 경호에 영향을 미치는 모든 건물과 지형의 확인
경호보안	경호의 기본은 보안에서부터 시작한다. 경호대상자에 관련된 사항과 경호활동에 관한 사항은 철저히 그 비밀이 유지되어야 한다.

○ 민간경호(사경호)의 원칙

신의성실의 원칙	민간경호조직이나 경호원은 사적계약에 의거하여 이루어진 신변보호 행위를 계약 당사자인 경호대상자의 신뢰에 어긋나지 않도록 항상 성실히 수행해야 한다는 원칙
수익자부담 원칙	서비스에 대한 비용을 부담한 자에 대하여만 경호서비스를 제공한다는 원칙
비폭력수단 우선원칙	경호시 경호대상자에 대한 위해상황이나 불손한 의도의 접근이 있을 경우 이에 대한 방어나 대응시 비폭력수단을 우선해야 한다는 원칙
법집행기관 우선원칙	민간경호 임무수행시 발생하는 상황이 공적인 법집행기관의 활동과 중첩되거나 충돌될 경우 법집행기관의 활동이 우선되어야 한다는 원칙
과잉방어금지의 원칙	경호활동중 발생한 위해기도에 대응한 수단이 위해기도자의 행위의 정도에 비례하여 너무 지나친 수단을 사용하면 안된다는 원칙
개인비밀 엄수원칙	경호원은 경호대상자의 신변에 관한 모든 사항을 외부에 발설해서는 안된다는 원칙

기출문제   경호와 경호학

1. 경호의 개념 및 정의로 옳지 않은 것은? (16회)

① 미국 비밀경호국(SS)은 '실질적이고 주도면밀한 범행의 성공기회를 최소화하는 것'이라고 정의한다.
② 대통령 등의 경호에 관한 법률에서 정의한 경호의 개념은 실질적 의미의 경호개념이다.
③ 일본의 요인경호과(SP)는 '신변에 위해가 있을 경우 국가와 공공의 안녕 및 질서에 영향을 줄 우려가 있는 자에 대하여 그 신변의 안전을 확보하기 위한 경찰활동'이라고 정의한다.
④ 실질적 의미의 경호개념은 이론적으로 '모든 위험과 곤경으로부터 경호대상자를 안전하게 보호하기 위한 제반활동'이라고 할 수 있다.

> 해설 ② 실정법상 경호기관의 권한에 속하는 일체의 경호작용은 형식적의미의 경호개념이므로 「대통령 등의 경호에 관한 법률」에서 정의한 경호의 개념은 형식적 의미의 경호개념이다.

2. 경호의 개념에 관한 설명으로 옳지 않은 것은? (18회)

① 형식적 의미의 경호는 실정법상 경호기관이 수행하는 일체의 경호작용이다.
② 실질적 의미의 경호는 경호대상자를 여러 가지 위해로부터 보호하는 모든 활동이다.
③ 대통령 등의 경호에 관한 법률에서의 경호는 호위와 경비 중 호위만을 포함하고 있다.
④ 본질적·이론적 입장에서 접근하여 학문적 측면에서 고찰된 개념은 실질적 의미의 경호이다.

> 해설 경호란 경호대상자의 생명과 재산을 보호하기 위해 신체에 가해지는 위해를 방지하거나 제거하고, 특정지역을 경계·순찰 및 방비하는 등의 모든 안전 활동을 말한다. (대통령 등의 경호에 관한 법률 제2조) 즉, 호위는 물론 경비까지 포함한다.

3. 경호의 개념에 관한 설명으로 옳지 않은 것은? (19회)

① 경호대상자의 생명과 재산을 보호하기 위하여 신체에 가해지는 위해를 방지하거나 제거하고, 특정지역을 경계·순찰 및 방비하는 등의 모든 안전 활동을 말한다.
② 형식적 의미의 경호개념은 현실적인 경호기관을 기준으로 하여 정립된 개념이다.
③ 실질적 의미의 경호개념은 경호의 본질적·이론적인 입장에서 이해한 것이다.
④ 대통령 등의 경호에 관한 법률에서의 경호는 호위와 경비를 구분하여 새로운 경호개념으로 정의하고 있다.

> 해설 경호란 경호대상자의 생명과 재산을 보호하기 위해 신체에 가해지는 위해를 방지하거나 제거하고, 특정지역을 경계·순찰 및 방비하는 등의 모든 안전 활동을 말한다. (대통령 등의 경호에 관한 법률 제2조) 즉, 호위는 물론 경비까지 포함한다.

정답   1. ②   2. ③   3. ④

4. 대통령 등의 경호에 관한 법률상 ( )에 들어갈 용어로 옳은 것은? (22회)

"경호"란 (ㄱ)의 생명과 재산을 보호하기 위하여 신체에 가하여지는 (ㄴ)을 방지하거나 제거하고, (ㄷ)을 경계·순찰 및 방비하는 등의 모든 (ㄹ) 활동을 말한다.

① ㄱ: 경호원
② ㄴ: 안전
③ ㄷ: 특정 지역
④ ㄹ: 특수

해설 경호란 경호대상자의 생명과 재산을 보호하기 위하여 신체에 가하여지는 위해를 방지하거나 제거하고, 특정지역을 경계·순찰 및 방비하는 등의 모든 안전활동을 말한다. (대통령 등의 경호에 관한 법률 제2조)

5. 경호의 개념에 관한 설명으로 옳은 것은 모두 몇 개인가? (23회)

- 경호의 본질적·이론적인 입장에서 이해한 것은 실질적 의미의 경호개념이다.
- 경호기관을 기준으로 하여 정립한 개념은 형식적 의미의 경호개념이다.
- 경호대상자의 신변안전을 위하여 사용가능한 모든 수단과 방법을 동원하는 것은 실질적 의미의 경호개념에 해당한다.

① 없음
② 1개
③ 2개
④ 3개

해설 모두 맞는 설명이다.

6. 대통령 등의 경호에 관한 법률상 '경호'에 관한 정의이다. ( )에 들어갈 내용으로 옳은 것은? (24회)

경호 대상자의 생명과 재산을 보호하기 위하여 (ㄱ)에 가하여지는 (ㄴ)을/를 방지하거나 제거하고, (ㄷ)을 경계순찰 및 방비하는 등의 모든 안전 활동을 말한다.

① ㄱ: 신체, ㄴ: 위해, ㄷ: 특정 지역
② ㄱ: 신체, ㄴ: 손해, ㄷ: 모든 지역
③ ㄱ: 개인, ㄴ: 위해, ㄷ: 특정 지역
④ ㄱ: 개인, ㄴ: 위험, ㄷ: 모든 지역

해설 "경호"란 경호 대상자의 생명과 재산을 보호하기 위하여 신체에 가하여지는 위해를 방지하거나 제거하고, 특정지역을 경계순찰 및 방비하는 등의 모든 안전 활동을 말한다.(대통령 등의 경호에 관한 법률 제2조)

정답 4. ③ 5. ④ 6. ①

7. 실질적 의미의 경호개념에 관한 설명으로 옳지 않은 것은? (15회)

① 경호의 개념을 본질적·이론적인 입장에서 이해한 것으로 학문적 측면에서 고찰된 개념이다.
② 경호대상자의 절대적 신변안전을 보호하기 위하여 모든 사용가능한 수단과 방법을 동원한다.
③ 인위적 위해 및 자연적 위해요인을 사전에 방지 및 제거하기 위한 제반 활동이다.
④ 실정법상 경호기관의 권한에 속하는 일체의 경호작용을 의미한다.

↳해설 실질적의미의 경호와 형식적의미의 경호

실질적의미의 경호개념	형식적의미의 경호개념
• 경호활동의 본질·성질·이론(학문)적 관점에서 정의된 개념	• 현실적 경호기관을 기준으로 정립된 개념 (경호기관이 수행하는 활동)
• 경호작용 전체 중에서의 공통적인 특성을 추상화한 개념	• 실정법상 일반경호기관의 권한에 속하는 일체의 경호
• 경호대상자에 대하여 인위적·자연발생적 위해로 부터 신변보호 및 안전의 확보 기능	• 역사적·제도적의미의 경호, 조직을 중심으로 파악한 개념
• 경경호의 성질상 구분에 의한 것	• 경호의 주체 또는 권한, 제도에 따른 구분
• 피경호자에 대한 위해요인의 사전방지 및 제거하기 위한 제반 작용	

8. 형식적 의미의 경호개념에 관한 설명으로 옳은 것은? (17회)

① 경호주체가 국가, 민간에 관계없이 경호대상자를 보호하는 모든 활동을 말한다.
② 경호의 개념을 본질적·이론적입장에서 이해한 것이다.
③ 현실적인 경호기관을 기준으로 정립된 개념이다.
④ 학문적 측면에서 고찰된 개념이다.

↳해설 ①, ②, ④ 실질적 의미의 경호개념이다.

9. 수업시간에 두 학생에게 경호의 개념에 대해 질문을 하였다. 각 학생이 대답한 경호의 개념은? (20회)

> A학생 : "대통령 등의 경호에 관한 법률에 의한 대통령경호처가 담당하는 모든 작용이 경호의 개념이라고 생각합니다."
> B학생 : "본질적인 입장에서 모든 위해요소로부터 경호대상자를 안전하게 보호하기 위한 제반활동을 말합니다."

① A학생 : 형식적 의미, B학생 : 형식적 의미   ② A학생 : 실질적 의미, B학생 : 형식적 의미
③ A학생 : 형식적 의미, B학생 : 실질적 의미   ④ A학생 : 실질적 의미, B학생 : 실질적 의미

↳해설 • 대통령 등의 경호에 관한 법률에 의한 대통령경호처가 담당하는 모든 작용이 경호의 개념 (형식적 의미)
• 본질적인 입장에서 모든 위해요소로부터 경호대상자를 안전하게 보호하기 위한 제반활동 (실질적 의미)

7. ④ 8. ③ 9. ③

10. 경호 및 경비 관련 법률에 관한 설명으로 옳은 것은? (15회)

① 대통령 등의 경호에 관한 법률 : 2008년 개칭되었으며, 대통령권한대행과 그 배우자에 대한 경호는 하지 않는다.
② 전직대통령 예우에 관한 법률 : 1969년 제정되었으며, 전직대통령이 형사처분을 회피할 목적으로 외국정부에 도피처 또는 보호를 요청한 경우 경호·경비를 제외한 예우는 하지 않는다.
③ 경비업법 : 1999년 개칭되었으며, 경비업은 법인 또는 개인이 영업할 수 있도록 규정하고 있다.
④ 청원경찰법 : 1973년 제정되었으며, 국가가 일부 소요경비를 부담하여 국가중요시설 및 사업장에 인력을 배치한다.

해설 ① 대통령권한대행과 그 배우자는 경호대상이다.
③ 경비업은 법인만이 영업할 수 있다.
④ 청원주가 청원경찰경비 부담을 조건으로 국가중요시설 및 사업장에 청원경찰을 배치한다.

11. 경호경비 관련법의 제정년도를 순서대로 옳게 나열한 것은? (18회)

> ㄱ. 청원경찰법   ㄴ. 경찰관 직무집행법
> ㄷ. 경비업법   ㄹ. 대통령 등의 경호에 관한 법률

① ㄱ - ㄴ - ㄹ - ㄷ
② ㄱ - ㄷ - ㄴ - ㄹ
③ ㄴ - ㄱ - ㄹ - ㄷ
④ ㄴ - ㄹ - ㄷ - ㄱ

해설 경찰관직무집행법(1953.12.24) → 청원경찰법(1962.4.3) → 대통령 등의 경호에 관한 법률(1963.12.14.)
→ 국민보호와 공공안전을 위한 테러방지법(2016.3.3)

12. 경호경비 관련법의 제정 순서대로 옳게 나열한 것은? (20회)

> ㄱ. 청원경찰법   ㄴ. 국민보호와 공공안전을 위한 테러방지법
> ㄷ. 경찰관 직무집행법   ㄹ. 대통령 등의 경호에 관한 법률

① ㄱ - ㄴ - ㄹ - ㄷ
② ㄱ - ㄷ - ㄴ - ㄹ
③ ㄷ - ㄱ - ㄹ - ㄴ
④ ㄷ - ㄹ - ㄱ - ㄴ

해설 경찰관 직무집행법(1953.12.24) → 청원경찰법(1962.4.3.) → 대통령 등의 경호에 관한 법률(1963.12.14.)
→ 국민보호와 공공안전을 위한 테러방지법(2016.3.3.)

정답 10. ② 11. ③ 12. ③

13. 경호의 법원(法源)에 관한 설명으로 옳지 않은 것은? (23회)

① 「대통령 등의 경호에 관한 법률」은 대통령 등에 대한 경호를 효율적으로 수행하기 위하여 경호의 조직·직무범위와 그 밖에 필요한 사항을 규정함을 목적으로 한다.
② 경호의 성문법원으로 헌법·법률·조약·명령·판례법 등을 들 수 있다.
③ 우리나라는 전직대통령의 예우에 관하여 「전직대통령 예우에 관한 법률」에서 규정하고 있다.
④ 대통령경호안전대책위원회의 구성 및 운영에 관하여 필요한 사항은 「대통령경호안전대책위원회규정」에서 명시하고 있다.

해설 경호의 법원(法源)
- 성문법원 : 헌법·법률·조약 및 국제법규·명령 등
- 불문법원 : 경호관습법·판례법·조리법

14. 경호의 법원(法源)에 관한 설명으로 옳지 않은 것은? (22회)

① 대통령경호안전대책위원회규정은 경찰관 직무집행법 제16조에 따른 대통령경호안전대책위원회의 구성 및 운영에 관하여 필요한 사항을 규정한다.
② 대통령 등의 경호에 관한 법률은 대통령 등에 대한 경호를 효율적으로 수행하기 위하여 경호의 조직·직무범위와 그 밖에 필요한 사항을 규정한다.
③ 전직대통령 예우에 관한 법률은 전직대통령의 예우에 관한 사항을 규정한다.
④ 대통령경호처와 그 소속기관 직제는 대통령경호처와 그 소속기관의 조직과 직무범위, 그 밖에 필요한 사항을 규정한다.

해설 ① 대통령경호안전대책위원회규정은 「대통령 등의 경호에 관한 법률」 제16조에 따른 대통령경호안전대책위원회의 구성 및 운영에 관하여 필요한 사항을 규정한다. (대통령경호안전대책위원회규정 제조)

15. 경호의 분류에 관한 설명으로 옳지 않은 것은? (14회)

① 현충일, 광복절 행사 등 국경일 행사에 참석하는 대통령에 대한 경호 수준은 1(A)급 경호에 해당한다.
② 공식경호행사를 마치고 귀가 중 환차코스를 변경하여 예정에 없던 행사장에 방문할 때의 경호는 비공식경호이다.
③ 행사장 주변에 경호장비 등을 배치하여 인적·물적·자연적 위해요소를 통제하는 활동은 간접경호에 해당된다.
④ 행사준비 등의 시간적 여유없이 갑자기 결정된 상황하의 경호수준은 2(B)급 경호라고 할 수 있다.

정답 13. ② 14. ① 15. ③

해설 직접경호와 간접경호

직접경호	행사장에 인원과 장비배치, 물적·인적·자연적 위해요소를 배제하기 위한 직접적인 경호작용
간접경호	평상시의 치안 및 대공활동, 국제정세를 포함한 안전대책 작용 등 간접적인 경호작용

16. 장소에 의한 경호의 분류가 아닌 것은? (15회)

① 숙소경호   ② 연도경호
③ 행사장경호   ④ 차량경호

해설 장소에 의한 분류 : 행사장 경호, 숙소경호, 연도(노상) 경호
이동수단에 의한 분류 : 보행경호, 차량경호, 열차경호, 선박경호, 항공경호

17. 경호행사를 형식적 기준에 의해 1호(A호), 2호(B호), 3호(C호)로 구분하는 경호의 분류는? (15회)

① 경호수준에 의한 분류   ② 성격에 의한 분류
③ 이동수단에 의한 분류   ④ 대상에 의한 분류

해설 성격에 의한 분류

공식경호 (1호,A호)	사전 통보에 의해 계획·준비되는 공식행사 시 실시하는 경호
비공식경호 (2호,B호)	사전 통보나 협의절차 없이 이루어지는 비공식행사 시 경호
약식경호 (3호,C호)	특정지역 내 짧은 이동, 불시 외출행사, 출·퇴근 등

18. 다음 상황에 해당하는 경호의 분류로 옳은 것은? (16회)

```
ㄱ. 영국 여왕의 방한
      ↓
ㄴ. A호텔에서 투숙
      ↓
ㄷ. 사전에 계획된 국제행사에 참석
```

① ㄱ : 을(B)호, ㄴ : 행사장경호, ㄷ : 공식경호
② ㄱ : 갑(A)호, ㄴ : 행사장경호, ㄷ : 비공식경호
③ ㄱ : 을(B)호, ㄴ : 숙소경호, ㄷ : 비공식경호
④ ㄱ : 갑(A)호, ㄴ : 숙소경호, ㄷ : 공식경호

해설 ㄱ. 영국 여왕에 대한 경호 : 갑(A)호
ㄴ. A호텔에서 투숙 : 숙소경호
ㄷ. 사전에 계획된 국제행사 : 공식경호

정답 16. ④ 17. ② 18. ④

19. 장소에 의한 경호의 분류가 아닌 것은? (17회)

① 연도경호
② 숙소경호
③ 선발경호
④ 행사장경호

해설 장소에 의한 경호의 분류

행사장경호	경호대상자가 참석하거나 주관하는 행사장에서의 경호
숙소경호	관저(외지 임시거처 포함)경호, 체류기간이 길고 야간경호 필요
연도(노상)경호	경호대상자의 행·환차로 위해요소 배제작용 (육로경호, 철도경호)

20. 경호수준에 의한 분류 중 사전경호조치가 전무한 상황 하의 각종행사 시의 경호는? (17회)

① 1(A)급 경호
② 2(B)급 경호
③ 3(C)급 경호
④ 4(D)급 경호

해설 경호수준에 의한 분류

1(A)급 경호	행사보안의 사전노출로 경호위해가 증대된 상황하의 각종행사와 국왕 및 대통령 등 국가 원수급의 국빈행사 경호
2(B)급 경호	행사준비의 시간적 여유 없이 갑자기 결정된 상황하의 각종행사와 수상급의 국빈행사 경호
3(C)급 경호	행사준비 등 경호조치가 거의 전무한 상황하의 각종행사와 장관급의 국빈행사 경호

21. 경호의 성격에 의한 분류 중 경호관계자의 사전 통보에 의해 계획·준비되는 경호활동은? (18회)

① 공식경호
② 직접경호
③ 약식경호
④ 비공식경호

해설 경호의 성격에 의한 분류

공식경호 (1호,A호)	사전 통보에 의해 계획·준비되는 공식행사 시 실시하는 경호
비공식경호 (2호,B호)	사전 통보나 협의절차 없이 이루어지는 비공식행사 시 경호
약식경호 (3호,C호)	특정지역 내 짧은 이동, 불시 외출행사, 출·퇴근 등

정답 19. ③ 20. ③ 21. ①

22. 경호 및 경비의 분류에 관한 설명으로 옳은 것을 모두 고른 것은? (19회)

ㄱ. 2(B)급 경호는 행사준비 등의 시간적 여유 없이 갑자기 결정된 상황에서의 각종 행사와 수상급의 경호대상으로 결정된 국빈행사의 경호이다.
ㄴ. 약식경호는 의전절차 없이 불시에 행사가 진행되고, 사전 경호조치도 없는 상태에서 최소한의 근접경호만으로 실시하는 경호활동을 말한다.
ㄷ. 특수경비는 총포류, 도검류, 폭발물에 의한 중요범죄 등의 사태로부터 발생할 위해를 예방하거나 경계하고 진압함으로써, 국민의 생명과 재산을 보호하고 공공의 안녕과 질서를 유지하는 경비활동이다.

① ㄱ
② ㄱ, ㄴ
③ ㄴ, ㄷ
④ ㄱ, ㄴ, ㄷ

해설 ㄱ. 경호수준에 의한 분류.
ㄴ. 경호성격에 의한 분류.
ㄷ. 경비목적에 의한 분류

23. 경호의 분류에 관한 설명으로 옳지 않은 것은? (20회)

• 직접경호는 평상시에 이루어지는 치안 및 대공활동, 국제정세를 포함한 안전대책 작용이다.
• 행사장 경호는 경호대상자가 참석하거나 주관하는 행사에서의 경호업무를 말한다.
• 국왕 및 대통령 등 국가원수급의 경호는 1(A)급 경호에 해당한다.
• 숙소경호는 평소 거처하는 관저나 임시로 외지에서 머무는 장소에서의 경호업무를 말한다.
• 약식경호는 일정한 방식에 의하지 않고 출·퇴근과 같이 일상적인 경호업무를 말한다.

① 1개
② 2개
③ 3개
④ 4개

해설 ① 간접경호에 관한 설명이다.
※ **직접경호** : 행사장에 인원과 장비배치, 물적·인적·자연적 위해요소를 배제하기 위한 직접적인 경호작용

24. 다음을 경호로 분류할 때 해당하지 않는 것은? (21회)

대한민국을 방문한 K국 대통령의 시장 방문 시 경호 관계기관에서는 주변에 알리지 않고 경호를 하였다. 이 때 시장에서 쇼핑 중 위해자에 의한 피습사건이 발생하여 B경호원은 몸을 날려 위해행위를 차단하였고, 동료 경호관들은 대통령을 안전한 곳으로 대피시켰다.

① A급경호
② 비공식 경호
③ 직접 경호
④ 약식 경호

22. ④ 23. ① 24. ④

> **해설** • 대한민국을 방문한 K국 대통령 : **1(A)급 경호**
> • 시장방문(비공개 의전절차) : **비공식 경호**
> • 행사장 인원배치, 위해요소 배제 위한 직접적 경호작용 : **직접 경호**

25. 경호의 분류와 소속이 옳게 연결된 것은? (20회)

> (ㄱ) 국회의장과 (ㄴ) 헌법재판소장이 공식행사에 참석 차 이동 중 (ㄷ) 예정에 없던 고궁에 들러 (ㄹ) 경호원을 대동하여 시민들과 대화를 하였다.

① ㄱ : 갑호, ㄴ : 갑호, ㄷ : 공식, ㄹ : 대통령경호처
② ㄱ : 갑호, ㄴ : 을호, ㄷ : 공식, ㄹ : 경찰청
③ ㄱ : 갑호, ㄴ : 갑호, ㄷ : 비공식, ㄹ : 대통령경호처
④ ㄱ : 을호, ㄴ : 을호, ㄷ : 비공식, ㄹ : 경찰청

> **해설** ㄱ, ㄴ. **을(B)호 경호 대상** : 수상, 국무총리, 국회의장, 대법원장, 헌법재판소장급의 외국인사
> ㄷ. **비공식(2호, B호)경호** : 사전 통보나 협의절차 없이 이루어지는 비공식행사 시 경호
> ㄹ. **경찰청 경비국** : 대통령 관저경비, 국회의장, 대법원장, 헌법재판소장 경호담당

26. 경호 · 경비의 분류에 관한 설명으로 옳지 않은 것은? (22회)

① 경호의 대상에 따라 갑(A)호, 을(B)호, 병(C)호 등으로 구분할 수 있다.
② 경호행사의 장소에 의한 분류에 따라 행사장경호, 숙소경호, 연도경호 등으로 구분할 수 있다.
③ 치안경비는 공공의 안녕과 질서를 문란하게 하는 경비사태에 대한 예방 · 경계 · 진압하는 작용이다.
④ 경호수준에 따른 분류에 해당하는 비공식경호는 출 · 퇴근 시 일상적으로 실시하는 경호이다.

> **해설** ④ 약식경호 (3호, C호)에 대한 내용이다.
> ※ 비공식경호(2호, B호) : 사정통보나 협의절차 없이 이루어지는 비공식 행사시 실시하는 경호

정답 25. ④ 26. ④

27. 경호 및 경비의 분류에 관한 설명으로 옳지 않은 것은? (23회)

① 약식경호는 의전절차 없이 불시에 행사가 진행되고, 사전 경호조치도 없는 상태에서 최대한의 근접경호만으로 실시하는 경호활동을 말한다.
② 1(A)급 경호는 사전에 노출되어 경호위해가 증대된 상황 하의 각종 행사와 대통령 등 국가 원수급의 1등급 경호대상으로 결정된 국빈행사의 경호이다.
③ 경호관계자의 사전 통보에 의해 계획·준비되는 경호활동은 경호의 성격에 의한 분류 중에서 공식경호에 해당한다.
④ 장소에 따른 경호는 행사장경호, 숙소경호 등으로 분류되며 연도경호도 이에 해당한다.

해설 ① 비공식경호에 대한 설명이다.
※ **약식경호** : 출·퇴근 등 일상적으로 실시하는 경호로, 의전절차 없이 불시에 행사가 진행되고, 사전 경호조치도 없는 상태에서 최소한의 근접경호만으로 실시하는 경호활동을 말한다.

28. 경호의 원칙에 관한 설명으로 옳지 않는 것은? (14회)

① 하나의 통제된 지점을 통한 접근의 원칙이란 경호대상자에 접근할 수 있는 출입구(통로)는 하나만 필요하다는 원칙이다.
② 방어경호의 원칙이란 경호원은 공격자의 제압보다 경호대상자의 방어 및 대피를 우선해야 한다는 원칙이다.
③ 자기담당구역 책임의 원칙은 경호원 자신의 담당구역 안에서 발생하는 사태에 대해서 자신이 책임을 지고 해결해야 한다는 원칙이다.
④ 은밀경호의 원칙은 경호장비나 경호원이 경호대상자의 눈에 띄지 않게 은밀하게 경호임무를 수행하는 것을 말한다.

해설 ④는 경호대상자가 아니라 타인의 눈에 띄지 않게 은밀히 경호임무를 수행하는 것이다.

29. 3중 경호의 원칙에 관한 설명으로 옳지 않은 것은? (14회)

① 3중 경호는 경호영향권역을 공간적으로 구분하여 해당구역의 위해요소에 대해 상대적으로 차등화된 경호조치와 중첩된 통제를 통하여 경호의 효율화를 기하고자 하는 경호방책이다.
② 3중 경호의 구조는 경호대상자가 위치한 장소로부터 1선(내부), 2선(내곽), 3선(외곽)으로 구분된다.
③ 1선은 안전구역으로 경호대상자에게 직접적인 위해를 가할 수 있는 위험지역으로서 소총의 유효사거리를 고려하여 설정된다.
④ 2선은 경비구역으로서 부분적 통제가 실시되나, 경호원의 확인을 거치지 않은 인원이나 물품도 감시의 영역을 벗어나서는 아니된다.

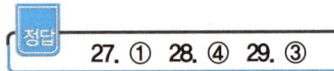

해설 3중경호의 구분

1선	안전구역 (근접경호)	(권총 등 유효사거리 고려한 건물내부) • 경호대상자에게 직접적인 위해를 가할 수 있는 위험지역, 완벽한 통제 필요 • 경호원의 확인을 거치지 않은 인원출입과 물품의 반·출입 금지 ※ 경호처에서 경호주관 및 책임 (경찰은 경호요청시 인력·장비 지원)
2선	경비구역 (중간경호)	(소총 등 유효사거리 고려한 울타리 내곽) • 경호대상자 신변안전과 행사에 직·간접적으로 영향을 미칠 수 있는 구역. • 부분적 통제가 실시되나 경호원의 확인을 거치지 않은 인원이나 물품도 감시의 영역을 벗어서는 아니 된다. ※ 경호책임은 경찰이 담당, 군부대 내부일 경우 군이 책임
3선	경계구역 (외곽경호)	(소구경 곡사화기 유효사거리 고려한 외곽) • 경호대상자 안전에 직접적 위협은 없으나, 행사에 간접적 영향권 • 행사 및 경호대상자 안전 요소들에 대한 사찰활동 및 제한적 통제실시 ※ 통상적으로 경찰 책임하에 경호실시

30. 경호의 행동원칙과 설명이 올바르게 연결된 것은? (15회)

① 담당구역책임의 원칙 : 각 경호팀별 공동 담당구역을 정하여 책임을 부여한다.
② 목표물보존의 원칙 : 위해가능성이 있는 모든 것에서 경호대상자를 격리시킨다.
③ 방어경호의 원칙 : 경호원과 경호장비는 가능한 일반인의 눈에 띄지 않게 한다.
④ 자기희생의 원칙 : 긴급상황 발생 시 신속히 엎드려 사격자세를 취한다.

해설 경호의 특별원칙

담당구역 책임의 원칙	경호원은 자기 담당구역內 발생하는 어떠한 사태도 자신만이 책임지고 해결해야 한다는 원칙, 비록 자기담당구역이 아닌 인근 지역에 위급상황이 발생해도 자기책임구역을 이탈해서는 안 된다.
목표물 보존의 원칙	경호대상자(목표물)를 위해가능성이 있는 자들로부터 떼어놓는 원칙 • 행차코스는 비공개 원칙 • 경호대상자의 행차예정 장소는 일반 대중에게 알려지지 않아야 한다. • 동일한 장소에 수차 행차했던 곳은 가급적 변경되어야 한다. • 대중에게 노출된 보행행차는 가급적 제한되어야 한다.
하나의 통제된 지점을 통한 접근의 원칙	경호대상자와 접근할 수 있는 통로는 하나만 필요하고 여러 개의 통로는 필요 없다는 원칙, 하나의 통제된 출입구나 통로라도 접근자는 경호원에 의해 인지되고 확인되어야 하며 허가절차를 거쳐 접근하도록 해야 한다.
자기희생의 원칙	경호대상자는 어떤 상황에서도 절대적으로 보호되어야 한다는 원칙 경호대상자가 위기에 처했을 때 자신을 희생하여 보호해야 한다는 원칙

※ **방어경호의 원칙**
경호대상자에게 긴급상황 발생시 경호원은 경호대상자를 우선 안전한 곳으로 대피시키는 것이 가장 바람직하며, 무기사용의 공격적 행동보다 방어위주의 엄호행동이 요구된다.

정답 30. ②

31. 경호의 일반원칙에 관한 설명으로 옳지 않은 것은? (16회)

① 경호원은 신체적 조건도 중요하지만, 두뇌의 역할이 그 무엇보다도 중요하다.
② 경호란 위해기도자를 공격하는 것이 아니라 위해요소로부터 경호대상자를 방어하는 행위이다.
③ 경호원은 은밀하게 침묵 속에서 행동하며, 행동반경은 언제나 경호대상자의 신변을 엄호할 수 있는 곳에 둔다.
④ 3중경호의 원칙은 행사장 내부(1선)를 안전구역으로, 내곽(2선)을 경계구역으로, 외곽(3선)을 경비구역으로 설정한다.

> **해설** ① 두뇌경호의 원칙, ② 방어경호의 원칙, ③ 은밀경호의 원칙.
> ④ 3중경호의 원칙은 행사장 내부(1선)를 안전구역으로, 내곽(2선)을 경비구역으로, 외곽(3선)을 경계구역으로 설정한다.

32. 중첩경호(3중 경호) 원칙의 필요성으로 옳지 않은 것은? (16회)

① 경호영향권역을 공간적으로 구분하여 상대적으로 차등화된 경호조치를 통한 경호의 효율성 증대
② 3중의 경호막을 통해 조기경보체제를 확립하여 위해행위에 대비
③ 광범위한 지역에 대한 강력한 경호조치로 위협요소 제거
④ 경호자원의 낭비적 요소 제거

> **해설** 3중 경호(중첩경호) 원칙의 필요성
> • 경호영향권역을 공간적으로 구분, 해당구역의 인적·물적 위해요소에 대해 상대적으로 차등화된 경호조치
> • 경호인력의 배치 및 중첩된 통제를 통해 경호의 효율성 증대
> • 3중의 경호막을 통해서 종심이 있는 조기경보체제를 확립하여 위해행위에 대비
> • 공간적·시간적·대상별로 차등화된 통제를 통한 완벽한 경호추구
> • 자원과 시간과 인력의 낭비적 요소 제거

33. 다음에서 설명하고 있는 경호활동의 원칙은? (17회)

> 경호대상자에게 접근할 수 있는 출입구나 통로는 하나만 필요하고, 통제된 출입구나 통로라도 접근자는 경호원에게 허가절차 등을 거쳐야 한다.

① 3중 경호의 원칙
② 방어경호의 원칙
③ 은밀경호의 원칙
④ 하나의 통제된 지점을 통한 접근의 원칙

> **해설** ①,②,③.두뇌경호의 원칙과 함께 **경호의 일반원칙**이다.
> ④ **경호의 특별원칙** 중 하나의 통제된 지점을 통한 접근의 원칙에 대한 설명이다.

정답 31. ④ 32. ③ 33. ④

34. 3중경호의 원리에 관한 설명으로 옳지 않은 것은? (17회)

① 경호영향권역을 공간적으로 구분한 3중의 경호막을 통해 구역별로 동등한 경호조치로 위해요소에 대한 중첩확인이 이루어진다.
② 세계의 주요 경호기관이 3중 경호의 원리를 적용하고 있으나 적용범위와 방법 등에서는 차이가 존재한다.
③ 안전구역은 완벽한 통제가 이루어져야하며, 경호원의 확인을 거치지 않은 인원의 출입은 금지한다.
④ 위해행위에 대한 조기경보체제를 확립하고 경호자원과 시간을 효율적으로 활용할 수 있는 여건을 제공한다.

해설 ① 3중경호는 경호영향권역을 공간적으로 구분한 3중의 경호막을 통해 구역별로 상대적으로 차등화된 경호조치로 위해요소에 대한 중첩확인이 이루어진다.

35. 경호의 원칙에 관한 설명으로 옳은 것은? (18회)

① 3중 경호의 원칙 : 경호대상자가 위치한 지역으로부터 경호행동반경을 거리개념으로 전개한 원칙
② 은밀경호의 원칙 : 경호대상자는 어떠한 상황에서도 절대적으로 보호되어야 한다는 원칙
③ 두뇌경호의 원칙 : 위해기도자로부터 경호대상자를 떼어 놓는다는 원칙
④ 하나의 통제된 지점을 통한 접근의 원칙 : 자신의 책임구역에 대해서는 자신이 책임을 져야 한다는 원칙

해설 ② 자기희생의 원칙 ③ 목표물보존의 원칙 ④ 자기담당구역 책임의 원칙

36. 다음 설명의 경호활동 원칙은? (19회)

> 경호대상자가 위험한 상황에 처했을 경우에는 경호대상자의 머리를 숙이게 한다든지, 완력으로 안전한 곳으로 인도한다든지 하여 위험을 모면케 하는 경호활동으로 긴급상황 발생시 경호대상자를 우선 안전한 곳으로 대피시키는 것이 바람직하다.

① 방어경호의 원칙　　② 예방경호의 원칙
③ 두뇌경호의 원칙　　④ 자기희생의 원칙

해설 방어경호에 관한 설명이다.

예방경호	실제적이고 주도면밀한 범행의 성공기회를 최소화·무력화 시키는 경호활동, 경호대상자의 안전한 보호를 위해 위험요소 사전제거·최소화·무력화 시켜 경호대상자에 대한 공격을 사전에 예방하는 원칙
두뇌경호	경호실시 도중에 상황발생 시 완력이나 무력으로 경호대상자의 안전을 도모하는 것보다 사전에 치밀한 계획과 철저한 준비로 위험요소를 제거하는데 중점을 두는 경호활동, 긴급하고 위험상황 발생 시 고도의 예리하고 순간적인 판단력이 중시된다.
자기희생 원칙	경호대상자는 어떤 상황에서도 절대적으로 보호되어야 한다는 원칙으로, 경호대상자가 위기에 처했을 때 자신을 희생하여 보호해야 한다는 원칙

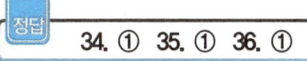

34. ①　35. ①　36. ①

37. 경호의 행동원칙에 관한 설명으로 옳은 것을 모두 고른 것은? (19회)

> ㄱ. 자기담당구역 책임의 원칙 : 경호원은 자신의 책임 하에서 주어진 임무를 완수하고 담당구역을 지켜낸다.
> ㄴ. 자기희생의 원칙 : 경호원 자신을 희생하더라도 경호대상자의 신변을 안전하게 보호해야 한다.
> ㄷ. 목표물 보존의 원칙 : 경호대상자를 위해요소로부터 떼어놓는 것이다.
> ㄹ. 은밀경호의 원칙 : 경호대상자의 얼굴을 닮은 경호원 또는 비서관을 임명하여 경호 위해자로부터 경호대상자를 은밀하게 보호하는 방법이다.

① ㄱ
② ㄱ, ㄴ
③ ㄱ, ㄴ, ㄷ
④ ㄱ, ㄴ, ㄷ, ㄹ

해설 ㄹ. 경호기법 중 **기만경호** (인물기만, 기동기만, 장소기만, 시간기만)에 해당하는 내용이다.
※ 은밀경호의 원칙
- 경호원은 은밀하고 침묵 속에 행동하고 행동반경은 언제나 경호대상자 신변을 엄호할 수 있는 곳에 한정시키고, 위기시 신속히 안전장소로 대피시켜 혼란 없이 다음 임무를 수행해야 한다.
- 경호는 예방경호가 중점이므로 가급적 경호규모를 비공개하는 소극적 방법을 택하기도 하고, 경호기만 같은 적극적 방법으로 암살기도자가 경호목적 달성에 영향을 미치지 않도록 유도한다.

38. 경호의 원칙에 관한 설명으로 옳은 것을 모두 고른 것은? (20회)

> ㄱ. 위해가능성이 있는 모든 것에서 경호대상자를 격리시킨다.
> ㄴ. 경호는 고도의 순간적인 판단력과 사전 치밀한 계획이 중요하다.
> ㄷ. 경호는 위해기도자를 공격하는 것이 아니라, 위해요소로부터 경호대상자를 방어하는 것이다.
> ㄹ. 행사장을 안전구역, 경비구역, 경계구역으로 설정한다.

① ㄱ, ㄷ
② ㄱ, ㄴ, ㄷ
③ ㄴ, ㄷ, ㄹ
④ ㄱ, ㄴ, ㄷ, ㄹ

해설 ㄱ : 목표물 보존의 원칙 ㄴ : 두뇌경호의 원칙 ㄷ : 방어경호의 원칙 ㄹ : 3중경호(중첩경호)의 원칙

39. 다음 경호활동에 나타나지 않는 원칙은? (21회)

> 평소 경호대상자는 어떠한 상황에서도 절대적으로 보호되어야 한다는 생각으로 근무하고 있는 K경호원은 경호대상자가 은행에 갈 때 차량과 이동로를 노출시키지 않고 근접경호활동을 하였다. 마침 은행 강도사건이 은행에서 발생하여 경호대상자를 우선 안전한 곳으로 대피시키고 강도사건 발생을 관할 경찰서에 알려 조속히 사건을 마무리할 수 있었다.

① 은밀경호의 원칙
② 중첩경호의 원칙
③ 목표물보존의 원칙
④ 방어경호의 원칙

37. ③ 38. ④ 39. ②

> **해설** • 차량과 이동로를 노출시키지 않고 근접경호 : **목표물 보존의 원칙, 은밀경호의 원칙**
> • 우선 안전한 곳으로 대피 : **방어경호의 원칙**

40. 경호의 원칙에 관한 설명으로 옳은 것을 모두 고른 것은? (21회)

> ㄱ. 경호행사장을 안전구역, 경비구역, 경계구역으로 설정한다.
> ㄴ. 고도의 순간 판단력과 치밀한 사전계획이 중요하다.
> ㄷ. 위해가능성이 있는 것으로부터 경호대상자를 격리시킨다.
> ㄹ. 위해행위 발생 시 방호 및 대피보다 위해자를 공격하여 무력화 시키는 것이 우선이다.

① ㄱ, ㄹ ② ㄱ, ㄴ, ㄷ
③ ㄴ, ㄷ, ㄹ ④ ㄱ, ㄴ, ㄷ, ㄹ

> **해설** ㄱ. 3중(중첩)경호의 원칙, ㄴ. 두뇌경호의 원칙, ㄷ. 목표물보존의 원칙
> ㄹ. 경호대상자에게 긴급상황 발생 시 경호원은 경호대상자를 우선 안전한 곳으로 대피시키는 것이 가장 바람직하며, 무기사용의 공격적 행동보다 방어위주의 엄호행동이 요구된다. **(방어경호의 원칙)**

41. 3중경호에 관한 설명으로 옳은 것은? (22회)

① 1선은 경비구역으로 소구경 곡사화기의 유효사거리를 고려한 개념이다.
② 2선은 경계구역으로 권총 등의 유효사거리를 고려한 건물 내부구역으로 설정한다.
③ 경호대상자가 위치한 지역에서 경호를 취하는 순서로 근접경호 - 중간경호 - 외곽 경호로 나눈다.
④ 위해자가 위치한 곳으로부터 내부 - 내곽 - 외곽으로 구분한다.

> **해설** ① 1선은 안전구역으로 권총 등 유효사거리 고려한 건물내부구역으로 설정한다.
> ② 2선은 경비구역으로 소총 등 유효사거리 고려한 울타리 내곽구역으로 설정한다.
> ④ 경호대상자가 위치한 곳으로부터 내부 - 내곽 - 외곽으로 구분한다.

42. 3중 경호의 원칙에 관한 설명으로 옳지 않은 것은? (23회)

① 3중 경호의 기본구조는 경호대상자가 위치한 장소로부터 내부, 외부, 외곽으로 구분하여 경호 행동반경을 거리개념으로 설명한 것이다.
② 1선은 완벽한 통제가 이루어져야 하며, 경호원의 확인을 거치지 않은 인원의 출입은 금지한다.
③ 2선은 부분적 통제가 실시되지만 경호원의 확인을 거치지 않은 인원 및 물품은 감시의 영역을 벗어나서는 안 된다.
④ 3중의 경호막을 통해 조기경보체제를 확립하여 위해행위에 대비할 수 있다.

> **해설** ① 3중 경호의 기본구조는 경호대상자가 위치한 장소로부터 내부(근접경호), 내곽(중간경호), 외곽(외곽경호)으로 구분하여 경호 행동반경을 거리개념으로 설명한 것이다.

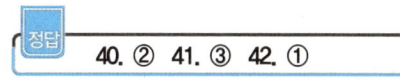

43. 경호의 행동원칙에 관한 설명으로 옳지 않은 것은? (23회)

① '자기담당구역 책임의 원칙'에 의하면 경호원은 자신의 책임 하에서 주어진 임무를 완수하고 담당구역을 지켜야 한다.
② '자기희생의 원칙'은 경호원 자신을 희생해서라도 경호대상자의 신변을 안전하게 보호해야 한다.
③ '하나의 통제된 지점을 통한 접근의 원칙'에 의하면 경호대상자에게 접근할 수 있는 출입구나 통로는 하나만 필요하고, 담당경호원의 허가 절차가 요구되지 않는다.
④ '목표물 보존의 원칙'은 경호대상자를 위해요소로부터 분리하는 것을 말한다.

해설 하나의 통제된 지점을 통한 접근의 원칙
경호대상자에게 접근할 수 있는 출입구나 통로는 하나만 필요하고, 통제된 출입구나 통로라도 접근자는 담당경호원에 의해 인지되어야 하고 허가 절차를 거쳐 접근하도록 해야 한다.

44. 3중 경호의 원칙에 해당하지 않는 구역은? (23회)

① 안전구역　　　　　　　　② 경비구역
③ 경계구역　　　　　　　　④ 방호구역

해설 경호대상자가 위치한 곳으로부터 내부 – 내곽 – 외곽으로

45. 다음에서 설명하는 경호의 원칙은? (24회)

> 경호대상자의 행차코스는 원칙적으로 비공개되어야 하며, 행차 예정 장소도 일반대중에게 비공개되어야 한다. 더불어 대중에게 노출되는 경호대상자의 보행행차는 가급적 제한되어야 위해를 가할 가능성이 있는 위험으로부터 경호대상자를 보호할 수 있다.

① 목표물 보존의 원칙　　　　　② 자기담당구역 책임의 원칙
③ 하나로 통제된 지점을 통한 접근의 원칙　　④ 자기희생의 원칙

해설 경호의 특별원칙

담당구역 책임의 원칙	경호원은 자기 담당구역內 발생하는 어떠한 사태도 자신만이 책임지고 해결해야 한다는 원칙, 비록 자기담당구역이 아닌 인근 지역에 위급상황이 발생해도 자기책임구역을 이탈해서는 안 된다는 원칙
목표물 보존의 원칙	경호대상자(목표물)를 위해가능성이 있는 자들로부터 떼어놓는 원칙 • 행차코스는 비공개 원칙 • 경호대상자의 행차예정 장소는 일반 대중에게 알려지지 않아야 한다. • 동일한 장소에 수차 행차했던 곳은 가급적 변경되어야 한다. • 대중에게 노출된 보행행차는 가급적 제한되어야 한다.
하나의 통제된 지점을 통한 접근의 원칙	경호대상자와 접근할 수 있는 통로는 하나만 필요하고 여러 개의 통로는 필요 없다는 원칙, 하나의 통제된 출입구나 통로라도 접근자는 경호원에 의해 인지되고 확인되어야 하며 허가절차를 거쳐 접근하도록 해야 한다.
자기희생의 원칙	경호대상자는 어떤 상황에서도 절대적으로 보호되어야 한다는 원칙 경호대상자가 위기에 처했을 때 자신을 희생하여 보호해야 한다는 원칙

정답　43. ③　44. ④　45. ①

46. 다음에서 설명하는 경호의 원칙은? (24회)

> 경호대상자가 위치한 지역에서 가장 근거리부터 엄중한 경호를 취하는 순서로 근접경호, 중간경호, 외곽경호로 나누고 그에 따른 요원의 배치와 임무가 부여된다.

① 3중 경호의 원칙 ② 두뇌 경호의 원칙
③ 방어 경호의 원칙 ④ 은밀 경호의 원칙

해설 경호의 일반원칙

3중 경호의 원칙	경호대상자가 위치한 곳으로부터 내부(근접), 내곽(중간), 외곽(외곽)으로 구분, 경호행동반경을 거리개념으로 설정
두뇌경호의 원칙	• 경호실시 도중에 상황발생 시 무력으로 경호대상자의 안전을 도모하는 것보다 사전에 치밀한 계획과 철저한 준비로 위험요소를 제거하는데 중점을 둔다. • 긴급하고 위험상황 발생 시 고도의 예리하고 순간적인 판단력이 중시된다.
방어경호의 원칙	경호대상자에게 긴급상황 발생시 경호원은 경호대상자를 우선 안전한 곳으로 대피시키는 것이 가장 바람직하며, 무기사용의 공격적 행동보다 방어위주의 엄호행동이 요구된다.
은밀경호의 원칙	경호원은 은밀하고 침묵 속에 행동하고 행동반경은 언제나 경호대상자 신변을 엄호할 수 있는 곳에 한정시키고, 위기시 신속히 안전장소로 대피시켜 혼란없이 다음 임무를 수행해야 한다.

47. 경호활동시 안전구역, 경비구역, 경계구역으로 구분하는 원칙은? (15회)

① 3중경호의 원칙 ② 은밀경호의 원칙
③ 두뇌경호의 원칙 ④ 방어경호의 원칙

해설 3중경호(중첩경호)의 원칙
• 경호대상자가 위치한 집무실이나 행사장으로부터 내부(근접경호), 내곽(중간경호), 외곽(외곽경호)으로 구분 경호행동반경을 거리개념으로 논리 전개

1선 (내부) 안전구역	2선 (내곽) 경비구역	3선 (외곽) 경계구역
피경호자가 위치하는 구역	소총유효사거리內 취약지점	주변 동향파악, 감제고지확보
• 내부행사 : 건물 자체 • 외부행사 : 본부석 MD운용, 비표확인, 출입자감시	바리케이트등 장애물설치 소방차, 구급차대기	감시조, 기동순찰조 운용 원거리 불심자 검문검색

• 위해기도 시 시간 및 공간적으로 지연시키거나 피해범위를 최소화하기 위한 방어전략

48. 경호의 기본원리 및 경호기법에 관한 설명으로 옳지 않은 것은? (17회)

① 위해기도자의 위치가 고정된 경우, 수평적 방벽효과는 경호원이 위해기도자와 가까이 위치할수록 감소한다.
② 위해기도 시 위해기도자와 가장 가까이 위치한 경호원이 위해기도자를 대적한다.
③ 위력경호는 위해기도자의 위해기도 의사를 제압할 수 있는 유형적·무형적 힘을 이용한다.
④ 위해기도 시 경호대상자를 방호해야 하는 경호원은 위해기도자의 공격선상에서 최대한 몸을 크게 벌려 공격을 막는다.

정답 46. ① 47. ① 48. ①

> 해설 ② 경호의 기본원리 중 촉수거리의 원칙을 말한다.
> ③ 경호기법 중 위력경호에 대한 설명이다.
> ④ 경호의 기본원리 중 체위확장의 원칙에 대한 설명이다.
> ① 자연방벽의 원리 중 수평적 방벽효과를 설명한 내용으로 고정된 위해기도자의 위치에서 볼 때, 경호원의 위치가 위해기도자와 가까울수록 방벽효과는 증대된다.
>
> ※ 수평적 방벽효과

고정된 위해기도자의 위치에서 볼 때	경호원의 위치가 위해기도자와 가까울수록 방벽효과는 증대된다.
고정된 경호대상자의 위치에서 볼 때	경호원의 위치가 경호대상자와 가까울수록 위해기도자는 좌우로 더 많은 거리를 이동해야만 목표(경호대상자)를 확보하여 공격을 가할 수 있으므로 높은 방벽효과를 기대할 수 있다.
자연적인 수평적 위치일 경우	경호원이 위해기도자와 가까이 위치할수록 방벽효과가 크다.
개활지 등에서 위해기도자의 위치를 모르는 경우	경호원이 경호대상자와 가까이 위치할수록 위해기도자의 이동요구거리를 증대시켜 높은 방벽효과를 기대할 수 있다.

49. 위해기도자의 범행시도에 경호대상자 또는 위해기도자와 가장 가까이 위치한 경호원이 대응해야 한다는 경호원칙은? (19회)

① 체위확장의 원칙 ② 주의력과 대응시간의 원리
③ 촉수거리의 원칙 ④ 목표물 보존의 원칙

> 해설 • 체위확장의 원칙
>   우발상황 발생시 경호원 자신의 몸을 최대한 확장시켜 경호대상자의 방호효과를 극대화해야 한다는 원칙
> • 주의력과 대응시간의 원리
>   경호원의 주의력을 높이기 위해서는 경계대상과 거리를 좁히는 것이 효과적이나, 대응력을 높이기 위해서는 우발상황발생시 신속대처를 위해 경호대상자와 거리를 좁히는 것이 효과적으로 주의력효과와 대응효과는 서로 상반된 개념이기 때문에 경호원은 주의력효과와 대응효과를 고려한 위치선정에 신중해야 한다.
> • 목표물 보존의 원칙
>   경호의 행동(특별)원칙 중 하나로 경호대상자를 위해가능성이 있는 자들로부터 떼어 놓는다는 원칙

50. 경호의 정의와 개념을 잘못 말한 자는? (21회)

> A경호원 : 경호란 경호대상자의 생명과 재산을 보호하기 위하여 신체에 가하여지는 위해를 방지하거나 특정지역을 경계·순찰 및 방비하는 등의 모든 안전 활동을 말해.
> B경호원 : 맞는데, 경호는 보안이 강조되므로 자신의 몸을 최대한 은폐, 엄폐하여 근무하는 습관이 필요해.
> C경호원 : 경호는 경호대상자와 위해행위자 사이의 완충벽이라 볼 수 있어.

① A ② B
③ A, C ④ B, C

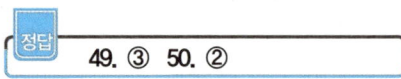

49. ③ 50. ②

▶해설 **A경호원**: 경호란 경호대상자의 생명과 재산을 보호하기 위해 신체에 가해지는 위해를 방지하거나 제거하고, 특정지역을 경계·순찰 및 방비하는 등의 모든 안전 활동을 말한다.
(대통령 등의 경호에 관한 법률 제2조)
C경호원: 경호원들은 경호대상자를 중심으로 정지 또는 이동 간 주변의 인적·물적 취약요소에 대해 다양한 형태의 방벽(완충벽)을 형성, 경호대상자를 보호해야 한다. (자연방벽의 원리)
B경호원: 경호는 보안이 강조되는 것은 옳으나, 비상상황 발생 시 경호원은 자신의 몸을 엄폐·은폐하는 것이 아니라 최대한 확장·노출시켜 경호대상자에 대한 방호효과를 극대화해야 한다. (체위확장의 원칙)

51. 경호행사 시 주의력효과와 대응효과에 관한 설명으로 옳지 않은 것은? (21회)

① 주의력은 위해자를 사전에 색출하기 위한 노력으로 예리한 사주경계가 요구된다.
② 주의력을 높이기 위해서는 경계대상과의 거리를 좁히는 것이 효과적이다.
③ 대응력은 경호대상자를 보호하고 대피시켜 신변을 보호하는 능력으로 경호대상자와의 거리를 넓히는 것이 효과적이다.
④ 주의력효과와 대응효과는 서로 상반된 개념이므로 위치선정에 유의해야 한다.

▶해설 **주의력효과와 대응효과의 원리**

주의력	경호원이 이상 징후를 포착하기 위해 기울이는 힘 (철저하고 예리한 사주경계가 요구됨)	경계대상을 잘 살필 수 있도록 경호원이 경계대상과의 거리를 좁히는 것이 효과적임
대응력	위해기도자가 공격시, 신속하고 효과적으로 경호대상자를 보호하고 대피시켜 경호대상자 신변을 보호하는 경호능력 (무조건 반사적, 기민함 요구됨)	우발상황시 신속한 대처를 위해 경호원이 경호대상자와 거리를 좁히는 것이 효과적임

※ 주의력효과와 대응효과는 서로 상반된 개념으로 경호원은 주의력효과와 대응효과를 고려한 위치선정에 신중해야 한다.

52. 자연방벽효과의 원리에 관한 내용이다. ( )에 공통으로 들어갈 내용으로 옳은 것은? (22회)

- 위해기도자가 고층건물 등에서 공격을 시도할 경우 경호원의 신장 차이가 ( ) 방벽효과에 큰 영향을 미친다.
- 경호원이 경호대상자에 대한 ( ) 방벽효과를 극대화하기 위해서는 항상 바른 자세로 똑바로 서서 몸을 움츠리거나 은폐시켜서는 안 된다.

① 공격적 ② 수직적
③ 회피적 ④ 함몰적

▶해설 **자연적방벽효과의 원리**

수평적 방벽효과	• 경호원은 경호대상자와 위해기도자간의 중간에 위치하여 위해기도자의 공격선을 차단하게 되는데 경호원의 위치에 따라 경호대상자를 보호하는 범위의 크기, 즉 수평적 방벽효과에 차이가 있게 된다. • 자연적인 수평적 방벽효과는 경호원이 위해기도자와 가까이 위치할수록 크게 나타나지만, 개활지 등 위해기도자 위치를 모르는 경우 경호원이 경호대상자와 가까이 위치할수록 수평적 방벽효과를 기대할 수 있다.
수직적 방벽효과	• 위해기도자가 고층건물 등에서 공격을 시도할 경우 경호원의 신장 차이가 수직적 방벽효과에 큰 영향을 미친다. • 경호대상자에 대한 수직적 방벽효과를 극대화하기 위해서는 항상 바른 자세로 똑바로 서서 몸을 움츠리거나 은폐시켜서는 안 된다.

51. ③ 52. ②

Chapter 2 국가별 경호의 변천과정

학·습·목·표

○ 우리나라 시대별 경호기관

시 대 별	경호기관
고구려	대모달, 말객
백제	5부, 위사좌평(경호실장), 병관좌평(국방부장관), 달률, 내관(궁궐내부)
신라	시위부, 9서당, 금군
발해	지부, 좌우호분위, 좌우태위·좌우우위
고려전기	중앙군, 순군부, 내군부, 장위부, 사위사, 위사사, 2군6위, 내순검군, 중추원
고려 무신집권기	도방(경대승), 육번도방(최충헌), 내외도방(최우), 서방(최우), 마별초(최우), 삼별초
고려후기	순마소, 순군만호부, 사평순위부, 성중애마
조선전기	의흥친군위, 의흥삼군위(의흥삼군부), 10사, 별시위·내금위·내시위, 겸사복, 충의부, 충의위, 충순위, 갑사
조선후기	호위청, 어영군, 어영청, 금위영, 훈련도감, 금군, 용호영, 장용위, 숙위소
한말전기	무위소, 무위영, 친군용호영, 시위대, 친위대
한말후기	경위원, 황궁경위원, 창덕궁경찰서
대한민국 정부수립 이전	내무총장, 경무국(지방에는 경무사), 경호부
대한민국 정부수립이후	경무대경찰서(1949), 청와대경찰관파견대(1960), 국가재건최고회의의장경호대(1961), 대통령경호실(1963), 대통령경호처(2008), 대통령경호실(2013), 대통령경호처(2017~)

◆ 삼국시대 경호제도

고구려	대모달	최고의 무관직, 왕권강화를 위해 수도방위를 담당하는 중앙군 지휘자
	말객	대모달 다음가는 직책으로 군사1,000명을 지휘하며 궁성경비 담당
백제	위사좌평	6좌평의 하나로 궁중과 국도 경비를 담당하는 숙위병 통솔, 최고위 군관
	5부	백제의 중앙군 역할을 수행하던 병력으로 수도를 5部로 나누어 각 부마다 500명씩의 군대를 편성, 2,500명이 교대로 왕실경호 및 도성 수비담당
신라	시위부	진덕여왕 5년에 설치됨, 구도에 설치된 무관부로서 궁성의 수비와 왕 및 왕실세력 행차시 시위(호위)가 주임무
	9서당	국왕직속으로 국도의 숙위, 경비를 담당, 통일신라 이후 9서당으로 완성
	금군	시위부 소속으로 모반, 반란 등을 평정하고 진압하는 임무 수행

※ 우리나라 최초의 민간경호조직은 통일신라기에 출현

◆ 고려시대 경호제도

고려 전기	중앙군	고려 초기 중군·좌강·우강 등 3군 중 하나로 태조 왕건의 친위군
	순군부	궁성내 치안 및 경비를 담당한 군조직으로 경비경찰적 성격을 띤 부대
	내군부	궁중시위임무를 담당하던 친위군
	2군 6위	• 2군: 친위군(시위군)으로 응양군과 용호군 • 6위: 좌우위, 신호위, 흥위위(개성과 변방수비), 금오위(경찰 임무), 천우위(왕의 시종업무), 감문위(궁성수비)
	내순검군	묘청의 난으로 인한 도성 혼란 수습을 위해 성내좌우순검사를 두었고, 의종 21년에 궁궐내 경비강화를 위해 내순검군을 설치
	중추원	왕명출납과 군사기무, 왕궁숙위를 담당
고려 무신집권기	도방	정중부를 살해한 경대승이 신변보호를 위해 사저에 설치한 사경호집단 ※ 우리나라 최초의 민간경호기관
	서방	최우가 만든 문인들로 구성된 최씨정권의 숙위기관
	마별초	최우가 몽고의 영향을 받아 설치한 기병대로 의장대 기능도 담당함
	삼별초	고종때 최우가 설치한 야별초, 우별초, 좌별초로 구성된 친위대 최우정권의 호위임무와 도성의 치안, 방범순찰 임무 등 수행
고려후기	순마소	원나라 지배하 몽고의 제도에 따라 설치, 본래 기능은 도적방지, 무고자·포악자 등의 단속과 변방수비 담당
	순군만호부	순마소 후신으로 치안유지, 왕의 뜻을 거스린 자에 대한 징계·처벌 담당
	사평순위부	방도금란, 모역, 관료들의 탐폭 등을 바로잡고 징계하는 역할 담당
	성중애마	충렬왕 때 상류층 자제들로 하여금 왕을 숙위토록 설립, 왕의 측근인 내시, 다방 등 근시의 임무를 띤 자들로 왕의 시종과 궁궐숙위 담당

◆ 조선시대 경호제도

조선전기	의흥친군위	조선 건국과 더불어 10위의 중앙군중 하나로 왕실의 사병적 성격을 가지며 궁성의 시위와 왕의 시종업무를 수행하는 친위군
	의흥3군부	태조 2년 의흥친군위의 후신으로 숙위담당 외에 군사 전반에 통제권 행사
	10사	태조 3년 10위를 개편한 조직, 궁궐의 시위와 한성 순찰·경비업무 담당
	갑사	태종~세종 중엽까지 근위병으로 왕의 호위임무 수행
	별시위	고려말 성중애마를 폐지 후 신설된 특수군으로 시험에 의해 선발되어 왕의 측근에서 시위업무 수행
	내금위	태종 7년 설치된 왕의 측근 호위군사조직으로 초기에는 무예를 갖춘 양반 출신으로 충당되다가 세종 5년부터 시험에 의해 선발
	내시위	태종 9년 내금위·별시위처럼 양반출신으로 시험으로 선발, 왕의 시위 담당
	겸사복	세종 때 궁중의 가마, 말, 외양간 등을 관리하면서 세자의 호위임무 수행
	충의위	세종 원년 개국공신 등의 자손으로 편성되어 왕의 측근 시위 담당
조선후기	호위청	인조반정으로 집권한 서인들의 사병들로 편성, 국왕 호위임무 수행
	어영군	인조원년 설립, 속오군과 정예병을 선발 75일씩 윤번 국왕 호위 담당
	금군	효종 때 군사력 강화를 위해 수어청,어영청의 뒤를 이어 설치된 국왕 친위군
	숙위소	정조 즉위년에 친족을 몰아내고 자신의 정치세력을 구축한 궁궐 숙위기관
	장용위	정조 6년 숙위소를 폐지하고 설치, 후에 장용내외영으로 확대되어 장용내영은 정조 호위임무, 장용외영은 부왕 장조능의 호위임무 수행

◆ 구한말 경호제도

구한말전기 (갑오경장이전)	무위소	고종 11년에 설치, 궁궐수비를 담당한 왕의 친위군
	무위영	고종 18년 훈련도감, 용호영, 호위청을 합쳐 설립, 무위소의 연장으로 왕궁을 지키는 근위군이다. 1882년 흥선 대원군에 의해 폐지됨
	친군용호영	국왕 호위대인 용호영의 강화책으로 설립, 용호영, 총어영, 경리청을 합친 왕의 호위부대, 시험에 의해 선발함
	시위대	1895년 을미사변 후 러시아식 편제로 개편된 신식군대로 궁중시위 임무 수행, 1907년 군사해산식을 거행당하고 폐지됨
	친위대	친위군과 진위군으로 양분하여 친위군은 경성에 주둔 왕성 수비담당, 대대급에서 연대편제로 개편하여, 전투부대로 강화된 신식군대
구한말후기 (갑오경장이후)	경위원	1901년 설치, 궁중 내외곽 경비와 궁내 사법업무 담당, 궁내경찰로 출발 후 궁내부로 개편, 오늘날 경비경찰에 해당,
	황궁경위국	1905년 경위원을 개편한 조직으로 궁궐 경비, 치안 담당 경찰기구
	경무통감국	1910년 궁내부 소속 황궁경위국을 경무통감부로 통합, 황궁경찰서(창덕궁경찰서) 설치, 창덕궁과 덕수궁 경호임무 수행

◆ 대한민국 정부수립 이후 현대의 경호제도

경무대경찰서	• 1949년 창덕궁경찰서 폐지 후 창설, 경무대 내의 경비·경호업무 수행 (종로경찰서 관할인 중앙청과 경무대 구내가 관할구역) • 내무부 훈령 제25호로 경호규정이 제정되어 최초로 경호라는 용어 사용과 경호업무체제 정비(경무대경찰서장이 경호책임자) • 경무대경찰서의 구성은 경무계, 사찰계, 경비계로 편성 • 1953.3.20 경찰서 직제를 개정, 관할구역을 경무대 구내로 제한
청와대경찰관파견대	• 1960년 4.19혁명 이후 3차개헌시 대통령중심제에서 내각책임제로 정부 형태변화로 경무대경찰서가 폐지되고 서울시경 경비과에서 경무대경찰관파견대 설치 • 같은 해 12월 청와대로 개칭되며 청와대경찰관파견대로 변경
국가재건최고회의의장경호대 (중앙정보부 경호대)	• 1961년 군사혁명위원회가 국가재건최고회의로 발족되면서 국가재건최고회의의장 경호대가 임시로 편성됨 • 같은 해 6월1일 중앙정보부 창설과 함께 경호대가 중앙정보부에 예속되어 중앙정보부경호대로 명칭 변경됨
대통령경호실	• 1963.12.14 박정희 대통령이 취임하면서 대통령경호실법 제정, 대통령경호실이 정식 출범 • 2008년 대통령경호처로 전환, 2013년 대통령경호실로 환원 2017.7.26 다시 대통령경호처로 개편됨

한국의 경호기관

◆ **대통령 경호처** : 대통령 경호기관

- 경호처의 조직 편제

  - **기획관리실** : 국회·예산 등 대외업무와 인사·조직·행정지원 업무
  - **경호본부** : 대통령 및 가족에 대한 경호업무, 방한 외국국가원수 및 행정수반 등 요인경호
  - **경비안전본부** : 대통령실와 주변지역 경비 총괄, 대통령실 내·외곽 담당 군·경 경호부대 지휘, 국내외 경호 관련 정보수집 및 보안업무, 행사장 안전 대책강구 및 전직대통령에 대한 경호
  - **경호지원단** : 시설관리 및 경호차량 운용 등의 경호행사 지원업무, 국가지도통신망 운용 및 대통령실 정보통신업무, IT장비 개발
  - ※ **경호안전교육원** : 경호안전관리와 관련되는 학술연구, 직원교육 및 경호안전업무 종사자·경호안전대책위원회 관련 기관 공무원 및 처장이 필요 인정한 사람 수탁교육

◆ **경찰청 경비국**

- 우리나라 **국무총리** 등에 대한 주요요인 경호담당
- 대통령 관저의 경비, 국회의장, 대법원장, 헌법재판소장, 경찰청장이 필요하다고 인정한 인사(퇴임 후 **10년**이 지난 전직대통령)등에 대한 경호
- 경찰청 경비국 임무 – 경호경비 계획수립·지도 및 주요 요인의 보호에 관한 사항

◆ **대통령경호안전대책위원회**

- 경호대상에 대한 경호업무를 수행할 때에는 관계기관의 책임을 명확하게 하고, 협조를 원활하게 하기 위해 **경호처**에 대통령경호안전대책위원회를 둔다.
- 위원장과 부위원장 각 1명을 포함 **20명 이내** 위원으로 구성
- **위원장은 경호처장**, 부위원장은 차장, 위원은 대통령령으로 정하는 관계기관 공무원
- 위원회 사무 처리를 위해 **간사 1명**을 두며, 간사는 **대통령경호처 직원** 중 위원장이 임명
- 위원회의 소관사항 예비심의나 위원회로부터 위임사항 처리를 위해 **실무위원회**를 둘 수 있다.
- 대통령경호안전대책활동에 관해 위원회 구성원 전원과 구성원이 속한 기관의 장이 **공동책임**을 지며, 구성원은 위원회 결정사항, 안전대책활동을 위해 부여된 임무에 관해 상호간 최대한 협조한다.
- 위원회의 관장사항

  - 대통령 경호에 필요한 안전대책과 관련된 업무의 협의
  - 대통령 경호와 관련된 첩보·정보의 교환 및 분석
  - 그 밖에 경호대상에 대한 경호에 필요하다고 인정되는 업무

대통령경호안전대책위원회 구성 및 분장책임 (대통령경호안전대책위원회규정 제2조, 제4조)

구성	분장책임
• 대통령 경호처장	• 안전대책활동에 관한 전반적인 업무 총괄 필요한 안전대책 활동지침 수립하여 관계부서에 부여
• 국가정보원 테러정보통합센터장	• 위해요인의 제거 • 정보 및 보안대상기관에 대한 조정 • 행사참관 해외동포 입국자에 대한 동향파악 및 보안조치
• 외교부 의전기획관	• 방한 국빈의 국내행사 지원 • 대통령과 그 가족 및 대통령당선인과 그 가족 등의 외국방문행사 지원 • 다자간 국제행사의 외교의전시 경호와 관련된 협조
• 법무부 출입국·외국인정책본부장	• 위해용의자에 대한 출입국 및 체류관련 동향의 즉각적인 전파·보고
• 과학기술정보통신부 통신정책관	• 경호임무 수행을 위한 정보통신업무의 지원 • 정보통신망을 이용한 경호 관련 위해사항의 확인
• 국토교통부 항공안전정책관	• 민간항공기의 행사장 상공비행 관련 업무지원 및 협조 • 육로 및 철로와 공중기동수단 관련 업무지원 및 협조
• 식품의약품안전처 식품안전정책국장	• 경호임무에 필요한 식음료위생 및 안전관리 지원 • 식음료관련 영업장 종사자에 대한 위생교육 • 식품의약품 안전검사 및 그 밖에 필요한 자료의 지원
• 관세청 조사감시국장	• 출입국자에 대한 검색 및 검사 • 휴대품·소포·화물에 대한 검색
• 대검찰청 공공수사정책관	• 위해음모 발견 시 수사지휘 총괄 • 위해가능인물의 관리 및 자료수집 • 국제테러범죄 조직과 연계된 위해사범의 방해책동 사전차단
• 경찰청 경비국장	• 위해가능인물에 대한 동향파악 • 행사참석자 및 종사자의 신원조사 • 행사장·이동로 주변 집회 및 시위관련 정보제공과 비상상황 방지대책 수립 • 우범지대 및 취약지역에 대한 안전조치 • 행사장 및 이동로 주변에 있는 물적 취약요소에 대한 안전조치 • 총포·화약류의 영치관리와 봉인 등 안전관리 • 불법무기류의 단속 및 분실무기의 수사
• 해양경찰청 경비국장	• 해상에서의 경호·테러예방 및 안전조치
• 소방청 119구조구급국장	• 경호임무수행을 위한 소방방재업무 지원
• 합동참모본부 작전본부 소속 장성급 장교중 위원장 지명1인	• 안전대책 활동에 대한 육·해·공군업무의 총괄 및 협조
• 국군방첩사령부 소속 장성급장교 또는 2급 이상 군무원중 위원장 지명1인	• 군내 행사장에 대한 안전활동 • 군내 위해가능인물에 대한 안전조치 • 행사참석자 및 종사자의 신원조사 • 경호구역 인근 군부대의 특이사항 확인·전파 및 보고 • 이동로 주변 군시설물에 대한 안전조치 • 취약지에 대한 안전조치 • 경호유관시설에 대한 보안지원 활동
• 수도방위사령부 참모장	• 수도방위사령부 관할지역 내 진입로 및 취약지에 대한 안전조치 • 수도방위사령부 관할지역의 경호구역 및 외곽지역 수색·경계등 경호활동지원

※ 공통사항
　• 입수된 경호관련(식품안전정책국장 → 식품의약품 안전관련)첩보 및 정보의 신속한 전파·보고
　• 그 밖에 국내·외 경호행사의 지원

국가별 경호체제

구 분	경호객체(대상자)	경호 주 체		경호유관기관
		경 호 기 관	경 호 요 원	
미국	전·현직 대통령, 부통령 및 그 직계가족	국토안보부 비밀경호국(SS)	특별수사관	• 국가정보국(DNI) • 연방범죄수사국(FBI) • 중앙정보국(CIA)
	국무부 장·차관, 외국대사, 기타要人	국무부 요인경호과(DS)	경호요원	• 이민국(USCIS) • 국가안전보장국(NSA) • 국방부 육군부
영국	여왕과 왕실	수도경찰청 특별작전부(SO) 왕실경호과	경찰관	• 보안국(SS) • 비밀정보부(SIS) • 정부통신본부(GCHQ)
	수상 및 각료	수도경찰청 특별작전부 특별요인경호과	경호요원	
독일	대통령, 수상, 장관등 헌법기관, 외국원수, 국빈 및 외교사절	연방범죄수사국 경호안전과(SG)	경찰관	• 연방국경수비대(BGS) • 연방정보부(BND) • 연방헌법보호청(BFV) • 국방보안국(MAD)
		(집무시설·관저경비) 연방경찰(BPOL)		
프랑스	대통령, 각부 장·차관	경호업무	국립경찰청 경호국 요인경호과(SPHP)	별정직 국가공무원	• 대테러조정통제실(UCLAT) • 내무성일반정보국(RG) • 국토감시국(DST) • 해외안전총국(DGSE) • 경찰특공대(RAID)
	엘리제궁, 국회의사당 총리관저 등 시설경비		국립헌병대 공화국대통령경호대(GSPR)		
			국립헌병대 공화국수비대(GR)	국무부산하 공화국경비대	
일본	천황, 황족	경찰청 부속기관, 황궁경찰본부	경찰관	• 내각정보조사실 • 외무성 조사기획국 • 공안조사청 • 방위청 정보본부
	내각총리, 대신	• 경찰청 경비국 공안2과-**지휘감독·조정** • 동경도 경시청 경호과(SP)-**직접경호**		
이스라엘	정부 고위인사	경호보안국(Shabak)	정보요원	• 군사정보국(Aman) • 정보 및 특수임무연구소(Mossad)
중국	국가주석	중국공산당 산하 중앙판공청 소속 중앙경위국	군인	• 공안국 산하 경위국 • 省 경위국
북한	노동당위원장	호위사령부	군인	• 국가안전보위부 • 사회안전성 • 정치안전보위국

🌐 국가별 경호조직 (이두석 교수 경호학개론)

국가명	경호기관	성격
대한민국	대통령경호처	전문경호기관
미국	The Secret Service	
러시아	FSO(연방경호실)	
독일	연방범죄수사청(BKA)	
멕시코	대통령경호실	전문경호기관(군)
사우디아라비아	Royal Guard	
일본	SP(경호경찰)	경찰
영국	수도경찰청 특별작전부(SO)	
캐나다	RCMP	
말레이지아	경찰청 국내보안부	
호주	호주 연방경찰 경호국	
이탈리아	경찰본부 대통령궁경호대	
헝가리	경찰청 정부경호실	
프랑스	대통령경호대(GSPR)	경찰 및 군
베트남	경호사령부	
인도네시아	대통령경호부대	
중국	당 중앙경위국	군
필리핀	대통령경호사령부	
이집트	공화국경호대	
이스라엘	SHABAK(ISA)	정보기관

미국의 경호기관

◆ 비밀경호국(Secret Service)
- 1865년 7월 5일 링컨대통령 命으로 **재무성내 통화위조 단속기관으로 설립, 초대국장(W.P.우드)** 대통령경호는 **맥킨리 대통령 암살사건 후** 시작함
- 2001년 9.11테러이후 국토안보부 산하(별개조직) 대통령 경호기관으로 운영
- 정복직원은 일반경찰관과 같은 권한을 갖는다.
- 사복수사관은 영장 없이 체포할 수 있는 권한을 가지며 직접수사를 할 수 있다.
- 조직으로는 행정처, 공공업무처, 수사처, 경호처, 경호연구처, 인사교육처, 제복경찰, 지방지국이 있다.

> ○ 제복경찰부의 주요임무
> - 대통령, 부통령 및 가족 경비
> - 대통령집무실 소재 건조물 경비 및 백악관 시설 및 부지경비
> - 워싱턴 소재 부통령 관저 및 수도권 내 외국 외교기관 경비
> - 대통령 命에 의한 미국 내 동종시설 및 재산경비

미국 비밀경호국의 임무

◆ 대통령 및 요인의 경호
- 대통령·부통령 및 대통령·부통령 당선자의 직계가족
- 전직 대통령과 배우자(재혼시 제외)(퇴직 후 평생) 및 자녀(16세 달했을 때까지)
- 퇴직한 부통령과 배우자 및 자녀(16세 미만자녀는 퇴직한 날로부터 6개월간)
- 미국을 방문 중인 외국원수 및 정부의 장, 기타 대통령이 지시하는 사람
- 특정 용무를 위해 외국을 방문 중인 미국 정부사절로서 대통령이 지시하는 사람
- 대통령 선거일 기준 120일 동안의 주요정당의 대통령 및 부통령후보자
- 국가적으로 특별히 경호가 필요한 행사시 국토안보부장관 등이 지정한 자

◆ 통화위조 등 연방법위반 범죄행위 수사
미국 및 외국정부가 발행하는 통화, 국채, 유가증권에 관련되는 미국법의 위반을 수사하고 범인을 체포

◆ 백악관 및 외국대사관 경비
비밀경호국 제복경찰부는 경호대상자 보호 외에 백악관 기타 대통령이 집무하는 장소, 부통령관저의 경비 및 워싱턴 시내에 있는 각국 대사관 시설의 보호 임무

비밀경호국의 경호특징

- 중첩경호원칙(1선, 2선, 3선), 두뇌경호, 방어경호, **예측·인지·조사·무력화** 등 4단계로 실시
- 정형화된 경호계획을 수립 **경호정보작용, 선발경호작용, 수행경호작용** 등으로 구분 실시
- 동행경호요원 중심의 배치와 완벽한 경호장비
- 주요 경호경비시 지역 FBI, 관련지역 경찰기관 협력체제 유지

미국의 3중 경호

- **1선(내부), 안전구역** : 권총 평균 유효사거리 및 수류탄 투척거리 기준 **50m 반경이내**, 비인가자의 절대적 출입통제
- **2선(내곽), 경비구역** : 건물 내곽 울타리 안쪽, 소총유효사거리 **50~600m 반경이내**, 부분적 통제실시, 행사장 통로 통제 시 반드시 방호벽 설치,
- **3선(외곽), 경계구역** : 행사장을 중심으로 한 외곽울타리 지역, 고층건물·감제고지 포함, 행사에 직·간접적으로 영향을 미칠 수 있는 지역, 소구경 곡사화기 유효사거리 **600~1,000m 이상** 범위 수색지역

※ 미국의 3중경호는 내부**(근접)**경호에 중점, 피경호인의 직접적 안전에 비중을 둔다.

미국 경호유관기관

- **연방범죄수사국(FBI)** : **국내** 테러, 폭력, 납치 및 범죄조직의 첩보수집, 범죄예방 및 수사, 기타 방첩활동을 통한 경호첩보 제공
- **중앙정보국(CIA)** : **국제** 테러조직, 적성국 첩보수집·분석·전파, 외국국빈 방문시 경호정보제공 및 특수공작수행, 대통령(자문)직속기관
- **이민국(USCIS)** : 해외 불순인물 출입국 동향 파악·통제, 국내체류 외국인중 불순인물 첩보제공
- **국가정보국(DNI)** : CIA 등 15개 정보기관을 총괄하는 최고정보기관
- **국가안전보장국(NSA)** : 국방부 소속 정보수집기관, 세계를 무대로 전자첩보활동
- **국방부 육군부(Department of the Army)** : 군 관련 경호첩보 수집·분석·전파, 국내 외국정부관료 경호 등

영국의 경호기관

- **수도경찰청 특별작전부(SO)**
  - 특별작전부(요인경호본부)의 구성 : 경호국, 안전국, 대테러작전국
  - 여왕 및 총리 등에 대한 경호담당

◆ **경호국의 구성 및 임무**
  · **왕실 및 특별요인 경호과**
    – 여왕과 왕실 가족에 대한 경호
    – 총리, 정부각료, 해외 영국외교관, 특별요인(왕실 및 정부 고위인사를 방문한 사람)경호
    – 국가정보기관에서 보호가 필요하다고 요구한 사람에 대한 경호
    – 런던 윈저궁, 스코틀랜드 왕실가족 거주지역 경호
  · **의회 및 외교관 경호과**
    – 영국 주재 외국 외교관과 사절단에 대한 경호
    – 국회의사당 지역 경호 · 경비

◆ **수도경찰청의 주요임무**
  · 수도 치안을 담당하고, 왕궁, 별궁 및 국회의사당 경비
  · 왕족, 외국 국빈 등의 신변보호 **(근접경호) (외국경호원의 무기반입 및 휴대금지)**
  · 범죄기록 · 정보의 관리, 조회감식자료의 제공, 국제경찰기구(ICPO)와 연락 및 공조
  · 국가안전에 관한 범죄 · 외사범죄 등에 관한 수사 및 정보수집 · 연락

영국경찰 경호의 특징

◆ **3중 경호**
  · 근접 경호 : 수상의 신변보호 및 관저 경비업무
  · 중간 경호 : 정복경찰관의 일상적 경찰작용**(교통통제, 안전작용, 감시, 통신작용 등)**
  · 외곽 경호 : 정보수집 · 분석, 항만관리, 위해요인 명부작성, 사건발생 요인 사전제거 등
    ※ 정보분석적 차원에서 원천적 봉쇄를 우선하는 외곽경호에 치중한다.
◆ **사전예방 경호** : 영국경찰 특징은 **사전예방에 중점**, 경호에 필요한 정보는 보안국(SS), 비밀정보부(SIS)로부터 제공받아 사전위험요소 제거에 이용
◆ **분권화와 책임제 경호** : 지역실정을 가장 잘 아는 지역경찰에게 경호책임을 맡긴다는 원칙

영국 경호유관기관

◆ **보안국(SS)** : (M15) 내무성 소속 **국내파트** 담당 테러방지, 방첩, 보안정보 관련 업무 수행
◆ **비밀정보부(SIS)** : (M16) 외무성 소속 **국외** 경호정보 수집 · 분석 · 처리 업무 수행
◆ **정부통신본부(GCHQ)** : 외무성 소속, 경호 관련 통신정보 수집 · 분석 · 배포
◆ **안전부** : 내무성 소속, 국내 경호정보 수집 · 분석 · 처리 (대간첩작전 및 대전복 업무수행)
◆ **국방정보본부** : 국방성 소속, 사회주의국가 동향 정보수집 파악처리 후 경호 유관관청에 지원
(국방관련 정보 수집 · 분석)

독일의 경호기관

◆ 연방범죄수사국 경호안전과(SG)
- 연방범죄수사국은 범죄수사의 중앙기구로 **연방 내무성장관**의 감독을 받고, 국제경찰(형사)기구의 독일연방 연락본부이다. 경호요원은 경찰관이다.
- 연방범죄수사국 경호안전과는 대통령 경호기관으로 경호1단과 경호2단으로 구분
  1. **경호1단** : 연방대통령, 수상, 연방각료, 기타 헌법기관 담당
  2. **경호2단** : 외국국빈 및 독일대표부 경호와 정보 수집·분석·처리 및 대인감시
- 연방범죄수사국의 경호작용
  1. **사전예방경호** : 사전에 탐지견 동원 행사장내·외 수색, 인원배치는 근접, 내곽, 외곽으로 구분 운용
  2. **근접경호** : 대통령·수상 근접경호는 도보이동시 3~6명이 다이아몬드 대형 형성
  3. **연도경호** : 연도에 50m간격 병력배치, 1급경호대상자에 한해 **행사20분전** 교통통제
  4. **공중경호** : 행사 3시간 전부터 행사장 주변 및 연도상공 헬기이용 공중정찰 실시 경호대상자가 헬기로 이동시는 3~10대의 헬기투입. 위치를 수시로 변경하며 위장 이동.

독일 경호유관기관

- ◆ **연방경찰청** : 국경출입자 점검 및 요시찰인물 감시, 대통령, 수상집무실, 연방헌법기관의 시설경비 및 경호지원과 첩보제공**(구 연방국경수비대)**
- ◆ **연방정보부(BND)** : 해외정보 수집·분석 및 국외첩보제공
- ◆ **연방헌법보호청(BFV)** : **국내정보**, 극좌·극우단체에 대한 동향감시
- ◆ **국방보안국(MAD)** : 軍 관련 정보수집
- ◆ **주립경찰·지역경찰** : 외곽경비, 연도경비, 일반정보 수집

프랑스 경호기관

- ◆ **경찰청 요인경호과(SPHP)** : **대통령**의 경호, 내·외국 요인경호**(수상, 3부요인, 장관, 전직요인, 국빈)**
- ◆ **국가헌병경찰 공화국경비대(GSPR)**
  - 대통령관저(엘리제궁) 및 별장 등의 경비 담당

- 공화국경비대 편성
  1. 대통령경호대(GIGN) : 대통령관저(엘리제궁) 및 영빈관의 내곽경비와 저격임무
  2. 안전관리대(GS) : **영부인 경호**, 엘리제궁 출입자 통제
  3. V.O파견대 : 경호계획, 의전협조 등 경호정보업무 수행(경찰로 편성)
  4. **오토바이부대** : 엘리제궁 및 영빈관 경비와 의전행사, 행사시 교통통제
  5. **군악대** : 의전행사시 군악연주

프랑스 경호유관기관

- ◆ 대테러 조정통제실(UCLAT) : 국내 · 외 대테러 및 인질난동 등 정보수집 · 종합 · 분석처리
- ◆ 경찰특공대(RAID) : VIP신변보호, 위해발생시 위해제거를 위한 대테러작전 및 사전예방작전
  (검문, 검색)과 폭발물 처리
- ◆ 내무성 일반정보국(RG) : 행사관련 지역주민들에 대한 사전 대테러 정보수집
  국내 모든 외국인과 외국기관 · 단체에 대한 정보수집 · 분석 · 처리
- ◆ 해외안전총국(DGSE) : 국방성 소속, 해외정보 수집 · 분석
- ◆ 국토감시국(DST) : 국경경비, 출입국관리 등

일본의 경호기관

경호작용을 경호와 경위로 구분.
- **경호**는 정부요인, 외국요인의 신변보호로 경찰청 담당.
- **경위**는 일본 천황이나 황족에 대한 보호작용으로 황궁경찰본부가 전담
  (황궁내부는 황궁경찰본부, 외부는 경찰청 경위과 담당)

- ◆ 황궁경찰본부 : **천황, 황족에 대한 경호 및 황궁 경비**

- ◆ 경찰청 경비국
  - 공안1.3과 : 경호정보수집 · 분석 · 평가
  - 공안2과 (내각총리대신 및 국내요인과 국빈 경호)
    1. 수상 및 요인경호에 대한 지휘 · 조정 감독, 연락 협조유지
    2. 안전대책 작용, 국빈경호 업무협조
    3. 극좌파, 폭력단 동향감시
  - 외사1.2과 : 일반 외사작용(**조총련계 동향파악**)

- ◆ 동경도 경시청
  - 경호대상 : 내각총리대신 및 국빈, 중 · 참 양원의장, 최고재판소장, 국무대신,
    외교사절단의 장, 내각관방장관, 정당고위간부, 경찰청장관이 지정하는 자

・업무관장
   1. **공안1과** : 경호첩보 수집 · 위해인물 동향파악
   2. **공안3과** : **요인 경호과(SP)**, 경호계획 수립 및 근접경호
   3. **외사2과** : 외국인 동향감시(조총련, 아시아계)
   4. **경비1과** : 주요시설, 행사장 외곽경비

일본 경호유관기관

- 내각정보조사실
- 의무성 조사기획국
- 공안조사청
- 방위청 정보본부

기출문제 국가별 경호의 변천과정

1. 고려시대의 경호조직이 아닌 것은? (14회)

① 내시위 ② 순마소
③ 내순검군 ④ 사평순위부

> **해설** **내시위** (조선전기)
> 태종9년 내금위·별시위와 거의 같은 양반출신으로 시험에 의하여 선발되었고, 왕의 시위를 담당

2. 조선시대 경호관련기관에 관한 설명으로 옳지 않은 것은? (15회)

① 궁실을 숙위하는 특수부대로 성중애마를 두었으며 일반 군사들과 달리 상당한 교양을 필요로 하였다.
② 별시위, 내금위, 내시위는 근접에서 왕을 시위하였다.
③ 호위청은 국왕호위의 임무를 맡았으며 일정 급료를 지급하였다.
④ 국왕의 친위군으로 금군을 두어 군사력을 강화하였다.

> **해설** ① 성중애마는 고려(후기)시대의 경호관련 기관이다.

3. 고려시대의 경호관련조직이 아닌 것은? (16회)

① 2군 6위 ② 삼별초
③ 내금위 ④ 순군만호부

> **해설** **내금위** (조선전기)
> 태종7년(조선전기) 궁중숙위를 해오던 내상직을 개편한 조직으로, 초기에는 무예를 갖춘 외관자제로 충당하였으나 세종때 부터는 시험으로 선발하였다.

고려시대	전기	중앙군, 순군부, 내군부, 장위부, 사위사, 위사사, 2군6위, 내순검군
	무신집권기	도방(경대승), 육번도방(최충헌), 내외도방(최우), 서방(최우), 마별초(최우), 삼별초
	후기	순마소, 순군만호부, 사평순위부, 성중애마
조선시대	전기	의흥친군위, 의흥삼군위(의흥삼군부), 10사, 별시위·내금위·내시위, 겸사복, 충의부, 충의위, 충순위, 갑사
	후기	호위청, 어영군, 어영청, 금위영, 훈련도감, 금군, 용호영, 장용위, 숙위소

4. 조선시대의 경호관련기관이 아닌 것은? (17회)

① 내금위 ② 겸사복
③ 도방 ④ 호위청

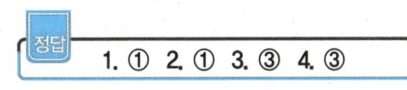

정답 1. ① 2. ① 3. ③ 4. ③

➤ **해설 도방** : (고려 무신집권기)
- 무신난으로 집권한 정중부를 살해란 경대승이 신변보호를 위해 사저에 설치한 전문적인 사경호 집단, 경대승 사망으로 도방은 일시 폐지되었으나 최충헌이 도방을 부활하여 문·무관, 한량, 군졸을 막론하고 6번(番)으로 나누어 매일 교대로 수비하도록 한 사병집단 (최초의 전문민간경호기관)

고려시대	전기	중앙군, 순군부, 내군부, 장위부, 사위사, 위사사, 2군6위, 내순검군
	무신집권기	도방(경대승), 육번도방(최충헌), 내외도방(최우), 서방(최우), 마별초(최우), 삼별초
	후기	순마소, 순군만호부, 사평순위부, 성중애마
조선시대	전기	의흥친군위, 의흥삼군위(의흥삼군부), 10사, 별시위·내금위·내시위, 겸사복, 충의부, 충의위, 충순위, 갑사
	후기	호위청, 어영군, 어영청, 금위영, 훈련도감, 금군, 용호영, 장용위, 숙위소

5. 조선 후기의 경호기관에 관한 설명으로 옳지 않은 것은? (18회)

① 호위청 : 인조반정 후에 설립한 기관으로 왕의 호위를 담당하였다.
② 금군 : 국왕의 친위군으로 별시위, 겸사복, 충의위 등 내삼청으로 분리되었다.
③ 숙위소 : 정조 시대 존재하였던 궁궐 숙위 기관이다.
④ 장용위 : 왕의 호위를 강화하기 위해 정조 때 설치한 전담부대이다.

➤ **해설** ② 금군은 수어청, 어영청의 뒤를 이어 군사력을 강화하기 위해 조선후기 효종년에 설치한 국왕의 친위군이었다. 별시위, 겸사복, 충의위는 조선전기의 경호기관이다.

※ **조선시대 경호기관**

| 조선시대 | 전기 | 의흥친군위, 의흥삼군위(의흥삼군부), 10사, 별시위·내금위·내시위, 겸사복, 충의부, 충의위, 충순위, 갑사 |
| | 후기 | 호위청, 어영군, 어영청, 금위영, 훈련도감, 금군, 용호영, 장용위, 숙위소 |

6. 다음 중 고려시대의 경호기관은? (19회)

① 시위부
② 성중애마
③ 별시위
④ 호위청

➤ **해설 고려시대 경호기관**

전기	중앙군, 순군부, 내군부, 장위부, 사위사, 위사사, 2군6위, 내순검군
무신집권기	도방(경대승), 육번도방(최충헌), 내외도방(최우), 서방(최우), 마별초(최우), 삼별초
후기	순마소, 순군만호부, 사평순위부, 성중애마

※ 시위부(신라시대), 별시위(조선전기), 호위청(조선후기)

7. 조선후기 정조 때 설치한 경호기관은? (24회)

① 장용영
② 호위청
③ 내순검군
④ 삼별초

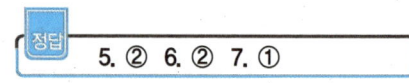
정답 5. ② 6. ② 7. ①

↘**해설** **장용위**
정조6년 숙위소를 폐지하고 설치한 장용위는 후에 장용내외영으로 확대되어 장용내영은 정조왕의 호위 임무를, 장용외영은 부왕 장조능(사도세자의 묘)의 호위임무를 수행
※ **호위청** : 조선 후기 인조원년 인조반정으로 집권한 서인들의 사병들로 편성하여 국왕의 호위임무 수행
내순검군 : 고려전기, **삼별초** : 고려 무신집권기

8. 대한민국 정부수립 이후 경호제도 변천과정의 순서대로 옳은 것은? (14회)

① 경무대경찰서 – 국가재건최고회의의장 경호대 – 청와대 경찰관파견대 – 대통령경호실
② 국가재건최고회의의장 경호대 – 청와대 경찰관파견대 – 대통령경호실 – 경무대경찰서
③ 대통령경호실 – 청와대 경찰관파견대 – 경무대경찰서 – 국가재건최고회의의장 경호대
④ 경무대경찰서 – 청와대 경찰관파견대 – 국가재건최고회의의장 경호대 – 대통령경호실

↘**해설** ④ 경무대경찰서(1949년) – 청와대 경찰관 파견대(1960년) – 국가재건최고회의의장경호대(1961년) – 대통령경호실(1963년) – 대통령경호처(2008년) – 대통령경호실(2013년) – 대통령경호처(2017년~현재)

9. 대한민국 정부 수립 이후 경호제도의 변천에 관한 설명으로 옳지 않은 것은? (17회)

① 1949년에는 그동안 구왕궁을 관할하고 있던 경복궁경찰대가 폐지되고 경무대경찰서가 신설되었다.
② 1960년에는 청와대경찰관파견대가 대통령 경호 및 대통령관저의 경비를 담당하였다.
③ 1961년에는 군사혁명위원회가 국가재건최고회의로 발족되면서 국가재건최고회의 의장 경호대가 임시로 편성되었다.
④ 1963년에는 박정희 대통령이 취임하면서 대통령경호실이 출범하였다.

↘**해설** ① 1949. 2. 23에는 그동안 구왕궁을 관할하고 있던 창덕궁경찰서가 폐지되고 경무대경찰서가 신설되었다.

10. 대한민국정부 수립 이후 경호기관에 관한 설명으로 옳은 것은 모두 몇 개인가? (19회)

- 경무대경찰서는 주로 대통령 경호임무를 수행하였으며, 1953년 경찰서 직제를 개정하여 관할구역을 경무대 구내로 제한하였다.
- 청와대경찰관파견대는 1960년 3차 개헌을 통해 내각책임제에서 대통령중심제로 정부형태가 변화되면서 종로경찰서 소속으로 대통령의 경호 및 대통령 관저의 경비를 담당하였다.
- 국가재건최고회의의장 경호대는 1961년 중앙정보부 경호대로 정식 발족하여 국가원수, 최고회의의장 등의 신변보호 임무를 수행하였다.
- 대통령경호실은 1981년 대통령경호실법 개정으로 "전직대통령과 그 배우자 및 자녀"가 경호대상으로 추가되었다.

① 1개 ② 2개
③ 3개 ④ 4개

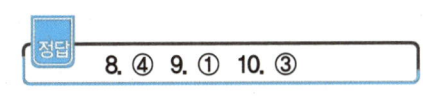

8. ④   9. ①   10. ③

> **해설** 청와대경찰관파견대는 1960년 3차 개헌을 통해 대통령중심제에서 내각책임제로 정부형태가 변화되면서 서울시 경찰국 소속으로 대통령 경호 및 대통령 관저의 경비를 담당하였다.

11. 대한민국 정부 수립 이후 경호기관 변천과정의 순서로 옳은 것은? (20회)

① 경무대경찰서 → 중앙정보부 경호대 → 청와대 경찰관파견대 → 대통령경호실
② 경무대경찰서 → 청와대 경찰관파견대 → 중앙정보부 경호대 → 대통령경호실
③ 대통령경호실 → 청와대 경찰관파견대 → 경무대경찰서 → 중앙정보부 경호대
④ 중앙정보부 경호대 → 청와대 경찰관파견대 → 대통령경호실 → 경무대경찰서

> **해설** 정부수립 이후 경호기관 변천과정
> 경무대경찰서(1949) → 청와대 경찰관파견대(1960) → 국가 재건최고회의의장경호대, 중앙정보부 경호대(1961) → 대통령경호실(1963) → 대통령경호처(2008) → 대통령경호실(2013) → 대통령경호처(2017~)
> ※ 1961.5.20. 국가 재건최고회의의장경호대가 임시편성 후 동년 6.1. 중앙정보부 창설과 동시에 중앙정보부에 예속되어 동년 11.14. 중앙정보부 경호대로 발족됨

12. 대한민국 정부수립 이후 경호기관에 관한 설명으로 옳지 않은 것은? (21회)

① 경무대경찰서 : 1953년 경찰서 직제를 개정하여 관할구역을 경무대 구내로 제한하여 경호임무를 담당
② 청와대경찰관파견대 : 1960년 3차 개헌을 통해 내각책임제에서 대통령중심제로 바뀌면서 대통령의 경호와 경비 담당
③ 국가재건최고회의의장경호대 : 1961년 중앙정보부 경호대로 정식 발족하여 최고회의 의장 등의 신변보호 임무 수행
④ 대통령경호실 : 1963년 설립되어 대통령과 그 가족, 대통령으로 당선이 확정된 자 및 경호실장이 필요하다고 인장하는 요인에 대한 경호 담당

> **해설** ② 1960년 6월 3차 개헌을 통해 대통령중심제에서 내각책임제로 바뀌면서 대통령을 담당하던 경무대경찰서가 폐지되고 경무대 지역 경비업무는 서울시경찰국 경비과에서 담당하게 되고, 동년 8월13일 청와대경찰관파견대를 설치, 서울시경찰국 경비과에서 담당하던 대통령 경호 및 대통령관저 경비를 담당하게 되었다.

13. 다음 대한민국 경호역사에서 두 번째로 일어난 것은? (24회)

① 중앙정보부 경호대가 발족되었다.
② 경무대 경찰서가 신설되었다.
③ 치안본부 소속의 101경비대를 101경비단으로 변경하였다.
④ 대통령경호실을 대통령경호처로 변경하였다.

> **해설** 경무대경찰서(1949년) - 중앙정보부경호대(1961년) - 10경비단(1976년) - 대통령경호처(2008년)

11. ② 12. ② 13. ①

14. 각국 경호기관의 경호대상자에 관한 설명으로 옳지 않은 것은? (15회)

① 미국 국토안보부 비밀경호국의 경호대상은 대통령 및 부통령과 직계가족을 포함한다.
② 우리나라 대통령경호처의 경호대상은 퇴임 후 10년 이내의 전직 대통령과 그 배우자 및 자녀를 포함한다.
③ 일본 황궁경찰본부의 경호대상은 천황 및 황족의 경호를 포함한다.
④ 독일 연방범죄수사국 경호안전과의 경호대상은 대통령과 수상의 경호를 포함한다.

> **해설** ② 본인의 의사에 반하지 않는 경우에 한정하여 퇴임 후 10년이내의 전직 대통령과 그 배우자 (가족은 해당 없음) (대통령 등의 경호에 관한 법률 제4조)

15. 국가 - 경호기관 - 경호대상자의 연결이 옳지 않은 것은? (21회)

① 대한민국 - 대통령경호처 - 대통령과 국무총리 및 그 가족
② 미국 - 비밀경호국 - 대통령과 부통령 및 그 가족
③ 영국 - 수도경찰청 - 왕과 수상
④ 독일 - 연방범죄수사청 - 대통령과 수상

> **해설** **대한민국의 경호기관**
> - 대통령 경호처 : 대통령 경호기관
> - 경찰청 경비국
>   - 우리나라 국무총리 등에 대한 주요인 경호담당
>   - 대통령 관저의 경비, 국회의장, 대법원장, 헌법재판소장,
>   - 경찰청장이 필요하다고 인정한 인사(퇴임 후 10년이 지난 전직대통령)등에 대한 경호

16. 대통령경호안전대책위원회 위원 중 대검찰청 공공수사정책관의 임무가 아닌 것은? (14회)

① 입수된 경호 관련 첩보 및 정보의 신속한 전파·보고
② 위해음모 발견시 수사지휘 총괄
③ 국제테러범죄 조직과 연계된 위해사범의 방해책동 사건 차단
④ 위해가능인물에 대한 동향파악

> **해설** **대통령경호안전대책위원의 분장책임** (대통령경호안전대책위원회규정 제4조)
>
> | 대검찰청 공공수사정책관 | • 입수된 경호관련첩보 및 정보의 신속한 전파·보고
• 위해음모 발견 시 수사지휘 총괄
• 위해가능인물의 관리 및 자료수집
• 국제테러범죄 조직과 연계된 위해사범의 방해책동 사전차단
• 입수된 경호관련첩보 및 정보의 신속한 전파·보고
• 그 밖에 국내·외 경호행사의 지원 |
> |---|---|
>
> ④는 경찰청 경비국장의 분장책임이다.

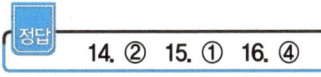

17. 대통령 등의 경호에 관한 법률상 대통령경호안전대책위원회 위원이 아닌 것은? (15회)

① 국가정보원 테러정보통합센터장 ② 대검찰청 공공수사정책관
③ 수도방위사령부 정보처장 ④ 경찰청 경비국장

해설 ③ 수도방위사령부 정보처장이 아니라 수도방위사령부 참모장이다.

18. 대통령경호안전대책위원회의 구성원별 분장책임으로 옳은 것을 모두 고른 것은? (16회)

> ㄱ. 법무부 출입국·외국인정책본부장 – 행사참관 해외동포 입국자에 대한 동향파악 및 보안조치
> ㄴ. 국토교통부 항공안전정책관 – 육로 및 철로와 공중기동수단에 대한 통제 및 협조
> ㄷ. 식품의약품안전처 식품안전정책국장 – 식음료 관련 영업장 종사자에 대한 위생교육
> ㄹ. 대검찰청 공공수사정책관 – 위해가능인물의 관리 및 자료수집
> ㅁ. 경찰청 경비국장 – 경호유관시설에 대한 보안지원 활동

① ㄱ, ㄴ, ㄷ ② ㄱ, ㄷ, ㅁ
③ ㄴ, ㄷ, ㄹ ④ ㄴ, ㄹ, ㅁ

해설 ㄱ. 국가정보원 테러정보통합센터장
ㅁ. 군사안보지원사령부소속 장성급 장교 또는 2급이상 군무원 중 위원장 지명 1인

19. 대통령 등의 경호에 관한 법령상 대통령경호안전대책위원회에 관한 설명으로 옳지 않은 것은? (17회)

① 대통령경호처의 경호대상에 대한 경호업무를 수행할 때에는 관계기관의 책임을 명확하게 하고, 협조를 원활하게 하기 위하여 비서실에 대통령경호안전대책위원회를 둔다.
② 대통령경호안전대책위원회는 위원장과 부위원장 각 1명을 포함한 20명 이내의 위원으로 구성한다.
③ 위원장은 처장이 되고, 부위원장은 차장이 되며, 위원은 대통령령으로 정하는 관계 기관의 공무원이 된다.
④ 대통령경호안전대책위원회는 대통령 경호와 관련된 첩보·정보의 교환 및 분석업무를 관장한다.

해설 ① 경호대상에 대한 경호업무를 수행할 때에는 관계기관의 책임을 명확하게 하고, 협조를 원활하게 하기 위하여 경호처에 대통령경호안전대책위원회를 둔다. (대통령 등의 경호에 관한 법률 제16조 제1항)

20. 대통령경호안전대책위원회규정상 대통령경호안전대책위원회의 위원이 아닌 자는? (17회)

① 법무부 출입국·외국인정책본부장 ② 경찰청 보안국장
③ 국토해양부 항공안전정책관 ④ 수도방위사령부 참모장

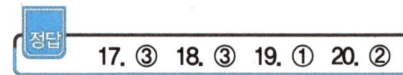
17. ③ 18. ③ 19. ① 20. ②

↳해설 ② 경찰청 보안국장이 아니라 경찰청 경비국장이다.

21. 대통령경호안전대책위원회규정상 다음의 업무분장에 해당하는 자는? (18회)

- 입수된 경호 관련 첩보 및 정보의 신속한 전파·보고
- 위해요인의 제거
- 정보 및 보안대상기관에 대한 조정
- 행사참관 해외동포 입국자에 대한 동향파악 및 보안조치
- 그 밖에 국내·외 경호행사의 지원

① 대검찰청 공공수사정책관 ② 국가정보원 테러정보통합센터장
③ 외교부 의전기획관 ④ 법무부 출입국·외국인정책본부장

↳해설 ② 국가정보원 테러정보통합센터장의 분장사무이다.

22. 대통령경호안전대책위원회규정상 대통령경호안전대책위원회의 위원이 아닌 자는? (20회)

① 외교부 의전기획관 ② 과학기술정보통신부 통신정책관
③ 소방청 119구조구급국장 ④ 국무조정실 대테러센터장

↳해설 **대통령경호안전대책위원회 구성** (대통령 등의 경호에 관한 법률 제16조)
- 위원장 : 경호처장
- 부위원장 : 경호처 차장
- 위원 (대통령경호안전대책위원회규정 제2조)
  국가정보원 테러정보통합센터장, 외교부 의전기획관, 법무부 출입국·외국인정책본부장, 과학기술정보통신부 통신정책관, 국토교통부 항공안전정책관, 식품의약품안전처 식품안전정책국장, 관세청 조사감시국장, 대검찰청 공공수사정책관, 경찰청 경비국장, 소방청 119구조구급국장, 해양경찰청 경비국장, 합동참모본부 소속 장성급 장교 중 위원장이 지명하는 1명, 국군방첩사령부 소속 장성급 장교 또는 2급이상의 군무원 중 위원장이 지명하는 1명, 수도방위사령부 참모장과 위원장이 임명 또는 위촉하는 자

23. 대통령경호안전대책위원회규정상 다음의 분장책임을 지는 구성원은? (22회)

- 입수된 경호 관련 첩보 및 정보의 신속한 전파·보고
- 방한 국빈의 국내 행사 지원
- 대통령과 그 가족 및 대통령 당선인과 그 가족 등의 외국방문 행사 지원

① 국토교통부 항공안전정책관 ② 외교부 의전기획관
③ 국가정보원 테러정보통합센터장 ④ 해양경찰청 경비국장

↳해설 외교부 의전기획관의 분장책임사항이다.

21. ② 22. ④ 23. ②

24. 미국 비밀경호국의 임무로 옳지 않은 것은? (14회)

① 부통령 당선자의 경호
② 백악관 및 외국대사관의 경비
③ 화폐위조에 대한 수사
④ 대통령 선거시 선거일 기준 150일 이내 주요 정당의 대통령 및 부통령 후보자의 경호

해설 ④ 대통령 선거시 선거일 기준 120일 이내 주요 정당의 대통령 및 부통령 후보자의 경호

25. 각국의 경호기관과 대테러조직의 연결이 옳지 않은 것은? (15회)

① 미국 국토안보부 비밀경호국 : SWAT
② 영국 수도경찰청 특별작전부 : SAS
③ 프랑스 국립경찰청 요인경호과 : GSG-9
④ 우리나라 대통령경호처 : KNP-868

해설 ③ 프랑스의 대테러 조직은 GIGN, 독일의 대테러 조직은 GSG-9이다.

26. 각 나라별 경호유관조직의 연결이 옳지 않은 것은? (16회)

① 영국-비밀정보부(SIS)
② 독일-해외안전총국(DGSE)
③ 미국-중앙정보국(CIA)
④ 일본-공안조사청

해설 해외안전총국(DGSE) : 프랑스 기관으로 국가이익에 반하는 간첩활동탐지 및 분쇄업무를 담당한다.

27. 각국 경호 유관기관의 역할에 관한 설명으로 옳지 않은 것은? (18회)

① 미국 중앙정보국(CIA) : 적성국 동향에 대한 정보수집·분석 전파
② 영국 비밀정보부(SIS) : 국내정보 수집 및 분석
③ 독일 연방정보부(BND) : 해외정보 수집·분석·관리
④ 프랑스 해외안전총국(DGSE) : 해외정보 수집 및 분석

해설 ② 영국 비밀정보부(SIS)는 외무성 소속으로 M16으로 불리기도 하며, 국외 경호정보기관이다. 최근에는 테러집단 및 경제활동에 대한 첩보활동을 강화하고 있다.

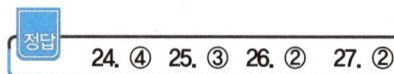

정답 24. ④ 25. ③ 26. ② 27. ②

28. 각국의 경호 유관기관에 관한 설명으로 옳지 않은 것은? (19회)

① 미국 중앙정보국(CIA) : 국제 테러조직, 적성국 동향에 대한 첩보수집, 분석 전파, 외국 국빈 방문에 따른 국내 각급 정보기관 조정을 통한 경호정보 제공
② 영국 보안국(SS) : 내무성 소속으로 M16으로 불리기도 하며, 국외경호 관련 정보의 수집·분석·처리 업무 담당
③ 독일 국방보안국(MAD) : 국방성 산하 정보기관으로 군 관련 첩보 및 경호 관련 첩보 제공 임무수행
④ 프랑스 해외안전총국(DGSE) : 국방성 소속으로 해외 정보 수집 및 분석 업무 수행

해설 영국의 경호유관기관

보안국 (SS)	(M15) 내무성 소속 국내파트 담당 테러방지, 방첩, 보안정보 관련 업무 수행
비밀정보부 (SIS)	(M16) 외무성 소속 국외 경호정보 수집·분석·처리 업무 수행
정부통신본부 (GCHQ)	외무성 소속, 경호 관련 통신정보 수집·분석·배포

29. 각국의 경호 조직으로 옳은 것은? (23회)

A : 비밀경호국(SS)   B : 연방범죄수사국(BKA)   C : 공화국경비대(GSPR)

① A : 미국, B : 독일, C : 프랑스
② A : 미국, B : 프랑스, C : 독일
③ A : 독일, B : 미국, C : 프랑스
④ A : 프랑스, B : 미국, C : 독일

해설 국가별 경호기관
- 비밀경호국(SS) : 미국
- 연방범죄수사국(BKA) : 독일
- 공화국경비대(GSPR) : 프랑스

정답 28. ② 29. ①

Chapter 3 경호의 조직

◯ 경호조직의 특성

- ◆ 〈김두현 교수〉 기동성, 통합성(계층성), 폐쇄성, 전문성, 대규모성
- ◆ 〈이두석 교수〉 전문성, 기동성, 통합성, 보안성, 협력성

기동성	• 현대사회는 교통수단 발달, 인구집중 현상 등 고도의 유동성을 띠게 되어 경호조직도 높은 기동성을 띤 조직으로 변모하고 있다. • 기동장비의 확보, 테러방지의 고도화에 따른 안전대책 등 경호장비의 과학화, 이를 지원하기위한 행정업무의 자동화, 컴퓨터화 등 기동성이 요구된다.
통합성 (계층성)	• 통일적인 피라미드 구조의 경호조직 특성상 타부서에 비해 계층성이 강조된다. • 경호조직은 기구단위 및 권한과 책임이 분화되어야 하나, 경호조직 내 중추세력은 권한의 계층을 통해 분화된 노력을 조정·통제함으로써 경호목적을 달성할 수 있다.
폐쇄성 (보안성)	• 완벽 경호수행을 위해 경호조직의 비공개와 경호기법의 비노출 등 폐쇄성이 요구됨 • 일반적 공개주의 원칙불구, 암살·테러기도자에게 노출되지 않도록 기밀성 유지 필요
전문성	• 날로 수법이 지능화·고도화되는 테러행위 대처를 위한 경호조직도 전문화·분화 현상 • 경호적 권위는 권력보다는 전문성에 기초를 둔 직업공무원화 되어야 한다.
대규모성	• 경호조직은 과거에 비해 기구 및 인원 면에서 점차 대규모화되고 있다. • 정치체제 변화, 과학기술 발달, 거대정부 양상 변화가 간접적 대규모화 유발
협력성	• 하나의 경호조직이 단독으로 경호임무 수행에 필요한 모든 정보활동을 수행할 수 없으므로 유관기관과의 유기적인 협조가 필수적이다. • 공경호 - 대통령경호처와 경찰, 군, 국정원 등과의 협력 및 정보공유 필요 • 민간경호 - 지역경찰, 타 민간경호조직과의 긴밀한 유대관계 필요

◯ 경호조직의 구성원칙

지휘 단일성의 원칙	경호조직의 각 구성원은 오직 하나의 상급기관(지휘관)에게만 보고하고, 그의 명령지휘를 받고, 그에게만 책임을 진다는 원칙.
통일성의 원칙	경호기관 구조의 정점부터 말단까지 일정한 관계가 이루어져 책임과 분담이 이루어지고, 명령과 복종의 지위와 역할의 체계가 통일되어야 한다는 원칙
기관단위작용의 원칙	경호업무 성격상 개인적 작용이 아닌 지휘권과 장비, 보급체계가 갖추어진 기관단위 작용으로 이루어진다는 원칙
협력성의 원칙	협력성의 원칙은 경호조직과 국민과의 결합을 의미, 완벽한 경호는 국민의 협력이 절대적이므로 모든 방법을 강구, 국민의 역량을 결합시켜야 한다.

경호의 주체

- 경호주체란 경호목적 달성을 위해 적극적으로 일정한 경호작용을 실시하는 당사자, 즉 경호를 직접 담당하는 경호조직을 말한다.
- 본래적 경호주체 : 국가(경호처, 경찰), 공공단체(자치경찰) → 경호권은 국가로부터 전래
- 경호대상에 따라 국가원수 경호기관, 수상 등 경호기관, 민간인경호기관으로 구분
  ※ 국가 또는 공공단체의 인·허가 또는 특별법의 위임한도내, 사인도 경호주체가 될 수 있다.

대통령 등의 경호에 관한 법률

- **목적** : 대통령 등에 대한 경호를 효율적으로 수행하기 위하여 경호의 조직·직무범위와 그 밖에 필요한 사항을 규정함을 목적으로 한다.(법 제1조)

- **용어의 정의**(법 제2조)
  - **경호** : 경호대상자의 생명·재산을 보호하기 위해 신체에 가해지는 위해를 방지·제거하고, 특정지역을 순찰 및 방비하는 등의 모든 안전 활동
  - **경호구역** : 경호처 소속공무원과 관계기관의 공무원으로서 경호업무를 지원하는 사람이 경호활동을 할 수 있는 구역
  - **소속공무원** : 경호처 직원과 경호처에 파견된 사람
  - **관계기관** : 경호처가 경호업무수행에 필요한 지원과 협조를 요청하는 국가기관, 지방자치 단체 등

- **대통령 경호처장 등**(법 제3조)
  - 대통령이 임명하고, 경호처 업무를 총괄, 소속 공무원을 지휘·감독
  - 경호처에 차장 1명을 둔다. 차장은 1급 경호공무원 또는 고위공무원단에 속하는 별정직 공무원으로 보하며, 경호처장을 보좌

- **경호대상**(법 제4조)
  - 대통령과 그 가족 **(배우자와 직계 존비속)**
  - 대통령 당선인과 그 가족 **(배우자와 직계 존비속)**
  - 본인 의사에 반하지 않는 한, **퇴임 후 10년 이내의 전직대통령과 그 배우자**
    다만, 임기 만료 전 퇴임한 경우와 재직 중 사망한 경우 그로부터 경호기간은 **5년**, 퇴임 후 사망한 경우 경호기간은 퇴임일 부터 기산, 10년 넘지 않는 범위 **사망 후 5년**
    (전직 대통령·배우자 요청시 처장이 고령등 사유로 필요인정하면 **5년의 범위** 초과가능)
  - 대통령 권한대행과 그 배우자
  - 대한민국을 방문하는 외국 국가원수 또는 행정수반과 그 배우자
  - 그 밖에 처장이 경호가 필요하다고 인정하는 국내외 요인

◆ **전직대통령 등의 경호**(시행령 제3조)
  - 경호안전상 별도 주거지 제공 (본인이 별도 주거지를 마련할 수 있다)
  - 현 주거지 및 별도 주거지경호를 위한 인원의 배치, 필요한 경호의 담당
  - 요청 시 대통령 전용기, 헬리콥터 및 차량 등 기동수단 지원
  - 그 밖에 대통령경호처장이 관계기관과 협의하여 정한 사항

◆ **경호등급**(시행령 제3조의 2)
  - 처장은 **대한민국 방문 외국 국가원수 또는 행정수반과 그 배우자 및 처장이 경호가 필요하다고 인정하는 국내외 요인**의 경호임무를 수행하기 위하여 **해당 경호대상자의 지위와 경호위해요소, 해당국가의 정치상황, 국제적 상징성, 상호주의측면, 적대국가 유무 등 국제적 관계를 고려**, 경호등급을 구분하여 운영할 수 있다.
  - 경호등급을 구분하여 운영하는 경우에는 **외교부장관, 국가정보원장 및 경찰청장**과 미리 협의하여야 한다.
  - 경호등급과 관련하여 필요한 사항은 처장이 따로 정한다.

◆ **경호업무 수행 관련 관계기관 간의 협조 등**(시행령 제3조의 3)
  - 처장은 경호대상에 대한 경호를 위하여 필요한 경우 대통령비서실, 국가안보실 및 경호·안전관리업무를 지원하는 관계기관 근무예정자에게 **신원진술서 및 「가족관계의 등록 등에 관한 법률」에서 정하는 증명서와 그 밖에 필요한 자료**의 제출을 요구할 수 있다.
  - 처장은 제출된 자료 내용 확인을 위해 관계기관에 **조회 또는 그 밖에 필요한 협조**를 요청할 수 있다.
  - 처장은 안전활동 등 경호업무를 효율적으로 수행하기 위해 필요한 경우에는 관계기관에 경호구역에 출입하려는 사람의 **범죄경력 조회 또는 사실증명 등 필요한 협조**를 요청할 수 있다.

◆ **경호구역의 지정 등**(법 제5조)
  - **경호처장**은 경호업무수행에 필요하다고 판단되는 경우 **경호구역 지정**을 할 수 있다.
  - 경호구역 지정은 목적달성을 위한 **최소한의 범위**로 한정되어야 한다.
  - 소속 공무원과 관계기관 공무원으로 경호업무를 지원하는 사람은 경호목적상 불가피하다고 인정되는 상당한 이유가 있는 경우에만 경호구역에서 **질서유지, 교통관리, 검문·검색, 출입통제, 위험물탐지 및 안전조치 등** 위해방지에 필요한 안전 활동을 할 수 있다.
    ※ 경호구역을 지정할 때에는 경호업무 수행에 대한 위해요소와 구역이나 시설의 지리적·물리적 특성 등을 고려해 지정한다.(시행령 제4조)

◆ **다자간 정상회의의 경호 및 안전관리**(법 제5조의 2)
- 대한민국 개최 다자간정상회의 참석 **외국 국가원수, 행정수반, 국제기구대표**의 신변보호 및 행사장 안전관리 등 효율적 수행을 위해 **대통령소속** 경호·안전 대책기구를 둘 수 있다.
  ※ 기구의 명칭은 「경호안전통제단」이라 한다.
- 경호·안전대책기구의 장(경호안전통제단장)은 **경호처장**이 된다.
- 경호·안전대책기구의 구성시기, 구성 및 운영절차, 그 밖에 필요한 사항은 대통령령으로 정한다.
- 경호·안전대책기구의 장은 다자간정상회의의 경호 및 안전관리를 위해 필요시, 관계기관의 장과 협의, **국가중요시설과 불특정다수인 이용시설** 안전관리에 필요한 **인력배치, 장비운용**을 할 수 있다.

> 1. 경호·안전 대책기구의 구성시기 및 운영기간 (시행령 제4조의2)
>   - 다자간정상회의의 규모·성격, 환경 등을 고려 경호처장이 정한다.
>   - 운영기간은 다자간 정상회의별로 1년6개월을 초과할 수 없다.
> 2. 구성 및 운영 등 (시행령 제4조의3)
>   - 경호·안전 대책기구의 장은 다자간 정상회의의 경호 및 안전관리활동에 관한 업무 총괄
>   - 경호·안전 대책기구는 소속공무원과 관계기관에서 파견된 공무원으로 구성
>   - 규정사항外 구성 및 운영에 필요한 사항은 경호·안전대책기구의 장이 관계기관의 장과 협의하여 정한다.
> 3. 국가중요시설 등에 대한 인력배치 등 (시행령 제4조의4)
>   - 인력배치 및 장비운용은 관계기관의 장과 협의 후 경호구역內는 경호안전 대책기구의 장이, 경호구역外는 해당 국가중요시설 또는 불특정 다수인 이용시설의 안전관리담당 관계기관의 장이 주관 실시
>   - 인력배치 및 장비운용기간은 다자간정상회의별로 6개월을 초과할 수 없다.

◆ **경호처 직원**(법 제6조)
- 특정직 국가공무원 1급~ 9급 경호공무원과 일반직 국가공무원을 둔다.
  다만, 필요하다고 인정할 때에는 경호공무원의 정원 중 일부를 일반직공무원 또는 별정직 국가공무원으로 보할 수 있다.
- 경호공무원 계급별 직급 명칭 [별표 1]

계급	직 급 명 칭	계급	직 급 명 칭
1급	관리관	6급	경호주사
2급	이사관	7급	경호주사보
3급	부이사관	8급	경호서기
4급	경호서기관	9급	경호서기보
5급	경호사무관		

◆ **임용권자**(법 제7조)
- 5급 이상 경호공무원, 5급상당 이상 별정직 국가공무원 ⇒ **경호처장 제청 대통령 임용**
  (다만, **전보·휴직·겸임·파견·직위해제·정직 및 복직**에 관한 사항은 경호처장이 행함)
- 대통령 임용해당사항外 경호공무원과 별정직 공무원은 **경호처장**이 모든 임용권을 가진다.
- 고위공무원단에 속하는 별정직공무원 신규채용 ⇒ 「국가공무원법」 제28조의6제3항 준용

◆ **경호처직원의 임용자격 및 결격사유**(법 제8조)
- **임용자격** : 경호처 직원은 **신체 건강하고, 사상이 건전하며, 품행이 바른 사람** 중에서 임용
- **임용 결격사유**

  > 1. 대한민국의 국적을 가지지 않은 사람
  > 2. 「국가공무원법」 제33조 각 호에 해당하는 사람
  >   - 피성년후견인
  >   - 파산선고를 받고 복권되지 아니한 자
  >   - 금고 이상의 실형을 선고받고 그 집행이 끝나거나(집행이 끝난 것으로 보는 경우 포함)
  >   집행이 면제된 날부터 5년이 지나지 아니한 자
  >   - 금고 이상의 형의 집행유예를 선고받고 그 유예기간이 끝난 날부터 2년이 지나지 아니한 자
  >   - 금고 이상의 형의 선고유예를 받은 경우에 그 선고유예 기간 중에 있는 자
  >   - 법원의 판결 또는 다른 법률에 따라 자격이 상실되거나 정지된 자
  >   - 공무원으로 재직기간 중 직무와 관련하여 횡령·배임죄 및 업무상의 횡령과 배임죄로 300만원
  >   이상의 벌금형을 선고받고 그 형이 확정된 후 2년이 지나지 아니한 자
  >   - 다음에 해당하는 죄를 범한 사람으로 100만원 이상의 벌금형을 선고받고 그 형이 확정된 후
  >   3년이 지나지 아니한 사람
  >   > - 「성폭력범죄의 처벌 등에 관한 특례법」 제2조에 따른 성폭력범죄
  >   > - 「정보통신망 이용촉진 및 정보보호 등에 관한 법률」 제74조 제1항제2호 및 제3호에 규정된 죄
  >   > - 「스토킹범죄의 처벌 등에 관한 법률」 제2조제2호에 따른 스토킹범죄
  >   - 미성년자에 대한 다음에 해당하는 죄를 저질러 파면·해임되거나 형 또는 치료감호를 선고받아
  >   그 형 또는 치료감호가 확정된 사람(집행유예를 선고받은 후 그 집행유예기간이 경과한 사람 포함)
  >   > - 「성폭력범죄의 처벌 등에 관한 특례법」 제2조에 따른 성폭력범죄
  >   > - 「아동·청소년의 성보호에 관한 법률」 제2조제2호에 따른 아동·청소년대상 성범죄
  >   - 징계로 파면처분을 받은 때부터 5년이 지나지 아니한 자
  >   - 징계로 해임처분을 받은 때부터 3년이 지나지 아니한 자
  >   ※ 위의 결격사유(선고유예기간 중인 자 제외)에 해당하면 당연퇴직 한다.

◆ **비밀의 엄수**(법 제9조)
- 소속 공무원은 직무상 알게 된 비밀을 누설해서는 아니 된다.
- 소속공무원은 경호처의 직무와 관련된 사항을 발간하거나 그 밖의 방법으로 공표하려면
  미리 **경호처장**의 허가를 받아야 한다.
  (소속 공무원 : 퇴직한 사람과 원 소속 복귀한 사람 포함)

◆ **경호원의 직권면직**(법 제10조)
- **직권면직사유** (별정직 국가공무원 제외)

  > 1. 신체적 정신적 이상으로 6개월 이상 직무를 수행하지 못할 만한 지장이 있을 때
  > 2. 직무수행능력이 현저히 부족하고 근무성적이 극히 불량하여 직원으로서 부적합하다고 인정될 때(高)
  > 3. 직제와 정원의 개폐 또는 예산 감소 등에 의해 폐직 또는 과원이 된 때(인사위원회 심의·의결필요)
  > 4. 휴직기간종료·휴직사유 소멸 후, 정당한 이유 없이 직무 미 복귀·직무수행 할 수 없을 때
  > 5. 직무수행능력 부족·근무성적 극히 불량하여 대기명령 받은 자가 기간 중 능력 또는 근무성적의 향상을 기대하기 어렵다고 인정될 때(高)
  > 6. 해당 직급수행에 필요한 자격증의 효력 상실·면허취소로 담당직무를 수행할 수 없을 때

- 제2호·제5호에 해당 면직 시 **고등 징계위원회** 동의를 받아야 한다.
- 제3호에 해당 면직 시 **임용형태, 업무실적, 직무수행 능력, 징계처분 사실 등**을 고려, 면직기준을 정해야 한다. 이 경우 면직된 직원은 결원이 생기면 우선하여 재임용할 수 있다.
- 처장은 제3호에 따라 직무수행능력이 부족하거나 근무성적이 극히 불량하여 직위해제된 사람에게 3개월의 범위에서 대기를 명해야 한다.

- **경호공무원의 정년** (법 제11조)

연 령 정 년	계 급 정 년
• 5급 이상 : 58세	• 2급 : 4년 • 3급 : 7년
• 6급 이하 : 55세	• 4급 : 12년 • 5급 : 16년

  ※ 강임된 경우 계급정년 경력산정은 강임前 상위계급 근무경력은 강임된 계급 근무경력에 포함, 정년이 1월 ~ 6월이면 6월30일에, 7월 ~ 12월이면 12월 31일에 각각 정년퇴직

◆ **공로퇴직**(시행령 제26조)
- 경호공무원으로 10년 이상 성실하게 근무한 후 퇴직하는 자에 대하여는 예산의 범위 안에서 공로퇴직수당을 지급할 수 있다.
- 수당지급액 산출 : **퇴직당시 봉급월액×{36+(33−근속년수)×2/3}**
- 수당의 지급절차 기타 수당지급에 관하여 필요한 사항은 **기획재정부장관 및 인사혁신처장과 협의**하여 처장이 정한다.

◆ **징계**(법 제12조)
- 직원의 징계에 관한 심사·의결을 위해 경호처에 **고등징계위원회와 보통징계위원회**를 두며, 각 징계위원회는 위원장 1명과 위원 **4명 이상 6명 이하**의 위원으로 구성한다.
- 직원의 징계는 징계위원회 의결을 거쳐 **경호처장**이 한다.
  다만, 5급 이상 직원의 파면, 해임은 고등징계위원회 의결을 거쳐 **처장 제청으로 대통령**이 한다.

• 징계위원회 구성 및 관할 운영 등 (시행령 제29조,30조,31조)

구분	고등징계위원회	보통징계위원회
구성	위원장 : 차장 위원 : 3급 이상(고위공무원단 포함)직원과 　　　　다음사람 중 처장 임명 · 위촉자(성별고려) 1. 법관, 검사, 변호사 10년 이상 근무한 자 2. 법률학 · 행정학, 경호관련 학문 부교수 　　이상 재직중인자 3. 3급 이상 경호공무원 퇴직자 　　(퇴직일부터 3년 경과자)	위원장 : 경호지원단장 위원 : 4급 이상(고위공무원단 포함)직원과 　　　　다음사람 중 처장 임명 · 위촉자(성별고려) 1. 법관, 검사, 변호사 5년 이상 근무한 자 2. 법률학 · 행정학, 경호관련 학문 조교수 　　이상 재직중인자 3. 경호공무원으로 20년 이상 근무 후 퇴직자 　　(퇴직일부터 3년 경과자)
운영	• 위촉되는 위원의 수는 위원장을 제외한 2분의 1 이상이어야 한다. • 위원의 임기는 3년으로 하고, 한차례만 연임 가능 • 위원을 해촉 할 수 있는 사유 　1. 심신장애로 인하여 직무를 수행할 수 없게 된 경우 　2. 직무와 관련된 비위사실이 있는 경우 　3. 직무태만, 품위손상이나 그 밖의 사유로 인하여 위원으로 적합하지 않다고 인정되는 경우 　4. 공무원 징계령에 의한 제척 및 기피사유가 있음에도 불구하고 회피하지 아니한 경우 　　　　　　　　　　　　　　　　　　　　　　　　　　　　**(당연 해촉 사유)** 　5. 위원 스스로 직무를 수행하는 것이 곤란하다고 의사를 밝히는 경우	
관할	• 1~5급 징계사건, 6급 이하 중징계사건 • 관할이 다른 상하위직 관련사건	• 6급 이하 경징계사건 • 고등징계위원회 상하위직관련 사건 중 하위직자 사건 분리심사 · 의결이 타당하다고 인정, 의결로서 이송된 사건

※ 직원의 징계에 관해 이 영에 특별한 규정이 있는 경우를 제외하고 **공무원 징계령**을 준용한다.

◆ **보상**(법 제13조)

　• 경호처 직원으로서 경호업무수행 중 상이입고 퇴직한 사람과 그 가족 및 사망한 사람(상이중 사망포함)의 유가족에 대해 대통령령으로 정하는 바에 따라 보상을 한다.
　(관련법률 : 국가유공자 등 예우 및 지원에 관한 법률, 보훈보상대상자 지원에 관한 법률)

◆ **국가공무원법과의 관계**(법 제14조)

　• 직원의 신규채용, 시험실시, 승진, 근무성적평정, 보수 및 교육훈련에 관한 사항은 대통령령으로 정한다.
　• 직원에 대해 이 법에 특별한 규정이 있는 경우를 제외하고는 「국가공무원법」을 준용한다.
　(인사에 관한감사(제17조), 통계보고(제18조)는 적용하지 않는다.)

◆ **국가기관 등에 대한 협조요청**(법 제15조)

　• 경호처장은 직무상 필요하다고 인정할 때에는 **국가기관, 지방자치단체, 공공단체**의 장에게 공무원 또는 직원의 파견이나 필요한 협조를 요청할 수 있다.

◆ **경호공무원의 사법경찰권**(법 제17조)
- **경호처장의 제청**으로 **서울중앙지방검찰청 검사장이 지명**한 경호공무원은,
  - 법 제4조1항 경호대상에 대한 경호업무 수행중 인지한 그 **소관에 속하는 범죄**에 대해,
  - 직무상 또는 수사상 **긴급을 요하는 한도** 내에서,
  - **7급 이상** 경호공무원은 **사법경찰관** 직무, **8급 이하** 경호공무원은 **사법경찰리** 직무 수행

◆ **직권남용 금지 등**(법 제18조)
- 소속공무원은 직권을 남용해서는 안 된다.
- 경호처 파견 경찰공무원은 이 법에 규정된 임무외의 경찰공무원의 직무를 수행할 수 없다.

◆ **무기의 휴대 및 사용**(법 제19조)
- 경호처장은 직무수행에 필요하다고 인정할시 소속공무원에게 무기를 휴대하게 할 수 있다.
- 무기를 휴대한 사람은 직무를 수행할 때 필요하다고 인정하는 상당한 이유가 있을 경우 그 사태에 대응하여 부득이하다고 판단되는 한도 내에서 무기를 사용할 수 있다. 다만, 다음 각 호의 하나에 해당할 때를 제외하고는 사람에게 위해를 끼쳐서는 안 된다.

  > 1. 형법상 정당방위와 긴급피난에 해당할 때
  > 2. 경호대상에 대한 경호업무수행 중 인지한 그 소관에 속하는 범죄로 사형·무기 또는 장기 3년 이상의 징역 또는 금고 해당 죄를 범했거나 범했다고 의심할만한 충분한 이유가 있는 사람이
  >   - 소속공무원의 직무집행에 항거·도피하려할 때 또는 제3자가 그를 도피시키려고 소속공무원에게 항거할 때에
  >   - 이를 방지하거나 체포하기 위해 무기를 사용하지 않고는 다른 수단이 없다고 인정되는 상당한 이유가 있을 때
  > 3. 야간·집단을 이루거나 흉기 그 밖의 위험한 물건 휴대하고 경호업무를 방해하기 위해 소속공무원에게 항거할 경우, 이를 방지하거나 체포하기 위해 무기를 사용치 않고는 다른 수단이 없다고 인정되는 상당한 이유가 있을 때

◆ **벌칙**(법 제21조)
- 직무상 지득한 비밀누설 또는 직권남용, 무기사용 제한규정 위반
  ⇒ **5년 이하 징역·금고 또는 1천만원 이하 벌금**
- 처장 허가 없이 경호처 직무관련 발간, 공표 ⇒ **2년 이하 징역·금고 또는 500만원 이하 벌금**

경호공무원의 임용 및 승진(시행령 제7조~제23조)

◆ **인사위원회 설치**(시행령 제7조, 제8조)
- 대통령경호처 직원의 인사에 관한 정책 및 그 운용에 관한 중요사항 심의를 위해 인사위원회 및 인사실무위원회를 둔다.
  - 인사위원회 : 처장이 임명한 위원장 1인(2급 이상), 5~7인의 위원(3급 이상)
  - 인사실무위원회 : 처장이 임명한 위원장 1인(3급 이상), 5~7인의 위원(4급 이상)

- 각 위원회의 회의, 기타 운영에 관한 사항은 처장이 정한다.
- 인사위원회는 인사에 관해 인사실무위원회와 관계부서에서 제안한 인사정책 및 그 운용에 관한 사항 등을 심의, 처장에게 건의한다.

◆ **임용**(시행령 제9조)
- 경호처 직원의 임용은 **학력·자격·경력을 기초**로 하며, 시험성적, 근무성적, 기타 능력의 실증에 의해 행한다.

◆ **임용 직원의 임용자격 확인 등**(시행령 제9조의2)
- 처장은 직원을 임용할 때에는 임용대상자의 **건강 상태, 사상의 건전성, 품행 및 학력·자격·경력의 확인을 위해 임용대상자에게 신원진술서, 학력증명서, 경력증명서, 건강진단서,「가족관계의 등록 등에 관한 법률」에서 정하는 증명서와 그 밖에 필요한 자료**의 제출을 요구할 수 있다.
- 처장은 자료의 내용확인을 위해 관계기관에 조회 또는 그 밖에 필요한 협조를 요청할 수 있다.
- 그 외에 임용직원의 임용자격 확인 등에 필요한 사항은 처장이 정한다.

◆ **신규채용**(시행령 제10조)
- **경호공무원 및 일반직공무원의 신규채용** : 공개경쟁채용시험으로 한다.
  다만, 다음의 경우 경력요건 등 응시요건을 정하여 같은 사유 해당 다수인을 대상으로 경쟁하는 방법으로 채용하는 시험으로 신규채용 할 수 있다.

  > 1. 공개경쟁채용시험에 의한 채용이 곤란한 임용예정직 관련 자격증소지자를 임용하는 경우
  > 2. 임용예정직에 상응하는 근무실적 또는 연구실적이 3년 이상인 자를 임용하는 경우
  > 3. 임용예정직에 상응하는 전문지식·경험·기술이 있는 자를 1급 또는 2급 경호공무원으로 임용하는 경우
  > 4. 외국어에 능통하고 국제적 소양과 전문지식을 지닌 자를 임용하는 경우
  > 5. 직제·정원개폐·예산 감소로 퇴직, 신체정신상 장애로 인한 장기요양을 위한 휴직기간 만료로 인하여 퇴직한 경호공무원 일반직공무원을 퇴직 후 3년 이내에 퇴직 시에 재직한 직급으로 재임용하는 경우

  ※ 2,3,5호 경우 다수인을 대상으로 하지 않은 시험으로 경호공무원 및 일반직공무원을 신규채용 가능

- **별정직공무원 신규채용** : 비서·공보·의무·운전·사범·교관·사진 등 특수분야 대상

◆ **시보임용**(시행령 제11조)
- 5급 이하 경호공무원 또는 일반직공무원 신규채용 시 **1년 이내의 기간** 시보로 임용, 그 기간중 근무성적과 교육훈련성적이 양호한 경우에 정규직원으로 임용
- **휴직·직위해제·징계에 의한 정직처분 기간**은 시보임용기간에 不산입

◆ **시험**(시행령 제12조)
- 임용시험은 직급별로 **공개경쟁 채용시험 · 경력경쟁 채용시험 · 승진시험**으로 처장이 실시한다.
- 별정직 · 일반직공무원은 신규채용을 제외하고 시험을 과하지 않는다.
- 처장은 시험출제 · 채점 · 면접시험 · 실기시험 및 기타 필요한 사항 담당을 위해 시험위원을 위촉할 수 있다.
  (필기시험 출제 · 채점위원은 **과목당 2인 이상**, 면접위원은 **3인 이상** 임명 · 위촉)

※ 경호공무원의 필기시험과목표 [별표2]

계급	채용구분			시험 과목
5급 이상	공채	제1차 (객관식)	필수	헌법, 한국사, 영어
		제2차 (주관식)	필수	경호경비학, 행정학, 행정법
			선택	형법, 형사소송법, 국제법, 경영학, 정치학, 경제학, 재정학, 사회학, 심리학, 정보학, 체육학, 통신공학, 정보공학, 제2외국어(일어, 불어, 독어, 중국어, 노어, 스페인어, 아랍어) 중 2과목
	경채 · 승진	제1차 (객관식)	필수	영어
		제2차 (주관식)	필수	경호경비학
			선택	행정법, 행정학, 형법, 형사소송법, 국제법, 경영학, 정치학, 경제학, 재정학, 사회학, 심리학, 정보학, 체육학, 통신공학, 전자공학, 정보공학, 제2외국어(일어, 불어, 독어, 중국어, 노어, 스페인어, 아랍어) 중 2과목
6 · 7급	공채 · 경채		필수	언어논리영역, 자료해석영역, 상황판단영역, 영어, 한국사
8 · 9급	공채 · 경채		필수	일반상식, 영어

◆ **공개경쟁채용시험**(시행령 제13조)
- 공개경쟁채용시험은 **필기시험 · 면접시험 · 신체검사 및 체력검정**으로 실시한다.
  다만, 처장이 필요인정 시 실기시험 · 지능검사 · 인성검사 및 적성검사의 전부 또는 일부를 병행하여 실시할 수 있다.
- 경호공무원의 공개경쟁채용시험 대상 계급은 **5급 · 7급 및 9급**으로 하고, 일반직공무원의 공개경쟁채용시험 대상 계급은 **9급**으로 한다.

◆ **경력경쟁채용시험**(시행령 제14조)
필기시험 · 면접시험 및 신체검사로 실시하되, 실기시험 · 체력검정 · 지능검사 · 인성검사 및 적성검사의 전부 또는 일부를 병행하여 실시가능(처장이 필요하다고 인정 하는 자는 필기시험의 전부 또는 일부 면제 가능)

◆ **승진시험**(시행령 제15조)

6급 경호공무원을 5급 경호공무원으로 승진임용 시, 승진시험을 병행할 수 있다.
(승진시험은 필기시험에 의하되 실기시험 병행가능)

· 근무성적평정 및 경력평정의 실시, 기준 (시행령 제16조, 제17조, 제18조, 제19조)

구분	근무성적평정	경력평정
기준	직무수행의 성과·능력·태도, 청렴도 및 직무의 적합성 기타 직무수행에 필요한 사항	· 직원의 경력이 직급별로 담당직무수행과 관련되는 정도
대상	3급 이하 직원 대상	· 승진소요최저연수 도달 5급 이하 경호공무원과 일반직공무원 (별정직공무원은 제외)
시기, 방법	정기평정과 수시평정으로 실시하되, 정기평정은 연 1회 실사	· 해당 직급, 하위직급 및 차아위직급의 재직기간, (휴직·정직기간 불산입) ※ 승진소요 최저연수 포함 휴직기간과 직위해제기간은 휴직, 직위해제 당시 직급 또는 계급의 직무종사 기간으로 보아 포함한다.
공통사항	· 직원의 복무능률의 증진과 인사관리의 적정을 기하기 위해 평정 · 평정의 방법·시기·절차 등에 관해 필요한 사항은 경호처장이 정한다.	

◆ **승진임용 방법**(시행령 제20조)
· 경호공무원 및 일반직공무원의 승진은 **근무성적 및 경력평정 기타 능력의 실증**에 의해 행한다.
· 경호처장은 승진임용 요건을 구비한 **5급 이하** 경호공무원 및 일반직공무원에 대하여 근무성적평정 **5할**, 경력평정 **1.5할**, 교육훈련성적 **3할**, 신체검사 **0.5할** 비율로 승진심사자명부를 작성한다.
· 승진심사자명부 등재대상은 승진심사일이 속하는 달의 다음달 말일까지 승진소요최저연수 충족자를 포함
· 승진심사는 승진심사자명부에 등재된 자를 대상으로 하고, 승진 결정된 자는 승진일에 승진소요최저연수를 충족해야 한다.

◆ **승진선발위원회 등**(시행령 제20조의 2)
· 처장은 승진대상자의 추천, 심사 및 선발을 위하여 다음 위원회를 각각 구성·운영할 수 있다.
  - 2개 이상의 승진후보추천위원회 (상호 차단된 상태의 동일한 심사조건에서 동시 심사)
  - 승진선발위원회 (승진후보추천위원회가 추천한 후보자 중에서 승진대상자 선발)
· 위 각호의 위원회 구성은 「공무원임용령」 제34조의3제2항 및 제3항을 준용한다.
· 규정한 사항 외에 승진후보추천위원회 및 승진선발위원회의 구성 및 운영에 관한 사항은 처장이 정한다.

◆ **경호공무원의 승진소요 최저연수**(시행령 제21조)
- 3급 : 2년 이상
- 6급 : 4년 이상
- 4급 : 4년 이상
- 7급 및 8급 : 3년 이상
- 5급 : 5년 이상
- 9급 : 2년 이상

◆ **특별승진**(시행령 제22조)
- 경호공무원 및 일반직공무원의 특별승진 요건

요건	비고
1. 경호위해요소 사전 발견·제거로 경호안전에 특별한 공을 세운 자	3급 이하 승진최저연수 1년단축가능
2. 경호위급사태 발생 시 경호대상자의 생명을 구하는데 공이 현저한 자	
3. 헌신적 직무수행으로 업무발전 기여한 공이 현저하여 귀감이 되는 자	
4. 재직중 공적이 특히 현저한자가 제26조 규정에 의해 공로퇴직하는 때	당해계급 1년 이상 재직
5. 재직중 공적이 특히 현저한 자가 공무로 인하여 사망한 때	승진소요연수 미적용

- 특별승진임용의 경우 공무원임용령 제32조제1항에 의한 승진임용의 제한을 받지 않는다.
- 직원의 특별승진임용은 인사위원회의 심의를 거쳐야 한다.

◆ **별정직 국가공무원의 근무상한연령**(시행령 제23조)
별정직공무원 근무상한 연령은 경호공무원 정년과 균형을 유지하는 범위 안에서 **처장**이 정한다.

○ 경호원의 교육훈련 (시행령 제24조)

◆ 처장은 직원에 대해 직무의 능률증진을 위해 교육훈련을 실시한다.
◆ 처장은 필요인정 시 직원을 국내외 교육기관 또는 연구기관에 위탁교육훈련을 받게 할 수 있다.
◆ **6월 이상** 국외교육훈련을 받은 직원은 **6년 범위** 안에서 교육훈련기간의 **2배**에 상당하는 기간, 6월 이상 국내에서 교육훈련을 받은 직원에 대해서는 **6년 범위** 안에서 교육훈련기간과 동일기간(**일과후 실시 국내훈련은 훈련기간 5할 기간**)복무토록 해야 한다.
다만, 복무의무부과가 어렵거나 이행할 수 없는 특별한 사유로 처장이 면제한 경우 예외
※ 의무복무 불이행자는 교육훈련에 소요된 경비 전액 또는 일부를 반납해야 한다.
◆ 처장은 교육훈련의 성과측정을 위해 정기 또는 수시 평가를 실시하고 결과를 인사관리에 반영한다.
◆ 처장은 경호공무원으로 **20년 이상 근무 후 퇴직자**에 대해
사회적응능력 배양을 위해 **1년 이내**의 범위에서 연수를 실시할 수 있다.
(처장은 해당자의 연수기간 중 당해직급 결원 보충가능)

민감정보 및 고유식별정보의 처리 (시행령 제35조의 2)

- 처장은 경호업무와 임용직원의 임용자격 확인 등에 관한 업무를 위해 불가피한 경우 「개인정보 보호법 시행령」에 따른 **범죄경력 자료, 특정 개인을 알아볼 목적으로 일정한 기술적 수단을 통해 생성된 정보(경호업무를 수행하는 경우로 한정), 주민등록번호, 여권번호, 운전면허의 면허번호, 외국인등록번호**가 포함된 자료를 처리할 수 있다.
- 경호업무수행과 임용직원의 임용자격 확인 등과 관련된 조회 또는 협조요청을 받은 관계기관의 장은 그 조회 또는 협조업무 수행에 불가피한 경우 「개인정보 보호법 시행령」에 따른 **범죄경력 자료, 특정 개인을 알아볼 목적으로 일정한 기술적 수단을 통해 생성된 정보(경호업무를 수행하는 경우로 한정), 주민등록번호, 여권번호, 운전면허의 면허번호, 외국인 등록번호**가 포함된 자료를 처리할 수 있다.

전직대통령 예우에 관한 법률

- **연금**
  - 전직대통령에 대하여는 연금을 지급한다.
  - 연금액은 지급당시의 대통령 보수연액의 **95/100** 상당액으로 한다.
  - 유족연금은 보수액의 **70/100** 상당액으로 한다.
  - 유족중 배우자가 없거나 사망한 경우 30세 미만의 유자녀와, 30세 이상의 유자녀로 생계능력 없는 자에게 지급(수인인 경우 균등하게 나누어 지급)
  - 연금의 지급기간은 사유발생한 날이 속하는 월의 익월부터 사유소멸한 날이 속하는 월까지 지급
  - 연금지급정지사유 발생시 사유발생한 날이 속하는 월의 익월부터 사유소멸 된 날이 속하는 월까지 지급정지
  - 연금예산은 행정안전부 **일반회계** 계상

- **기념사업의 지원**
  민간단체 등이 전직대통령을 위한 기념사업 추진시 관계법령에 따라 필요한 지원을 할 수 있다.
  (지원의 대상과 규모는 국무회의 심의를 거쳐 결정)

- **묘지관리의 지원**
  전직대통령이 사망하여 국립묘지에 안장하지 아니한 경우에는 대통령령으로 정하는 바에 따라 묘지관리에 드는 인력 및 비용을 지원할 수 있다.

- **그 밖의 예우**
  - 비서관 3인과 운전기사 1명을 둘 수 있다. (전직대통령 서거 시 배우자는 비서관1명, 운전기사1명)
  - 필요한 기간의 경호 및 경비

- 교통·통신 및 사무실 제공 등의 지원 (사무실·차량제공, 운영경비·공무여행 시 여비 등 지급)
- 본인 및 가족에 대한 치료 (국·공립병원진료는 무료, 민간의료기관 진료비용은 국가부담)
- 그 밖에 전직대통령으로서 필요한 예우
  - ※ 비서관은 고위공무원단에 속하는 별정직 공무원, 운전기사는 별정직 공무원,
    - 비서관은 행정안전부장관 제청 → 국무총리 → 대통령 임명,
    - 운전기사는 행정안전부장관 임명

◆ **권리의 정지 및 제외 등**
- 이 법에 따라 연금지급 받는 사람은 타법률에 따른 연금 지급금지
- 전직대통령 예우 제외사유
  1. 재직 중 탄핵결정을 받아 퇴임한 경우
  2. 금고 이상의 형이 확정된 경우
  3. 형사처분 회피목적 외국정부에 도피처 또는 보호를 요청한 경우
  4. 대한민국 국적을 상실한 경우
     ※ 예우 제외사유에 해당해도 **필요한 기간의 경호·경비의 예우**는 계속 유지

미국의 사설경비업무 영역
◆ 개인 신변보호,
◆ 시설·장소·수송경비
◆ 방범 안전기기와 설비의 제조·판매·설치·관리,
◆ 방범 및 안전진단, 범죄와 범죄자 정보의 제공·조사 및 탐정업무 등
※ 미국은 사설경비 산업이 서부개척시대부터 고유하게 발전한 국가

일본의 사설경비
◆ **시설경비** : 사무소, 주택, 건물, 주차장, 유원지 등 시설에 대한 도난·사고발생 경계 및 방지
◆ **교통유도경비** : 도로·건설공사현장 주변, 행사장, 혼잡장소 등의 차량유도·사고발생경계 및 방지
◆ **수송경비** : 운반중인 현금, 미술품, 위험물 등 도난 등 사고 예방·발생경계 및 방지
◆ **신변보호경비** : 사람의 신체에 대한 위험발생·경계 및 방지

한국의 사설경비
◆ **청원경찰** : 청원주의 요구에 의해 공공적 또는 준공공적 사적인 분야의 범죄예방활동, 準경찰관 신분으로 경비구역 내, 경찰관 직무집행법에 의한 경찰관직무 수행
◆ **경비업** : 私人의 자격으로 시설주가 요구하는 경비시설 내에서 경비업무 수행
◆ 현행법상 인정되는 요인경비는 통상 경호경비라 하여
  - 법령에 의해 정부요인, 국내외 주요인사 등에 대한 경찰과 대통령경호공무원에 의한 경호와

- 경비업법상의 경비원에 의해 운영되는 신변보호 작용이다.
- 우리나라도 1995년부터 미국, 일본과 같이 사설경비차원의 신변보호의 경비업 인정

◯ 경호의 객체

◆ **경호의 객체인 경호대상자** : 경호원이 보호해야 하는 대상자(피경호인)

◆ **국가원수**
- 국왕 : 영국과 일본은 의원내각제, 영국은 여왕, 일본은 천황이 상징적 국가원수 지위
- 대통령 : 미국과 한국은 대통령제 정부형태로, 대통령은 경호의 주대상자
    - 미국 : 대통령은 행정수반으로 헌법과 법률의 규정과 관습, 개성, 환경에 따라 중요한 행정활동 수행
    - 한국 : 대통령은 **국민 대표기관, 국가원수, 집행부수반**으로서의 지위

국가원수로서의 지위	집행부수반으로서의 지위
1. 대외적으로 국가를 대표할 지위	1. 집행에 관한 최고지휘권자·최고책임자로서의 지위
2. 국가 수호자로서의 지위	2. 집행부조직권자로서의 지위
3. 국정의 통합·조정자로서의 지위	3. 국무회의 의장으로서의 지위
4. 헌법기관구성권자로서의 지위	※ 입법부 및 사법부와 수평적 지위
※ 입법부와 사법부에 대한 우월한 지위	

◆ **수상, 부통령, 국무총리**
- 영국, 일본, 독일 등 의원내각제의 수상은 집행에 관한 실질적 수반으로 경호의 주대상자
- 미국처럼 정부형태가 대통령제일 경우 대통령 유고에 대비 부통령제 도입
- 우리나라는 국무총리제를 도입하고 있는 대표적인 나라
- ※ 우리나라 국무총리의 지위
    1. 대통령의 권한대행자로서의 지위
    2. 대통령의 보좌기관으로서의 지위
    3. 집행부 제2인자의 지위
    4. 국무회의부의장 지위
    5. 대통령 다음의 상급관청으로서의 지위

◆ **전직대통령**
- 미국 : 퇴직후 평생 경호의 대상이 된다.
- 한국 : 본인의사에 반하지 않는 한 퇴직 후 10년 이내는 대통령경호처가, 그 이후로는 경찰청장이 필요인정 시 경찰이 경호를 실시

◆ **민간인**
사설경호기관의 대상으로 기업인, 정치인, 연예인, 종교지도자, 기타 일반인을 들 수 있다.

기출문제   경호의 조직

1. 경호조직의 특성에 해당하지 않는 것은? (19회)

① 기동성   ② 통합성
③ 개방성   ④ 전문성

해설 경호조직의 특성

기동성	• 현대사회는 교통수단 발달, 인구집중 현상 등 고도의 유동성을 띠게 되어 경호조직도 높은 기동성을 띤 조직으로 변모하고 있다. • 기동장비의 확보, 테러방지의 고도화에 따른 안전대책 등 경호장비의 과학화, 이를 지원하기 위한 행정업무의 자동화, 컴퓨터화 등 기동성이 요구된다.
통합성 (계층성)	• 통일적인 피라미드 구조의 경호조직 특성상 他부서에 비해 계층성이 강조된다. • 경호조직은 기구단위 및 권한과 책임이 분화되어야 하나, 경호조직 내 중추세력은 권한의 계층을 통해 분화된 노력을 조정·통제함으로써 경호목적을 달성할 수 있다.
폐쇄성 (보안성)	• 완벽 경호수행을 위해 경호조직의 비공개와 경호기법의 비노출 등 폐쇄성이 요구됨 • 일반적 공개주의 원칙불구, 암살·테러기도자에게 노출되지 않도록 기밀성 유지 필요
전문성	• 날로 수법이 지능화·고도화되는 테러행위 대처를 위한 경호조직도 전문화·분화 현상 • 경호적 권위는 권력보다는 전문성에 기초를 둔 직업공무원화 되어야 한다.
대규모성	• 경호조직은 과거에 비해 기구 및 인원 면에서 점차 대규모화되고 있다. • 정치체제 변화, 과학기술 발달, 거대정부 양상 변화가 간접적 대규모화 유발
협력성	하나의 경호조직이 단독으로 경호임무 수행에 필요한 모든 정보활동을 수행할 수 없으므로 유관기관과의 유기적인 협조가 필수적이다. • 공경호 : 대통령경호처와 경찰, 군, 국정원 등과의 협력 및 정보공유 필요 • 민간경호 : 지역경찰, 타 민간경호조직과의 긴밀한 유대관계 필요

2. 경호조직의 특성에 관한 설명으로 옳지 않은 것은? (15회)

① 본질적으로 보안성을 높이는 폐쇄적 조직구조로 구성한다.
② 권력보다는 전문성에 기초를 두어야 한다.
③ 경호집행 기관적 성격으로 계층성의 특성이 있다.
④ 성격상 기관단위로 작용하지 않고 개인단위로 이루어지고 있다.

해설 ④ 경호업무 성격상 개인적 작용이 아닌 지휘권과 장비, 보급체계가 갖춰진 기관단위 작용으로 이루어진다.

3. 하나의 경호조직이 단독으로 경호업무 수행에 필요한 모든 정보활동을 수행할 수 없다는 특성과 가장 관련있는 경호조직의 특성은? (17회)

① 기동성   ② 보안성
③ 통합성   ④ 협력성

해설 협력성 : 하나의 경호조직이 단독으로 경호임무 수행에 필요한 모든 정보활동을 수행할 수 없으므로 유관기관과의 유기적인 협조가 필수적이다.

정답 1. ③ 2. ④ 3. ④

4. 경호조직의 특성과 원칙에 관한 설명으로 옳지 않은 것은? (20회)

① 경호조직은 경호기법 비노출 등 폐쇄성을 가진다.
② 경호업무의 성격상 기관단위작용으로 이루어진다.
③ 경호조직은 기구단위, 권한과 책임 등이 경호업무의 목적달성에 기여할 수 있도록 통합되어야 한다.
④ 경호조직은 과거와 비교하여 그 기구와 인원 면에서 대규모화되고 있다.

> **해설** 통합성의 원칙
> 경호조직은 기구단위 및 권한과 책임이 분화되어야 하나, 경호조직 내 중추세력은 권한의 계층을 통해 분화된 노력을 조정·통제함으로써 경호목적을 달성할 수 있다.

5. 경호조직의 특성에 관한 설명으로 옳은 것은? (22회)

① 기구 및 인원의 측면에서 소규모화되고 있다.
② 전체 구조가 통일적인 피라미드형을 구성하면서 그 속에 서로 상하의 계층을 이루고 지휘·감독 등의 방법에 의해 경호목적을 통일적으로 실현한다.
③ 경호조직의 공개, 경호기법 노출 등 개방성을 가진다.
④ 테러행위의 비전문성, 위해수법의 고도화에 따라 경호조직은 비전문성이 요구된다.

> **해설** ① 경호조직은 과거에 비해 기구 및 인원 면에서 점차 대규모화되고 있다.
> ③ 완벽 경호수행을 위해 경호조직의 비공개와 경호기법의 비노출 등 폐쇄성이 요구된다.
> ④ 날로 수법이 지능화·고도화되는 테러행위 대처를 위한 경호조직도 기술성 전문성이 요구된다.
> ② 통합성(계층성)에 대한 설명이다.

6. 경호조직의 특성에 관한 설명으로 옳은 것은 모두 몇 개인가? (23회)

- 경호조직은 기구단위, 권한과 책임 등이 경호업무의 목적 달성을 위해 분화되어야 한다.
- 경호조직의 폐쇄성에는 경호기법의 비노출이 포함된다.
- 경호조직은 과거에 비해 그 기구와 인원 면에서 다변화되고 있다.
- 경호조직은 전문성보다는 권력에 기초를 두어야 한다.

① 1개 ② 2개
③ 3개 ④ 4개

> **해설** 경호적 권위는 권력보다 전문성에 기초를 둔 직업공무원화 되어야 한다.

정답 4. ③ 5. ② 6. ③

7. 경호조직의 특성과 원칙에 관한 설명으로 옳은 것을 모두 고른 것은? (14회)

> ㄱ. 하나의 경호조직은 한 사람만의 지휘를 받아야 하는 것이 아니라, 각 분화된 단위별로 여러 사람의 지휘를 받아야 한다.
> ㄴ. 경호업무의 성격상 경호는 개인단위작용으로 이루어진다.
> ㄷ. 경호조직은 조직의 비공개, 경호기법 비노출 등 폐쇄성을 가진다.
> ㄹ. 경호조직은 기구단위, 권한과 책임 등이 경호업무의 목적달성에 기여할 수 있도록 분화되어야 한다.
> ㅁ. 경호조직은 과거와 비교하여 소규모화 되고 있다.

① ㄱ, ㄹ ② ㄷ, ㄹ
③ ㄱ, ㄷ, ㄹ ④ ㄱ, ㄷ, ㅁ

해설 ㄱ. 하나의 경호조직은 한사람만의 지휘를 받아야 한다. (**경호지휘 단일성의 원칙**)
ㄴ. 경호업무 성격상 경호는 기관단위작용으로 이루어진다. (**경호기관단위작용의 원칙**)
ㅁ. 경호조직은 점차 대규모화 되고 있다. (**경호조직의 대규모성**)

8. 경호체계통일성의 원칙에 관한 설명으로 옳은 것은? (15회)

① 상하계급간의 일정한 관계가 이루어져 책임과 업무의 분담이 이루어지고 명령 복종의 지위와 역할의 체계가 통일되어야 한다.
② 과학기술의 발달에 따라 테러의 수법이 지능화·고도화 되어감에 따라 경호조직에 있어서도 기능의 전문화 내지 분화현상이 나타난다.
③ 경호조직은 과거와 비교해 볼 때 기구 및 인원면에서 점차 대규모화되고 있다.
④ 경호조직은 자신의 업무상 필요에 따라 국민속에서 적당한 대상을 선택하여 이를 조직화한다.

해설 ② 전문성에 관한 내용이다.
③은 대규모성에 관한 내용이다.
④는 경호협력성의 원칙에 관한 내용이다.

9. 경호조직의 구성원칙 중 아래의 내용에 관한 설명으로 옳은 것은? (15회)

> 경호조직이 비록 완벽하고 경호요원의 수가 많다고 하더라도 모든 위해요소를 직접 인지할 수 없을 뿐 아니라 모든 사태에 대응하기 여의치 못하므로 완벽한 경호를 위해서는 국민의 절대적인 협력이 필요하다.

① 경호기관단위작용의 원칙 ② 경호협력성의 원칙
③ 경호지휘단일성의 원칙 ④ 경호체계통일성의 원칙

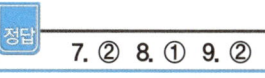

7. ② 8. ① 9. ②

>해설 **경호협력성의 원칙**
- 경호조직과 국민과의 결합을 의미.
- 경호조직이 비록 완벽하고 경호요원의 수가 많다고 하더라도 모든 위해요소를 직접 인지할 수 없을 뿐아니라 모든 사태에 대응하기 여의치 못하므로 완벽한 경호를 위해서는 국민의 절대적인 협력이 필요하다.
- 국민의 협력을 얻기 위해서는 모든 수단과 방법을 강구하여 역량을 결집시켜야 한다.

10. 경호조직의 원칙 중 경호조직이 국민 속에 깊이 뿌리를 내려 국민과 결합해야 한다는 원칙은? (16회)
① 경호지휘단일성의 원칙　　② 경호체계통일성의 원칙
③ 경호기관단위작용의 원칙　④ 경호협력성의 원칙

>해설 경호협력성에 대한 설명이다.

11. 경호조직의 조직구조와 운영에 관한 설명으로 옳은 것은? (17회)
① 경호조직은 모든 동원요소가 최상의 기능을 발휘할 수 있도록 수직적 구조가 아닌 수평적 구조를 이루어야 한다.
② 경호조직은 단위조직, 권한과 책임 등이 경호업무의 목적달성에 잘 기여할 수 있도록 통합되어야 한다.
③ 경호조직의 권위는 권력의 힘에 의존하는 데에서 탈피하여 경호의 전문성에서 찾아야 한다.
④ 현대 경호조직은 과거와 비교하여 규모가 축소되고 있다.

>해설 ① 경호조직은 조직구조가 통일적인 피라미드형을 구성하면서 조직내 계층을 이루고 지휘·감독을 통해 경호목적을 실현하는 수직적 계층성이 강조된다.
② 경호조직은 기구단위 및 권한과 책임이 분화되어야 하며, 조직내의 중추세력은 권한의 계층을 통해 분화된 노력을 상호 조정하고 통제함으로써 경호의 목적을 달성할 수 있다.
④ 현대 경호조직은 과거와 비교하여 점차 대규모화 되고 있다.

12. 경호조직의 원칙 중 체계통일성의 원칙에 관한 것은? (18회)
① 조직의 각 구성원은 오직 하나의 상급기관에게만 보고하고 명령지휘를 받고 그에게만 책임을 진다는 것이다.
② 임무 수행에는 일반 국민의 협조가 필수적이며 국민의 협력을 얻지 못하면 경호임무는 실패할 확률이 높다.
③ 임무의 성격상 개인적 작용으로 이루어지지 않고 기관단위 작용으로 이루어진다는 것을 말한다.
④ 구조의 정점으로부터 말단에 이르는 무수한 수준을 통하여 상하계급간의 일정한 관계가 이루어져야 한다.

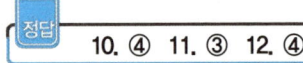
10. ④　11. ③　12. ④

해설 경호조직의 구성원칙

지휘 단일성의 원칙	경호조직의 각 구성원은 오직 하나의 상급기관(지휘관)에게만 보고하고, 그의 명령지휘를 받고, 그에게만 책임을 진다는 원칙.
통일성의 원칙	경호기관 구조의 정점부터 말단까지 일정한 관계가 이루어져 책임과 분담이 이루어지고, 명령과 복종의 지휘와 역할의 체계가 통일되어야 한다는 원칙
기관단위작용의 원칙	경호업무 성격상 개인적 작용이 아닌 지휘권과 장비, 보급체계가 갖추어진 기관단위 작용으로 이루어진다는 원칙
협력성의 원칙	경호조직과 국민과의 결합을 의미, 완벽한 경호는 국민의 협력이 절대적이므로 모든 방법을 강구, 국민의 역량을 결합시켜야 한다.

13. 다음 설명하는 경호조직의 원칙은? (19회)

경호조직의 각 구성원은 오직 하나의 상급기관(지휘관)에게만 보고하고, 그의 명령지휘를 받고, 그에게만 책임을 진다는 것이다.

① 경호지휘단일성 ② 경호체계통일성
③ 경호기관단위작용 ④ 경호협력성

해설 경호조직의 구성원칙

지휘 단일성의 원칙	경호조직의 각 구성원은 오직 하나의 상급기관(지휘관)에게만 보고하고, 그의 명령지휘를 받고, 그에게만 책임을 진다는 원칙.
체계통일성의 원칙	경호기관 구조의 정점부터 말단까지 일정한 관계가 이루어져 책임과 분담이 이루어지고, 명령과 복종의 지휘와 역할의 체계가 통일되어야 한다는 원칙
기관단위적용의 원칙	경호업무 성격상 개인적 작용이 아닌 지휘권과 장비, 보급체계가 갖추어진 기관단위작용으로 이루어진다는 원칙
협력성의 원칙	협력성의 원칙은 경호조직과 국민과의 결합을 의미, 완벽한 경호는 국민의 협력이 절대적이므로 모든 방법을 강구, 국민의 역량을 결합시켜야 한다.

14. 경호 체계통일성의 원칙에 해당하는 것은? (20회)

① 테러의 수법이 지능화·고도화 되어감에 따라 경호조직에 있어서도 기능의 전문화 내지 분화현상이 일어난다.
② 상하계급간의 일정한 관계가 이루어져 책임과 업무의 분담이 이루어지고 명령과 복종의 지위와 역할의 체계가 통일되어야 한다.
③ 완벽한 경호를 위해서는 국민의 절대적인 협력을 통하여 총력경호를 추구한다.
④ 경호임무 수행 중 긴급사태에 대처하기 위해서는 지휘자의 신속한 판단력과 지휘명령이 요구된다.

해설 **경호체계 통일성의 원칙** : 경호기관 구조의 정점부터 말단까지 일정한 관계가 이루어져 책임과 분담이 이루어지고, 명령과 복종의 지휘와 역할의 체계가 통일되어야 한다는 원칙
① 전문성, ③ 협력성, ④ 지휘단일성의 원칙

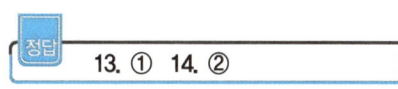
13. ① 14. ②

15. 경호조직의 구성원칙 중 아래의 내용과 관계가 있는 원칙은? (20회)

> 국제행사의 안전한 진행을 위하여 전국적으로 배치된 경비지도사를 통하여 경호정보를 신속하게 수집하였다.

① 경호지휘단일성의 원칙
② 경호체계통일성의 원칙
③ 경호기관단위작용의 원칙
④ 경호협력성의 원칙

해설 **경호협력성의 원칙**
경호조직과 국민과의 결합을 의미한다. 경호조직이 비록 완벽하고 경호요원수가 많다고 하더라도 모든 위해요소를 직접 인지할 수 없을 뿐 아니라 모든 사태에 대응하기가 여의치 못하므로 완벽한 경호를 위해서는 국민의 협력이 절대적으로 필요하므로 국민의 협력을 얻기 위해서는 모든 수단과 방법을 강구, 국민의 역량을 결합시켜야 한다.

16. 경호조직의 운영에 관한 설명으로 옳은 것은? (21회)

① 위해수법의 고도화에 따라 현대의 경호조직은 경호의 전문성이 요구된다.
② 다수의 경호원이 운용될 경우에는 다수의 지휘체계를 운영해야 한다.
③ 현대의 경호조직은 과거에 비해 규모가 축소되고 있다.
④ 완벽한 방어 및 대응체계를 구축하기 위해서는 개인단위 작용으로 이루어져야 한다.

해설 ② 긴급사태의 신속한 대처와 효율적 조직운영을 위해 명령과 지휘체계는 반드시 하나의 계통으로 구성해야 한다.
③ 현대의 경호조직은 과거에 비해 기구 및 인원 면에서 점차 대규모화되고 있다.
④ 경호업무 성격상 개인적 작용이 아닌 지휘권과 장비, 보급체계가 갖추어진 기관단위작용으로 이루어져야 한다.

17. 경호조직의 특성과 원칙에 관한 설명으로 옳은 것은? (21회)

① 경호조직은 기구단위, 권한과 책임 등이 경호업무의 목적달성을 위해 통합되어야 한다.
② 경호조직은 계층성, 개방성, 기동성의 특성을 가진다.
③ 경호업무는 지휘권, 장비, 보급체계 등이 갖춰진 기관단위의 작용으로 이루어진다.
④ 경호업무의 모순, 중복, 혼란 등을 방지하여 신뢰성을 높이기 위해 복합 지휘체제를 구성하여야 한다.

해설 ① **통합성(계층성)의 원칙** : 경호조직은 기구단위 및 권한과 책임 등이 경호목적에 잘 기여할 수 있도록 분화되어야 하며, 경호조직 내 중추세력은 권한의 계층을 통해 분화된 노력을 조정·통제함으로써 경호에 만전을 기할 수 있도록 통합활동을 하여야 한다.
② **경호조직의 특성** : 기동성, 통합성(계층성), 폐쇄성(보안성), 전문성, 대규모성, 협력성
④ **지휘단일성의 원칙** : 경호업무의 모순, 중복, 혼란 등을 방지하여 신뢰성을 높이기 위해서는 지휘권의 단일화가 중요하다.
③ **기관단위 작용의 원칙** : 경호업무의 성격상 개인적 작용이 아닌 지휘권과 장비, 보급체계가 갖추어진 기관단위 작용으로 이루어진다는 원칙

15. ④ 16. ① 17. ③

18. 경호지휘단일성의 원칙에 관한 설명으로 옳지 않은 것은? (22회)

① 다수의 경호원이 있어도 지휘는 단일해야 한다.
② 하나의 기관에는 한 사람의 지휘자만 있어야 한다.
③ 경호조직은 지위와 역할의 체계가 통일되어야 한다.
④ 경호업무가 긴급성을 요한다는 점에서도 필요하다.

> **해설** ③ **경호체계통일성의 원칙**
> 경호기관 구조의 정점부터 말단까지 일정한 관계가 이루어져 책임과 분담이 이루어지고, 명령과 복종의 지휘와 역할의 체계가 통일되어야 한다.

19. 다음이 설명하는 경호조직의 원칙은? (22회)

- 경호업무의 성격상 개인적 작용으로 이루어지지 않는다.
- 하급자를 관리하기 위한 지휘권, 장비, 보급지원체제를 갖추고 있어야 한다.

① 경호협력성의 원칙
② 경호기관단위작용의 원칙
③ 경호체계통일성의 원칙
④ 조정의 원칙

> **해설** **기관단위 작용의 원칙**
> 경호업무 성격상 개인적 작용이 아닌 지휘권과 장비, 보급체계가 갖추어진 기관단위작용으로 이루어진다.

20. 다음이 설명하는 경호조직의 구성원칙은? (23회)

경호기관의 구조는 전체의 다양한 조직수준을 통해 상하계급 간의 일정한 관계가 성립되어, 책임과 업무의 분담이 이루어져야 함을 의미한다.

① 경호지휘단일성의 원칙
② 경호체계통일성의 원칙
③ 경호기관단위작용의 원칙
④ 경호협력성의 원칙

> **해설 경호체계통일성의 원칙** : 경호기관 구조의 정점부터 말단까지 일정한 관계가 이루어져 책임과 분담이 이루어지고, 명령과 복종의 지휘와 역할의 체계가 통일되어야 한다.

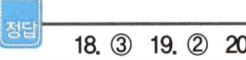

18. ③ 19. ② 20. ②

21. 경호조직의 원칙에서 협력성에 해당하지 않는 것은? (23회)

① 경호조직과 일반 국민과의 유기적인 상호작용을 의미한다.
② 국민이 경호업무에 협조하여 조직화가 필요할 경우 이런 조직은 임의성보다는 강제성이 수반되어야 한다.
③ 전국적으로 배치된 경비지도사를 통하여 경호정보를 신속하게 수집하는 것도 경호협력성과 관련된다.
④ 경호조직은 유관기관과의 상호협력을 통해 지속적인 정보 및 보안활동을 바탕으로 한 경호 대응력을 강화해야 한다.

> **해설** ② 협력성의 원칙은 국민이 스스로 경호업무에 협조하고자 할 때에는 이 역시 조직화하여 필요한 훈련을 실시한 후 경호업무를 지원해야 하는데 이러한 조직은 임의적이어야 하며 강제성을 띠어서는 아니 된다.

22. 다음에서 설명하는 경호조직의 원칙은? (24회)

> 하나의 기관에는 반드시 한 사람의 지휘자만이 있어야 한다. 지휘자가 여러 명이 있을 경우 이들 사이의 의견의 합치는 어렵게 되고 행동도 통일되기가 쉽지않다. 상급감독자나 하급보조자가 지휘자의 권한을 침해한다면 전체 경호기구는 혼란에 빠지게 되어 경호조직은 마비상태가 될 우려가 있다.

① 경호체계 통일성의 원칙
② 경호지휘단일성의 원칙
③ 경호기관단위작용의 원칙
④ 경호협력성의 원칙

> **해설** 경호조직의 원칙

지휘 단일성의 원칙	경호조직의 각 구성원은 오직 하나의 상급기관(지휘관)에게만 보고하고, 그의 명령지휘를 받고, 그에게만 책임을 진다는 원칙.
통일성의 원칙	경호기관 구조의 정점부터 말단까지 일정한 관계가 이루어져 책임과 분담이 이루어지고, 명령과 복종의 지위와 역할의 체계가 통일되어야 한다는 원칙
기관단위작용의원칙	경호업무 성격상 개인적 작용이 아닌 지휘권과 장비, 보급체계가 갖추어진 기관단위 작용으로 이루어진다는 원칙
협력성의 원칙	경호조직과 국민과의 결합을 의미, 완벽한 경호는 국민의 협력이 절대적이므로 모든 방법을 강구, 국민의 역량을 결합시켜야 한다.

23. 대통령 등의 경호에 관한 법령상 대통령경호처의 경호대상으로 옳지 않은 것은? (14회)

① 대통령 당선인과 그의 배우자 및 직계존비속
② 대통령권한대행과 그의 배우자 및 직계존비속
③ 본인의 의사에 반하지 아니하는 경우에 한정하여 퇴임 후 10년 이내의 전직 대통령
④ 대한민국을 방문하는 외국의 국가원수 또는 행정수반과 그 배우자

정답 21. ② 22. ② 23. ②

↳•해설 **경호대상** (대통령 등의 경호에 관한 법률 제4조)
- 대통령과 그 가족 (배우자와 직계 존비속)
- 대통령 당선인과 그 가족 (배우자와 직계 존비속)
- 본인 의사에 반하지 않는 한, 퇴임 후 10년 이내의 전직대통령과 그 배우자
  다만, 임기 만료 전 퇴임한 경우와 재직 중 사망한 경우 그로부터 경호기간은 5년,
  퇴임 후 사망한 경우 경호기간은 퇴임일 부터 기산, 10년 넘지 않는 범위 사망 후 5년
  (전직 대통령·배우자 요청시 처장이 고령등 사유로 필요 인정 시 5년의 범위 초과가능)
- 대통령 권한대행과 그 배우자
- 대한민국을 방문하는 외국 국가원수 또는 행정수반과 그 배우자
- 그 밖에 처장이 경호가 필요하다고 인정하는 국내외 요인

24. 대통령 경호처에 관한 설명으로 옳지 않은 것은? (14회)

① 경호처장은 별정직으로 보하고, 차장은 정무직으로 보한다.
② 5급 이상 경호공무원과 5급 상당 이상 별정직 국가공무원은 경호처장의 제청으로 대통령이 임용한다.
③ 6급 이하의 경호공무원은 경호처장이 임용한다.
④ 경호처 직원은 직무와 관련된 사항을 발간하거나 그 밖의 방법으로 공표하려면 미리 경호처장의 허가를 받아야 한다.

↳•해설 ②,③ 대통령 등의 경호에 관한 법률 제7조.④ 대통령 등의 경호에 관한 법률 제9조 제2항.
① 경호처장은 정무직으로 보하고, 차장은 1급 경호공무원 또는 고위공무원단에 속하는 별정직 국가공무원으로 보하며 처장을 보좌한다. (대통령 등의 경호에 관한 법률 제3조)

25. 대통령 등의 경호에 관한 법률의 내용으로 옳지 않은 것은? (16회)

① 경호처에 특정직 국가공무원인 1급부터 9급까지의 경호공무원과 일반직 국가공무원을 둔다. 다만, 필요하다고 인정할 때에는 경호공무원의 정원 중 일부를 일반직 국가공무원 또는 별정직 국가공무원으로 보할 수 있다.
② 경호처에 파견된 경찰공무원은 이 법에 규정된 임무 외의 경찰공무원의 직무를 수행할 수 없다.
③ 대한민국의 국적을 가지지 아니한 사람은 경호처 직원으로 임용될 수 없다.
④ 경호처장은 경호업무에 필요하다고 판단되는 경우 경호목적 달성을 위해 필요한 최대한의 범위를 경호구역으로 지정할 수 있다.

↳•해설 경호처장은 경호업무의 수행에 필요하다고 판단되는 경우 경호구역을 지정할 수 있는데, 경호목적 달성을 위한 최소한의 범위로 한정되어야 한다. (대통령 등의 경호에 관한 법률 제5조)

정답 24. ① 25. ④

26. 경호공무원의 사법경찰권에 관한 내용이다. 다음 ( )에 들어갈 내용이 옳게 짝지어진 것은?

(16회)

> ( )의 제청으로 서울중앙지방검찰청 검사장이 지명한 경호공무원은 대통령 경호업무 수행 중 인지한 그 소관에 속하는 범죄에 대하여 직무상 또는 수사상 긴급을 요하는 한도 내에서 사법경찰관리의 직무를 수행할 수 있다. 여기서 ( ) 이상 경호공무원은 사법경찰관의 직무를 수행하고, ( ) 이하 경호공무원은 사법경찰리의 직무를 수행한다.

① 대통령경호처장, 7급, 8급
② 대통령경호처 차장, 5급, 6급
③ 대통령경호처장, 5급, 6급
④ 대통령경호처 차장, 7급, 8급

해설 • 경호처장의 제청으로 서울중앙지방검찰청 검사장이 지명한 경호공무원은, 법 제4조1항 경호대상에 대한 경호업무 수행중 인지한 그 소관에 속하는 범죄에 대해 직무상 또는 수사상 긴급을 요하는 한도 내에서 사법경찰관리의 직무를 수행할 수 있다.
• 7급 이상 경호공무원은 사법경찰관 직무, 8급 이하 경호공무원은 사법경찰리 직무 수행한다.
(대통령 등의 경호에 관한 법률 제17조)

27. 대통령 등의 경호에 관한 법률의 내용으로 옳지 않은 것은?

(17회)

① 5급 이상 경호공무원은 대통령경호처장의 제청으로 대통령이 임용한다.
② 임용권자는 직원(별정직 국가공무원은 제외)이 신체적·정신적 이상으로 6개월 이상 직무를 수행하지 못할 만한 지장이 있으면 직권으로 면직할 수 있다.
③ 5급 이상 경호공무원의 정년은 58세이고, 6급 이하 경호공무원의 정년은 55세이다.
④ 대통령경호처장의 제청으로 서울중앙지방검찰청 검사장이 지명한 경호공무원은 일반범죄에 대하여 수사상 긴급을 요하는 한도 내에서 사법경찰관리의 직무를 수행할 수 있다.

해설 **경호공무원의 사법경찰권** (대통령 등의 경호에 관한 법률 제17조)
경호처장의 제청으로 서울중앙지방검찰청 검사장이 지명한 경호공무원은, 법 제4조1항 경호대상에 대한 경호업무 수행중 인지한 그 소관에 속하는 범죄에 대해, 직무상 또는 수사상 긴급을 요하는 한도 내에서 7급 이상 경호공무원은 사법경찰관 직무를 8급 이하 경호공무원은 사법경찰리 직무를 수행한다.

28. 대통령 등의 경호에 관한 법령상 다음에서 설명하는 구역은?

(17회)

> 소속공무원과 관계기관의 공무원으로서 경호업무를 지원하는 사람이 경호활동을 할 수 있는 구역으로, 대통령경호처장이 경호업무의 수행에 필요하다고 판단되는 경우 지정할 수 있는 구역

① 안전구역
② 경비구역
③ 경호구역
④ 통제구역

해설 경호구역에 관한 설명이다.

26. ① 27. ④ 28. ③

29. 대통령 등의 경호에 관한 법률상 다음 (   ) 안에 들어갈 내용으로 옳은 것은? (17회)

> 대통령경호처장은 대통령 등의 경호에 관한 법률에 따른 경호대상에 대한 경호를 위하여 필요한 경우 (   ), (   ) 및 경호·안전관리 업무를 지원하는 관계기관에 근무할 예정인 사람에게 신원진술서 및 「가족관계의 등록 등에 관한 법률」에서 정하는 증명서와 그 밖에 필요한 자료의 제출을 요구할 수 있다. 이 경우 대통령경호처장은 제출된 자료의 내용을 확인하기 위하여 관계기관에 조회 또는 그 밖에 필요한 협조를 요청할 수 있다.

① 대통령비서실, 국가안보실
② 대통령비서실, 국방부 조사본부실
③ 대검찰청 공공수사정책관실, 국가안보실
④ 대검찰청 공공수사정책관실, 국방부 조사본부실

해설 경호처장은 대통령 등의 경호에 관한 법률에 따른 경호대상에 대한 경호를 위하여 필요한 경우 대통령비서실, 국가안보실 및 경호·안전관리 업무를 지원하는 관계기관에 근무할 예정인 사람에게 신원진술서 및 「가족관계의 등록 등에 관한 법률」에서 정하는 증명서와 그 밖에 필요한 자료의 제출을 요구할 수 있다. 이 경우 처장은 제출된 자료의 내용을 확인하기 위하여 관계기관에 조회 또는 그 밖에 필요한 협조를 요청할 수 있다.
(대통령 등의 경호에 관한 법률 시행령 제3조의3)

30. 대통령경호공무원에 관한 설명으로 옳지 않은 것은? (18회)

① 대통령경호처장은 경호공무원 및 별정직 공무원에 대하여 모든 임용권을 가진다.
② 대통령경호처장의 제청으로 서울중앙지방검찰청 검사장이 지명한 경호공무원은 사법경찰권을 가질 수 있는 경우가 있다.
③ 대통령경호처장은 경호업무의 수행에 필요하다고 판단되는 경우, 경호목적 달성을 위한 최소한의 범위로 한정하여 경호구역을 지정할 수 있다.
④ 대통령경호처장은 정무직공무원으로 대통령이 임명한다.

해설 임용권자 (법 제7조)
- 5급 이상 경호공무원, 5급상당 이상 별정직 국가공무원 → 경호처장 제청 대통령 임용
  (다만, 전보·휴직·겸임·파견·직위해제·정직 및 복직에 관한 사항은 경호처장이 행함)
- 대통령 임용해당사항外 경호공무원과 별정직 공무원은 경호처장이 모든 임용권을 가진다.
- 고위공무원단에 속하는 별정직공무원 신규채용 → 「국가공무원법」제28조의6 제3항 준용

정답 29. ① 30. ①

31. 대통령 등의 경호에 관한 법령상 경호대상 중 전직 대통령과 그 배우자에 대한 경호기간에 관한 설명으로 옳지 않은 것은? (단, 경호대상자의 의사에 반하지 않는 경우에 한정한다.)

(18회)

① 퇴임 후 10년 이내에서 제공한다.
② 대통령이 임기 만료 전에 퇴임한 경우와 재직 중 사망한 경우에는 그로부터 5년으로 한다.
③ 퇴임 후 사망한 경우에는 퇴임일부터 기산하여 5년을 넘지 아니하는 범위에서 사망 후 3년으로 한다.
④ 전직 대통령 또는 그 배우자의 요청에 따라 대통령경호처장이 고령 등의 사유로 필요하다고 인정하는 경우에는 5년 범위에서 경호 기간을 연장할 수 있다.

> **해설 경호대상** (대통령 등의 경호에 관한 법률 제4조)
> • 대통령과 그 가족 (배우자와 직계 존비속)
> • 대통령 당선인과 그 가족 (배우자와 직계 존비속)
> • 본인 의사에 반하지 않는 한, 퇴임 후 10년 이내의 전직대통령과 그 배우자
>   다만, 임기 만료 전 퇴임한 경우와 재직 중 사망의 경우 그로부터 경호기간은 5년,
>   퇴임 후 사망한 경우 경호기간은 퇴임일 부터 기산, 10년을 넘지 않는 범위 사망 후 5년
>   (전직 대통령 또는 배우자 요청으로 처장이 고령등 사유로 필요인정 시 5년의 범위 규정기간 초과 가능)
> • 대통령 권한대행과 그 배우자
> • 대한민국을 방문하는 외국 국가원수 또는 행정수반과 그 배우자
> • 그 밖에 처장이 경호가 필요하다고 인정하는 국내외 요인

32. 로마 카톨릭 교황 방한시 대통령경호처장이 경호등급을 결정할 경우, 사전협의해야 하는 자가 아닌 것은?

(9회)

① 국가안보실장   ② 외교부장관
③ 국가정보원장   ④ 경찰청장

> **해설** 경호등급을 구분하여 운영하는 경우에는 외교부장관, 국가정보원장 및 경찰청장과 미리 협의 하여야 한다.
> (대통령 등의 경호에 관한 법률 시행령 제3조의2 제2항)

33. 경호의 객체에 관한 설명으로 옳지 않은 것은?

(20회)

① 경호객체는 경호임무를 제공받는 경호대상자를 말한다.
② 대통령 당선인과 그 가족은 대통령 등의 경호에 관한 법률에 따라 대통령경호처의 경호 대상이다.
③ 대통령 등의 경호에 관한 법률에 따라 대한민국을 방문하는 국가원수 또는 행정수반과 그 배우자는 대통령경호처의 경호대상이다.
④ 재직 중 탄핵 결정을 받아 퇴임한 전직대통령의 경우 전직대통령 예우에 관한 법률에 따라 필요한 기간의 경호 및 경비의 예우를 하지 아니한다.

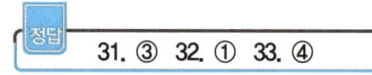

✎해설 **전직대통령 예우 제외사유** (전직대통령 예우에 관한 법률 제7조 제2항)
  1. 재직 중 탄핵결정을 받아 퇴임한 경우
  2. 금고 이상의 형이 확정된 경우
  3. 형사처분 회피목적 외국정부에 도피처 또는 보호를 요청한 경우
  4. 대한민국 국적을 상실한 경우
  ※ 예우 제외사유에 해당되어도 제6조 제4항 제1호(필요한 기간의 경호 및 경비)는 계속 유지

34. 경호의 객체(A)와 주체(B)는? (21회)

> 퇴임한 지 8년 된 대한민국 전직대통령, 배우자 및 그 자녀가 생활하는 공간에서 경찰관과 대통령경호원이 함께 경호업무를 수행하고 있다.

① A : 전직대통령, 배우자   B : 경찰관
② A : 전직대통령, 배우자, 자녀   B : 대통령 경호원
③ A : 전직대통령, 배우자   B : 경찰관, 대통령 경호원
④ A : 전직대통령, 배우자, 자녀   B : 경찰관, 대통령 경호원

✎해설 퇴임 후 10년 이내의 전직대통령과 그 배우자만 경호대상이다. (대통령 등의 경호에 관한 법률 제4조)

35. 다음이 설명하는 자는? (21회)

> 대한민국에서 개최되는 다자간 정상회의에 참석하는 외국의 국가원수 또는 행정수반과 국제기구 대표의 신변보호 및 행사장의 안전관리 등을 효율적으로 수행하기 위하여 대통령 소속으로 설치하는 경호·안전 대책기구의 장

① 국무총리   ② 경찰청장
③ 국가정보원장   ④ 대통령경호처장

✎해설 **다자간 정상회의의 경호 및 안전관리** (대통령 등의 경호에 관한 법률 제5조의2)
  • 대한민국 개최 다자간정상회의 참석 외국 국가원수, 행정수반, 국제기구대표의 신변보호 및 행사장 안전관리 등 효율적 수행을 위해 대통령소속 경호·안전 대책기구를 둘 수 있다.
  • 경호·안전대책기구의 장은 경호처장이 된다. (기구의 명칭은 「경호안전통제단」이라 한다.)

34. ③ 35. ④

36. 대통령의 경호에 관한 법률상 다음 (   ) 안에 들어갈 내용은? (21회)

> 소속공무원과 관계기관의 공무원으로서 경호업무를 지원하는 사람은 경호목적상 불가피하다고 인정되는 상당한 이유가 있는 경우에만 (   )에서 질서유지, 교통관리 검문·검색, 출입통제, 위험물 탐지 및 안전조치 등 위해방지에 필요한 안전활동을 할 수 있다.

① 안전구역 ② 경계구역
③ 통제구역 ④ 경호구역

해설 소속 공무원과 관계기관 공무원으로 경호업무를 지원하는 사람은 경호목적상 불가피하다고 인정되는 상당한 이유가 있는 경우에만 경호구역에서 질서유지, 교통관리, 검문·검색, 출입통제, 위험물탐지 및 안전조치 등 위해방지에 필요한 안전 활동을 할 수 있다. (대통령 등의 경호에 관한 법률 제5조 제3항)

37. 대한민국의 경호 관련 법제도에 관한 설명으로 옳지 않은 것은? (22회)

① 대통령경호처장은 대통령이 임명한다.
② 대통령경호처에 기획관리실·경호본부·경비안전본부 및 경호지원단을 둔다.
③ 대통령경호안전대책활동에 관하여는 위원회 구성원 전원과 그 구성원이 속하는 기관 의장이 공동으로 책임을 진다.
④ 전직대통령이 벌금 이상의 형이 확정된 경우 '필요한 기간의 경호 및 경비'의 예우를 하지 아니한다.

해설 전직대통령 예우 제외사유 (전직대통령 예우에 관한 법률 제7조 제2항)
1. 재직 중 탄핵결정을 받아 퇴임한 경우
2. 금고 이상의 형이 확정된 경우
3. 형사처분 회피목적 외국정부에 도피처 또는 보호를 요청한 경우
4. 대한민국 국적을 상실한 경우
※ 예우 제외사유에 해당해도 '필요한 기간의 경호·경비의 예우'는 계속 유지된다.

38. 대통령 등의 경호에 관한 법률상 경호의 주체와 객체에 관한 설명으로 옳지 않은 것은? (22회)

① 대통령 당선인의 직계존비속은 대통령경호처의 경호대상이다.
② 대한민국을 방문하는 외국 행정수반의 배우자는 대통령경호처의 경호대상이다.
③ 대통령경호처에 파견된 경찰공무원은 이 법에 규정된 임무 외의 경찰공무원의 직무를 수행 할 수 없다.
④ 소속공무원이 직무상 알게 된 비밀을 누설한 경우 7년 이하의 징역이나 금고 또는 5천만원 이하의 벌금에 처한다.

해설 ④ 소속공무원이 직무상 알게 된 비밀 누설 또는 직권남용, 무기사용 제한규정을 위반한 경우에는 5년 이하의 징역이나 금고 또는 1천만원 이하의 벌금에 처한다. (대통령 등의 경호에 관한 법률 제21조)

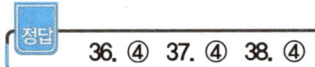

36. ④ 37. ④ 38. ④

39. 대통령 등의 경호에 관한 법률상 다음 ( )에 들어갈 내용은? (23회)

> 대통령이 임기 만료 전에 퇴임한 경우와 재직 중 사망한 경우의 경호기간은 그로부터 (ㄱ)년으로 하고, 퇴임 후 사망한 경우의 경호 기간은 퇴임일부터 기산(起算)하여 (ㄴ)년을 넘지 아니하는 범위에서 사망 후 (ㄷ)년으로 한다.

① ㄱ:5, ㄴ:5, ㄷ:5
② ㄱ:5, ㄴ:10, ㄷ:5
③ ㄱ:10, ㄴ:5, ㄷ:10
④ ㄱ:10, ㄴ:10, ㄷ:10

해설 대통령이 임기 만료 전에 퇴임한 경우와 재직 중 사망한 경우의 경호기간은 그로부터 5년으로 하고, 퇴임 후 사망한 경우의 경호 기간은 퇴임일로 부터 기산(起算)하여 10년을 넘지 아니하는 범위에서 사망 후 5년으로 한다. (대통령 등의 경호에 관한 법률 제4조 제3호)

40. 대통령 등의 경호에 관한 법률상 대통령경호처의 경호대상이 아닌 자는? (단, 단서조항은 고려하지 않음) (23회)

① 대통령 당선인의 아들
② 대통령권한대행의 배우자
③ 대통령 퇴임 후 5년이 지난 전직 대통령
④ 대통령경호처 차장이 필요하다고 인정하는 국외 요인(要人)

해설 ④ 대통령경호처장이 필요하다고 인정하는 국내외 요인(要人)이 맞다.

41. 우리나라 경호에 관한 설명으로 옳지 않은 것은? (24회)

① 소방청 119구조구급국장은 대통령경호안전대책위원회의 위원이다.
② 대통령경호처장은 대통령이 임명하고, 경호처의 업무를 총괄하며 소속공무원을 지휘·감독한다.
③ 대통령 당선인은 경호의 대상이지만 대통령 당선인의 가족은 경호대상이 아니다.
④ 경호의 성문법원에는 헌법, 법률, 조약, 명령을 들 수 있다.

해설 경호대상 (대통령 등의 경호에 관한 법률 제4조)
- 대통령과 그 가족 (배우자와 직계 존비속)
- 대통령 당선인과 그 가족 (배우자와 직계 존비속)
- 본인 의사에 반하지 않는 한, 퇴임 후 10년 이내의 전직대통령과 그 배우자
  다만, 임기 만료 전 퇴임한 경우와 재직 중 사망한 경우 그로부터 경호기간은 5년,
  퇴임 후 사망한 경우 경호기간은 퇴임일 부터 기산, 10년이 넘지 않는 범위 사망 후 5년
  (전직 대통령·배우자 요청 시 처장이 고령등 사유로 필요인정하면 5년의 범위 초과가능)
- 대통령 권한대행과 그 배우자
- 대한민국을 방문하는 외국 국가원수 또는 행정수반과 그 배우자
- 그 밖에 처장이 경호가 필요하다고 인정하는 국내외 요인

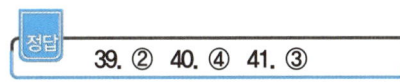

39. ② 40. ④ 41. ③

42. 대통령 등의 경호에 관한 법률상 경호공무원에 대한 사법경찰권 지명권자는? (24회)

① 검찰총장
② 서울중앙지방검찰청 검사장
③ 경찰청장
④ 서울특별시경찰청장

해설 경호공무원의 사법경찰권(법 제17조)
- 경호처장의 제청으로 서울중앙지방검찰청 검사장이 지명한 경호공무원은, 법 제4조1항 경호대상에 대한 경호업무 수행중 인지한 그 소관에 속하는 범죄에 대해, 직무상 또는 수사상 긴급을 요하는 한도 내에서, 7급 이상 경호공무원은 사법경찰관 직무, 8급 이하 경호공무원은 사법경찰리 직무 수행

43. 대통령 등의 경호에 관한 법률상 '경호 대상'에 관한 내용이다. ( )에 들어갈 숫자는? (24회)

> 본인의 의사에 반하지 아니하는 경우에 한정하여 퇴임 후 (ㄱ)년 이내의 전직대통령과 그 배우자. 다만, 대통령이 임기 만료 전에 퇴임한 경우와 재직 중 사망한 경우의 경호기간은 그로부터 (ㄴ)년으로 하고, 퇴임 후 사망한 경우의 경호 기간은 퇴임일부터 기산(起算)하여 (ㄷ)년을 넘지 아니하는 범위에서 사망 후 (ㄹ)년으로 한다.

① ㄱ: 5, ㄴ: 5, ㄷ: 10, ㄹ: 5
② ㄱ: 5, ㄴ: 10, ㄷ: 10, ㄹ: 5
③ ㄱ: 10, ㄴ: 5, ㄷ: 5, ㄹ: 5
④ ㄱ: 10, ㄴ: 5, ㄷ: 10, ㄹ: 5

해설 본인 의사에 반하지 않는 한, 퇴임 후 10년 이내의 전직대통령과 그 배우자
다만, 임기 만료 전 퇴임한 경우와 재직 중 사망한 경우 그로부터 경호기간은 5년,
퇴임 후 사망한 경우 경호기간은 퇴임일부터 기산하여 10년이 넘지 않는 범위에서 사망 후 5년
(전직 대통령·배우자 요청 시 처장이 고령등 사유로 필요인정하면 5년의 범위 초과가능)

44. 대한민국에서 개최되는 다자간 정상회의의 경호 및 안전관리 업무를 효율적으로 수행하기 위하여 대통령 등의 경호에 관한 법률에 따라 설치되는 경호·안전대책기구의 명칭은? (19회)

① 경호안전종합본부
② 경호안전통제단
③ 경호안전대책본부
④ 경호처 특별본부

해설 대통령 등의 경호에 관한 법률 제5조의2제1항에 따른 경호·안전대책기구의 명칭은 경호안전통제단이라 한다.
(다자간 정상회의의 경호 및 안전관리업무에 관한 규정 제2조 제1항)

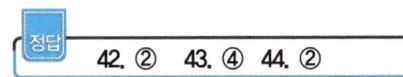

정답 42. ② 43. ④ 44. ②

45. 대통령 등의 경호에 관한 법령상 경호구역에 관한 설명으로 옳지 않은 것은? (19회)

① 대통령경호처장은 경호업무의 수행이 필요하다고 판단되는 경우 경호구역을 지정할 수 있다.
② 대통령경호처장이 경호구역을 지정할 경우 경호 목적 달성을 위한 최대한의 범위로 설정되어야 한다.
③ 경호구역을 지정할 때에는 경호업무 수행에 대한 위해 요소와 구역이나 시설의 지리적·물리적 특성 등을 고려해 지정한다.
④ 대통령경호처 소속공무원과 경호업무를 지원하는 사람은 경호목적 상 불가피하다고 인정되는 상당한 이유가 있는 경우에만 경호구역에서 안전활동을 할 수 있다.

> **해설** ① 법 제5조 제1항, ③ 시행령 제4조, ④ 법 제5조 제3항
> ② 대통령경호처장이 경호구역을 지정할 경우 경호 목적 달성을 위한 최소한의 범위로 설정되어야 한다.
> (법 제5조 제2항)

46. 대한민국의 경호 관련 법제도에 관한 설명으로 옳지 않은 것은? (22회)

① 대통령경호처장은 대통령이 임명한다.
② 대통령경호처에 기획관리실·경호본부·경비안전본부 및 경호지원단을 둔다.
③ 대통령경호안전대책활동에 관하여는 위원회 구성원 전원과 그 구성원이 속하는 기관의 장이 공동으로 책임을 진다.
④ 전직대통령이 벌금 이상의 형이 확정된 경우 '필요한 기간의 경호 및 경비'의 예우를 하지 아니한다.

> **해설** 전직대통령 예우 제외사유 (전직대통령 예우에 관한 법률 제7조 제2항)
> 1. 재직 중 탄핵결정을 받아 퇴임한 경우
> 2. 금고 이상의 형이 확정된 경우
> 3. 형사처분 회피목적 외국정부에 도피처 또는 보호를 요청한 경우
> 4. 대한민국 국적을 상실한 경우
> ※ 예우 제외사유에 해당해도 필요한 기간의 경호·경비의 예우는 계속 유지된다.

47. 대통령 등의 경호에 관한 법률상 경호의 주체와 객체에 관한 설명으로 옳지 않은 것은? (22회)

① 대통령 당선인의 직계존비속은 대통령경호처의 경호대상이다.
② 대한민국을 방문하는 외국 행정수반의 배우자는 대통령경호처의 경호대상이다.
③ 대통령경호처에 파견된 경찰공무원은 이 법에 규정된 임무 외의 경찰공무원의 직무를 수행할 수 없다.
④ 소속공무원이 직무상 알게 된 비밀을 누설한 경우 7년 이하의 징역이나 금고 또는 5천만원 이하의 벌금에 처한다.

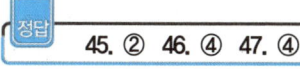

45. ② 46. ④ 47. ④

> **해설** ④ 소속공무원이 직무상 알게 된 비밀 누설 또는 직권남용, 무기사용 제한규정을 위반한 경우에는 5년 이하의 징역이나 금고 또는 1천만원 이하의 벌금에 처한다. (대통령 등의 경호에 관한 법률 제21조)

48. 대통령 등의 경호에 관한 법령상 다음 ( )에 들어갈 내용으로 옳은 것은? (16회)

> 소속공무원은 대통령경호처의 직무와 관련된 사항을 발간하거나 그 밖의 방법으로 공표하려면 미리 대통령경호처장의 허가를 받아야 한다. 이를 위반한 사람은 ( )년 이하의 징역·금고 또는 ( ) 만원 이하의 벌금에 처한다.

① 2-500　　　　　　　　② 2-1,000
③ 3-500　　　　　　　　④ 3-1,000

> **해설** 경호처장 허가 없이 경호처 직무와 관련된 사항을 발간하거나, 공표하면 2년 이하 징역·금고 또는 500만원 이하의 벌금에 처한다. (대통령 등의 경호에 관한 법률 시행령 제21조 제2항)

49. 경호공무원으로 임용될 수 있는 사람은? (16회)

① 피성년후견인
② 파산선고를 받고 복권되지 아니한 자
③ 징계로 해임처분을 받은 때부터 4년이 지난 자
④ 법원의 판결 또는 다른 법률에 따라 자격이 상실되거나 정지된 자

> **해설** 징계로 해임처분을 받은 때로부터 3년이 지나지 아니한 자 (대통령 등의 경호에 관한 법률 제8조 제2항)

50. 우리나라 갑(A)호 경호대상인 대통령의 법적지위 중 국가원수로서의 지위에 포함되지 않은 것은? (15회)

① 대외적으로 국가를 대표할 지위　　② 국가수호자로서의 지위
③ 헌법기관구성권자로서의 지위　　　④ 국민대표기관으로서의 지위

> **해설** 대통령의 법적지위
> 1. 국민대표기관으로서의 지위, 2. 국가원수로서의 지위, 3. 집행부 수반으로서의 지위.

국가원수로서의 지위	집행부수반으로서의 지위
1. 대외적으로 국가를 대표할 지위 2. 국가 수호자로서의 지위 3. 국정의 통합·조정자로서의 지위 4. 헌법기관구성권자로서의 지위 ※ 입법부와 사법부에 대한 우월한 지위	1. 집행에 관한 최고지휘권자·최고책임자로서의 지위 2. 집행부조직권자로서의 지위 3. 국무회의 의장으로서의 지위 ※ 입법부 및 사법부와 수평적 지위

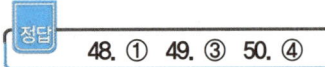

정답　48. ①　49. ③　50. ④

51. 경호의 구성요소에 관한 설명으로 옳지 않은 것은? (16회)

① 경호는 경호대상자의 신변 안전에 위협이 되는 제반 경호환경을 경호원이 관리하고 통제하는 과정이다.
② 경호목적을 달성하기 위해 적극적으로 일정한 경호작용을 주도적으로 실시하는 당사자를 가리켜 경호주체라 한다.
③ 경호의 객체인 경호대상자는 경호원이 보호해야 하는 대상자를 말하며, '피경호인'이라고 표현하기도 한다.
④ 경호대상자의 경호에 대한 인식이나 관심은 경호의 결과에 영향을 미치지 않는다.

해설 ④ 경호대상자의 경호활동에 대한 인식이나 관심은 경호업무 효율성에 커다란 영향을 미친다.

52. 공경호와 민간경호의 특성에 관한 설명으로 옳지 않은 것은? (17회)

① 공경호는 경호대상이 관련법규에 근거하고, 민간경호는 의뢰인과의 계약에 의해 정해진다.
② 경호조직의 운영에 있어 공경호는 폐쇄성·보안성·기동성의 특성을 가지나, 민간경호는 이러한 특성을 갖지 않는다.
③ 공경호는 국가기관에 의해 행해지는 경호활동이고, 민간경호는 민간에 의해 행해지는 경호활동이다.
④ 공경호는 국가요인의 신변보호를 통해 국가안전에 기여하며, 민간경호는 의뢰인에 대한 안전보장을 통해 영리를 추구한다.

해설 폐쇄성·보안성·기동성의 특성은 공경호 조직의 특성인 동시에 사경호(민간경호)에도 적용된다.

53. 다음 중 신분상 성격이 다른 것은? (17회)

① 대통령경호처 직원
② 신변보호업무를 수행하는 일반 경비원
③ 군사경찰
④ 경찰공무원

해설 경호의 주체(신분상 성격)로 구분하여 ①,③,④는 공경호에 해당하고 ②는 사경호에 해당한다.

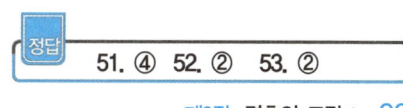

54. 경호의 주체 및 객체에 관한 설명으로 옳지 않은 것은? (19회)

① 경호주체는 경호목적을 달성하기 위해 적극적으로 일정한 경호작용을 주도적으로 실시하는 당사자를 말한다.
② 경호객체는 경호관계에서 경호주체의 상대방인 경호대상자를 말한다.
③ 경호대상자의 협조를 유도하기 위해서는 경호대상자의 심리적인 성향을 이해하고 적합한 기법을 개발하여 신뢰감을 얻는 것이 중요하다.
④ 경호대상자가 경호에 협조적인 경우, 경호대상자 주위의 안전구역을 해제함으로써 유연한 경호임무를 완수해야 한다.

해설 ④ 경호대상자가 경호에 대하여 협조적이건 비협조적이건 간에, 경호는 경호대상자 주위에 안전구역을 확보함으로써 경호임무를 완수해야 한다.

정답 54. ④

Chapter 4 경호의 작용

■ 경호작용의 의의 및 구분

◎ 경호작용의 의의
경호작용은 경호의 주체가 되는 조직이 경호의 목적을 달성하기 위하여 수행되는 일련의 사실적 작용이다.

◎ 경호작용의 구분
- ◆ **주체(국가, 사인)에 따른 구분** : 공경호와 사경호
- ◆ **목적에 따른 구분** : 사전예방경호작용, 근접경호작용
- ◆ **절차에 따른 구분** : 경호준비작용, 안전대책작용, 경호실시작용, 사후평가작용

◎ 경호작용의 기본요소

계획수립	• 계획은 예기치 않은 변화가능성에 대비하여 신중하고 융통성 있게 수립되어야 한다. • 경호의 목적, 방침, 실시, 지휘 및 통신, 행정사항, 부록 등이 포함된다. • 1단계 경호계획 : 선발경호에 의한 현장답사가 이루어지기 전에 기본적 사항을 포함 • 2단계 경호계획 : 선발경호팀에 의한 현장답사 후 구체적이고 상세한 내용 포함
책임분배	• 경호활동은 참여하는 개인 및 기관의 유기적인 협조체계가 요구되므로 경호원 간의 임무와 책임의 명확한 분배와 기관 간 임무와 책임의 분배가 명확하게 선행되어야 한다. • 둘 이상의 경호대상자가 있을 시 서열이 높은 경호대상자를 우선하여 경호한다.
자원동원	• 성공적인 경호활동을 위해서는 다양한 자원을 효과적으로 이용하는 것이다. • 경호대상자의 대중에 대한 노출수반 행차의 지속시간, 사전위해첩보 수집간 획득된 내재적 위협분석 등 제반여건에 따라 소요되는 자원이 결정된다. (제반여건: 적용할 기동방법, 방문하는 곳의 지리적 특성, 접촉할 현지인들의 의식행태 등)
보안유지	• 경호활동의 가장 기본이 되는 요소로 철저한 보안유지가 필요하다. • 경호대상자와 수행원, 행사세부일정, 경호경비상황에 관한 유출은 엄격히 통제해야 한다.

경호임무의 수행단계 (포함요소)

(통상임무수행단계 - 행사일정 - 포괄적 계획수립 - 연락 및 협조 - 위해분석 - 계획수립(2단계) - 경호실시 - 경호평가 - 행사결과보고서 작성順)

◆ 통상임무단계

임박한 경호임무의 통지를 받으면 시간적 진행 순으로 **사건일지를 작성**(공식적문서 간주)한다. 일지에는 임무에 관한 모든 정보사항 기록, 임무수행결과 산출된 모든 정보를 보존한다.
(근접경호요원의 작용 기록에 도움 되고, 결과보고서 준비에 용이)

◆ 행사일정

- 행사일정이 정해지면 경호책임자에게 임무를 부여하고 본격적인 경호임무가 시작된다.
- 관련자료와 정보, 첩보분석, 동원인력, 장비 등을 검토한다.
- 행사일정 및 임무수령 시 포함될 사항

  - 출발 및 도착일시, 지역(도착 공항 등)에 관한 사항
  - 공식 및 비공식 수행원에 관한 사항
  - 경호대상자의 신상
  - 의전사항
  - 방문지역이나 국가의 특성(기후, 지리, 치안 등)
  - 수행원 등이 투숙할 숙소의 명칭과 위치
  - 이동수단 및 방법
  - 경호대상자가 참석하는 모든 행사와 활동범위
  - 경호대상자와 접촉할 의전관련자, 관료, 기업인 등
  - 방문단과 동행하는 취재진에 관한 사항
  - 관련 소요비용
  - 경호안전에 영향을 줄 수 있는 행사주최 측·방문국의 요구사항

◆ 포괄적 계획수립

경호대상자와 행사일정 등이 파악되면 이를 바탕으로 경호의 목적과 전체적인 방향, 경호방법, 경비요원의 수, 관련기관과의 협조책 구축 등 포괄적인 경호계획을 수립한다.

◆ 연락 및 협조

- 행사일정이 확인되면 행사관계자 및 경호관련 기관과의 연락 및 협조체제를 구축한다.
- 행사개요 및 경호활동 기본지침을 제공하고, 행사지역 및 행·환차로상의 정보자료를 요청하여 위해첩보를 수집한다.
- 연락 및 협조체제 구축 시 협의사항

  - 기후변화 등 악천후를 고려한 행사 스케쥴과 행사관련자의 시간계획
  - 행사참석 손님, 진행요원, 공무원, 행사위원 등 명단
  - 행사의 구체적인 성격과 경호대상자의 행사 참석범위
  - 경호대상자와 수행원의 편의시설 (휴게실, 화장실, 분장실 등)
  - 행사 시 경호대상자가 주거나 경호대상자가 받는 선물 증정행사
  - 취재진의 인가 및 통제 상황
  - 기타 행사참석에 영향을 줄 수 있는 요인

◆ **위해분석**

행사일정을 획득하여 경호의 목적과 방향이 설정된 후 경호와 관련된 인적·물적정보를 수집하여(특히 위해첩보 등 경호에 불리하다고 생각되는 모든 첩보) 이를 토대로 분석하여 경호담당기관에 통보한다.

◆ **계획수립 2단계**
- 경호계획서는 모든 경호요원에게 배포하며, 원본은 별도로 존안 한다.
- 계획수립 2단계는 경호대상자 방문지역에 대한 사전예방경호팀 현장답사로 이루어진다.
- 사전예방경호팀에 의한 분석정보는 결국 경호계획서의 추가계획 작성을 위한 준비가 된다.
- 경호형태, 경호원 수, 동원자원, 책임의 분배 등이 이 단계에서 이루어진다.

※ **현장답사**
- 행사예정 장소에 직접 가서 실제상황을 파악하여 경호계획을 세우기 위한 준비단계
- 현장답사 출발 전 준비사항

  - 답사장소 우선순위 및 시간계획표 작성
  - 지리적여건, 취약요소에 대한 일반현황 사전숙지
  - 답사계획서 작성
  - 답사계획서, 지도, 사진기, 캠코더 등을 준비

- 현장답사시 고려사항

  - 주최측과 협조하여 지리적 여건을 고려하고 행사의전계획서 확보
  - 행사장의 기상, 특성, 구조, 시설 등에 대한 취약여건 판단
  - 경호조치를 위한 취약요소 분석, 병력운용 규모판단, 기동수단 및 거리 산정
  - 행사장 출입과 통제범위 및 병력동원 범위 판단
  - 행사장과 그 주변 및 헬기장 같은 교통과 관련된 시설이나 행·환차 코스 포함
  - 행사장 진입로, 주통로, 주차장 등을 고려하여 기동수단 및 승·하차 지점 확인
  - 행사장의 직시고지, 건물 등 경호환경 및 주요 장소를 최종 판단
  - 대규모 행사 예상장소는 지역의 집회나 공연관련 관계법, 조례 등을 살펴보고 관계기관 신고

◆ **경호실시**
- 경호임무 수행 중에 선정된 지역에 경호대상자가 도착함으로써 시작된다.
- 경호 실시단계는 경호대상자가 관저복귀, 주무관청 관할권에 도착하면 종결된다.

◆ **경호평가**

경호임무의 최종단계로 임무가 완료된 직후 설정된 기준과 실적을 비교평가 한다.

◆ 경호보고서 작성

임무종료 직후 경호대상자와 참모, 사전예방경호요원 등의 코멘트를 참고로 계획전담요원에 의해 경호임무 수행간의 주요 강조사항을 기록한다.

※ 경호작용 수행절차

임무통지	경호준비작용	사전예방 경호활동(선발경호)
임무파악		
포괄적 계획수립	안전대책작용	
연락·협조체제 구축		
정보수집 및 위해분석		
세부계획 수립		
경호실시	경호실시작용	근접(수행) 경호활동
사후평가	사후평가작용	
보고서 작성		

○ 경호활동 4단계

◆ **예방단계** : 완벽한 경호목표 달성을 위해 사전에 대비 위해요소를 감소시키는 단계

- **예견단계**(예측단계) : 신변보호대상자에게 영향을 줄 수 있는 인적·물적·지형적·자연적 취약요소에 대한 다양한 정보·첩보를 수집·분석하는 단계
- **인식단계**(인지단계) : 예견단계에서 수집된 정보·첩보내용중 위해가능성 여부를 확인·판단하는 과정 정확하고 신속하며, 종합적인 고도의 판단력을 필요로 하는 단계
- **조사단계**(분석단계) : 인식단계에서 위해가능성 있다고 판단된 위해요소를 추적 사실여부를 확인하는 과정 과학적이고 신중한 행동이 요구된다.
- **무력화단계**(억제단계) : 조사단계에서 확인된 실제 위해요인을 신변보호대상자 주변에 접근하지 못하도록 차단하거나 무력화 시키는 과정

◆ **대비단계** : 발생가능성 있는 위해요소 대비를 위해 사전 준비하는 단계

◆ **대응단계** : 경호대상자 신변에 위해가 닥쳤을 때 즉각적으로 대처, 조치를 취하는 단계

◆ **평가단계** : 경호활동 완료 후 단계별 분석과 반성, 그 결과를 차후 경호활동에 반영키 위한 단계

세부 경호업무 수행절차 (이두석 교수, 경호학 개론)

관리단계	주요활동	활동내용	세부 활동사항
예방단계 (준비단계)	정보활동	경호환경조성	법과 제도의 정비, 경호지원시스템 정비, 홍보활동
		정보수집 및 평가	정보 네트워크 구축, 정보수집 및 생산, 위협의 평가 및 대응방안 강구
		경호계획 수립	관계부서와의 협조, 경호계획서 작성, 경호계획 브리핑
대비단계 (안전활동단계)	안전활동	정보보안 활동	보안대책 강구, 위해동향 파악 및 대책 강구, 취약시설 확인 및 조치
		안전대책 활동	행사장 안전확보, 취약요소 판단 및 조치, 검측활동 및 통제대책 강구
		거부작전	주요 감제고지 및 취약지 수색, 주요 접근로 차단, 경호영향요소 확인 및 조치
대응단계 (실시단계)	경호활동	경호작전	모든 출입요소 통제 및 경계활동, 근접경호, 기동경호
		비상대책 활동	비상대책, 구급대책, 비상시 협조체제 확립
		즉각조치 활동	경고, 대적 및 방호, 대피
학습단계 (평가단계)	학습활동	평가 및 자료 존안	행사결과 평가, 행사 결과보고서 작성, 자료 존안
		교육훈련	새로운 교육 프로그램 준비, 교육훈련 실시, 교육훈련 평가
		적용	새로운 이론의 정립, 전파, 행사에의 적용

경호계획 수립시 유의사항

◆ 사전현지 답사는 **가능한 도보**로 하고 꼭 필요한 장소에 배치예정 병력을 표시한다.
◆ 안전검측을 실시 완벽한 경호가 되도록 하며, 계획에 있어 통일을 기한다.
◆ 사전 관계기관회의를 개최, 문제점 검토 후 현지실정에 맞고 실현가능한 경호계획을 수립하며 경호계획의 실천 추진상황 등을 계속 확인·점검한다.
◆ 경호경비원의 수송, 급식 및 숙소에 관한 계획을 세운다.
◆ 검색장비, 통신장비, 차량 등의 동원장비에 관해 검토한다.
◆ 행사계획변경이나 비상사태 대비 예비병력 확보 등 **융통성 있는 계획**을 세운다.
◆ 경호원에 대한 교양과 상황에 따른 예행연습 실시계획을 세운다.
◆ 책임구역과 책임자를 지정하고 계획서 도면에 **책임한계를 명시**한다.
◆ 수립된 계획의 실천 추진사항을 계속확인, 미비점을 즉각 보완한다.
◆ 해안지역 행차 시에는 육·해·공군의 입체적 경호경비계획을 세운다.
◆ 경호경비계획에는 실시에 착오가 없도록 하며, **주관부서, 행사장 수용능력, 행사장 병력배치, 비상통로 확보, 비표패용, 교통통제, 주차장 관리, 예행연습** 등을 포함시킨다.

경호계획 수립에 따른 단계별 활동절차 (임무수행 절차)

◆ **계획단계** : 경호임무를 하달 받고 선발대가 행사장에 도착하기 전까지의 경호활동
- 기본적인 자료를 수집, 행사전반에 관한 상황을 판단하고 현장답사를 한다.
- 답사 출발 전 관련정보의 획득을 통한 안전판단 선행이 가장 중요하다.
- 답사 후 안전판단을 근거로 보다 구체적인 행사장에 대한 인적·물적·지리적 정보를 수집, 필요한 인원 및 물적 지원요소에 대한 소요를 판단한 후 세부계획을 수립한다.

(정보수집 분석, 현장답사, 세부계획 수립)

◆ **준비단계** : 경호원이 행사장에 도착한 후부터 행사시작 전까지의 경호활동
- 선발대는 도착 즉시 총괄기능을 담당하는 경호지휘소(CP)를 설치·운용하고, 현장답사를 통해 출발 전 작성된 분야별 세부계획과 실시간 타당성여부를 재검토한다.
- 현장 도착 후 2차 답사를 한 다음, 행사관련자들을 소집, **계획과 실행간 문제점, 위해 및 취약요소별 예상 상황분석, 출입통제대책 강구, 안전구역검측 및 확보, 최종계획확인 및 변동사항 정리, 비상대책 확인** 등 종합적인 경호활동을 점검하고, 경호지휘소를 중심으로 변동·특이사항을 총괄·집결시킨다.
- 선발경호활동의 핵심으로 행사장 폭발물에 대한 **안전검측**이 실시되고, 제반 취약요소가 분석되며 이에 대한 최종적 대안도 제시되는 중요한 단계이다.

(경호작전지휘소 개설 운용, 제2차 현장 답사, 관계자회의)

◆ **행사단계** : 경호대상자가 집무실을 출발 행사장에 도착, 행사 진행 후 출발지까지 복귀하는 단계
- 경호요원이 출발지 또는 타행사장에서 출발, 행사장 도착 후 행사를 마치고 출발하여 최초출발지 또는 또 다른 행사장에 도착하기 전까지의 과정을 말한다.
- 출발지에서 **행사장, 행사기간, 행사장에서 출발지** 간의 3단계로 세분될 수 있는데, 가장 중요한 것은 행사 중 비상사태 발생시 방어우선의 경호활동이다.

◆ **결산단계** : 경호행사가 종료되고 경호원이 행사장 철수 후 결과를 보고하는 단계
- 경호활동에 대한 평가를 위해 자체평가회의를 하고 이에 관한 제반 참고사항을 기록하여 다음 행사에 반영하는 자료의 보존활동이 이루어진다. (경호평가, 행사 결과보고서 작성)

경호업무 수행절차를 실제 경호행사 적용시 흐름도 (이두석 교수)

단계	수 행 절 차
1. 준비단계	일정접수(임무수령) → 행사장 답사 → 정보수집·분석 및 경호적 판단 → 경호계획 수립 → 경호계획 브리핑
2. 대비단계	선발대 출동 → 경호지휘소 설치, 현장답사, 관계관 협조(회의) → 안전활동(검측·안전확보) → 기능별, 임무별 행사준비
3. 대응단계	경호인력 배치 → 참석자 입장(비표교부 및 검색) → 행사실시(경호대상자 도착-출발, 사주경계 및 근접경호) → 정리 및 철수
4. 평가단계	경호평가회의 → 경호결과보고서 작성·보고 → 자료존안·교리 반영

■ 사전예방경호(선발경호)

◎ 사전예방경호의 개념
- 행사일정이 잡히고 경호활동이 시작된 후부터 경호대상자가 도착하기 전까지의 사실적 안전활동이다.
- 경호대상자가 현장에 도착하기 전에 임시로 편성된 경호선발대가 행사지역에 미리 파견되어 현장답사를 실시하고 효과적인 경호협조와 경호준비를 하는 것이다.
- 인적·물적·지리적 취약요소에 대한 대책, 현지 경호정보활동, 행사장 안전조치를 강구하고 가용한 전 경호요원을 운용하여 경호대상자의 신변안전을 도모하는 일련의 작용을 말한다.
- 이러한 예방적 경호조치는 위해기도자의 입장에서 분석하는 것이 효과적이다.

◎ 사전예방경호의 목적
- 사전에 위험요소 제거 및 최소화
- 행사지역의 안전 확보
- 사전 경호정보 제공
- 우발상황에 대응하기 위한 비상대책 강구

◎ 사전예방경호의 특성

예방성	위해요소를 사전에 발견해서 제거하고, 위해요소의 침투를 거부함으로써 경호행사를 안전한 환경 속에서 치르기 위함이다.
통합성	경호임무에 동원된 모든 부서는 각자의 기능을 100% 발휘하면서, 하나의 지휘체계 아래에 통합되어 상호보완적으로 임무를 수행해야 한다.
안전성	3중경호의 원리에 입각해서 행사장을 구역별로 구분, 구역별 특성에 맞는 경호조치를 강구한다. (확보된 행사장의 안전상태가 행사 종료 시까지 지속될 수 있도록 안전을 유지하는 임무 수행)
예비성	사전에 경호팀의 능력, 현지 지형·상황에 맞는 대응계획과 대피계획을 수립하여 비상상황에 대비해야 한다. 우발상황에 신속 대처하고 만약의 상황에 대비하기 위한 비상대책 준비 필요

◎ 경호의 안전작용

1. 경호 정보활동
- 경호활동의 원천적 사전지식을 생산·제공하는 것으로 경호대상자의 신변을 위협하는 인적, 물적, 지리적 취약요소를 사전에 수집, 분석, 예고하여 예방경호를 수행하는 업무
- 경호관련 기본정보, 기획·분석·판단·예고정보 등을 작성, 경호지휘소로 집결·전파한다.

- 경호정보의 수집·평가·분석·실행에 따라 경호활동 기본적 방향이 결정되므로 신속하고 정확한 정보의 분석과 대책수립이 요구된다.
- 정보작용의 3대요건 : **정확성, 적시성, 완전성** (☞실제출제에 안전성을 넣어 혼돈 야기함)
- 정보의 순환과정은 정보의 요구 → 첩보의 수집 → 정보의 생산 → 정보의 배포 順이다.

◆ **경호정보의 특성**

정확성	객관적으로 평가된 정확한 지식, 사용자가 추구하는 가치의 달성을 위한 정책수립과 수행에 있어 이용 가능한 사전 지식으로 그 존재 가치가 정확해야 한다.
적시성	정보사용자가 필요로 하는 때에 제공되어야 한다는 특성. 정확하고 완전한 정보라 하여도 사용자가 필요로 하는 시기에 사용하지 않으면 가치가 없게 된다.
완전성	사용목적에 맞게 평가·분석·종합·해석하여 만든 완전한 지식, 절대적인 완전성이 아니라도 시간이 허용되는 범위에서 가능한 사용자가 의도한 대상과 관련한 모든 사항이 작성되어야 한다.

◆ **정보와 첩보의 구분**

구분	정 보	첩 보
정확성	객관적으로 평가된 정확한 지식	부정확한 견문지식
완전성	특정한 사용목적에 맞게 평가·분석·종합·해석된 완전한 지식	기초적·단편적·불규칙적·미확인된 지식
적시성	정보사용자가 필요로 할 때 제공되어야 할 적시성 요구	시간 구애 없이 과거와 현재의 내용 불문
목적성	사용자 목적에 맞게 작성된 지식	사물에 관한 보고들은 상태의 묘사로 목적성이 없음
특수성	첩보요구·수집 및 정보의 생산·배포과정을 거치면서 여러 사람의 협동을 통해 생산	단편적이고 개인 주관적 식견에 의한 지식

◆ **정보의 요구방법**

국가정보목표 우선순위 (P.N.I.O)	・국가안전보장이나 정책관련, 정부에서 기획된 연간 기본정책 수행 시 필요로 하는 자료를 목표로 선정 ・국가의 1년간의 기본정보 운용지침 ・국가의 전 정보기관 활동의 기본방침
첩보의 기본요소 (E.E.I)	・효과적인 임무수행을 위해 우선적으로 필요로 하는 정보요구사항 ・정보수집계획서의 핵심을 이루는 기준 ・가장 기본적인 요구, 계속적·반복적 요구, 광범위한 지역에 걸쳐 수집되어야 할 요구사항, 일반적으로 항상 필요한 사항의 요구
특정 첩보요구 (S.R.I)	・어떤 돌발사항에 대해 필요한 한도 내에서 단편적·지역적인 특수사건을 단기해결을 위해 필요한 경우 요구하는 명령단계
기타 정보요구 (O.I.R)	・국가정책목표 수행여건의 변화 등으로 정책상 수정이 요구되거나 또는 이를 위한 자료가 절실히 요구될 때 P.N.I.O에 우선하는 정보요구

◆ **정보의 생산과정**

첩보의 기록	사용했거나 사용될 자료를 기록하여 관리 필요한 자료만 선별적 보관
첩보의 평가	첩보의 출처 내용 등에 신뢰성과 타당성을 판정하는 과정
첩보의 분석	평가된 첩보를 유사한 것과 관계있는 것끼리 다시 분류하는 재평가 과정
첩보의 종합	분류된 첩보를 하나의 통일체로 만드는 작업
첩보의 해석	평가·분석·종합된 생정보에 대해 의미와 중요성을 결정하고 건전한 결론을 도출하는 과정

◆ **정보가치에 대한 평가요소**

요소	내용
적실성	정보가 정보사용자의 목적에 부합된 것이어야 한다.
정확성	정보는 객관적으로 정확한 것이어야 한다.
적시성	정보가 사용자가 필요한 시기에 사용될 수 있도록 제공되어야 한다.
완전성	정보는 제시된 주제와 관련된 상황을 망라하여 완전한 지식을 제공해야 한다.
필요성	정보가 정보사용자가 필요한 지식이어야 한다.
객관성	정보사용 시 객관적 입장을 유지해야 한다.

◆ **정보의 순환과정**

정보요구단계	정보요구자 측에서의 주도면밀한 계획과 수집범위의 적절성, 수집활동에 대한 적절한 감독 등이 요구되는 단계
첩보수집단계	첩보수집기관이 출처를 조직적으로 개척하여 정보생산에 필요한 첩보를 획득하고 획득한 첩보를 필요로 하는 관계기관이나 사용자에게 전달하는 단계 ※ **첩보수집의 소순환 과정** 　첩보의 수집계획 → 첩보출처의 개척 → 첩보의 획득 → 첩보의 전달
정보생산단계	수집된 첩보를 종합적인 학문적 토대와 과학기술을 동원하여 정보요구자의 필요에 맞도록 정보를 산출하는 정보화 단계로 기록, 평가, 분석, 종합, 해석 등 순환과정을 거친다.
정보배포단계	생산된 정보를 필요한 사용자에게 구두, 서면 도식 등의 다양한 형태로 배포하는 단계

2. 경호 보안활동

- 경호와 관련된 인원, 문서, 시설, 지역, 자재, 통신 그리고 특히 경호대상자의 신변 등을 불순분자로부터 완벽하게 보호대책 수립하여 이를 지속적으로 보완·유지해 나가는 것을 말한다.
  - 경호보안은 경호대상자의 움직임과 이동경로 및 이동방법을 비공개하여, 불순분자·암살자로부터 표적을 은폐시키고 테러, 저격, 위해기도를 봉쇄, 경호대상자 신변안전을 도모하는 사전예방작용이다.

◆ 보안업무의 원칙

보안과 능률의 원칙 (보안과 능률의조화의 원칙)	보안을 지나치게 강조할 경우 생산된 정보가 제대로 전달되지 않아 정책결정에 사용하지 못할 수 있다는 원칙.
알사람 만 알아야 한다는 원칙 (한정의 원칙)	알 필요성이 없는 사람은 경호대상자에 관한 정보에 접근해서는 안된다는 원칙
적당성의 원칙	사용자가 필요한 만큼 적당한 양의 정보를 전달해야 한다는 원칙
부분화의 원칙	내용과 가치의 정도에 따라 다른 비밀과 관련되지 않게 독립시켜야 한다는 원칙

◆ 비밀의 구분 및 보관

구 분	내 용	보 관
Ⅰ급비밀	누설될 경우 대한민국과 외교단절, 전쟁을 유발하고, 국가방위계획·정보활동 등 국가방위상 필요불가결한 과학·기술을 위태롭게 하는 등의 우려가 있는 비밀	• 반드시 금고 보관 • 다른 비밀과 혼합보관 금지 ※ 관리기록부 별도 비치
Ⅱ급비밀	누설될 경우 국가안전보장에 막대한 지장을 초래할 우려가 있는 비밀	• 금고·철제상자. 안전용기 보관 • 보안책임자가 Ⅱ급 비밀취급인가를 받은 때에는 동일용기 혼합보관 가능 (구분된 관리번호로 동일관리기록부 사용가능)
Ⅲ급비밀	누설될 경우 국가안전보장에 손해를 끼칠 우려가 있는 비밀	
대외비	직무상 특별히 보호를 요하는 사항, 비밀에 준하여 취급되는 사항	

◆ 보호구역의 구분 (시설보안)

제한지역	비밀·정부재산보호를 위해 울타리 또는 경호, 경비원에 의해 일반인의 출입의 감시가 요구되는 지역
제한구역	비밀 또는 주요시설 및 자재에 대한 비밀취급인가자 외의 접근을 방지하기 위해 출입에 안내가 요구되는 지역
통제구역	비인가자의 출입이 금지되는 보안상 극히 중요한 지역 (암호취급소, 정보, 대공 기록실, 무기고, 탄약고, 통신보안 감청실, 비밀문서 발간실)

3. 경호 안전대책 활동

- 행사지역 내·외부에 산재한 인적, 물적 취약요소에 대한 안전대책 강구, 행사장 내·외곽시설물의 폭발물 탐지 제거 및 안전점검, 경호대상자의 음식물 검식작용 등 통합적 안전작용
- **안전조치** : 행사 시 경호대상자에게 위해를 줄 수 있는 물질을 안전하게 관리하는 것
- **안전검측** : 경호대상자에게 위해여건을 제공할 수 있는 자연 및 인공물에 대하여 위해를 가할 수 없는 상태로 전환시키는 제반 작용

- **안전대책의 3대작용**
  - 안전점검 : 폭발물 등 각종 유해물을 탐지하여 제거하는 활동
  - 안전검사 : 경호대상자가 이용하는 기구·시설 등의 안전상태를 검사하는 것
  - 안전유지 : 안전점검 및 검사가 이루어진 상태를 유지하는 것

◆ **위해요소별 배제활동**
- **인적위해 요소 배제**
  - 신원조사 실시 : 신원조사는 행사 시작 전 완료하며, 신원 이상자는 배제
  - 신원조사 대상 : 초청인사, 행사장 종사자, 숙소의 경우 투숙자·종업원 등
- **비표관리 및 운용**

비표 종류	리본, 명찰, 완장, 모자, 배지(Badge) 등	
비표 관리	· 식별이 용이하도록 단순, 선명하게 제작, 사용한 비표는 폐기 · 행사 당일 현장에서 배포	
비표운용	참석자	· 비표 제작시 부터 보안에 유의 · 비표의 종류는 적을수록 안전 · 비표 분실 시에는 전체 비표를 무효화
	경호근무자	· 전원이 비표 착용 · 경호근무자는 안전대책 활동 시부터 착용

- **지리적 취약요소 배제**
  - 경호행사장 주변에 위해를 가할 위치를 사전 제거하는 것을 말함
  - 행사장이 바로 직시되는 감제고지 등에 대한 수색 및 관찰활동
  - 위해광고물은 치우도록 한다.

- **물적 위해요소 배제**
  - 경호대상자에게 직접위해를 가할 수 있는 총기와 같은 위험한 물건이나 자연물을 말함.
  - 신원조사 결과 이상이 있는 조리사를 배제하는 것은 인적위해요소의 배제이나, 음식물에 대한 안전 확보는 물적 위해요소 배제활동

◆ **안전검측**
- **정의** : 경호대상자에 위해를 가할 가능성이 있는 모든 취약요소·위해물질을 사전에 탐지, 색출, 제거 및 안전조치를 취하여 위해를 가할 수 없는 상태로 전환시키는 활동 (통상 2명 1개조로 편성, 공공지역 25%, 외부지역 25%, 중요지역 50% 배치)

- **안전검측의 원칙**
    - 검측은 타업무보다 우선하여 예외를 불허하고 선 선발개념으로 실시, 인원을 최대한 지원받아 활용한다.
    - 적의 입장에서 폭발물설치가능 장소를 검측한다.
    - 검측인원의 책임구역을 명확하게 하고 계속적으로 반복실시하며 중복되게 점검하여야 한다.
    - 검측은 은밀하게 실시하고, 가능한 한 현장확보 생태에서 점검하고 지속적인 안전유지를 한다.
    - 점과 선에서 확산하여 실시하되, 가까운 곳에서 먼 곳으로, 좌에서 우로, 밖에서 안으로 끝까지 추적한다.
    - 통로보다는 양 측면, 아래보다는 높은 곳을, 의심나는 곳은 반복해서 실시한다.
    - 주변에 흩어져 있는 물건은 완벽하게 정리 정돈하며, 확인 불가능한 것은 현장에서 제거한다.
    - 검측장비를 이용하되 오감을 최대 활용해야 한다.
    - 적의 입장에서 폭발물 설치가능 장소를 검측한다.
    - 경호대상자의 장기 체류장소를 먼저하고, 경호대상자가 움직이는 동선을 따라 순차적으로 실시한다.
    - 전자제품 등은 분해하여 확인, 확인불능인 제품은 현장에서 제거
    - 검측은 경호계획에 의거 공식행사에서 실시함을 원칙, 비공식행사에서는 비노출로 실시할 수 있다.

- **검측방법**
    - 내부검측과 외부검측으로 구분 실시, 가까운 곳에서 먼 곳으로 확산하여 반복실시
    - 승차주변과 침투가능지점(창문, 출입구, 개구부, 홈통 테라스 등)에 대한 안전검색, 설비지역(보일러, 변전실, 전기실, 위험물, 저장소 등)에 대한 안전 확보
    - 방과 야외, 기념식장, 숙소, 운동장, 차량에 대한 검측은 장소별 특색에 따라 포괄적이고도 세밀한 계획과 구획에 따라 검측실시
    - 검측순서는 가까운 곳에서 먼 곳으로, 아래에서 위로, 좌에서 우로, 밖에서 안으로 반복 실시
    - 위해분자는 인간의 습성(위를 보지 않는 습성, 더러운 곳을 싫어하는 습성, 공기가 탁한 곳을 싫어하는 습성)을 최대한 활용한다는 점을 명심하고 상하좌우 반복 중첩되게 실시한다.

        1. 건물 내부에서 외부로 실시
        2. 건물 내부는 낮은 곳에서 높은 곳으로 실시
        3. 건물 외부는 가까운 곳에서 먼 곳으로 확산하여 실시

    - 통로보다는 양 측면, 아래보다는 높은 곳, 실내(방)은 바닥 → 벽 → 천장 → 천장내부 順으로 한다.
    - 적의 입장에서 검측장비를 이용하되 오감을 최대한 활용한다.
    - 외부에서 내부로, 하부에서 상부로 지역을 분할하고, 높이를 분할하여 실시한다.
    - 능선이나 곡각지점을 반복하여 확인한다.
    - 전기제품은 분해하여 확인하고 확인 불가능한 물품의 경우 원거리에 격리한다.
    - 경호대상자의 장기 체류장소 먼저 검측하고, 경호대상자가 움직이는 통로를 따라 순차적 실시
    - 전자제품 등은 분해하여 확인, 확인불능인 제품은 현장에서 제거한다.

- 위험물 발견 시 사방 100m이상 차단하고, 대비방벽을 설치한다.
- 비정상적인 의심물질은 촉수를 금지하고, 경찰안전반이나 군 폭발물처리반에 처리를 요청한다.
- 전자제품 등은 분해하여 확인하고, 확인 불가능한 제품은 현장에서 제거한다.
- 시설물 검측 시 준수해야 할 수칙

> 1. 모든 버튼은 눌러 본다.
> 2. 모든 물품은 육안으로 확인하고, 기기는 직접 조작해 본다.
> 3. 모든 선은 끝까지 추적하여 확인한다.
> 4. 시건장치는 열어서 확인 후 닫는다.

- 일반적인 검측실시요령

· 설계도 등의 측정 자료의 비교분석	최근 개보수현황 파악, 승강기, 실내 각종시설과 부착물 검사
· 보이지 않는 곳의 검측	벽 내부 전자통신장비는 청진기로 확인하고 두드려보는 방식으로 안전성확인, 화장실 내부 휴지통을 뒤져서 프라스틱 폭약 등 유무확인
· 구석진 곳과 기물의 내부확인	가능한 모든 기구이용 확인, 소파, 의자, 커튼, 창문사이, 창문 밖, 가구의 문, 서랍, 시계, 스피커내부, 액자 등의 내부, 뒷면 확인
· 각종 제품의 분해확인	전기제품, 실내통신장비, 소화기 등은 분해 확인하고, 천장 등은 개봉 확인

※ **검측장비** : 폭발물 탐지장비, 폭발물 처리장비, 일반 검측장비, 기타 장비
(훈련된 탐지견은 필수)

- 검색근무 시 유의사항
  - 참석자의 동태 및 표정을 살핀다.
  - 비표 패용여부를 확인한다.
  - 은닉 및 위장 가능성이 있는 물품에 유념해서 검색한다.
  - 필기구나 전자제품은 개방해서 정상 작동여부를 확인한다.
  - 개방이나 작동이 곤란하고 파손우려 및 내부 확인이 곤란한 물품은 본인이 직접 개방해서 작동해보도록 요청하거나 X-Ray를 이용하여 검색한다.
  - 액체 및 캔류는 그 내용물을 확인한다.
  - 금속탐지기에서 경보음이 울릴 경우에는 그 발생원인을 끝까지 추적하여 확인하고, 촉수검색이나 휴대용 금속탐지기를 이용하여 경보음의 발생원인을 규명한다.

- 검식활동
  - 조리사의 신원을 사전에 조사하여 신원특이자는 사전에 배제해야 한다.
  - 각종 조리기물은 철저히 검색하고 사용 전에 열탕 소독해야 하며, 식재료는 신선도와 구매·운반·저장과정에서의 안전성을 확보하고 조리과정의 위생상태를 점검한다.

- 사전에 위생검사를 실시하여 질환 있는 조리사는 배제하고 행사 당일에는 경호원이 주방에 입회하여 조리사의 행동을 감시한다.
- 음식물의 검사는 전문요원이 실시하고, 음식물 운반 시에도 경호원이 근접감시를 해야 한다.

◆ **사전경호활동 시 업무분장**

구 분	업 무
작전담당	정보수집 및 분석, 인원운용계획, 시간사용계획, 관계관회의시 주요 지침사항, 계획 및 임무별 진행사항점검, 통합 세부계획서작성
출입통제담당	참석대상·구역별 비표구분, 시차별 입장계획, MD·비표설치 장소, 상주자와 민원인대책, 중간집결지 운용, 주차장 운용, 야간근무자 통제계획
안전대책담당	안전구역 확보검토, 비상 및 일반예비대 운용방법, 최기병원, 건물안전성 여부확인, 상황별 비상대피로 구성, 행사장 취약시설물 파악, 직시건물·공중감시대책
행정담당	출장여비 신청 및 수령, 각 대의 숙소 및 식사장소 선정, 비상연락망 구성, 경호복장, 장비, 비표담당
차량담당	선발대. 본대사용차량 배정, 이동수단별 인원, 코스 및 휴게실 등 계획수립,
보도담당	보도요원확인, 위장보도요원 침투차단, 행사장별 취재계획수립·전파
승·하차 및 정문담당	진입로 확보 및 취약점 파악, 통행인 순간통제방법 강구, 비상대기대와 예비대의 대기 장소확인
행사장 외부담당	안전구역내 단일출입로 설정, 외곽 감제고지와 직시건물에 대한 안전조치, 취약요소 고려한 단상설치, 방탄막설치, 비상차량운용계획수립, 대피시설점검 및 확보, 차량 및 공중강습 대비책 수립, 근무자의 감시구역 확보, 순시와 격려 시 인공장벽 고려
행사장 내부담당	행사장내 접근통제, 외부영향에 대한 경비병력 확인, 우발상황대비, 근무자 예행연습, 경호대상자 동선의 안전도확인, 초청좌석 사복요원배치, 정전 등 우발상황대비, 접견예상 참석자 안내계획수립, 검측 후 근무자확보

◆ **경호CP(지휘소, 상황실)의 운용**
- 다른 기관과의 연락, 협조, 경호의 통합지휘 등 목적을 위해 설치
  - 경호CP는 지휘·감독이 용이하고 통신수단이 양호한 장소에 설치한다.
  - 경호CP의 장은 경호팀장이고, CP근무자는 각 부서의 필수요원으로 편성하다.
- 경호CP의 임무
  - 경호에 동원된 인원에 대한 일원적 지휘
  - 대통령경호처의 경호상황본부와 유기적인 협조체제 유지
  - 타 기관과의 협조 및 연락을 위한 유·무선 통신망 구축
  - 내·외곽 경호경찰 통합지휘, 경호 진행상황 파악과 경호에 대한 필요한 조치 실행
  - 행사 간 경호정보 통합
  - 행사 간 경호작전요소의 통제
  - 행사 간 경호통신시스템 관리 및 유지

■ 근접경호(수행경호)

◉ 근접경호의 의의와 목적

◆ **근접경호의 개념**
- 행사 시 경호대상자의 신변에 대하여 직접적으로 가해지는 위해를 방지 및 제거하기 위해 실내·외 행사장은 물론, 도보 이동, 차량, 선박, 항공기, 철도 등의 기동 간 실시하는 경호활동이다. (대통령경호처에서는 **수행경호**라고 부른다.)
- 근접경호원 간에 보이지 않는 경호막은 경호대상자를 중심으로 항상 유지되어야 하며, 최후의 방어선인 경호막 내로 미확인자의 접근을 허용해서는 안 된다.
- 근접경호원의 첫 번째 임무는 위해자와 경호대상자 사이를 차단하는 것이고,
  두 번째 임무는 경호대상자를 안전지대로 대피시키는 것이며,
  세 번째 임무는 위해자를 제압하는 것이다.

◆ **근접경호의 목적**
선발경호에서 위해사태 예방조치로 안전구역이 확보되었다 하더라도 범법자의 돌발사태가 발생할 때에 최근거리에서 경호대상자를 안전하게 방호 및 대피시켜 보호하는데 목적이 있다.

◉ 근접경호의 특성

노출성	다양한 기동수단과 도보대형으로 경호대상자 행차가 시각적으로 외부에 드러나고, 매스컴에 행사일정과 장소·시간이 대외적으로 알려진 상태에서 업무 수행
방벽성	도보대형시 경호원의 몸으로 막는 인적방벽효과와 방탄복, 각종 경호대형 등의 기동수단에 의해 외부의 공격으로부터 방벽 구축
기동 및 유동성	근접경호는 도보·차량으로 이동간 또는 행사중 주변여건, 장비특성에 따라 신속 대처하는 기동성과 도보 또는 차량대형이 유동적으로 이루어진다.
기만성	기만경호는 변칙적 경호기법으로 차량대형, 기동시간, 기동로, 기동수단, 승하차지점 기만 등으로 위해기도자가 행사상황을 오판하도록 실제상황 은폐, 허위상황을 제공, 경호의 효율성을 높인다.
방호 및 대피성	비상사태 발생 시 범인을 대적하여 제압하는 것 보다 반사적이고 신속, 과감한 행동으로 경호대상자를 방호 및 대피시키는 것을 우선해야 한다.
최후의 방어수단	근접경호원으로 연결되는 경호막은 경호의 마지막 방어선으로, 뚫리면 곧바로 경호대상자의 생명이 위협을 받기 때문에 근접경호원은 내가 최후의 보루라는 인식하에 철저한 사주경계와 기민한 대응자세로 임해야 한다.

근접경호 수행절차

1. 출동준비단계	24시간 출동태세 유지, 근무조 편성, 출동차량 점검, 기상 및 정보사항 파악하며 대기
2. 명령수령단계	공식행사명령은 시간에 맞춰 수령하고, 불시행사는 주의를 기울여 정확히 수령한다.
3. 임무분석단계	행사장 위치 파악, 행사성격 및 특성 고려 → 행·환차로 결정, 답사계획 수립 → 근접경호 계획수립하고 임무를 분석한다.
4. 명령하달단계	포함사항은 행사 일반계획, 경호환경, 차량대형, 행·환차코스, 개인별 임무부여, 행사장 비상대책, 예행연습
5. 실시단계	선발경호원의 출동, 출동준비상태 점검, 기동 간 및 행사장 근접경호 실시
6. 복귀 후 정리단계	복귀 후 차량 및 장비확인, 행사결과에 대한 토의, 행사결과보고서 작성

근접경호의 기본원칙

- 근접경호시 상대적 위치를 수시로 바꾸며 항상 경호대상자와 근접해 있을 것
- 위해기도자가 경호대상자와 근접경호원 사이에 끼어들지 못하도록 할 것
- 경호대상자나 경호원의 소지품에 접근하려는 사람을 차단할 것
- 행사 종사자, 경호대상자와 친숙한 방문자, 수행원과 경호대상자 접촉예상 공공인사들을 신속·정확히 파악할 것
- 경호문제와 관련 없는 요구사항은 차단할 것
- 언론 등 대중과 불필요한 대화를 삼가 할 것

근접경호요원의 일반적 근무요령

- **근접경호원의 위치** : 경호대상자와 근접경호요원 사이로 위해대상자가 끼어들지 못하도록 상대적 위치를 수시로 바꾸며 항상 경호대상자와 최근접에 위치해야 한다.
- **신분확인** : 경호대상자가 행사참석 시 접근하려는 사람의 신분·사회적 지위 등 사전점검, 방문객, 종사자, 언론종사자 등 명단 사전획득, 비허가자 방문 절대 허용금지
- **가족동반시** : 경호대상자의 가족동반 시 가족의 경호인력·경호차량의 지원계획 사전 수립
- **수행원 등의 안전** : 수행원이 위해를 당할 경우 전반적 경호수행에 큰 영향을 미치므로 경호대상자는 물론 외부요인의 수행원에 대해서도 제한된 경호제공 필요
- **근접경호책임자의 임무** : 항시 경호대상자 최근접 수행, 근접경호원에 대한 절대적 책임을 지며, 근접경호요원이 언론·대중 등과 대화를 가급적 삼가 하도록 통제관리

경호원이 지켜야 할 경호수칙 (Corwin K Noble)

1. 가정(예단)하지 마라. 모든 것에 의문점을 가져라.
2. 항상 경호대상자 곁에 있어라.
3. 끊임없이 경계하라.
4. 항상 행동계획을 갖고 있어라.
5. 단호하고 긍정적인 생각을 견지하라.
6. 경호대상자 이전에 자신을 먼저 보호하라.
7. 항상 긴장상태를 유지하라. 지루함이나 자기 만족도(도취감)를 떨쳐내라.

사주경계

◆ **의의** : 경호대상자의 근접경호를 수행하면서 자신의 책임구역에서 360도 전방향을 감시하며 위해자로부터의 위해기도를 사전에 인지하기 위한 경계활동을 말한다.

◆ **사주경계의 대상**

인적 경계대상	경호대상자의 수행원, 보도요원, 경찰근무자, 행사장 종사자, 노약자 등 경호대상자 주변의 모든 사람이 경계대상이다. 신분이 확실한 수행원, 보도요원들도 일단 경계대상이다.
물적 경계대상	경호대상자 주변의 모든 시설물, 자연물, 등이 경계대상이다. 외관상 안전해 보이는 물체라도 폭발물이나 독극물 등이 은닉되어 있을 가능성을 배제해선 아니 된다.
지리적 경계대상	은폐, 엄폐물로 이용하기 쉬운 자연물과 인공물, 감제고지, 후미진 곳, 개방된 창문, 옥상 등이 경계대상이다. 원거리에 위치하여 육안으로는 식별이 곤란하므로 공격자의 저격 가능성이 용이한 지점을 중점 경계한다.

사주경계의 대상(위험징후) (이두석 교수)

행동적 징후	• 위해기도자는 심리적으로 첫째 줄보다 둘째 줄이나 셋째 줄에 서려는 경향이 있다. • 공격목표를 이미 마음속에 정한 사람은 대개 목표를 집중하여 주시하며, 몸을 움직이지도 않고 웃지도 않으며 얼굴이 굳어 있다. • 권총이나 무기를 은닉하고 있는 사람은 무의식적으로 무기를 직접 확인해 보려는 행동을 취한다. • 군중 속에서 유난히 떠들거나 침묵하며 땀을 많이 흘리는 사람은 범행전의 긴장상태일 수 있다. • 더운 날씨에 코트를 입고 있는 사람, 날씨가 추운데도 코트 앞단추를 열고 있는 사람, 주변상황과 전혀 어울리지 않는 복장을 한 사람 등에 주의한다. • 장애자용 기구 사용자, 붕대를 감은 자, 모자를 쓴 자 등은 가식적 행동의 소유자일 수 있다. • 의식적으로 행사장이 아닌 다른 방향을 유심히 살피는 사람, 벽에 기대어 경호대형을 살피는 사람, 가까운 거리에서 서성대는 사람은 주목해야 한다. • 양손이 모두 가려져 있어 보이지 않는 사람에 주의한다. • 행사장 참석시 유난히 소지품이 많은 사람은 경호의 허점을 노릴 수 있다. • 고위층이나 경호요원을 잘 안다고 허풍을 떨거나 행사를 지나치게 잘 아는 사람도 관찰의 대상이다. • 행사직전 허겁지겁 도착하여 입장을 시도하려는 사람에 유의해야 한다. • 행사 직전 반입되는 물건이나 우편물은 의심을 갖고 확인한다.

생리적 징후	• 긴장하거나 불안하면 평소보다 많은 양의 땀을 흘리게 된다. 땀을 숨기기 위해 주머니에 손을 넣거나 재킷을 똑바로 펴는 등 전혀 다른 일을 하는 것처럼 행동한다. • 불안하게 되면 호흡수가 증가하고 가슴으로 쉬는 숨이 많아진다. • 불안한 사람은 근육이 굳어지고, 경련을 일으키는 듯 보이며 어색하다. • 불안하여 연신 자세를 바꾸거나 자세가 경직되고 가위자세를 하거나 다리를 꼬고 앉는다. • 불안하면 손을 비비거나 귓볼을 잡아당기거나 턱을 어루만지거나 손가락으로 머리를 훑는다. 또 불안을 느끼면 흔히 가까이에 있는 물건들을 주무르거나 만지작거려 불안을 외면화한다. • 침이 줄어들면서 입술이 마르게 되어 입술을 적시려 한다. 또 기침을 하거나 침을 삼키고 입술을 깨물거나 손톱을 깨문다. • 말을 빠르게 하고 더듬으며 질문에는 느리게 대답한다.

근접경호 임무수행시 사주경계요령

◆ 주위 사물에 대한 위기의식을 가지고 전체적인 상황과 맞지 않는 부조화 상황을 찾아야 한다.
◆ 인접경호원과 중첩되게 경계범위를 설정한다.
◆ 시각의 한계를 염두에 두고 사주경계 범위를 설정해야 한다.
◆ 주위경계시 주위 사람들의 손과 눈을 집중하여 감시한다.
◆ 더운 날씨에 긴 코트 착용이나 추운 날씨에 단추를 풀고 있는 등의 주변상황과 어울리지 않는 복장을 하고 주위상황에 어울리지 않는 행동을 보이는 사람을 특히 주의 깊게 관찰한다.
◆ 복도의 좌우측문, 모퉁이, 창문 주위 등에 관심을 갖고 경계한다.
◆ 위해기도자는 심리적으로 대중들 속에 둘째열에 위치하는 경우가 많다는 것을 참고한다.
◆ 우발상황을 제외하고는 고개를 심하게 돌리지 않는다.
◆ 위해자는 공격목표에 집중하며, 웃지도 않고 몸을 움직이지도 않는다는 것을 염두에 둔다.

근접경호원의 임무

◆ 경호대상자 주위의 일반인에게 불편을 주지 않는 범위 내에서 경호원 자신의 활동공간을 확보, 경호원 각자에게 주어진 책임구역에서 사주경계를 실시한다.
◆ 돌발적인 위해 발생시 인적방벽을 형성, 경호대상자를 완벽보호, 위해기도자와 대적 및 제압 보다는 신속히 경호대상자를 방호, 안전한 곳으로 대피시키는 것이 우선이다.
◆ 위해징후가 있거나 위해 예상시, 경호대상자에게 위해가 없다는 명백한 확신이 서기 전까지는 누구도 경호대상자 주위에 접근시켜서는 안 된다.
◆ 경호대상자가 심리적 안정감을 느끼도록 항상 경호대상자가 볼 수 있는 최근접 지점에 위치
◆ 항상 경호대상자 주위 모든 사람들의 손을 주의관찰, 흉기소지 가정 하에 대비책 강구
◆ 복도, 도로, 계단 등을 수행시 경호대상자를 공간의 중심으로 유도, 위해발생시 공간을 여유롭게 활용할 수 있도록 확보
◆ 위해자의 공격가능성을 줄이고 공격 피해정도의 최소화를 위해 이동속도를 가능한 빠르게 진행
◆ 문을 통과시 항상 경호원이 먼저 통과, 안전 확인 후 경호대상자를 통과시키고, 경호원이 사전점검하지 않은 지역·장소는 경호대상자가 접근하지 않도록 한다.

- ◆ 곡각지나 보이지 않는 공간 통과시 항상 경호원이 먼저 통과, 안전 확인 후 경호대상자가 통과하도록 해야 한다.
- ◆ 도보시 이동속도는 경호대상자의 건강상태, 신장, 보폭 등을 고려, 상황에 따라 속도조절을 할 때는 경호원 상호간 연락으로 속도를 조절한다.
- ◆ 타 지역으로 이동전에 경호원은 이동로, 소요시간, 경호대형, 주의사항 및 이동위치를 사전에 경호대상자에게 알려주어야 한다.
- ◆ 경호대상자 이동시 상황에 따라 여러 대형으로 경호를 실시하며 좌·우측 전방 경호원은 경호대상자의 시야를 가리지 않고 서로 손과 발이 부딪치지 않도록 주의한다.

도보이동 간 근접경호방법

- ◆ 가능하면 선정된 도보이동시기, 이동로는 변경되어야 하고 최단거리 직선통로를 이용한다.
- ◆ 근접경호요원은 경호대상자에게 이르는 모든 접근로를 차단하기 위하여 분산배치 한다.
- ◆ 도보이동 시 경호대상자 안전에 위협가능성이 있는 차량 또는 돌발사태 등에 대비, 경호대상자의 차량도 항시 근접 주행
- ◆ 도보대형은 장소와 상황에 따라 융통성 있게 변환
- ◆ 도보대형형성시 주변 감제건물의 취약도, 인적, 물적 취약요소, 경비병력 배치상태 등 고려

    ※ **근접도보대형 시 고려사항**
    - 경호대상자의 성향
    - 행사의 성격, 행사장 사전예방경호수준
    - 행사장 안전도 및 취약성
    - 행사장의 참석자 수 및 성향
    - 인적·물적 취약요소의 위치와 지리적 취약성
    - 근접 경호원 수

도보이동 간 기본대형

대형	내용
다이아몬드형	• 군중밀집 통로, 혼잡한 복도에서 적합한 대형, • 경호대상자의 전후좌우 전 방향을 둘러싸고 각각의 경호원에게 기동로의 360° 경계를 할 수 있도록 책임구역 부여
쐐기형	• 대중이 별로 없는 장소, 인도와 좁은 통로 이동 시 유용한 대형 • 한쪽에 인위적·자연적 방벽이 있을 경우 유용 • 3명의 경호원중 1명은 대상자 전방, 2명은 후방좌측과 우측에 위치
삼각형	• 3명의 경호원이 삼각형 형태유지 이동하는 대형, • 행사와 주위사람의 성격, 숫자, 주변 환경의 여건에 따라 이동
역삼각형	• 진행방향 전방에 위해가능성이 있는 경우 취하는 대형 • 진행방향 전방에 오솔길, 곡각지, 통로 등과 같은 지리적 취약점 있는 곳에서 유용 • 저격위험 있을시 밀착형 대형으로 안전도를 높일 수 있다.
사다리형	• 진행방향을 중심으로 양쪽에 군중이 운집한 도로중앙 이동시 적합한 대형 • 경호대상자를 중심으로 4명의 경호원이 사다리형태를 유지하며 이동하는 대형

근접경호대형 (이두석 교수)

대 형		내 용
기본대형	1인대형	취약요소가 거의 없는 안전이 확보된 장소에서의 경호방식
	2인대형	• 안전한 지역에서 취할 수 있는 대형으로, 좁은 실내나 복잡한 장소 이동시에 적합 • 기본적으로 경호대상자의 전방과 후방에서 경계제공
	쐐기대형	• 안전한 지역이지만 좌측이나 우측에서 위험요소와 조우할 가능성이 있을 경우 사용하는 대형 • 전방에 1인을 두고 경호대상자의 측방이나 후방에 위치하는 대형 ※ 3인 쐐기대형과 4인 쐐기대형이 있다.
	마름모대형 4인	• 대체로 안전한 지역에서 사용하는 대형 • 경호막형성이 용이, 전후좌우 사방에 대한 사주경계 가능
	마름모대형 5인	• 가장 기본적인 경호대형 • 팀장을 제외한 4명의 경호원이 전후좌우 전방위 사주경계 제공
	마름모대형 6인	• 상황에 따라 전방에 1명이나 2명을 배치, 전방 부담완화 및 전방경계 강화
	사각대형	• 전통적인 마름모대형의 변형대형 • 마름모대형으로 이동하다가 좁은 통로나 계단에서 마름모대형을 유지할 수 없을 때 좁은 종대대형으로 전환, 사각대형 유지 • 사주경계는 양호하나 전방과 측방이 노출되는 단점이 있음 • 연도경호시 도로 양편에 군중운집으로 전방은 열어주고 군중이 밀집한 측방경계 강화가 필요할 경우 사용
	원형대형	• 경호대상자가 경호원으로 둘러싸여 대외적 이미지는 안 좋으나 경호효과는 높은 대형 • 평상시에는 잘 사용하지 않으며, 군중이 밀려오거나 위협 예상시 경호대상자를 보호하기 위해 취하는 대형
	V자대형	• 외부로부터의 위험이 없다고 판단되거나 안전이 확보된 행사장 입장 시와 같이 주빈인 경호대상자가 바로 스포트라이트를 받도록 할 경우에 사용되는 대형
	2중 대형	• 중대한 위험이 예상되거나 위협을 받고 있는 상황에서 경호대상자의 신변안전을 최우선적으로 고려한 강력한 경호대형 • 우발상황시 외선의 경호원은 위험의 발견과 대적임무 및 통로개척, 내선의 경호원은 경호대상자 방호 및 대피가 주임무 (라빈수상 암살사건 후 이스라엘 경호팀이 운용)
응용대형	접견대형	• 행사상황에 따라 근접경호대형을 취할 수 없는 경우 일시적으로 취하는 맞춤형 대형 • 경호대상자와 참석자가 직접접촉하게 되므로 참석자의 움직임, 특히 손의 상태나 움직임에 대한 세심한 관찰필요
	단상대형	• 기념식 등의 행사장에서 단상을 중심으로 형성되는 대형 • 비인가자의 단상접근 차단 및 참석자들의 동향감시에 중점
	현황 보고대형	• 기공식, 개통식, 공장·재해현장방문 등 행사장에서 간단히 진행되는 브리핑현장 대형 • 주변의 수행원이나 현황판 등을 적절히 활용한 방벽형성이 중요하고, 경호원들은 배면경호 위주로 사주경계
	골프대형	• 야외에서 장시간 이루어지는 행사로 상황변화에 따른 준비필요 • 가용한 경호원의 수에 따라 번호순으로 근무자를 증가배치 필요
	하차대형	• 차량대형이 행사장에 도착하면 신속히 하차하여, 우측에 탑승한 경호원은 경호대상자의 우측을, 좌측에 탑승한 경호원은 좌측을 각각 담당한다.
	복도 대형	• 좁은 복도나 계단, 에스컬레이터 등을 이동시, 한쪽 공간을 확보하여 앞뒤로 길게 늘어진 대형을 취하여 주변 여건에 따라 반대방향에서 접근해오는 취약요소에 우선순위를 두고 근무위치를 선정, 변형된 도보대형을 형성한다.
방어대형	밀착대형	• 경호대상자와 밀착하면 즉각적인 조치가 용이하나 경호대상자의 활동공간이 좁아지고, 경호대상자의 활동공간을 넓히려다 보면 우발상황시 즉각조치가 어려운 문제점이 있다.
	방어적 원형대형	• 경호행사시 경호대상자가 군중속에 갇히게 되어 최소안전구역의 확보에 실패로 현장이탈을 시도할 때 사용하는 대형 • 경호원들이 강력한 스크럼을 형성하여 각자 왼쪽 경호원의 벨트 뒤쪽을 꽉 잡아 인간고리를 형성하여 경호대상자 보호
	대피대형	• 위험이 예상되는 상황에서는 좁힌대형으로 위험에 대비하고, 위험압박이 가중되거나 총기·폭발물 등에 의한 심각한 위해상황 발생시 경호대상자를 감싸서 위험노출을 최소화하고 위해자의 공격과 반대방향으로 신속히 대피할 때 취하는 대형
	함몰대형	• 우발상황시 경호대상자를 밀착방호하거나 수류탄 등 폭발물에 의한 공격을 받았을 경우 경호대상자를 육탄으로 방호하기 위한 대형

도보이동간 근접경호 대형 (김두현교수)

대형별	조 건	경호원 역할
1인 경호대형	• 경호대상자의 위해수준, 지명도가 아주 낮을 때 • 위해자의 원격 저격가능성이 없을 때 • 경호대상자의 경제적 이유로 경호원 고용이 제한될 때	• 경호대상자로부터 촉수거리 유지 필요 • 전후좌우 사주경계를 실시하되 상황에 따라 유연한 위치선정 필요 • 위해발생시 대적중심 방호
2인 경호대형	• 경호대상자의 위해수준 및 지명도가 낮을 때 • 위해자의 원격 저격가능성은 없으나 기습공격 가능성이 있을 때 • 경호대상자의 경제적 이유로 3인 이상 경호원 고용이 곤란할 때	• 1경호원은 행사장에 사전 배치되어 제반 안전 파악 후 경호대상자 앞에서 좌우측을 경계하며 선도역할 수행 • 수행팀장은 경호대상자와 동행 도착 후 후방에서 촉수거리 유지, 좌우후방 경계
3인 경호대형 (쐐기대형)	• 경호대상자의 지명도가 높을 때 • 위해자의 원격 저격가능성이 있거나 우려할만한 납치, 기습 등 테러공격의 가능성이 높을 때 • 3인의 경호원 고용으로 위해에 합리적이고 성공적인 대응이 요구될 때	• 1경호원은 행사장에 사전 배치되어 제반 안전사항 파악 후 경호대상자 앞에서 10시~2시 방향 경계하며 선도역할 수행 • 2경호원은 경호대상자와 2~3m의 종심 유지하며 후방과 좌측(7시~11시 방향) 경계
4인 경호대형 (다이아몬드 대형)	• 경호대상자의 지명도가 대단히 높을 때 • 위해자의 원격 저격가능성이 우려할 수준이고 납치, 기습 등 가능성이 높을 때 • 대규모 군중 속에서 치명적인 안전구역 확보가 필수적인 때	• 1경호원은 수행팀장 명에 따라 팀을 지휘, 경호대상자의 선도역할 수행, 10시~2시 방향의 전방경계 • 2경호원은 경호대상자 좌측에 위치 7시~11시방향 경계, 수행팀장 보좌 • 3경호원은 4시~9시방향의 후방경계 • 수행팀장은 지휘자 역할 수행, 12시~4시 방향의 우측경계
5인 경호대형	• 경호대상자가 국가원수급 등 지명도가 대단히 높을 때 • 위해자의 원거리 저격가능성이 상존하고 고속강습, 납치, 위장침투 등 다양한 가능성이 높을 때 • 대규모 군중 속에서 치명적 위해를 막을 수 있는 생존을 위한 안전구역 확보가 어렵다고 예상될 때	• 1경호원은 수행팀장 명에 따라 차석으로 팀을 지휘 • 2경호원은 경호대상자 우측위치, 수행팀장 보좌 (팀장 유고시 직무대행) • 3경호원은 좌측경계, 4경호원은 후방경계 • 수행팀장은 경호작전 명령권자로서 경호대상자 주변을 집중적으로 감시

기동 간 근접경호 방법

◆ 차량이동시
- 경호대상자 차량은 보수적 색상에 문이 4개의 차량선정, 사복무장경찰관, 경호요원이 기사담당
- 기사들의 해당지역에 대한 지식정도와 차량취급능력 확인을 위해 예정행차로 동행 시험운행
- 수행원이 많을 경우 경호대상자를 제외한 모든 수행원의 버스이동을 고려한다.
- 행사지역의 행사주관부서와 협조, 수화물취급을 위한 차량 및 요원을 준비
- 차량기동간 착안사항
    - 의뢰자 및 관계자 차량번호 숙지
    - 현지합류 차량번호 숙지
    - 주변 도로망 사전파악(행·환차로 선택)
    - 주변 구호시설 파악 숙지(기동간 비상대피소)
    - 차량대형 및 차종선택
- 경호대상자 차량이동시 반드시 **차문은 잠가두어야 하며** 선도차량과 일정한 간격유지
- 하차지점 접근로는 가능한 변경하는 것이 좋다.
- 주차 장소는 자주 변경해야 하며, 특히 야간에는 **밝은** 장소에 주차하여야 한다.
- 승차 시 차량은 안전점검 후 시동이 걸린 상태에서 대기 한다.
- 경호책임자는 목적지 도착시 가장 먼저 하차하고, 출발 시에는 가장 나중에 승차하며, 경호대상자 승하차시 차량문의 개폐와 잠금장치를 통제한다.
- 경호대상자는 가장 먼저 차량의 뒷좌석 오른쪽에 탑승, 경호책임자 안내로 가장 마지막에 하차
- 기동시 1조는 선탑경호, 2조·3조는 앞뒤로 위치하여 경호대상자 차량을 선도 추수한다.
- 주행시 경호차량간 가장 이상적인 거리는 **20~30m** 내외가 적당
- 차량대형 결정시 고려사항 :
    - 행사 성격, 위협의 정도, 도로 상황, 교통상황, 경호대상자의 성향 등

◆ 공중이동시
- 도착 및 출발스케쥴을 사전에 결정, 재확인한다.
- 경호대상자 항공기 및 수행원들의 항공기 주기장을 사전 선택
- 이·착륙에 대한 기상상황 분석
- 경호대상자 일행 도착 전, 교통통제, 경계상태, 안전점검상태, 통신 소통상태, 비행장에서의 군중통제 및 안전대책 등의 필요성 결정을 위한 합동안전검사실시 등을 사전에 공항관리자, 관제요원, 공항경찰당국과 협의해야 한다.

◆ 철로이동시
- 운행스케쥴 확인, 승하차지점, 승강시설, 편의시설, 안전서비스 및 통신기기 등에 대한 결정
- 역 정차, 야지(野地)정차, 엔진·스위치·육교·교량 등으로 야기될 수 있는 문제점 고려
- 근접경호원 좌석지정, 바리케이트 사용, 제한구역설정, 폭발물 및 장애물검측과 거수자 검색, 합동안전검사 실시 등을 철도역장, 철도경찰과 사전 협의한다.

◆ 해상이동시
- 편리성, 안전성, 접근성, 통신 등을 고려 정박위치 선정
- 항만 경계순찰을 위하여 해안경비대, 항만순찰대와 사전 협조
- 통신수단과 정박시설 준비 후 사전점검 실시
- 정박지역의 제한과 안전대책 등 합동검사 등의 구체적 사항을 항만관리자, 해안경비대, 항만순찰대와 사전 협조

차량기동경호의 목표

안락성	차량 내·외부 청결유지, 적정한 실내온도 유지, 고장 및 소음 없도록 정비철저
편의성	경호대상자가 계획된 시간에 맞춰 목적지에 안전하게 도착토록 해야 한다. (이동경로에 대한 충분한 연구와 도로 및 교통상황 고려된 이동계획 수립필요)
안전성	경호대상자의 품위유지 및 사고위험성 대비한 안전운전, 충분한 연료 확보와 각종 비상상황에 대비한 장비 및 공구 준비(구급약품, 플래시, 예비타이어 등)
방비성	계획적인 위해자의 공격에 대비 가급적 일방통행로나 골목길은 피하고, 기동간 사주경계 철저, 무정차 기동으로 위해자의 공격기회 차단

근접경호의 기법

◆ 육감경호
- 육감이란 위험 예상능력과 위험을 진압하기 위한 재빠른 조치를 취할 시점을 알아채는 능력
- 경호기법이 발전해도 경호요원의 치밀한 주의력과 신속한 반응은 성공적 경호를 위해 가장 효율적이다.
- 신속한 반응이란 암살기도자의 공격에 즉각 총으로 대응하는 것이 아니라 경호대상자를 보호하는 것이다.

◆ 기동간 경호기만
- 경호기만이란 위해기도자로 하여금 위해기도를 포기하거나 위해기도가 실패하도록 유도하는 계획적이고도 변칙적인 기법이다.
- 기만방법 : 일반인처럼 자연스러운 옷차림과 행동, 의도하지 않는 방향으로 이동, 허위흔적 표시, 기만장애물 및 경비시설 설치, 소음 및 광채사용, 연막차장, 기동대형 변형 등
- 기동대형 기만 : 위장경호대상자차량 사용, 경호대상자 차량을 수시로 변경, 다양한 대형의 변칙적사용, 대중의 시야를 벗어났을 때 사용 등

◆ 복제 경호요원 운용

경호대상자와 닮은 사람을 경호원 또는 비서관임용, 경호위해자의 눈을 기만, 경호대상자를 보호

Noble의 기동기만 전술

1. 좌석위치를 주기적으로 바꾼다.
2. 차량 위치를 수시로 바꾼다.
3. 차량의 종류를 수시로 바꾼다.
4. 기만대형을 운용한다.
5. 본대는 그냥 보내고 별도차량으로 은밀히 이동한다.
6. 번호판을 수시로 교체한다.
7. 기만통신을 실시한다.

근접경호 유형별 대형

◆ 원형대형(보고시)
- 5~6명의 근접경호요원이 경호대상자를 중심으로 원의 형태유지
- 팀장을 제외하고 전원이 경호대상자를 등진자세로 각자 책임구역 경계
- 경호대상자가 고정된 장소에서 보고를 받거나 도보이동 중 잠시 정지상태시 주로 사용

◆ 악수시
- 경호대상자가 불특정다수인과의 악수는 최근접 접촉관계로 위해기회가 가장 많이 노출되는 상황
- 악수를 하기 위한 대기자들의 수상한 행동, 눈빛, 손 등을 감시하며 만약의 사태대비
- 악수를 마친 사람들에 대해서는 경계근무를 강화하며 신속히 현장을 떠나도록 조치

◆ 계단이동시
- 일반 도보대형과 동일한 대형을 취하되 경호대상자는 항상 **계단의 중앙부에 위치**한다.
- 경호대상자가 노약자·여성인 경우 계단측면 손잡이를 잡고 이동토록 하며, 좌·우측 중 외부노출이 적은 쪽 손잡이를 이용토록 유도
- 계단을 오를 때 전방경호원은 계단이 끝나는 지점에서 평지에 대한 경계감시·안전 확보 후 경호대상자가 올라오게 한 후 바로 정상적인 대형형성 후 이동한다.

◆ 에스컬레이터 이용시
- 에스컬레이터는 사방이 노출되어 가능하면 사용치 않고 계단이나 승강기 이용이 안전하다.
- 에스컬레이터에서도 **걸음을 멈추지 않고 최단시간 내에 이동**토록 한다.

◆ **출입문 통과시**
- 경호대상자가 문을 통과하기 전에 항상 경호원이 먼저 문을 통과하여 들어갈 때는 내부, 나올 때는 외부의 안전을 확인한 후 경호대상자를 통과 시킨다.
- 경호원이 먼저 문의 상태를 점검, 미는 문일 때는 안쪽에서 문을 잡고, 당기는 문일 때는 바깥에서 문을 잡아 경호대상자가 안전하게 통과할 수 있도록 한다.
- 내부의 공간에 대해 위해자의 은닉여부, 내부 참석인원, 독극물 냄새, 시설상 문제점 등 오감을 이용 확인한다.
- 가능한 회전문은 사용치 않도록 한다.

◆ **승강기(엘리베이터) 탑승시**
- 가능한 한 별도의 전용승강기를 이용한다.
- 전용승강기는 사전에 이동층 표시등, 문의 자동개폐 속도, 비상시 작동버튼, 이동속도, 창문여부, 정원, 비상용 전화기 설치여부, 작동상 이상유무를 점검해 두어야 한다.
- 문이 열렸을 때 경호대상자가 외부인 시야에 바로 노출되지 않는 지점에 위치토록 한다.
- 탑승시 경호원이 먼저 내부를 점검확인 후 목표 층을 누르면 경호대상자를 내부 안쪽 모서리부분에 탑승시킨 후 방벽형성 경계에 임한다.

◆ **기자회견 시 경호방법**
- 안전을 위해 경호대상자는 회견장에 제일 나중에 도착, 회견이 끝나면 가장 먼저 퇴장한다.
- 회견이 개최될 장소의 크기에 비례하여 출입인원을 제한한다.
- 회견장 내에서는 회견 참석자의 신원을 확인하고 출입을 통제해야 하며 입구에서 좌석까지의 통로를 제한한다.
- 경호대상자 연단과 가장 앞줄에 착석한 기자들과의 사이에 통제구역을 설정한다.
- 회견장 후면 등 연단 주변의 모든 방면을 경계하고, 모든 출입구의 밖에서 대기하며 지정 출입자 외의 인원은 입장을 불허한다.
- 기자회견장 주변과 각 출입문에 배치되어 경계임무를 수행한다.

행사장 경호

- 경호대상자가 행사를 주관하거나 참석하는 장소의 경호를 의미한다.
- 비교적 장시간 머물고 다수의 인원이 동원되는 장소로 군중과 밀접하게 되는 등 취약점이 많아 경호대상자의 신변보호는 물론 주변 건물이나 시설 등에 대한 경비업무도 동시에 수행해야 하는 등 고도의 안전대책과 높은 수준의 경호화동이 요구된다.
- 행사장 경호는 3중 경호개념에 의한 안전구역(내부), 경비구역(내곽), 경계구역(외곽)으로 구분하여 임무를 수행한다.

◆ **단계별 행사 전 안전활동**

제1단계	• 경호대상자가 행사에 참석하는 경우부터 안전활동 착수 • 행사 하루 전에 미리 취약지역에 병력을 배치 안전유지 실시 • 안전유지가 이루어진 행사장은 반드시 직원들은 신분증 패용, 출입자는 출입자명부 작성 후 신분증을 비표로 교환
제2단계	• 행사장 통로는 단일통로를 사용, 다른 통로는 닫는다. • 야외 행사장의 경우 경호대상이 참석하는 본부석까지의 통로를 단일화시키는 폴리스라인 설치
제3단계	• 경호대상이 승차하는 차량, 선박, 기차, 항공기 등의 안전을 확보한다. • 행사장 내부 및 외부에 지그재그형식의 경력배치 실시로 위해기도자의 접근 방지

◆ **안전구역(1선, 내부) 경호**

행사장 내부 근무자	• 입장자 비표확인, 신원불심자 검문검색 실시로 정확한 신원확인 • 입장완료 후 복도, 계단, 화장실 등 무단 배회자 없도록 통제 • 행사개시 10분 전부터 개별행동 통제, 행사진행 중에는 입장자의 동향감시 • 행사진행 중에는 근무자도 개별행동을 금하고 식순에 따라 행동하며 군중 동향 감시 • 행사종료 후 참석자가 전부 퇴장한 후 근무자도 철수
건물내부 근무자	• 근무 담당구역을 정밀하게 검측, 폭발물 등 위해요소 사전제거 및 차단 • 통로를 통제, 비표 없는 자와 일반인의 접근차단 • 발전실, 변전실, 기계실 등에 안전요원 고정 배치하여 기계 조작시 입회 확인 • 화장실, 창고, 계단 등 취약장소에 대해 반드시 안전 확보 (단, 여자화장실은 女근무자배치) • 근무자와 같은 복장과 비표패용자라도 의심사항 발견되면 반드시 검문검색 실시, 신분확인 • 사소한 사항이라도 특이사항 발견시 지휘관에게 보고후 처리
출입통제 근무자	• 입장자의 신분증과 초청장을 초청자 명단과 대조 확인 • 비표패용자라도 거동이 수상할 때에는 검문검색 실시, 신원확인 • 입장 시 비표 不패용자는 지위고하, 면식여부불문 입장 불허, 신분과 방문목적 필히 확인 • 휴대품은 양해를 구한 후 물품 임시보관소에 보관하고 번호표 교부 후 입장시킨다. • 보도요원의 카메라 등 허용물품도 전문기술요원의 확인 후 검색필 표찰 부착 휴대토록 조치 • 입장완료시간 경과 후 도착 참석자는 입장불허가 원칙, 참석 시 지휘본부보고 후 지시 받는다.
금속탐지기 (MD)근무자	• 참석자는 전원에게 탐지기를 통과 입장토록 하고, 통과 입장자는 다시 휴대용탐지기로 확인 • 탐지기 통과 입장했어도 중간에 밖에 나갔다가 들어오는 입장자도 다시 탐지기 통과 입장조치 • 탐지기 통과시는 1.5m전방에 일시 정지시켜 자연스러운 속도로 한사람씩 통과하며, 2대 이상 설치시는 최소3m 이상, 통신기기와 3m 이상 이격하여 설치 • 휴대품은 휴대물품 보관소에 보관유도, 허용된 물품은 반드시 내용물 확인 후 허용 • 통과시 신호음 울린 입장자는 금속성 소지품소지를 확인하고 재차 탐지기를 통과시켜 확인 • 여자입장자의 신체수색은 반드시 여자근무자에 의해 실시토록 조치

◆ **경비구역(2선, 내부) 경호**

초소근무자	• 책임구역을 명확히 숙지하고 주의를 집중 담당구역 경계 • 거동수상자 발견시 수하요령에 의한 수하실시, 항상 대적할 경계태세를 유지 • 인접근무자와 항시 상호연락 가능한 조치를 강구하고 상황발생시 즉시 전파, 공동대처 • 근무 중 졸거나 흡연 잡담금지, 암구호를 숙지하고 어떤 상황에서도 근무지 이탈금지
헬기장 근무자	• 행사장근무에 준하여 근무, 직시 고층건물이나 감제고지에 대한 감시체제 유지 • 헬기장으로 통하는 통로는 헬기도착 직전부터 차단, 일반인의 접근을 막는다. • 주변 감제고지는 수색실시 후 안전 확보하고 소방차를 비상대기 시킨다.
주차장 근무자	• 경내 주차차량은 반드시 본네트와 적재함 등을 검색하여 안전여부 확인 • 엔진은 반드시 끄도록 조치하고 행사 중에는 운전기사들을 일정장소에 대기토록 조치 • 행사 중에는 운전기사들의 동향을 철저히 경계, 위해요소 차단 ※ 2선인 경비구역은 행사참석자를 비롯한 모든 출입요소의 1차 통제점이 되어 상근자 이외에 용무가 없는 사람들의 출입은 가급적 제한 한다.

◆ **경계구역(3선, 외곽) 경호**
- 옥내 행사의 경우 건물담장, 울타리 외부부터, 옥외행사일 경우 도로, 하천, 산악, 능선 등의 특정 기준설정하거나 행사장으로부터 소구경 곡사화기 유효사거리 고려한 지역
- 위해분자의 접근을 조기 경고 차단, 직시 고층건물 및 감제고지에 대해 안전 확보
- 우발사태 대비 예비대 운용

◆ **단체참석자 통제대책**
- 단체참석자는 중간 집결지 비표교환 장소에서 차량별 경호원을 배치, 탑승자에 대한 초청장과 신분증 확인 후 비표 교부
- 행사장에 도착 후 질서정연하게 출입문에 설치된 금속탐지기 통과 후 입장조치
- 개별참석자는 입장카드와 신분증을 대조하여 본인확인 후 비표 교부하고 탐지기 통과 후 입장조치
- 참석자가 소지한 카메라, 금속류 등 소지할 수 없는 휴대품은 사전 양해를 얻어 차량에 보관하거나, 또는 설치된 물품보관소에 보관
- 참석인원이 다수일 경우 혼잡하지 않게 열을 지어 입장토록 하고 불순분자 봉쇄를 위해 하차지점에서부터 출입문까지 차단조를 운용한다.

◆ **행사장 비상대책**
- **의의**
행사장에서 예상되는 위해행위와 시위나 소란행위, 화재, 정전 등 경호행사의 정상적인 진행에 영향을 줄 수 있는 다양한 우발상황에 즉각 대처할 수 있는 수단
- **중요성**
우발상황으로부터 경호대상자의 신변을 안전하게 보호하고, 발생한 우발상황을 신속하고 효과적으로 타개함으로서 우발상황으로 인한 인적·물적 피해를 최소화 하는데 있다.

- **비상대책의 분류**

비상대피계획	위험이 발생한 현장을 신속히 벗어나 안전한 곳으로 피신하기 위한 계획 (비상대피로, 비상대피소, 비상대기 차량, 예비도로 등)
비상대응계획	정전이나 화재 등으로 인한 위험상황이 발생한 경우 그 원인을 제거하고 수습하기 위한 계획 (소방대책, 전기대책, 구조대책, 구급대책 등)

숙소경호

- 경호대상자가 숙소나 그 외 지역(異見있음)의 유숙지에 머물 때 실시되는 제반 경호활동
- 주위가 혼잡하고 고정된 장소로 보안이 취약하여, 주·야간 계속 경계해야 하는 점에서 치밀한 계획과 집중이 요구되는 경호활동

숙소경호의 특성

◆ 혼잡성
숙소의 특성상 출입인원이 많고 빈번하여 통제가 용이하지 않고, 자택을 제외한 지방유숙 시에는 복잡한 시설과 공간을 이용한 위해물질 은닉, 위해목적 침투, 위해기도 등에 대한 대책 필요

◆ 고정성
경호대상자가 동일 장소에 장기간 체류로 위해기도자의 입장에선 범행기회와 시간제공 여건충족

◆ 보안과 방어개념의 취약성
매스컴을 통한 경호대상자의 일정보도나 보안차량과 인원의 이동시 주변 노출로 보안성 취약

숙소경호 근무요령

- 숙소외곽은 3선 개념으로 경계망을 구축하고, 출입문에서 부터 출입자 통제를 강화한다.
- 숙소외곽 주변에는 사복근무자를 유동적으로 배치, 검문검색 및 위해기도자 침투로 봉쇄
- 출입구, 비상통로, 주차장, 계단, 복도, 옥상, 기계실, 전기시스템, 엘리베이터 등 점검 및 경계강화
- 주변 주택가 및 고층 감제고지의 불순분자 은신, 숙소주변 주차차량, 행·환차로 위해요소 확인
- 정복근무자는 출입문 쪽에 배치, 출입자에 대한 경계를 강화하고 숙소주위 순찰근무
- 호텔 유숙시 종업원이나 투숙객가장 위장침투·위해물 은닉 가능성 대비 안전 및 감시활동 강화
- 투숙객 및 출입자에게 불편을 최소화하고 경호보안이 노출되지 않도록 하며, 충분한 교대근무로 장시간 근무에 따른 피로에 대비

차량경호

◆ **차량경호시 사전 준비사항**

- 차량대형 및 차종의 선택
- 대상자 및 관계자 차량번호 숙지
- 현지합류 차량번호 숙지
- 주변 도로망 파악 (행·환차로, 예비로 등)
- 우발상황 발생대비 시설파악(최기병원, 비상대피로, 대피소, 구급차, 소방차 등)

◆ **경호차량 선정**

- 방향전환이 쉽고 엔진의 성능과 가속장치가 좋은 차량으로 선정
- 차체가 강하고 무선통신장비와 방탄능력을 갖추어야 한다.
- 경호대상자의 차량과 경호차량은 성능과 모양이 **비슷해야 한다.**
- 외부시선을 집중시키지 않아야 한다.
- 차체가 지나치게 무거워 기동력과 제동력이 떨어지지 않아야 한다.

◆ **주행차로의 선택** : 주행차로는 가능한 한 이동이 편하고 안전한 **최단거리의 노선** 선택

◆ **대피소 선정** : 우발상황 대비 차량진입 가능하고 안전하게 대피할 수 있는 경찰서나 관공서 등 확보, 양호한 종합병원 수준의 병원 및 의료진 확보

◆ **대형의 결정** : 대형은 행사성격, 도로사정 등 고려 결정, 기동간 차량경호는 경호대상자 차량을 중심으로 선도경호차량, 후미경호차량, 경호대상자 예비차량, 경호예비차량으로 대열형성

※ **차량별 임무**

- **경호대상자 차량** : 선도경호차량과 일정한 간격을 유지하면서 이상 유무를 각 차량 책임자에게 무선연락을 취하고, 유사시 선도경호차량과 같은 방향으로 대피
- **선도경호차량** : 주행노선을 안내하며 전방의 각종 상황에 대한 경계임무 수행
- **후미차량** : 차선을 바꿔가며 후미에서 접근차량 통제, 추월방지 및 경호차량 방호와 경호지휘업무 수행
- **경호대상자 예비차량** : 경호대상자 차량과 동일한 색상, 동일 모형으로 적을 기만시 사용하거나 유사시 경호대상자가 바꾸어 타는데 이용
- **경호예비차량** : 돌발사태 대비 임무차량 대체용으로 사용, 보통 때에는 대형의 후방경계 우발상황 대비

🔵 기동경호대형 (이두석 교수)

간편대형	(경호대상자차 - 경호차로 구성되는 대형) • 경호대상자차 운전자 : 선도경호차가 없으므로 목적지에 이르는 도로에 정통해야 하고 후미경호차와의 긴밀한 연락체계가 확보되어야 한다. • 후미 경호차 : 경호대상자차보다 차폭의 1/2 정도 우측 주행, 간격은 전장 1/2~2/3 거리 유지
기본대형	(선도경호차 - 경호대상자차 - 후미경호차로 구성되는 대형) • 선도경호차 : 대형을 리드, 계획된 시간 목적지 도착토록 속도조절, 주행간 전방 상황에 대처 주행간 반대방향의 차량공격에 대비, 경호대상자차보다 차폭의 1/2만큼 좌측 주행 • 후미경호차 : 기동간 이동지휘소, 팀장은 앞좌석 우측에 탑승 대형운용 및 속도 통제·지휘, 경호요원이나 의료진의 이동수단이나 VIP 예비차량 임무 수행, 기동간 일반차량의 끼어들기나 차량공격 등을 막아주는 방어수단
확장대형 (날개대형)	(대통령 취임식 등 카퍼레이드를 하는 경우 대규모 완전 공식 국가행사시 운용되는 대형) • 근접경호대형(도보대형)의 삼각대형(쐐기대형) 또는 사각대형같은 형태로 전개된다. -A형 : 선도경호차 - 경호대상자차 - 좌/우 후미경호차 대형 -B형 : 좌/우 선도경호차 - 좌/우 후미경호차 대형 ※ 경호지휘차량은 우측 후미경호차

🔵 기동 간 상황조치 (이두석 교수)

교차로 정차시	• 선도차가 없는 경우 : VIP차량은 교차로 정지선에서 약간 후방에 정차, 안전공간을 확보하고 앞 범퍼가 옆차 뒷문의 중간정도에 오도록 정차, VIP가 주위의 관심이 되거나 옆차로부터의 직접적인 공격에 대비한다. • 교차로 맨 앞에 정차할 경우 : 정지선에서 어느 정도 떨어져서 안전공간을 확보 하고 • 다른 차량의 뒤에 정차할 경우 : 앞차의 뒷바퀴가 보일정도의 충분한 여유를 두고 정차
지선도로 교차시	• 간편대형 운용시 : 후미경호차가 신속히 추진하여 지선도로에서 나오는 차를 차단 • 기본대형 운용시 : 선도차가 지선도로를 차단, VIP차가 통과된 후 본래 위치로 추진
교차로에서 방향 전환시	• 좌우회전시 경호차량은 VIP차량의 바깥쪽을 크게 회전하여 안전한 회전공간 제공 • 선도경호차 운용시 : 선도경호차가 추진하여 불법 좌회전 차량을 차단하고, 후미경호차는 안쪽을 방호하며 방향을 전환한다. • 기본대형운용으로 정상적인 좌회전이나 우회전시 : 선도경호차는 안쪽을 방호하면서 인도로부터 공격이나 행인이 뛰어 들어오는 상황에 대비하고, 후미경호차는 크게 돌아 VIP차의 바깥쪽을 방호하면서 직진차량이나 좌회전 차량의 공격이나 충돌상황에 대비한다.
차선변경시	• VIP차 운전요원은 정차 및 방향전환 시에는 후미경호차에 충분한 시간적 여유를 두고 신호를 보내어 후미경호차가 상황변화에 대비할 준비를 갖추게 한다. • 차선변경시 : 후미경호차가 먼저 차선을 바꾸어 차선 확보 후 VIP차가 안전진입 한다. • 곡선도로 주행시 : 후미경호차는 차폭의 1/2 정도 도로의 바깥쪽에서 주행하면서 일반차량의 끼어들기나 나란히 주행하는 것을 방지한다. • 고속도로 등 주행시 - 2차선을 주행하는 것이 가장 바람직하다. 　(1차선이나 제일 바깥 차선은 기동이 제한 받을 경우 그대로 갇히게 될 가능성 있음) - 고속도로에서 정체가 감지되면 즉시 노견과 인접한 제일 바깥 차선으로 변경하여 차량대형이 안쪽에 갇혀 꼼짝도 못하게 되는 경우를 배제한다.

도착시	· 차량대형이 계획된 정차지점에 도착하면
	  - 선도차가 선추진하여 하차한 후 경호준비를 한다.
	  - VIP차는 계획된 지점이나 선발요원이 가리키는 지점에 정확히 정차, VIP가 하차 후 곧바로 이동할 수 있도록 한다. (도로연석에서 30~40cm 이격하여 정차)
	    VIP차의 차량문 개방은 경호원이 정위치하고 위험요소 없음을 확인 후 천천히 개방
	· VIP가 하차 후
	  - 운전요원들은 출발 시에 대비한 대형으로 정리하여 주차한다.
	  - 후미경호차는 VIP차 뒤로 약 2피트, 차도 쪽으로 차폭의 1/2만큼 나오게 주차하여, VIP차와 후미경호차 사이에 일반차량의 주차나 일반인의 보행을 예방한다.
	  - 차량통행이 없는 도로라면 VIP차 반대편에 후미경호차를 주차시켜 VIP차를 방호한다.

◎ 차량경호시 운전요령

◆ 교차회전 시
  · 선도경호차: 중앙선에 접근하면서 회전하여 반대방향의 과속차량에 대한 견제임무수행
  · 후미차량: 좌회전 시에는 후미 우측차선, 우회전 시에는 후미 좌측차선을 이용 회전한다.

◆ 신호대기 시
  · 선도차량: 대형전체가 통과하지 못한다고 판단될시 **중앙선에 접근해서 정차**한다.
  · 경호대상자 차량: 선도차량과 2~3m 간격유지 상태에서 **선도차량 우측 1차로에 정차**
  · 후미차량: 경호대상자 차량의 **우측 2차로**에 정차, 경호대상자 차량의 노출방지 및 방호임무 수행

◆ 톨게이트 통과 시
  · 선도차량: 좌측게이트 이용 진입하며 이상 유무 파악
  · 경호대상자 차량: 선도차량의 후미를 따라 신속하게 통과
  · 후미차량: 경호대상자 차량이 통과한 **우측게이트** 이용 통과 후 신속히 본 대형 유지

◆ 건널목 통과 시
  · 건널목 차단기와 경보기 운용상태 파악하고 건너편 교통이 복잡하여 건널목을 빠져나가지 못할 경우 정지하고 안전 확인 후 통과
  · 선도차량은 일시정지, 좌·우 확인 후 대형전체가 통과할 수 있다고 판단되면 **무전교신 후 통과**조치

◆ 터널통과 시
  · 밝은 곳에서 터널 어두움에 약 **4초간** 시력적응 회복시간 필요, 차간거리 유지, 차폭등 점등
  · 선도차량과 간격유지하며 일정한 속도로 주행, 우발시 대피로가 없으므로 신속한 상황판단 필요, 상황에 따라서는 후미차량으로 후진하여 긴급히 터널을 빠져나가야 한다.

◆ 교차로 통행 시: 신호체계 따라 **서서히 진입**하고 교차로 빠져나온 뒤 좌우안전 확인 후 속도를 높여 통과

◯ 차량경호 운전요원 고려사항 (이두석 교수)

1. 주행전
- 차량을 최적의 상태로 유지 (각종 계기 및 주유량 확인)
- 차량대형 등 기동간 경호계획 숙지
- 주코스와 예비코스 숙지
- 예정된 주행코스의 교통상황과 도로상황 파악
- 불필요한 적재물 최소화하고 비상용품(소화기, 구급약품 등) 비치
- 안전벨트 착용

2. 주행중
- 경호팀장의 신호와 지시에 따라 기동
- 도로상황과 교통상황에 주의
- 전방을 주시하며 돌발상황에 대비
- 수상한 차량이나 오토바이 등의 추적을 경계
- 경호대상자 차량과 경호차량 사이에 다른 차량이 끼어들지 못하도록 차량간격 유지
- 신호대기시 좌우차량 경계, 회피공간 확보하고 정차

3. 대기시 (주차시)
- 경호팀장 지시 없이 차량 이탈금지
- 차량문이나 창문을 개방금지
- 즉시 출발할 수 있는 상태로 정렬
- 주차시 항상 차문을 잠그고, 불순분자의 접근 경계

◯ 승하차시의 경호활동

◆ 승차시

운전요원은 **시동을 건채로** 경호대상자가 탑승하면 곧바로 출발할 수 있도록 만반의 준비 갖춘다. 행사장에서 승차지점까지는 정상적인 근접도보대형으로 주위경계하며 이동한다.

◆ 하차시

선도경호원이 신속히 하차, 경호대상자 차량의 문에서 주위경계를, 다른 경호원들도 경호대상자 차량 전후좌우에서 경계임무를 수행하고, 경호대상자와 동승한 경호팀장이 주위상황에 위해요소 없다고 판단 시 **잠금장치 해제** 후 경호대상자를 하차시킨다.

◯ 연도경호의 구분

구분	내 용	비 고
완전공식경호 (A형)	• 대규모 국가적 행사로 완전히 공개된 행사의 연도경호 • 1등급 외빈경호 대상으로 결정된 국빈행사의 행·환차시 경호	대통령 취임식, G-20, ASEM 등
공식경호 (B형)	• 연례적·통상적으로 실시하는 공개된 행사의 연도경호	국경일, 기념일 등
준공식경호 (C형)	• 일정에 의한 공식행사의 연도경호 • 2,3등급 외빈경호 대상으로 결정된 국빈행사의 연도경호	현장방문, 장례회의 참석, 경제동향 보고 등
완전비공식경호 (D형)	• 사전 통보 없이 이루어지는 행사의 연도경호	비공식방문, 민정시찰, 운동, 공연관람 등

출입자 통제대책

◆ 행사장 출입관리
- 출입자통제업무는 안전구역 내에 출입하는 인적, 물적 대상에 대해 행사의 성격, 행사의 규모, 참가자의 수, 행사장 구조, 좌석배치도, 주차관리 등을 파악
- 시차입장계획, 안내계획, 비표운용계획, 주차관리 계획 등 세부지침을 수립하여 임무 수행
- 인적 출입관리목적은 행사장 모든 출입구에 대한 검색, 불심자의 색출·제지
- 하절기에 긴 옷을 입었거나 불필요하게 부피가 큰 휴대품 소지자에 대해서는 반드시 확인
- 동반한 어린이가 소지하고 있는 장난감도 정밀 확인

◆ 출입자 통제관리
- 행사장 안전확보를 위한 참석인원에 대한 안전조치 수단으로 비표운용, 금속탐지기 또는 X-ray투시기를 활용한 검색활동
- 검색은 MD, 휴대용 금속탐지기, 육안·촉수검사, 오관의 작용 등을 이용 모든 출입자 및 물품에 대해 실시하고 예외를 불용함을 원칙
- 출입증은 모든 참가자에게 운용하되, 행사성격상 지침에 따라 예외로 할 수 있다.
- 모든 출입요소는 지정된 통로를 이용하고, 기타 통로는 폐쇄조치
- 대규모 행사시에는 참석대상별·지정좌석별 구분, 출입통로 지정 및 시차입장계획을 수립

◆ 시차입장계획
- 모든 행사참석자는 행사시작 15분전 까지 입장 완료토록 해야 하며, 지연 참석한 사람도 검색 후 별도 지정통로로 출입 허용
- 참석자의 지위, 연령, 단체, 참석자 수 등을 고려 시차간격을 조정, 출입통로를 융통성 있게 지정, 입장지연 등 불편 최소화
- 입장 소요시간 판단은 1분에 30~40명을 기준, 행사규모, 성격, 출입문 수, 참석인원 등 고려 증감할 수 있다.

◆ 출입통로 지정
- 출입통로는 누구나 쉽게 식별할 수 있도록 지정.
- 단일통로가 원칙이나 구조, 참가인원, 참가자 성향 등 고려, 수개의 출입통로 지정, 불편 최소화

◆ 안내계획
- 안내요원은 행사주최측 요원으로 하도록 조정·통제
- 안내조는 출입증배부, 통로 및 좌석안내, 차량안내 등 편성, 중간집결지 운용은 행사 주최측에 일임하되 행사참석자의 신원, 신분 등에 따라 경호 및 경비안전요원 운용
- 출입증 배부장소 안내조는 가급적 참석자를 식별할 수 있는 부서별 실무자를 선발 운용

- 입장인원이 많을 경우 혼잡방지를 위해 열을 지어 입장토록하고 불순자의 입장저지를 위해 하차지점부터 출입문까지 정복차단조를 운용
- 참석자 소지품 중 금속류, 카메라 등 불허 휴대품은 사전설명 후 차량보관, 물품보관소 보관조치
- 행사업무수행을 위한 이동과 용변 등의 불가피한 이동요소 통제는 지양

◆ 주차관리 통제
- 행사장 및 행사규모에 따라 참석대상별 주차구역을 지정, 경호대상자 주차지역은 별도 확보
- 주차계획은 입장계획과 연계 주차장별 승차입장카드를 운용하고, 주차지역별 안내요원 배치
- 주차공간 부족시 중간집결지를 운용 단체버스로 이동시키고, 개별승용차는 가급적 억제
- 주차장 선정시 고려사항
  1. 행사장과의 안전거리와 충분한 주차공간의 확보가 가능한 지역
  2. 장소식별 및 주차가 용이한 지역
  3. 입장·퇴장과 연계, 인원 및 차량의 출입통제가 용이한 지역
  4. 가급적 일반 주차통제에 무리가 없는 공공기관 선정

◆ 경호인력배치시 고려사항
- 의심스러운 장소는 중첩배치하여 취약성 보완
- 경호대상자가 직시되는 고층건물은 완전히 장악할 수 있도록 선점 배치
- 주위 여건상 취약하다고 판단되는 곳은 중점적으로 배치
- 통제를 해야 할 장소는 전 구간이 통제되도록 배치

우발상황 대응방법

◆ **우발상황**

위해기도나 행사 방해책동과 관련하여 발생시기나 발생여부 및 그로 인한 피해정도를 모르는 우발적 위험이 발생한 상황을 말하다.

※ 우발적 위험
1. 발생 시기를 모르는 위험
2. 발생 여부를 모르는 위험
3. 피해 정도를 모르는 위험

◆ **우발상황의 특징**

사전예측 불가능	상황발생 전까지 위해기도 발생시간·장소·방법의 사전예측이 곤란하다.
불확실성	우발상황은 경호임무 수행도중 예기치 않게 발생하는 각종 위해상황들이므로 그 발생여부가 확실하지 않다.
혼란 및 무질서상황 도래	방법·규모에는 차이가 있으나 충격적 상황에 대한 심리적 공포와 불안감 조성에 따른 혼란이 야기된다.
자기보호본능 발동	우발상황 시 폭발음이나 총소리가 나면 자기보호본능으로 순간적으로 자세를 낮추어 경호원의 본분을 망각할 수 있다. 이에 대비한 평소 철저한 교육이 필요하다.
즉각적인 조치 요구	자연적이든 인위적이든 우발상황 발생 시 상황에 대처할 시간적 여유가 없으므로 근접경호원은 그 상황을 신속히 파악하여 방벽형성 및 경호대상자의 방호와 대피로 안전유지를 위한 즉각조치가 필요하다.
중대결과 초래	우발상황이 발생하면 경호대상자의 신변에중대한 결과를 초래할 수 있다.

경호위기의 특성 (이두석 교수)

불확실성	· 경호는 항상 불확실성 속에서 예측 가능한 우발상황에 대비해야 한다. · 경호적 위기관리는 능률성의 원리가 아닌 경계성의 원리에 의해 계획·평가되어야 한다. · 준비와 대응단계에서 구조적·기능적으로 특화된 전문성을 요구한다.
돌발성	· 위기는 사전에 예고가 없다. · 항상 위해상황이 발생할 수 있다는 전제로 가장 불리한 조건을 염두에 두고 선제적 경호조치를 취해야 한다.
시간제약성	· 돌발적인 위해상황은 대처할 시간적 여유가 별로 없으므로, 평상시 지속적인 준비와 교육훈련에 의한 반사적인 즉각 대응 및 조치가 요구된다.
중대성	· 경호위기는 치명적인 결과를 초래하므로 경호위기로 인한 피해의 심각성을 최소화하여 경호대상자 개인이나 조직의 연속성을 보존하는 것이 경호의 존재 이유이자 목표이다.
현장성	· 위기에 대응하는 경호조치는 현장에서 즉각적으로 이루어져야 하며, 현장책임자에게 모든 최종적인 권한이 주어져야 한다. · 위해기도가 발생한 상황하에서의 경호는 시간과의 싸움으로 위해공격에 얼마나 신속하게 대응하고 효과적으로 조치하느냐에 따라 경호의 성패가 달려있다.

🔵 위기관리 단계

1단계	예방단계	징후를 발견하고 경감과 예방조치를 취하는 단계
2단계	대비단계	위기에 대비하고 계획을 수립하는 단계
3단계	대응단계	위기를 봉쇄하고 피해방지를 위해 위해에 대응하는 단계
4단계	복구단계	위기로부터 복구와 학습을 실시하는 단계

🔵 우발상황에 대한 대응기법 (즉각조치의 단계)

(공격의 인지 → 경고(상황전파) → 방호(방벽형성) → 대피 → 대적 및 제압)

공격의 인지	경호대상자에 대한 안전을 위협하는 우발상황에 신속하게 대응하기 위해 사전관찰에 의해 상대방의 공격을 신속히 인지하는 것
경고(상황전파)	공격받고 있다는 상황을 알려주고 대응행동을 하라는 신호이며, 일반인들에게는 위험상황을 알려주는 것이다. (위해상황을 가장 먼저 인지한 사람이 주변 근무자에게 상황을 간단명료하게 전파)
방호(방벽형성)	경고를 인지한 즉시 경호대상자 주변 근무자는 자신의 신체로 방벽을 형성하여 경호대상자의 노출을 최소화하여 직접적인 위해를 방지하는 행위
대피	우발상황 발생시 위해자의 표적이 되는 경호대상자를 방호대형을 형성하여 공격자 반대방향으로 신속히 비상대피소나 비상대기차량이 있는 곳으로 이동한다.
대적 및 제압	경고와 동시에 위해자와 가장 가까이에 있는 근무자가 과감히 몸을 던져(촉수거리의 원칙) 위해자의 공격선을 차단하여 경호대상자를 보호한다. 대적 시 우선 경호대상자를 등지고 위험발생 지역으로 향한 다음, 몸을 최대한 크게 벌려(체위확장의 원칙) 방호범위를 확대하고 경호대상자와 위해자 사이의 일직선상에 위치하여(자연방벽의 원리) 공격을 차단한다.

※ 방호 및 대피 대형

대형	내용
함몰형 대형	• 수류탄, 폭발물 등의 공격을 받았을 때 사용되는 방호대형 • 경호대상자를 지면에 완전 밀착시키고 그 위에 경호원들이 밀착하고 포개어 경호대상자의 신체가 외부에 노출되지 않도록 해야 한다.
방어적 원형대형	• 위해의 징후가 현저하고 직접적 위해가 가해졌을 때 형성하는 방호대형 • 경호원은 경호대상자가 무릎을 구부려 자세를 낮추게 하고 전후좌우에서 에워싸는 형태의 원형대형 유지 • 직접적 위협상황 하에서 경호대상자의 대피를 우선적으로 고려한 대형
대피대형	• 우발상황시 상황에 따라 함몰형 대형이나 방어적 원형대형을 형성한 후 제2공격이나 위협으로부터 경호대상자를 안전지대로 이탈시키기 위한 대형 • 대형유지에 3~4명의 경호원필요, 전방경호원은 대피로결정, 전방경계, 진로개척, 측방경호원은 경호대상자의 자세를 낮추게 하고 이끌면서 이동, 후방경호원은 경호대상자가 밖으로 나가지 않도록 뒤를 밀며 신속히 이동

위해기도별 대응기법 (이두석 교수)

총기 공격시	• SCE원칙에 따른 즉각조치로 VIP를 방호하여 신속히 현장을 이탈한다. – 위해상황을 가장 먼저 인지한 경호원이 체위확장으로 몸을 던져 위해기도자를 제압 – 다른 경호원들은 신속히 방호대형 형성, VIP를 보호하며 공격 반대방향으로 신속대피
폭발물 공격시	• 수류탄·투척용 폭발물 공격을 최초로 인지한 경호원이나 가까이에 위치한 경호원이 경호와 동시에 폭발물을 자신의 몸을 덮쳐서 폭발물 파편의 비산을 최소화 한다. 이때 폭발물을 덮치는 경호원은 폭발물을 VIP와 가급적 반대방향으로 멀리 이격시키고 다른 공격에 대비 신속히 현장을 이탈한다. • 나머지 경호원들은 신속히 VIP를 바닥에 밀착시킨 후 경호원 몸이나 방탄장비를 이용, 이중 삼중으로 VIP를 보호한다.
칼(흉기) 공격시	• 총기보다 경호원의 몸을 직접 던져 위해기도자를 제압하는 것이 효과적이다. • 평소 태클과 같은 훈련강화와 방탄복 착용으로 두려움 해소 및 자신감을 제고시킨다.

※ SCE 원칙
- 경고(Sound off) : 가장 먼저 위기를 포착한 경호원이 상황을 전파
- 방호(Cover) : 우발상황 시 경고와 동시에 경호대상자에 대해 방벽 형성
- 대피(Evacuate) : 경호대상자를 위험지역에서 안전한 장소로 신속히 대피시키는 것

기출문제 경호의 작용(1)

1. 경호작용의 기본요소에 관한 설명으로 옳은 것은 모두 몇 개인가? (17회)

- 우발상황에 대처할 수 있는 계획이 수립되어야 한다.
- 경호업무는 명확하게 부여되어야 하며, 각각의 임무형태에 대한 책임이 부여되어야 한다.
- 인적자원 뿐만 아니라 다양한 물적자원의 적절한 이용이 중요하다.
- 경호대상자와 수행원, 행사 세부일정에 대한 보안의 유출은 엄격히 통제되어야 한다.

① 1개 ② 2개
③ 3개 ④ 4개

> **해설** 경호작용의 기본요소

계획수립	• 계획은 예기치 않은 변화가능성에 대비하여 신중하고 융통성 있게 수립되어야 한다. • 경호의 목적, 방침, 실시, 지휘 및 통신, 행정사항, 부록 등이 포함된다. - 1단계 경호계획 : 선발경호에 의한 현장답사가 이루어지기 전에 기본적 사항을 포함 - 2단계 경호계획 : 선발경호팀에 의한 현장답사 후 구체적이고 상세한 내용 포함
책임	• 경호활동은 참여하는 개인 및 기관의 유기적인 협조체계가 요구되므로 경호원 간의 임무와 책임의 명확한 분배와 기관 간 임무와 책임의 분배가 명확하게 선행되어야 한다. • 둘 이상의 경호대상자가 있을 시 서열이 높은 경호대상자를 우선하여 경호한다.
자원	• 성공적인 경호활동을 위해서는 다양한 자원을 효과적으로 이용하는 것이다. • 경호대상자의 대중에 대한 노출수반 행차의 지속시간, 사전위해첩보 수집간 획득된 내재적 위협분석 등 제반여건에 따라 소요되는 자원이 결정된다. (제반여건 : 적용할 기동방법, 방문하는 곳의 지리적 특성, 접촉할 현지인들의 의식행태 등)
보안	• 경호활동의 가장 기본이 되는 요소로 철저한 보안유지가 필요하다. • 경호대상자와 수행원, 행사세부일정, 경호경비상황에 관한 유출은 엄격히 통제해야 한다.

2. 다음에서 설명하는 경호작용의 기본 고려요소는? (18회)

> 경호대상자의 필연적인 노출을 수반하는 행차의 지속시간과 사전 위해첩보수집간 획득된 내재적인 위협분석에 따라 결정되어지는 요소

① 계획수립 ② 책임
③ 자원   ④ 보안

> **해설** 자원 : 경호대상자의 대중에 대한 노출수반 행차의 지속시간, 사전위해첩보 수집간 획득된 내재적 위협분석 등 제반여건에 따라 소요되는 자원이 결정된다.

정답 1.④ 2.③

3. 다음 〈보기〉는 경호작용의 기본요소에 관한 설명이다. 〈보기〉의 내용과 기본요소와의 연결이 옳은 것은?　　　　　　　　　　　　　　　　　　　　　　　　　　　　　　　　　　　(20회)

〈보 기〉
a. 경호대상자와 수행원, 행사 세부일정, 적용되고 있는 경호경비상황에 관한 정보의 유출은 엄격히 통제되어야 한다.
b. 모든 행태의 경호임무는 사전에 신중하게 계획되어야 하며, 각각의 임무는 명확하게 부여되어야 한다.

〈기본 고려요소〉
ㄱ. 계획수립　　　ㄴ. 보안　　　ㄷ. 책임　　　ㄹ. 자원

① a - ㄴ, ㄹ　　　　　　　　② a - ㄹ
③ b - ㄱ, ㄷ　　　　　　　　④ b - ㄱ, ㄴ, ㄹ

해설　a : 보안
　　　b : 계획수립, 책임

4. 경호작용에 관한 설명으로 옳지 않은 것은?　　　　　　　　　　　　　　　　　(22회)

① 모든 형태의 경호임무는 사전에 신중하게 계획되어야 하며 융통성은 배제되어야 한다.
② 경호대상자에 대한 완벽한 경호를 보장하기 위해서는 각각의 임무가 명확하게 부여되어야 한다.
③ 자원의 효율적인 이용을 위해서 사전에 위해분석 자료를 토대로 자원동원 체계를 구축하도록 한다.
④ 경호와 관련된 정보는 비인가된 자에게 제공해서는 안 된다.

해설　① 모든 형태의 경호임무는 사전에 신중하게 계획되어야 하며, 미예측 변화가능성에 대비하여 융통성있게 수립되어야 한다.

5. 다음 4명의 경호원 중 경호작용에 관하여 옳게 판단하고 있는 자는?　　　　　(23회)

① A경호원 - 경호자원의 효율적인 이용을 위한 분석 자료를 토대로 사전에 경호계획을 수립한다.
② B경호원 - 경호임무는 사전에 신중하게 계획되어야 하며 융통성은 배제되어야 효과적이다.
③ C경호원 - 모든 경호임무는 예기치 않은 변화 가능성을 내포하고 있으므로 사전대응보다 신속한 사후대응이 더 중요하다.
④ D경호원 - 경호임무는 명확하게 부여하되 임무형태에 대한 책임은 경호책임자에게 국한되어야 한다.

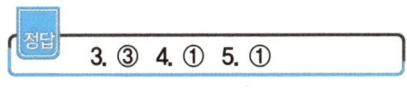

정답　3. ③　4. ①　5. ①

> **해설** ② 경호임무는 사전에 신중하게 계획되어야 하며 미예측 변화가능성에 대비하여 융통성있게 수립하여야 한다.
> ③ 경호임무는 예기치 않은 변화 가능성을 내포하고 있으므로 유통성 있는 사전계획이 이루어져야 한다.
> ④ 경호임무는 명확하게 부여되어야 하며 각각의 임무행태에 대한 책임이 부과되어야 한다.

6. 경호작용의 기본 고려요소에 관한 설명으로 옳지 않은 것은? (24회)

① 자원 – 기본적으로 고려되어야 할 사항에 포함된다.
② 계획수립 – 변화의 가능성 때문에 융통성 있게 한다.
③ 책임 – 경호임무는 명확하게 부여하고, 각각의 임무형태에 대한 책임이 부과된다.
④ 보안 – 수행원과 행사 세부일정은 공개하고, 경호경비상황은 보안을 유지한다.

> **해설** 경호대상자와 수행원, 행사세부일정, 경호경비상황에 관한 보안유출은 엄격히 통제하여야 한다.

7. 경호임무의 포함요소 중 행사일정에서 고려할 요소로 옳지 않은 것은? (16회)

① 방문지역의 지리적 특성
② 수행원이 유숙할 숙소의 명칭과 위치
③ 기동방법 및 수단
④ 언론의 보도여부 및 제한사항

> **해설 행사일정 및 임무수령 시 고려사항**
> • 출발 및 도착일시, 지역(도착 공항 등)에 관한 사항
> • 공식 및 비공식 수행원에 관한 사항
> • 경호대상자의 신상
> • 의전사항
> • 방문지역이나 국가의 특성(기후, 지리, 치안 등)
> • 수행원 등이 투숙할 숙소의 명칭과 위치
> • 이동수단 및 방법
> • 경호대상자가 참석하는 모든 행사와 활동범위
> • 경호대상자와 접촉할 의전관련자, 관료, 기업인 등
> • 방문단과 동행하는 취재진에 관한 사항
> • 관련 소요비용
> • 경호안전에 영향을 줄 수 있는 행사주최 측, 방문국의 요구사항
> ④ 연락 및 협조체제 구축시 협의사항 내용이다.

8. 경호임무의 포함요소 중 행사일정 계획 시 고려되지 않는 사항은? (20회)

① 출발 및 도착일시
② 기동방법 및 수단
③ 행사에 참석하는 공무원의 명단
④ 방문지역의 지리적 특성

> **해설** ③ 연락 및 협조체제 구축 시 고려사항에 포함된 내용이다.

정답 6. ④ 7. ④ 8. ③

9. 경호형성 및 준비작용에서 연락 및 협조체제 구축시의 고려사항이 아닌 것은? (14회)

① 공식 및 비공식 수행원에 관한사항
② 경호대상자와 수행원의 편의시설
③ 경호대상자의 행사참석 범위, 행사의 구체적인 성격
④ 취재진의 인가 및 통제 상황

해설 연락 및 협조체제 구축시 고려사항
1. 기후변화 등 악천후를 고려한 행사 스케줄과 행사관련자의 시간계획
2. 행사참석 손님, 진행요원, 공무원, 행사위원 등 명단
3. 행사의 구체적인 성격과 경호대상자의 행사 참석범위
4. 경호대상자와 수행원의 편의시설 (휴게실, 화장실, 통신시설 등)
5. 행사 시 경호대상자가 주거나 경호대상자에게 주는 선물 증정행사
6. 언론보도 여부 및 보도 제한여부 상황
7. 기타 행사참석에 영향을 줄 수 있는 요인
① 행사일정 및 임무수령 시 포함되어야 할 사항이다.

10. 현장답사 사항에 관한 설명으로 옳지 않은 것은? (15회)

① 행사장에 도착한 후 행사시작 전까지의 경호활동으로서 준비하는 단계를 말한다.
② 경호조치를 위한 취약요소 분석, 병력운용 규모판단, 기동수단 및 거리를 산정한다.
③ 행사장의 승·하차지점, 직시고지, 건물 등 경호환경 및 주요 장소를 최종 판단한다.
④ 주최측과 협조하여 지리적 여건을 고려하고 진입로, 주통로, 기동수단 및 승·하차 지점을 판단한다.

해설 현장답사시 고려사항
• 주최측과 협조하여 지리적 여건을 고려하고 행사의전계획서 확보
• 행사장의 기상, 특성, 구조, 시설 등에 대한 취약여건 판단
• 경호조치를 위한 취약요소 분석, 병력운용 규모판단, 기동수단 및 거리 산정
• 행사장 출입과 통제범위 및 병력동원 범위 판단
• 행사장과 그 주변 및 헬기장 같은 교통과 관련된 시설이나 행·환차 코스 포함
• 행사장 진입로, 주통로, 주차장 등을 고려하여 기동수단 및 승·하차 지점 확인
• 행사장의 직시고지, 건물 등 경호환경 및 주요 장소를 최종 판단
• 대규모 행사 예상장소는 지역의 집회나 공연관련 관계법, 조례 등을 살펴보고 관계기관 신고
①은 경호임무수행절차 중 준비단계에 관한 설명으로 현장답사 사항과 거리가 멀다.

11. 경호 현장답사 시 고려사항이 아닌 것은? (21회)

① 행사장의 기상, 특성, 시설 등에 대한 취약여건 판단
② 행사장의 출입, 통제범위 및 경호인력 규모 판단
③ 행사장의 직시고지와 직시건물 등에 대한 경호환경 판단
④ 개인별 사전임무 및 비상상황 시 개인별 임무

해설 ④ 세부실시계획 작성시 고려요소이다.

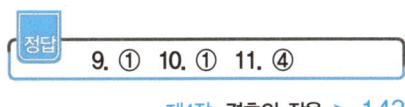

12. 사전예방경호에 관한 설명으로 옳은 것은? (15회)

① 경호대상자가 도착하기 전에 현장답사를 실시하고 효과적인 경호협조와 경호준비를 하는 것을 말한다.
② 가능한 최소의 인원으로 최소한의 활동이 사전예방경호 활동이다.
③ 보안노출을 예방하기 위해 현장답사는 하지 않는다.
④ 사전예방경호는 제복경찰관을 반드시 대동하고 실시한다.

> **해설** ② 사전예방경호란 가능한 한 많은 인원을 동원하여 경호대상자의 신변을 보호하는 활동이다.
> ③ 현장답사는 반드시 실시해야 한다.
> ④ 제복경찰관을 반드시 대동하는 것은 아니며, 도리어 보안유지를 위해 사복을 착용하고 비표를 사용하는 경우가 많다.

13. 신변보호의 예방작용 단계에 관한 설명으로 옳지 않은 것은? (15회)

① 예방작용은 예측단계 - 인지단계 - 분석단계 - 억제단계로 구성된다
② 정보 및 첩보의 수집범위가 확대될 수 있으며, 이에 대한 인력, 장비, 예산의 증가가 요구되는 과정은 예측단계이다.
③ 수집·분석된 정보 및 첩보 내용 중에 위해가능성이 있는지 확인하고 판단하는 과정은 분석단계이다.
④ 위해요인을 차단하고 무력화시키는 과정은 억제단계이다.

> **해설** 신변보호 예방작용 단계
>
> | | |
> |---|---|
> | 예견단계(예측단계) | 신변보호대상자에게 영향 줄 수 있는 인적·물적·지형적·자연적 취약요소에 대한 다양한 정보·첩보를 수집·분석하는 단계 |
> | 인식단계(인지단계) | 예견단계에서 수집된 정보·첩보내용중 위해가능성 여부를 확인·판단하는 과정, 정확하고 신속하며, 종합적인 고도의 판단력을 필요로 하는 단계 |
> | 조사단계(분석단계) | 인식단계에서 위해가능성 있다고 판단된 위해요소를 추적, 사실여부를 확인하는 과정, 과학적이고 신중한 행동이 요구된다. |
> | 무력화단계(억제단계) | 조사단계에서 확인된 실제 위해요인을 신변보호대상자 주변에 접근하지 못하도록 차단하거나 무력화 시키는 과정 |

14. 경호업무 수행절차를 순서대로 옳게 나열한 것은? (16회)

ㄱ. 정보수집·분석   ㄴ. 검측활동
ㄷ. 위협평가   ㄹ. 경호계획 수립
ㅁ. 근접경호

① ㄱ → ㄷ → ㄴ → ㄹ → ㅁ
② ㄱ → ㄷ → ㄹ → ㄴ → ㅁ
③ ㄱ → ㄹ → ㄴ → ㄷ → ㅁ
④ ㄱ → ㄹ → ㄷ → ㄴ → ㅁ

정답 12. ① 13. ③ 14. ②

해설 세부 경호업무 수행절차

관리단계	주요활동	활동내용	세부 활동사항
예방단계 (준비단계)	정보활동	경호환경조성	법과 제도의 정비, 경호지원시스템 정비, 홍보활동
		정보수집 및 평가	정보 네트워크 구축, 정보수집 및 생산, 위협의 평가 및 대응방안 강구
		경호계획 수립	관계부서와의 협조, 경호계획서 작성, 경호계획 브리핑
대비단계 (안전활동단계)	안전활동	정보보안 활동	보안대책 강구, 위해동향 파악 및 대책 강구, 취약시설 확인 및 조치
		안전대책 활동	행사장 안전확보, 취약요소 판단 및 조치, 검측활동 및 통제대책 강구
		거부작전	주요 감제고지 및 취약지 수색, 주요 접근로 차단, 경호영향요소 확인 및 조치
대응단계 (실시단계)	경호활동	경호작전	모든 출입요소 통제 및 경계활동, 근접경호, 기동경호
		비상대책 활동	비상대책, 구급대책, 비상시 협조체제 확립
		즉각조치 활동	경고, 대적 및 방호, 대피
학습단계 (평가단계)	학습활동	평가 및 자료 존안	행사결과 평가, 행사 결과보고서 작성, 자료 존안
		교육훈련	새로운 교육 프로그램 준비, 교육훈련 실시, 교육훈련 평가
		적용	새로운 이론의 정립, 전파, 행사에의 적용

※ 경호업무 수행절차는 정보수집·분석(예방단계) → 위협평가(예방단계) → 경호계획 수립 (예방단계) → 검측활동(대비단계) → 근접경호(대응단계) 순이다.

15. 경호작용 중 위험평가(위해평가)에 관한 설명으로 옳지 않은 것은? (17회)

① 모든 수준의 위협으로부터 경호대상자를 경호하려는 시도는 효과적이지도 않고 능률적이지도 않기 때문에 위협평가가 선행되어야 한다.
② 위협의 실체를 정확히 인식하고 가용자원의 효율적인 분배를 통하여 불필요한 인력과 자원의 낭비를 최소화하기 위함이다.
③ 경호대상자는 위협평가 후 경호대안 수립에 있어 자신이 경호업무의 일부분이 되어야 한다는 점을 인식할 필요는 없다.
④ 보이지 않는 적의 실체를 파악하여 그에 대한 경호방책을 강구하기 위한 첫걸음이다.

해설 ③ 위협평가를 바탕으로 효과적인 경호대안이 마련되어야 하는데 경호대상자 자신도 경호업무의 일부분이 되어야 한다는 점을 인식하여야 한다.

16. 경호활동을 예방 - 대비 - 대응 - 평가의 4단계로 분류할 경우, 대응단계의 활동에 해당되지 않는 것은? (17회)

① 모든 출입요소에 대한 통제 및 경계
② 정보의 수집 및 생산
③ 기동경호
④ 근접경호

해설 ② 예방단계에 해당한다.

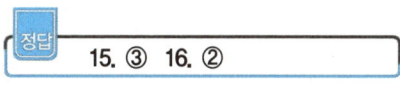

15. ③ 16. ②

17. 경호임무 수행절차에 관한 설명으로 옳지 않은 것은? (18회)

① 계획단계는 경호임무수령 후부터 선발대가 행사장에 도착하기 전까지의 경호활동을 말한다.
② 준비단계는 경호대상자가 행사장에 도착한 후부터 행사시작 전까지의 경호활동을 말한다.
③ 행사단계는 경호대상자가 집무실을 출발해서 행사장에 도착하여 행사가 진행된 이후 복귀 시까지의 경호활동을 말한다.
④ 평가단계는 경호행사 종료 후 철수하여 결과를 보고하는 경호활동을 말한다.

해설 경호임무 수행절차

계획단계	경호임무를 하달 받고 선발대가 행사장에 도착하기 전까지의 경호활동
준비단계	경호원이 행사장에 도착한 후부터 행사시작 전까지의 경호활동
행사단계	경호대상자가 집무실을 출발 행사장에 도착, 행사 진행 후 출발지까지 복귀하는 단계
평가단계	경호행사가 종료되고 경호원이 행사장 철수 후 결과를 보고하는 단계

18. 신변보호의 예방작용 단계별 순서로 옳은 것은? (20회)

ㄱ. 조사단계 ㄴ. 무력화단계 ㄷ. 인지단계 ㄹ. 예견단계

① ㄷ - ㄱ - ㄹ - ㄴ
② ㄷ - ㄹ - ㄱ - ㄴ
③ ㄹ - ㄱ - ㄷ - ㄴ
④ ㄹ - ㄷ - ㄱ - ㄴ

해설 신변보호 예방작용 단계

예견단계(예측단계)	신변보호대상자에게 영향 줄 수 있는 인적·물적·지형적·자연적 취약요소에 대한 다양한 정보·첩보를 수집·분석하는 단계
인식단계(인지단계)	예견단계에서 수집된 정보·첩보내용중 위해가능성 여부를 확인·판단하는 과정, 정확하고 신속하며, 종합적인 고도의 판단력을 필요로 하는 단계
조사단계(분석단계)	인식단계에서 위해가능성 있다고 판단된 위해요소를 추적, 사실여부를 확인하는 과정, 과학적이고 신중한 행동이 요구된다.
무력화단계(억제단계)	조사단계에서 확인된 실제 위해요인을 신변보호대상자 주변에 접근하지 못하도록 차단하거나 무력화 시키는 과정

19. 경호업무 수행절차의 4단계에 관한 설명으로 옳지 않은 것은? (19회)

① 예방단계는 준비단계로서 발생할 수 있는 인적·물적 위해요소에 대한 예방책을 강구하는 단계이다.
② 대비단계는 안전활동단계로서 발생 가능한 인적·물적 위해요소에 대한 대비책을 강구하는 단계이다.
③ 평가단계는 위험분석단계로서 경호효과를 평가·분석하여 경호계획을 수립하기 위한 단계이다.
④ 대응단계는 실시단계로서 경호대상자에게 발생하는 위해요소에 대한 출입요소의 통제, 근접경호 등으로 즉각적인 조치를 취하는 단계이다.

정답 17. ② 18. ④ 19. ③

> **해설** 평가단계 (학습단계)
> 경호실시 결과를 분석하고 평가하여 존안하며, 평가결과 대두된 문제점을 보완하기 위한 교육과 훈련을 실시하고 평가결과를 차기행사에 반영하기 위한 피드백을 실시한다.

20. 경호업무 수행절차에 관한 설명으로 옳은 것은? (21회)

① 예방단계인 정보활동단계에서는 정·첩보를 수집하고 분석하여 경호위협을 평가한다.
② 학습단계인 안전활동단계에서는 행사장 취약요소에 대한 안전대책을 강구한다.
③ 대비단계인 경호활동단계에서는 경호 인력을 배치하여 지속적인 경계활동을 실시한다.
④ 대응단계에서는 경호 실시결과를 분석하고 평가하여 보완한다.

> **해설** 경호 실시결과를 분석하고 보완하는 단계는 **평가단계**(학습단계)이다.

21. 다음에서 설명하고 있는 경호위기 관리단계는? (16회)

> 법과 제도를 정비하여 우호적인 경호환경을 조성하고, 경호와 관련된 정보와 첩보를 수집·분석하여 경호위협을 평가하고 이를 통하여 경호계획을 수립하는 경호준비과정

① 예방단계　　　　　　　　　② 대비단계
③ 대응단계　　　　　　　　　④ 학습단계

> **해설** 경호업무 수행절차 (위기관리 차원)
>
> | 예방단계 | 정보활동이 주된 내용이 되는 단계
법과 제도를 정비하여 우호적인 경호환경을 조성하고, 경호와 관련된 정보와 첩보를 수집·분석하여, 경호위협을 평가하고 이를 토대로 경호계획을 수립하는 경호준비과정 |
> |---|---|
> | 대비단계 | 안전활동이 주된 내용이 되는 단계
경호계획을 근거로 행사보안의 유지와 위해정보 수집을 위한 보안활동을 전개하고, 행사장 취약요소에 대한 안전대책 강구 및 위기상황대비 비상대책활동을 실시하며, 위험요소에 대한 거부작전을 실시 |
> | 대응단계 | 행사시 경호활동이 주된 내용이 되는 단계
잠재적 위해기도자에게 공격기회를 주지 않기 위해 경호 인력을 배치하여 지속적 경계활동을 실시하며, 경호위기상황에 즉각적으로 대응하는 즉각 조치활동을 실시 |
> | 학습단계 | 평가 및 학습활동이 주된 내용이 되는 단계
경호실시 결과를 분석·평가하여 존안하며, 평가결과 대두된 문제점 보완을 위한 교육훈련을 실시하고, 평가결과를 차기행사에 반영하기 위한 피드백을 실시 |

정답 20. ④　21. ①

22. 경호업무의 수행절차에 관한 설명이다. ( )에 들어갈 내용으로 옳은 것은? (22회)

정보활동은 (ㄱ)단계, 안전활동은 (ㄴ)단계, 경호활동은 (ㄷ)단계, 학습활동은 학습단계에 해당된다고 할 수 있다.

① ㄱ: 예방, ㄴ: 대비, ㄷ: 대응
② ㄱ: 예방, ㄴ: 대응, ㄷ: 대비
③ ㄱ: 대비, ㄴ: 예방, ㄷ: 대응
④ ㄱ: 대비, ㄴ: 대응, ㄷ: 예방

해설 정보활동은 **예방단계**, 안전활동은 **대비단계**, 경호활동은 **대응단계**, 학습활동은 학습단계(평가단계)에 해당된다고 할 수 있다.

23. 경호활동의 기본 원칙으로 옳지 않은 것은? (21회)

① 경호대상자가 참석할 장소와 지역에 대한 정보를 분석하여 위험요인을 사전에 제거한다.
② 경호대상자의 이동시간, 이동경로, 이용차량 등에 변화를 주어 위해기도자가 다음 행동을 예측할 수 없도록 한다.
③ 경호대상자를 제외한 모든 사람이 검색대상이며 모든 인적·물적·지리적 위해요소에 대한 경호조치가 이루어져야 한다.
④ 일반인의 불편을 최소화하면서 경호대상자와 국민의 접촉을 차단하여 완벽한 임무를 수행한다.

해설 ④ 일반인의 불편을 최소화하고 경호대상자와 국민과의 접촉을 보장하는 호응 받는 민관일체의 경호를 수행해야 한다.

24. 경호업무 수행절차에 관한 내용이다. 다음이 설명하는 관리단계는? (23회)

주요 활동은 정보활동이며, 정보의 수집 및 평가가 나타난다. 위협의 평가 및 대응방안을 강구하는 세부활동이 수행된다.

① 예방단계
② 대비단계
③ 대응단계
④ 학습단계

해설 세부 경호업무 수행절차

관리단계	주요활동	활동내용	세부 활동사항
예방단계 (준비단계)	정보활동	경호환경조성	법과 제도의 정비, 경호지원시스템 정비, 홍보활동
		정보수집 및 평가	정보 네트워크 구축, 정보수집 및 생산, 위협의 평가 및 대응방안 강구
		경호계획 수립	관계부서와의 협조, 경호계획서 작성, 경호계획 브리핑

22. ① 23. ④ 24. ①

25. 경호임무 수행절차에 관한 설명으로 옳지 않은 것은? (23회)

① 계획단계는 경호임무 수령 후부터 선발대가 행사장에 도착하기 전까지의 경호활동이다.
② 행사단계는 경호대상자가 집무실을 출발해서 행사장에 도착하여 행사가 진행된 이후 복귀시까지의 경호활동이다.
③ 평가단계에서는 경호 실시결과를 분석하고 평가하여 이를 보완한다.
④ 경호임무의 단계별 절차는 준비단계 - 계획단계 - 행사단계 - 평가단계이다.

해설 경호임무 수행절차 (계획단계 → 준비단계 → 행사단계 → 평가단계 順)

계획단계	경호임무를 하달 받고 선발대가 행사장에 도착하기 전까지의 경호활동
준비단계	경호원이 행사장에 도착한 후부터 행사시작 전까지의 경호활동
행사단계	경호대상자가 집무실을 출발 행사장에 도착, 행사 진행 후 출발지까지 복귀하는 단계
평가단계	경호행사가 종료되고 경호원이 행사장 철수 후 결과를 보고하는 단계

26. 경호임무의 수행절차에 관한 설명으로 옳은 것은? (24회)

① 예방단계: 평가단계로 경호 실시 결과 분석
② 대비단계: 정보활동단계로 법제를 정비하여 우호적 경호환경 조성
③ 대응단계: 경호활동단계로 경호인력을 배치하여 지속적인 경계활동 실시
④ 학습단계: 안전활동단계로 위해정보 수집을 위한 보안활동 전개

해설 경호임무 수행절차

예방단계	정보활동이 주된 내용이 되는 단계 (정보환경조성, 정보수집 및 평가, 경호계획수립)
대비단계	안전활동이 주된 내용이 되는 단계 (정보보안 활동, 안전대책 활동, 거부작전)
대응단계	행사시 경호활동이 주된 내용이 되는 단계 (경호작전, 비상대책 활동, 즉각조치 활동)
학습단계	평가 및 학습활동이 주가되는 단계 (평가 및 자료존안, 교육훈련, 적용(피드백))

27. 경호임무 활동절차에 관한 설명으로 옳지 않은 것은? (15회)

① 경호정보 활동은 어떻게 수집, 평가, 분석, 실행되어야 하는가에 따라 경호활동의 기본방향이 결정되므로 신속하고 정확한 정보분석과 대책의 수립이 요망된다.
② 경호보안 활동은 경호관련 인원, 문서, 시설, 지역, 자재, 통신 등에 대하여 불순분자로부터 완벽한 보호대책을 수립하여 지속적으로 보완·유지함을 말한다.
③ 안전대책 및 검측활동은 행사장 내·외부에 산재한 인적, 물적, 지리적 취약요소의 안전대책을 강구하고 내·외곽 시설물의 폭발물 탐지제거, 안전점검 및 경호대상자의 음식물에 대한 검식작용을 통합한 것이다.
④ 계획수립 활동은 경호관련 기본정보, 분석정보, 판단정보, 예고정보 등을 작성하여 경호지휘소에 전파하는 것이다.

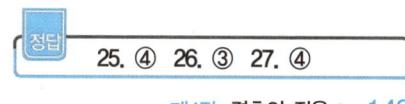

25. ④ 26. ③ 27. ④

해설 경호정보 활동
- 경호활동의 원천적 사전지식을 생산·제공하는 것으로 경호대상자의 신변을 위협하는 인적, 물적, 지리적 취약요소를 사전에 수집, 분석, 예고하여 예방경호를 수행하는 업무
- 경호관련 기본정보, 기획·분석·판단·예고정보 등을 작성, 경호지휘소로 집결·전파한다.
- 경호정보의 수집·평가·분석·실행에 따라 경호활동 기본적 방향이 결정되므로 신속하고 정확한 정보의 분석과 대책수립이 요구된다.

28. 경호임무 활동에 관한 설명으로 옳은 것은? (22회)

① 연례적이고 반복적인 행사장의 사전답사는 생략할 수 있다.
② 안전대책작용에는 행사장 내외부에 산재한 인적·물적·지리적 취약요소에 대한 안전대책을 포함한다.
③ 경호정보작용은 경호작용의 원천적 사전 지식을 생산, 제공하는 것으로 경호대상자의 신변안전을 위한 근접경호 임무이다.
④ 경호보안작용은 위해기도자의 인원, 문서, 시설, 지역, 자재, 통신 등의 정보를 정확하게 생산하는 활동이다.

해설 ① 현장답사는 미리 행사장 현장을 직접 확인한 뒤 취약요소를 분석하여 대책을 강구하고 비상 및 안전대책을 수립하는 등 제반 경호조치를 판단하고 보완하는 경호활동이므로 반드시 실시해야 한다.
③ 경호정보작용은 경호활동의 원천적 사전 지식을 생산, 제공하는 것으로 경호대상자의 신변을 위협하는 인적, 물적, 지리적 취약요소를 사전에 수집·분석·전파하여 경호대상자의 신변의 안전을 보호하려는 예방경호활동이다.
④ 경호보안작용은 경호와 관련된 인원, 문서, 시설, 지역, 자재, 통신 등을 불순분자로부터 보호하기 위한 소극적·적극적 제반활동을 말한다.

29. 경호보안활동에서 '보안과 능률의 원칙'에 관한 설명인 것은? (14회)

① 보안을 지나치게 강조할 경우 생산된 정보가 사용자에게 제대로 전달되지 않아 정책결정에 사용하지 못할 수 있다.
② 사용자가 필요한 만큼 적당한 양의 정보를 전달하도록 한다.
③ 알 필요성이 없는 사람은 경호대상자에 관한 정보에 접근해서는 안된다.
④ 내용과 가치의 정도에 따라 다른 비밀과 관련되지 않게 독립시켜야 한다.

해설 보안의 원칙

알 사람만 알아야 한다는 원칙 (한정의 원칙)	보안의 대상이 되는 사실을 전파할 때 전파가 꼭 필요한 사람에게만 전달되어야 한다는 원칙
부분화의 원칙	내용과 가치에 따라 다른 비밀과 관련되지 않게 독립시켜야 한다는 원칙, 한번에 다량의 비밀이나 정보가 유출되지 않도록 해야 한다.
보안과 능률의 원칙	보안을 지나치게 강조할 경우 생산된 정보가 사용자에게 제대로 전달되지 않아 정책결정에 사용하지 못할 수 있다.
적당성의 원칙	사용자가 필요한 만큼 적당한 양의 정보를 전달해야 한다.

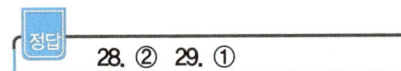

28. ② 29. ①

30. 다음에서 설명하는 정보순환과정의 단계는? (14회)

> 정보요구자 측에서의 주도면밀한 계획과 수집범위의 적절성, 수집활동에 대한 적절한 감독 등이 요구되는 단계

① 정보요구단계
② 첩보수집단계
③ 정보생산단계
④ 정보배포단계

해설 정보의 순환과정

정보요구단계	정보요구자 측에서의 주도면밀한 계획과 수집범위의 적절성, 수집활동에 대한 적절한 감독 등이 요구되는 단계
첩보수집단계	첩보수집기관이 출처를 조직적으로 개척하여 정보생산에 필요한 첩보를 획득하고 획득한 첩보를 필요로 하는 관계기관이나 사용자에게 전달하는 단계
정보생산단계	수집된 첩보를 종합적인 학문적 토대와 과학기술을 동원하여 정보요구자의 필요에 맞도록 정보를 산출하는 정보화 단계로 선택, 기록, 평가, 분석, 종합, 해석 등 순환과정을 거치는 단계
정보배포단계	생산된 정보를 필요한 사용자에게 구두, 서면 도식 등의 다양한 형태로 배포하는 단계

31. 경호정보에 관한 설명으로 옳지 않은 것은? (15회)

① 완전성 : 절대적인 완전성이 아니더라도 시간이 허용되는 범위에서 가능한 사용자가 의도한 대상과 관련한 모든 사항이 작성되어야 한다.
② 적시성 : 정확하고 완전한 정보라 하여도 사용자가 필요로 하는 시기에 사용하지 않으면 가치가 없게 된다.
③ 공개성 : 첩보를 통해 생성하는 과정에서 사용자에게 공개적으로 제공하는 것을 의미한다.
④ 정확성 : 사용자가 추구하는 가치의 달성을 위한 정책수립과 수행에 있어 이용 가능한 사전지식으로 그 존재 가치가 정확해야 한다.

해설 경호정보의 특성

정확성	객관적으로 평가된 정확한 지식, 사용자가 추구하는 가치의 달성을 위한 정책수립과 수행에 있어 이용 가능한 사전 지식으로 그 존재 가치가 정확해야 한다.
적시성	정보사용자가 필요로 하는 때에 제공되어야 한다는 특성이 있다. 정확하고 완전한 정보라 하여도 사용자가 필요로 하는 시기에 사용하지 않으면 가치가 없게 된다.
완전성	사용목적에 맞게 평가·분석·종합·해석하여 마는 완전한 지식, 절대적인 완전성이 아니더라도 시간이 허용되는 범위에서 가능한 사용자가 의도한 대상과 관련한 모든 사항이 작성되어야 한다.

32. 경호정보와 첩보에 관한 설명으로 옳지 않은 것은? (18회)

① 경호첩보는 가공되지 않은 정보의 자료가 되는 2차적인 지식을 의미한다.
② 경호정보의 분류에는 인적정보, 물적정보, 지리정보, 교통정보, 기상정보 등이 있다.
③ 경호정보는 사용자가 필요로 하는 시기에 제공되어야 하는 적시성이 있어야 한다.
④ 경호정보는 시간이 허용되는 범위에서 사용자가 의도한 대상과 관련한 모든 사항을 망라하여 작성해야 하는 완전성이 있어야 한다.

정답 30. ① 31. ③ 32. ①

해설 ① 경호첩보는 사물에 대하여 보고 들은 상태 그 자체의 묘사이므로 목적성이 없고, 부정확한 견문지식으로 가공되지 않은 정보의 자료가 되는 1차적인 지식을 의미한다.

33. 보안업무규정 시행규칙상 보호구역에 관한 설명으로 옳은 것을 모두 고른 것은? (19회)

ㄱ. 보호구역은 제한지역, 제한구역, 통제지역, 통제구역으로 구분할 수 있다.
ㄴ. 제한구역은 비밀 또는 국·공유재산의 보호를 위하여 울타리 또는 방호·경비인력에 의하여 일반인의 출입에 대한 감시가 필요한 구역을 말한다.
ㄷ. 제한지역은 비인가자가 비밀, 주요시설 및 Ⅲ급 비밀 소통용암호자재에 접근하는 것을 방지하기 위하여 안내를 받아 출입하여야 하는 지역을 말한다.
ㄹ. 통제구역은 보안상 매우 중요한 구역으로서 비인가자의 출입이 금지되는 구역을 말한다.

① ㄹ
② ㄱ, ㄹ
③ ㄴ, ㄷ
④ ㄴ, ㄷ, ㄹ

해설 보호구역의 구분

제한지역	비밀·정부 재산보호를 위해 울타리 또는 경호원에 의해 일반인의 출입의 감시가 요구되는 지역
제한구역	비밀·주요시설·자재에 대한 비밀취급인가자 외의 접근방지를 위해 출입에 안내가 요구되는 지역
통제구역	비인가자의 출입이 금지되는 보안상 극히 중요한 지역

34. 사전예방경호작용에 포함되지 않는 것은? (14회)

① 호위작용
② 안전대책작용
③ 경호정보작용
④ 경호보안작용

해설 ① 근접경호에 해당하는 내용이다.

35. 사전예방경호에 관한 설명으로 옳지 않은 것은? (23회)

① 내부근무자는 출입자의 비표를 확인하고, 행사 진행 중 계획에 없는 움직임을 통제한다.
② 원활한 행사 준비를 위해 경호정보·보안·안전대책 업무 수행을 지원한다.
③ 경호대상자가 도착하기 전에 현장답사를 실시하여 효과적인 경호를 준비한다.
④ 지휘체계는 외곽근무자와 내부근무자를 별도로 관리하는 것이 효율적이다.

해설 ④ 근무장소별 별도 관리하는 것이 아니라 일원적 지휘체계를 확립, 통합지휘체계를 갖추어야 한다.

정답 33. ① 34. ① 35. ④

36. 전문 검측담당이 실시하는 정밀검측 기법으로 옳지 않은 것은? (14회)

① 꽉 채워진 비품의 경우 손가락으로 조심스레 점검하고, 전부 꺼내 확인할 필요는 없다.
② 검측이 요구되는 벽, 천장, 마루 등의 반대편도 점검하고, 상하좌우의 방은 반드시 점검한다.
③ 방안의 일정 지점으로부터 검측을 시작하며, 방 주변을 따라 시계 방향으로 체계적인 검측을 실시한다.
④ 가구의 문과 서랍은 열어보고 비밀공간이나 상단, 바닥 및 뒷부분을 점검한다.

> **해설** ① 꽉 채워진 비품일지라도 전부 꺼내어 확인을 하여야 한다.

37. 경호대상자에 위해를 가할 가능성이 있는 모든 취약요소 및 위해물질을 사전에 탐지, 색출, 제거 및 안전조치하여 위해를 가할 수 없는 상태로 전환시키는 활동은? (14회)

① 경호보안   ② 안전검사
③ 안전검측   ④ 안전유지

> **해설** 안전대책 작용원리

안전점검	폭발물 등 각종 유해물질 탐지, 색출 제거 및 안전조치
안전검사	경호대상자가 이용하는 기구, 시설 등의 안전상태 검사
안전유지	안전점검 및 검사 등 안전조치가 이루어진 상태의 관리·통제

※ **안전검측** : 경호대상자에게 위해여건을 제공할 수 있는 자연 및 인공물에 대하여 위해를 가할 수 없는 상태로 전환시키는 작용

38. 검측활동의 원칙과 방법에 관한 설명으로 옳지 않은 것은? (14회)

① 검측은 타 업무보다 우선하여 예외를 불허하고 선 선발개념으로 실시하며, 인원 및 장소를 최대한 지원받아 활용한다.
② 책임구역을 명확히 구분하고 아래에서 위로, 좌에서 우로, 가까운 곳에서 먼 곳으로 체계적인 안전점검을 실시한다.
③ 전자제품은 분해하여 확인하고, 확인이 불가능한 것은 현장에서 제거한다.
④ 검측은 경호계획에 의거하여 공식행사에서 실시함을 원칙으로 하며, 비공식행사에서는 실시할 수 없다.

> **해설** ④ 검측은 공식행사에서 실시함을 원칙으로 하지만 비공식행사에서도 비노출로 검측활동을 실시할 수 있다.

정답 36. ① 37. ③ 38. ④

39. 경호안전대책 작용에 관한 설명으로 옳지 않은 것은? (15회)

① 안전검사 : 이용하는 기구 및 시설 등의 안전상태 검사
② 안전점검 : 폭발물 등 각종 유해물 탐지 및 제거
③ 안전평가 : 위해 여건을 제공할 수 있는 자연물·인공물에 대한 검사 및 유지
④ 안전유지 : 안전점검 및 검사가 이루어진 상태를 관리·통제

↘**해설** **안전대책 작용원리** : 안전점검, 안전검사, 안전유지

40. 다음은 무엇에 관한 설명인가? (15회)

> 모든 수단과 방법을 이용하여 각종 위해요소를 사전에 탐지·제거·봉쇄하여 경호대상자의 절대안전을 위한 예방업무

① 경호안전작용　　　　　　② 경호평가활동
③ 경호실시활동　　　　　　④ 경호호위작용

↘**해설** 경호안전작용에 대한 설명이다.

41. 안전검측원칙에 관한 설명으로 옳지 않은 것은? (15회)

① 범인의 입장에서 설치장소를 의심하며 추적한다.
② 점검은 아래에서 위로, 좌에서 우로 등 일정한 방향으로 체계적으로 점검한다.
③ 점검인원의 책임구역을 공동으로 설정하여 계속적으로 반복하여 실시한다.
④ 점과 선에서 실시하되 가까운 곳에서 먼 곳으로 끝까지 추적한다.

↘**해설** ③ 검측인원의 책임구역을 명확하게 하며 중복되게 점검이 이루어져야 한다.

42. 검측활동에 관한 설명으로 옳지 않은 것은? (17회)

① 화재나 정전 등을 이용한 행사 방해행위를 예방한다.
② 경호계획에 의거하여 공식행사에서 실시함을 원칙으로 하며, 비공식행사에서는 실시할 수 없다.
③ 폭발물 매설 등으로 인한 의도된 위해행위를 거부한다.
④ 행사장과 경호대상자의 이동로를 중심으로 구역을 명확히 구분하여 담당구역별로 실시한다.

↘**해설** 검측활동은 공식행사는 물론 비공식행사에 이르기까지 예외를 두지 않고 실시함이 원칙이다.

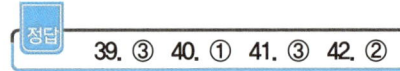

정답　39. ③　40. ①　41. ③　42. ②

43. 안전검측의 원칙에 관한 설명으로 옳지 않은 것은? (17회)

① 주요 인사가 임석하는 장소를 중심으로 이동하는 통과지점의 상, 하, 좌, 우를 중점 점검한다.
② 위해기도자의 입장에서 설치장소를 의심하며 추적한다.
③ 주변에 흩어져 있는 물건은 완벽하게 정리 정돈하며, 확인 불가능한 것은 현장에서 제거한다.
④ 한번 점검한 지역은 인간의 오관을 이용하지 않고, 장비에 의거하여 재점검한다.

> **해설 안전검측의 원칙**
> - 검측은 타업무보다 우선하여 예외를 불허하고 선 선발개념으로 실시, 인원을 최대한 지원받아 활용한다.
> - 적의 입장에서 폭발물설치가능 장소를 검측한다.
> - 검측인원의 책임구역을 명확하게 하고 계속적으로 반복실시하며 중복되게 점검하여야 한다.
> - 검측은 은밀하게 실시하고, 가능한 한 현장확보 생태에서 점검하고 지속적인 안전유지를 한다.
> - 점과 선에서 확산하여 실시하되, 가까운 곳에서 먼 곳으로, 좌에서 우로, 밖에서 안으로 끝까지 추적한다.
> - 통로보다는 양 측면, 아래보다는 높은 곳을, 의심나는 곳은 반복해서 실시한다.
> - 주변에 흩어져 있는 물건은 완벽하게 정리 정돈하며, 확인 불가능한 것은 현장에서 제거한다.
> - 검측장비를 이용하되 오감을 최대 활용해야 한다.
> - 적의 입장에서 폭발물 설치가능 장소를 검측한다.
> - 경호대상자의 장기 체류장소를 먼저하고, 경호대상자가 움직이는 동선을 따라 순차적으로 실시한다.
> - 전자제품 등은 분해하여 확인, 확인불능인 제품은 현장에서 제거
> - 검측은 경호계획에 의거 공식행사에서 실시함을 원칙, 비공식행사에서는 비노출로 실시할 수 있다.

44. 안전검측활동의 요령에 관한 설명으로 옳지 않은 것은? (18회)

① 실내 방에서 천장내부 – 천장높이 – 눈높이 – 바닥 검측 순으로 실시한다.
② 검측인원의 책임구역을 명확하게 하며 중복되게 점검이 이루어져야 한다.
③ 점검은 1, 2차 점검 후 경호인력이 배치 완료된 행사직전에 최종검측을 실시한다.
④ 인간의 싫어하는 습성을 감안하여 사각지점이 없도록 철저한 검측을 실시한다.

> **해설 실내(방)의 안전검측 순서**
> 바닥 검측 → 눈높이(벽) 검측 → 천장높이 검측 → 천장내부 검측 順

45. 검측에 관한 내용으로 옳지 않은 것은? (18회)

① 검측장비란 위해물질의 존재 여부를 검사하거나 시설물의 안전점검에 사용되는 도구를 말한다.
② 검측장비에는 금속 탐지기, 폭발물 탐지기 등이 있다.
③ 검측활동은 사고로 이어질 수 있는 시설물의 불안전요소를 제거하기 위함이다.
④ 검측은 행사의 원활한 진행을 고려하여 최소한의 요원을 투입해서 한 번에 철저하게 실시한다.

> **해설** 검측은 타 업무보다 우선하여 예외를 불허하고 인원 및 장소를 최대한 지원받아 중복되게 실시한다.

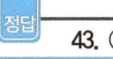
43. ④ 44. ① 45. ④

46. 경호임무 활동절차에 관한 설명으로 옳지 않은 것은? (18회)

① 계획수립은 행사에 관련된 정보를 획득하여 필요한 인원과 장비, 선발대 파견일정 등을 결정하는 활동이다.
② 안전대책작용이란 행사지역 내·외부에 산재한 취약요소 안전대책 강구, 행사장 시설물 폭발물 탐지 제거 등 통합적 안전작용을 말한다.
③ 보안활동은 경호대상자에 대한 위해기도의 기회를 최소화하여 신변안전을 도모하는 활동이다.
④ 안전대책의 3대 작용원리는 안전점검, 안전검사, 안전조치를 말한다.

해설 안전대책의 3대 작용원리

안전점검	폭발물 등 각종 유해물질 탐지, 색출 제거 및 안전조치
안전검사	경호대상자가 이용하는 기구, 시설 등의 안전상태 검사
안전유지	안전점검 및 검사 등 안전조치가 이루어진 상태의 관리·통제

※ 안전조치 : 행사시 경호대상자에게 위해를 줄 수 있는 물질을 안전하게 관리하는 것

47. 안전검측활동에 관한 설명으로 옳은 것은? (19회)

① 비공식 행사에서는 실시하지 않는다.
② 오감을 배제하고, 장비를 이용하여 실시한다.
③ 경호대상자가 장시간 머물 곳을 먼저 실시한 후 경호대상자의 동선에 따라 순차적으로 실시한다.
④ 전자제품은 분해하여 확인하되 확인이 불가능한 것은 현장에 보존한다.

해설 ① 검측은 경호계획에 의거 공식행사에서 실시함을 원칙, 비공식행사에서는 비노출로 실시할 수 있다.
② 검측장비를 이용하되 오감을 최대 활용해야 한다.
④ 전자제품 등은 분해하여 확인, 확인불능인 제품은 현장에서 제거한다.

48. 다음 ( )에 들어갈 알맞은 용어는? (20회)

- (ㄱ) : 폭발물 등 각종 유해물을 탐지하는 활동
- (ㄴ) : 경호대상자가 이용하는 물품과 시설 등의 안전 상태를 확인하는 활동

① ㄱ : 안전검사, ㄴ : 안전점검
② ㄱ : 안전점검, ㄴ : 안전검사
③ ㄱ : 안전유지, ㄴ : 안전검사
④ ㄱ : 안전검사, ㄴ : 안전유지

해설 안전대책의 3대작용

안전점검	폭발물 등 각종 유해물질 탐지, 색출 제거 및 안전조치
안전검사	경호대상자가 이용하는 기구, 시설 등의 안전상태 검사
안전유지	안전점검 및 검사 등 안전조치가 이루어진 상태의 관리·통제

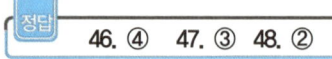

46. ④ 47. ③ 48. ②

49. 안전검측의 원칙상 항목별(ㄱ~ㄷ)검측 시 우선으로 중점 검측할 대상을 옳게 선택한 것은?

(20회)

> ㄱ. 통로의 양 측면, 통로의 중앙
> ㄴ. 높은 곳, 낮은 곳
> ㄷ. 깨끗한 장소, 더러운 장소

① ㄱ : 통로의 양 측면, ㄴ : 낮은 곳, ㄷ : 깨끗한 장소
② ㄱ : 통로의 양 측면, ㄴ : 높은 곳, ㄷ : 더러운 장소
③ ㄱ : 통로의 중앙, ㄴ : 낮은 곳, ㄷ : 깨끗한 장소
④ ㄱ : 통로의 중앙, ㄴ : 높은 곳, ㄷ : 더러운 장소

해설 검측활동 시 위해분자가 인간의 습성(위를 보지 않고, 더러운 곳과 공기가 탁한 곳을 싫어하는 습성)을 최대한 활용한다는 점을 명심하고 상하좌우 빠지는 곳이 없도록 반복 중첩되게 실시한다.

50. 안전검측의 원리에 관한 설명으로 옳지 않은 것은?

(21회)

① 점검은 아래에서 위로, 좌에서 우로 일정한 방향으로 체계적으로 점검이 이루어져야 한다.
② 주변의 흩어져 있는 물건은 그대로 두고, 확인 불가능한 것은 먼 거리로 이격 제거한다.
③ 점검인원의 책임구역을 명확히 하며, 중복적 점검이 이루어져야 한다.
④ 범인의 입장에서 설치 장소를 의심하며 추적한다.

해설 주변의 흩어져 있는 물건은 주의력을 집중시키거나 산란케 하는 고의적 표시인지 여부 등을 확인하고 비품은 이동시켜 보는 등 철저히 검색 후 정리하고 확인이 불가능한 물품은 원거리에 격리 시킨다.

51. 안전대책작용에 관한 내용이다. ( )에 들어갈 용어로 옳은 것은?

(22회)

> 경호행사 시 경호대상자에게 위해를 줄 수 있는 위해물질을 안전하게 관리하는 것을 (ㄱ)(이)라 하고, 경호대상자에게 위해를 가할 소지가 있는 사람의 접근을 차단하는 것을 (ㄴ)이라 하며, 경호대상자에게 위해여건을 제공할 수 있는 자연 및 인공물에 대하여 위해를 가할 수 없는 상태로 전환시키는 작용을 (ㄷ)(이)라 한다.

① ㄱ: 안전점검, ㄴ: 물적취약요소 배제작용, ㄷ: 안전조치
② ㄱ: 안전조치, ㄴ: 물적취약요소 배제작용, ㄷ: 안전검측
③ ㄱ: 안전점검, ㄴ: 인적위해요소 배제작용, ㄷ: 안전조치
④ ㄱ: 안전조치, ㄴ: 인적위해요소 배제작용, ㄷ: 안전검측

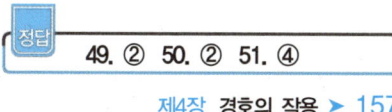

49. ② 50. ② 51. ④

➥**해설 안전조치** : 경호행사 시 경호대상자에게 위해를 줄 수 있는 위해물질을 안전하게 관리하는 것
  인적위해요소 배제작용 : 경호대상자에게 위해를 가할 소지가 있는 사람의 접근을 차단하는 것
  안전검측 : 경호대상자에게 위해여건을 제공할 수 있는 자연 및 인공물에 대하여 위해를 가할 수 없는 상태로 전환시키는 작용

52. 안전검측활동의 요령에 관한 설명으로 옳지 않은 것은? (22회)

① 검측은 책임구역을 명확하게 구분하여 계속적으로 반복 실시한다.
② 인간의 싫어하는 습성을 감안하여 사각지점이 없도록 철저한 검측을 실시한다.
③ 통로에서는 양 측면을 중점 검측하고, 높은 곳보다 아래를 중점적으로 실시한다.
④ 확인이 불가능한 물품은 원거리에 격리시킨다.

➥**해설** ③ 통로에서는 양 측면, 아래보다는 높은 곳을 중점적으로 실시한다.

53. 검측활동에 관한 설명으로 옳지 않은 것은? (23회)

① 위해물질의 존재 여부를 검사하거나 시설물의 안전점검에 사용되는 도구를 검측장비라고 한다.
② 검측인원의 책임구역을 명확하게 하여 중복되지 않게 계획적으로 검측한다.
③ 시설물의 불안전요소를 제거하는 것은 검측활동에 해당된다.
④ 검측활동은 행사장과 경호대상자의 이동로를 중심으로 구역을 나눠 실시한다.

➥**해설** ② 검측인원의 책임구역을 명확하게 하며 중복되게 점검이 이루어져야 한다.

54. 다음 ( )에 들어갈 경호의 안전대책은? (24회)

- (ㄱ): 경호대상자가 이용하는 기구와 물품, 시설 등의 안전상태를 확인하는 활동
- (ㄴ): 경호대상자에게 위해를 가할 수 있는 위해물질을 안전하게 관리하는 활동
- (ㄷ): 폭발물 등 각종 유해물을 탐지, 제거하는 활동

① ㄱ: 안전검사, ㄴ: 안전조치, ㄷ: 안전점검
② ㄱ: 안전조치, ㄴ: 안전점검, ㄷ: 안전검사
③ ㄱ: 안전점검, ㄴ: 안전검사, ㄷ: 안전조치
④ ㄱ: 안전조치, ㄴ: 안전검사, ㄷ: 안전점검

➥**해설 안전검사** : 경호대상자가 이용하는 기구, 시설 등의 안전상태 검사
  안전조치 : 행사 시 경호대상자에게 위해를 줄 수 있는 물질을 안전하게 관리하는 것
  안전점검 : 폭발물 등 각종 유해물질을 탐지 및 제거하는 활동

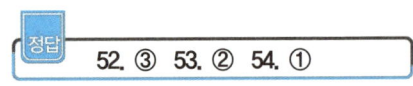
52. ③ 53. ② 54. ①

55. 안전검측활동에 관한 설명으로 옳은 것은? (24회)

① 위해기도자의 입장보다는 경호대상자의 입장에서 검측을 실시한다.
② 가용 인원의 최대 범위에서 중복이 되지 않도록 철저히 실시한다.
③ 경호대상자가 짧은 시간 머물 곳을 실시한 후 장시간 머물 곳을 체계적으로 검측한다.
④ 비공식행사에서도 비노출 검측활동을 실시할 수 있다.

해설 ① 위해기도자의 입장에서 설치장소를 의심하며 검측을 실시한다.
② 인원 및 장소를 최대한 지원받아 실시하며 검측인원의 책임구역을 명확하게 하며 상하좌우 반복 중첩되게 철저히 실시한다.
③ 경호대상자가 장시간 머물 곳을 먼저하고, 경호대상자가 움직이는 통로를 따라 순차적으로 실시한다.
④ 검측은 경호계획에 의거 공식행사에서 실시함을 원칙으로 하며, 비공식행사에서도 비노출 검측활동을 실시할 수 있다.

56. 검측 및 검식에 관한 설명으로 옳지 않은 것은? (16회)

① 검식업무란 경호대상자에 제공되는 음식물에 대하여 구매, 운반, 저장, 조리 및 제공되는 과정에서 위해요소를 제거하는 업무를 의미한다.
② 검식은 행사장의 위생상태 점검 및 수질검사, 전염병의 예방 및 식중독의 예방 대책을 포함하는 활동이다.
③ 검측은 위해기도자의 입장에서 실시한다.
④ 건물 내부의 검측은 위층에서 아래층으로 실시하는 것을 원칙으로 한다.

해설 건물 내부의 검측은 아래층에서 위층으로 실시하는 것이 원칙이다.

57. 검식활동에 관한 설명으로 옳은 것은? (18회)

① 검식활동은 식재료의 조리 과정 단계부터 시작한다.
② 음식물 운반시 원거리 감시를 실시한다.
③ 검식은 경호대상자에게 제공되는 음식물의 위생상태를 검사하는 과정을 포함한다.
④ 조리가 완료된 후에는 검식활동이 종료된다.

해설 ① 검식활동은 사전에 조리담당 종사자에 대한 신원조사를 실시하여 신원특이자는 배제한다.
② 음식물 운반 시에도 철저하게 근접감시를 실시한다.
④ 조리된 음식이 경호대상자에게 제공될 때까지의 안전상태를 지속적으로 확인한다.

정답 55. ④ 56. ④ 57. ③

58. 검식활동에 관한 설명으로 옳지 않은 것은? (20회)

① 음식료 운반 시에도 근접감시를 실시한다.
② 경호대상자에게 제공되는 음식료의 이상 유무를 검사하는 검식활동은 근접경호의 임무이다.
③ 식재료의 구매·운반·저장과정에서의 안전성 확보, 조리과정의 위생상태 점검 등 경호대상자에게 음식료가 제공될 때까지의 안전 상태를 지속적으로 확인한다.
④ 경호대상자에게 제공되는 음식료의 안전을 점검하는 검식활동은 검측활동에 포함된다.

해설 검식활동은 경호안전활동 중 검측활동으로 사전예방 경호활동이다.

59. 검식활동에 관한 설명으로 옳지 않은 것은? (22회)

① 경호대상자에게 제공되는 음식물의 이상 유무를 검사하고 확인하는 과정이다.
② 행사장의 위생상태 점검 및 수질검사, 전염병 및 식중독의 예방대책을 포함한다.
③ 검식활동은 근접경호의 임무이다.
④ 경호대상자에게 제공되는 음식물에 대하여 구매, 운반, 저장, 조리 및 제공되는 과정을 포함한다.

해설 경호대상자에게 제공되는 음식료의 이상 유무를 검식하는 검식활동은 사전예방활동이다.

60. 검식활동에 관한 설명으로 옳지 않은 것은? (23회)

① 조리가 완료된 후에도 검식활동은 지속되어야 한다.
② 검식활동은 식재료의 조리 단계부터 시작된다.
③ 행사장의 위생상태 점검, 전염병 및 식중독의 예방대책 등을 포함한다.
④ 경호대상자에게 제공하는 음식물에 대하여 구매, 운반, 저장, 조리 및 제공되는 일련의 과정을 포함한다.

해설 검식활동은 사전에 조리담당 조리사에 대한 신원조사 실시부터 음식물 운반시 근접감시와 위생 및 소독 관리, 음식물의 구매, 운반, 저장, 조리과정 등 일련의 과정을 포함한다.

61. 검식활동에 관한 설명으로 옳지 않은 것은? (24회)

① 음식물은 전문요원에 의한 검사를 실시한다.
② 음식물 운반 시에도 근접 감시를 실시한다.
③ 안전대책작용으로 사전예방경호이면서 근접경호에 해당된다.
④ 식재료의 구매, 운반, 저장과정, 조리 등 경호대상자에게 음식물이 제공될 때까지 모든 과정의 위해요소를 제거하는 것이다.

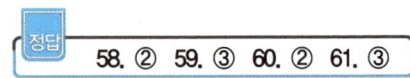

↘**해설** ③ 경호대상자에게 제공되는 음식료의 이상유무를 검사하는 검식은 안전대책작용(검측활동)으로 사전예방 경호에 해당한다.

62. 선발경호 단계의 활동으로 볼 수 없는 것은? (16회)

① 차량 경호대형 선정　　② 비표 운용
③ 상황실 운영　　　　　　④ 비상대피로 선정

↘**해설** ① 근접경호 임무수행 절차 중 명령하달 단계에 해당되는 내용이다.

63. 선발경호의 목적으로 옳지 않은 것은? (17회)

① 발생한 위험에 대응하여 경호대상자를 보호한다.
② 우발상황에 대응하기 위한 비상대책을 강구한다.
③ 사전에 각종 위해요소를 제거하거나 최소화 한다.
④ 행사지역의 경호관련 정보를 수집·제공한다.

↘**해설 선발경호의 목적**
　• 사전에 위험요소 제거 및 최소화
　• 행사지역의 안전 확보
　• 사전 경호정보 제공
　• 우발상황에 대응하기 위한 비상대책 강구
　① 근접경호에 관한 설명이다.

64. 선발경호에 관한 설명으로 옳지 않은 것은? (18회)

① 사전예방 경호활동이다.
② 행사장의 취약요소를 판단하여 필요한 안전조치를 강구한다.
③ 행사장을 안전하게 확보하고 유지하는 경호활동이다.
④ 예방적 경호조치는 위해자의 입장이 아닌 경호원의 입장에서 면밀히 분석되고 조치되어야 한다.

↘**해설** ④ 선발대에 의해 행해지는 예방적 경호조치는 경호요원의 입장이 아닌 위해자의 입장에서 면밀히 분석되고 조치되어야 한다.

65. 선발경호활동에 해당하는 것은? (18회)

① 차량 경호대형 선정　　② 기동간 경호기만
③ 경호지휘소(C·P)운용　④ 복제(複製)경호원 운용

↘**해설** ①,②,④ 근접경호활동에 해당하는 내용이다.

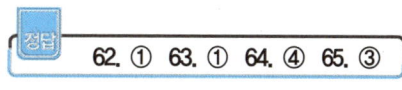

62. ① 63. ① 64. ④ 65. ③

66. 선발경호원의 기본임무에 해당되지 않는 것은? (18회)

① 경호원 각자 주어진 책임구역에 따라 사주경계를 실시하고 우발상황 발생시 인적방벽을 형성하여 경호대상자를 보호한다.
② 출입자 통제관리를 위하여 초청장발급, 출입증착용 여부를 확인한다.
③ 내부경비(안전구역) 근무자는 경호대상자의 입장이 완료되면 복도, 화장실, 로비, 휴게실 등을 통제한다.
④ 외곽경비(경계구역)는 행사장 주변의 취약요소를 봉쇄, 감시할 수 있는 위치를 선정하고 기동순찰조를 운용하여 불순분자 접근을 차단한다.

해설 ① 근접경호원의 임무에 해당한다.

67. 선발경호의 특성에 관한 설명으로 옳지 않은 것은? (19회)

① 경호임무에 동원된 모든 부서는 각자의 기능을 발휘하면서 서로 다른 각각의 지휘체계 아래 상호보완적 임무를 수행해야 한다.
② 예방경호는 위해요소를 발견, 제거, 거부함으로써 경호행사의 안전을 확보하는 것이다.
③ 선발경호는 3중경호의 원리에 입각해서 행사장을 구역별로 구분, 특성에 맞는 경호조치를 강구한다.
④ 선발경호 특성 중 예비성이란 현지 지형과 상황에 맞는 대응계획과 대피계획을 수립·대비함을 말한다.

해설 선발경호의 특성

예방성	위해요소를 사전에 발견, 제거, 거부함으로써 경호행사를 안전한 환경 속에서 치르기 위함이다.
통합성	경호임무에 동원된 모든 부서는 각자의 기능을 100% 발휘하면서, 하나의 지휘체계 아래에 통합되어 상호 보완적으로 임무를 수행해야 한다.
안전성	3중경호의 원리에 입각해서 행사장을 구역별로 구분, 구역별 특성에 맞는 경호조치를 강구한다. (확보된 행사장의 안전상태가 행사 종료 시까지 지속될 수 있도록 안전을 유지하는 임무 수행)
예비성	사전에 경호팀의 능력, 현지 지형·상황에 맞는 대응계획과 대피계획을 수립, 비상상황에 대비해야 한다.

68. 선발경호활동의 내용으로 옳지 않은 것은? (19회)

① 출입 통제대책 강구 후 안전검측활동과 안전유지가 이루어져야 한다.
② 출입자 통제대책으로 비표운용, 주차장 지정, 검색대 운용 등을 할 수 있다.
③ 경호협조회의는 해당지역 경찰서 관계자 등 행사에 참여하는 다양한 부서와 합동으로 실시하며 보안유지를 위해 1회로 제한한다.
④ 선발경호안전활동의 주요소는 출입자 통제대책 강구, 검측 및 안전확보, 비상안전대책의 강구 등이다.

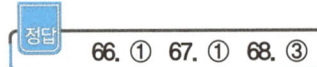

해설 경호협조(관계관)회의는 경호처 선발부, 경찰 주요 지휘관, 안전검측 관련자, 행사주관처 담당관 등이 합동으로 실시하며 경호준비기간이나 행사 중 필요시 개최한다.

69. 선발경호의 특성이 아닌 것은? (19회)

① 예비성 ② 안전성
③ 통합성 ④ 기만성

해설 선발경호의 특성에는 예방성, 통합성, 안전성, 예비성이 있다.
④ 근접경호의 특성

70. 선발경호에 해당되지 않는 것은? (20회)

① 경호대상자가 도착하기 전에 효과적인 경호협조와 경호준비를 하는 사전예방경호 활동이다.
② 행사장에 대한 인적·물적·지리적 정보를 수집하여 필요한 지원요소 소요 판단 후 세부계획을 수립한다.
③ 행사장 취약시설물과 최기병원 등 사실적 관계 확인은 안전대책 담당이다.
④ 사전에 점검하지 않은 지역이나 장소에 접근하지 않도록 경호대상자 측근에서 수행한다.

해설 ④ 근접경호에 해당하는 내용이다.

71. 선발경호 단계의 활동으로 옳지 않은 것은? (20회)

① 비표를 운용한다. ② 현장을 사전 답사한다.
③ 비상대피로를 선정한다. ④ 경호대상자 중심으로 사주경계를 한다.

해설 ④ 근접경호에 해당하는 내용이다.

72. 선발경호의 특성이 아닌 것은? (21회)

① 예방성 ② 통합성
③ 안전성 ④ 유동성

해설 선발경호의 특성 : 예방성, 통합성, 안전성

73. 선발경호 업무가 아닌 것은? (21회)

① 행사장 사전 답사 ② 도보 및 차량 대형 형성
③ 위해자 동향 파악 ④ 출입증 확인 및 물품 검색

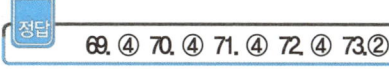

69. ④ 70. ④ 71. ④ 72. ④ 73. ②

↳**해설** ② 경호대상자에게 근접하거나 경호대상자와 함께 이동하면서 예상되는 각종 위해요소에 대비하는 근접경호 및 기동경호에 해당되는 내용이다.

74. 선발경호의 특성으로 옳지 않은 것은? (21회)

① 경호팀의 능력에 부합하는 비상대응계획을 수립한다.
② 3중 경호 원리에 입각해 구역별 특성에 맞는 경호조치를 한다.
③ 경호임무에 동원된 부서는 각각의 지휘체계 하에 상호보완적으로 임무를 수행한다.
④ 위해요소를 사전에 발견해서 제거하고 위해요소의 침투 가능성을 거부한다.

↳**해설** 경호임무에 동원된 모든 부서는 각자의 기능을 100% 발휘하면서, 하나의 지휘체계 아래에 통합되어 상호 보완적으로 임무를 수행해야 한다. **(통합성)**

75. 선발경호의 특성에 관한 설명으로 옳지 않은 것은? (22회)

① 예방성: 선발경호의 임무로 위해요소를 사전에 발견하여 제거하고 거부함으로써 경호 행사의 안전을 확보하는 것이다.
② 통합성: 경호임무에 동원된 모든 부서는 각자의 기능을 완벽하게 발휘하면서, 하나의 지휘체계 아래에 통합되어 상호 보완적 임무를 수행한다.
③ 안전성: 확보한 행사장의 안전상태가 행사 종료 시까지 지속될 수 있도록 임무를 수행한다.
④ 예비성: 경호임무는 최상의 상황을 염두에 두고 수행한다.

↳**해설** 경호임무는 항상 불리한 상황을 염두에 그에 대한 대비책을 강구해야 한다.

76. 선발경호원의 기본임무에 관한 설명으로 옳지 않은 것은? (22회)

① 행사장의 보안상태 조사를 위해 내외부의 경호여건을 점검한다.
② 책임구역에 따라 사주경계를 실시하고 우발상황 발생 시 인적방벽을 형성하여 경호대상자를 보호한다.
③ 경계구역은 행사장 주변의 취약요소를 봉쇄, 감시할 수 있는 위치를 선정하고 기동순찰조를 운용한다.
④ 출입자 통제관리를 위하여 초청장발급, 출입증착용 여부를 확인한다.

↳**해설** ②는 근접경호원의 임무이다.

74. ③ 75. ④ 76. ②

77. 경호의 특성을 올바르게 구분한 것은? (24회)

| ㄱ. 예방성 | ㄴ. 통합성 | ㄷ. 노출성 | ㄹ. 예비성 | ㅁ. 안전성 | ㅂ. 유동성 |

① 선발경호-(ㄱ, ㄴ, ㄹ, ㅁ) 근접경호-(ㄷ, ㅂ)
② 선발경호-(ㄱ, ㄷ, ㅂ) 근접경호-(ㄴ, ㄹ, ㅁ)
③ 선발경호-(ㄴ, ㄷ, ㅂ) 근접경호-(ㄱ, ㄹ, ㅁ)
④ 선발경호-(ㄷ, ㅂ) 근접경호-(ㄱ, ㄴ, ㄹ, ㅁ)

해설 • **선발경호의 특성**: 예방성, 통합성, 안전성, 예비성
  • **근접경호의 특성**: 노출성, 방벽성, 기동 및 유동성, 기만성, 방호 및 대피성, 최후의 방어수단

78. 경호 비표운용에 관한 설명으로 옳지 않은 것은? (16회)

① 비표의 종류에는 리본, 명찰, 완장, 모자, 배지 등이 있으며, 대상과 용도에 맞게 적절히 운용한다.
② 행사참석자를 위한 비표는 구역별로 그 색상을 달리하면 식별 및 통제가 용이하다.
③ 비표는 모양이나 색상이 원거리에서도 식별이 용이하도록 단순하고 선명하게 제작하여 사용한다.
④ 비표는 행사참석자에게 초대장, 주차카드와 함께 행사일 전에 배포하여 행사시 출입구의 혼잡을 방지하여야 한다.

해설 **비표관리 및 운용**

종류	리본, 명찰, 완장, 모자, 배지(Badge) 등	
관리	• 식별이 용이하도록 단순, 선명하게 제작, 사용한 비표는 폐기 • 행사 당일 현장에서 배포	
운용	참석자	• 비표 제작시 부터 보안에 유의 • 비표의 종류는 적을수록 안전 • 비표 분실 시에는 전체 비표를 무효화
	경호근무자	• 전원이 비표 착용 • 경호근무자는 안전대책 활동 시부터 착용 • 행사 구분별 별도의 비표를 운용

79. 경호 비표운용에 관한 내용으로 옳은 것은? (18회)

① 행사장의 혼잡방지를 위해 비표는 행사일 전에 배포한다.
② 비표는 식별이 용이하도록 단순·선명하게 제작하여 재활용이 가능하도록 한다.
③ 행사구분별 별도의 비표운용은 금지사항이다.
④ 비표에는 리본, 완장, 모자, 배지(badge) 등이 있다.

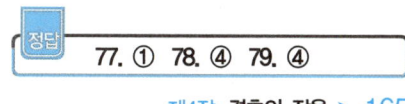
정답 77. ① 78. ④ 79. ④

해설 ① 행사장근무자의 비표는 근무관련 경호배치 전에 교양시작 후 지급하며, 행사참석자에게도 행사 당일 배포해야 한다.
② 비표는 식별이 용이하도록 단순·선명하게 제작하여 사용함으로써 경호조치의 효율성을 증대시키고 재생이나 복제가 안 되어야 한다.
③ 비표의 종류는 적을수록 좋고 행사참석자를 위한 비표는 행사구역별로 그 색상을 달리하면 식별 및 통제가 용이하다.

80. 비표운용에 관한 설명으로 옳지 않은 것은? (23회)

① 비표는 혼잡방지를 위해 시간과 장소에 관계없이 미리 배포할수록 좋다.
② 구역별 다른 색상으로 구분하여 비표를 운용하면 통제가 용이하다.
③ 비표 운용은 대상과 용도에 맞게 운영해야 한다.
④ 비표는 쉽게 구별되고, 위조 또는 복제는 불가능하도록 한다.

해설 ① 비표는 행사장 근무자는 경호근무 배치 전 교양 시작 후 지급하며, 행사참석자는 행사 당일 지급한다.

81. 비표운용에 관한 설명으로 옳은 것은? (24회)

① 보안성 강화를 위해 비표의 종류는 많을수록 좋으며 리본, 명찰 등이 있다.
② 구역별로 다른 색상으로 구분하여 비표를 운용하면 통제가 용이하다.
③ 비표는 식별이 용이하도록 선정하여야 하며, 복잡하게 제작되어야 한다.
④ 비표는 행사참석자에게 행사일 전에 미리 배포하여 출입혼잡을 예방하여야 한다.

해설 행사참석자는 행사 당일 지급한다.

82. 사전예방경호에 관한 설명으로 옳지 않은 것은? (14회)

① 출입자 통제를 위해 정문근무자는 행사 주최측과 협조하여 초청장발급·비표패용 여부 등을 확인한다.
② 내부근무자는 입장자의 비표를 확인하고 행사 진행중 계획에 없는 움직임을 통제한다.
③ 외곽근무자는 돌발사태에 대비하여 예비대, 비상통로, 소방·구급차 및 운용요원을 확보하고 비상연락망을 유지한다.
④ 원활한 행사를 위하여 경호정보업무, 보안업무, 안전대책업무가 지원되어야 한다.

해설 ③ 2선 내곽근무자에 해당하는 내용이다.

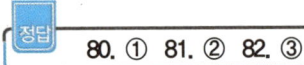

83. 선발경호시 다음의 업무를 수행하는 담당은? (14회)

> 정보수집 및 분석, 인원 운용계획, 시간사용계획, 관계관회의시 주요 지침사항, 예상문제점, 참고사항 등 계획 및 임무별 진행사항을 점검, 통합 세부계획서 작성

① 작전담당 ② 출입통제담당
③ 안전대책담당 ④ 행정담당

해설 업무분담 단계

구 분	업 무
작전담당	정보수집 및 분석, 인원운용계획, 시간사용계획, 관계관회의시 주요 지침사항, 예상 문제점, 참고사항 등 계획 및 임무별 진행사항 점검, 통합 세부계획서 작성
출입통제담당	참석대상·구역별 비표구분, 시차별 입장계획, MD·비표설치 장소, 중간집결지 운용, 주차장 운용, 상주자와 민원인대책, 야간근무자 통제계획
안전대책담당	안전구역 확보검토, 비상 및 일반예비대 운용방법, 최기병원, 건물안전성 여부확인, 상황별 비상대피로 구성, 행사장 취약시설물 파악, 직시건물·공중감시대책
행정담당	출장여비 신청 및 수령, 각 대의 숙소 및 식사장소 선정, 비상연락망 구성, 경호복장, 장비, 비표담당
차량담당	선발. 본대사용차량 배정, 이동수단별 인원, 코스 및 휴게실 등 계획수립.
보도담당	보도요원확인, 위장보도요원 침투차단, 행사장별 취재계획수립·전파
승·하차 및 정문담당	진입로 확보 및 취약점 파악, 통행인 순간통제방법 강구, 비상대기대와 예비대의 대기 장소확인
행사장 외부담당	안전구역내 단일출입로 설정, 외곽 감제고지 및 직시건물에 대한 안전조치, 취약요소 고려한 단상설치, 방탄막설치, 비상차량운용계획수립, 대피시설점검 및 확보, 차량 및 공중강습 대비책 수립, 근무자의 감시구역 확보, 순시와 격려 시 인공장벽 고려
행사장 내부담당	행사장내 접근통제, 외부영향에 대한 경비병력 확인, 우발상황대비 근무자 예행연습, 경호대상자 동선의 안전도확인, 초청좌석 사복요원배치, 정전 등 우발상황대비, 접견예상 참석자 안내계획수립, 검측 후 근무자확보

84. 경호업무시 행사장 외부 담당자의 업무내용으로 옳지 않은 것은? (15회)

① 취약요소 및 직시지점을 고려하여 단상을 설치한다.
② 경비 및 경계구역 내에 대한 안전조치를 강화한다.
③ 안전구역에 대한 단일 출입로를 설정한다.
④ 접견예상에 따른 대책 및 참석자 안내계획을 수립한다.

해설 ④는 행사장 내부담당자의 업무내용이다.

83. ① 84. ④

85. 선발경호에서 다음의 업무를 수행하는 담당은? (16회)

> 안전구역확보계획 검토, 행사장 취약시설물, 최기병원, 비상 및 일반예비대 운용방법, 공중 감시대책 등 사실적 관계를 확인한다.

① 작전 담당 ② 안전대책 담당
③ 출입통제 담당 ④ 승·하차 및 정문 담당

해설 안전대책 담당업무이다.

86. 선발경호 시 다음의 업무를 수행하는 담당은? (17회)

> 주최측의 행사진행계획을 면밀히 검토하여 참석대상, 성격분석, 시차별 입장계획 등을 작전담당에게 전달

① 승·하차 및 정문담당 ② 안전대책 담당
③ 주행사장 담당 ④ 출입통제 담당

해설 출입통제 담당업무
참석대상·구역별 비표구분, 시차별 입장계획, MD·비표설치 장소, 중간집결지 운용, 주차장 운용, 상주자와 민원인대책, 야간근무자 통제계획

정답 85. ② 86. ④

기출문제 경호의 작용(2)

1. 근접경호의 특성에 관한 설명으로 옳지 않은 것은? (15회)

① 기만성 : 공식적이 아닌 변칙적인 경호기법으로 차량대형 기만, 기동시간 기만, 승·하차 지점 기만 등으로 위해기도자로 하여금 행사상황을 오판하도록 실제 상황을 은폐하고 허위상황을 제공하여 행사의 효율성을 높이려는 특성이 있다.
② 비노출성 : 행사일정과 장소 및 시간이 대외적으로 알려져 있는 상태에서 경호업무를 수행해야 하는 특성이 있다.
③ 방벽성 : 근접도보 대형시 근무자의 체위에 의한 인적방벽 효과와 각종 위해 수단으로부터 방벽을 구축해야 하는 특성이 있다.
④ 기동 및 유동성 : 근접경호는 주로 도보 또는 차량에 의해 기동 간에 이루어지며 행사성격이나 주변여건, 장비의 특성에 따라 유동성 있는 도보 또는 차량대형이 이루어지는 특성이 있다.

> **해설** 근접경호의 특성

노출성	다양한 기동수단과 도보대형으로 경호대상자 행차가 시각적으로 외부에 드러나고, 매스컴에 행사일정과 장소·시간이 대외적으로 알려진 상태에서 업무 수행
방벽성	도보대형시 경호원의 몸으로 막는 인적방벽효과와 방탄복, 각종 경호대형 등의 기동수단에 의해 외부의 공격으로부터 방벽 구축
기동 및 유동성	근접경호는 도보·차량으로 이동간 또는 행사중 주변여건, 장비특성에 따라 신속 대처하는 기동성과 도보 또는 차량대형이 유동적으로 이루어진다.
기만성	기만경호는 변칙적 경호기법으로 차량대형, 기동시간, 기동로, 기동수단, 승하차지점 기만 등으로 위해기도자가 행사상황을 오판하도록 실제상황 은폐, 허위상황을 제공, 경호의 효율성을 높인다.
방호 및 대피성	비상사태 발생 시 범인을 대적하여 제압하는 것 보다 반사적이고 신속, 과감한 행동으로 경호대상자를 방호 및 대피시키는 것을 우선해야 한다.
최후의 방어수단	근접경호원으로 연결되는 경호막은 경호의 마지막 방어선으로, 뚫리면 곧바로 경호대상자의 생명이 위협을 받기 때문에 근접경호원은 내가 최후의 보루라는 인식하에 철저한 사주경계와 기민한 대응자세로 임해야 한다.

2. 비노출 경호에 관한 설명으로 옳은 것은? (16회)

① 경호대상자에게 부담을 주지 않고 일반시민의 통제를 최소화하는 경호방식이다.
② 경호인력과 장비의 동원을 최소화하고 노출을 억제함으로써 비용을 절감하기 위한 경호방식이다.
③ 위해기도자의 위해의사를 제압할 수 있는 유·무형적 힘을 이용하여 경호조치를 취하는 방식이다.
④ 경호원의 비공개 활동으로 인하여 경호대상자와 일반시민간의 소통이 단절되는 단점이 있다.

> **해설** ② 경호인력과 장비의 노출을 최소화하는 위장경호로 비노출 경호의 방법이나 비용절감을 위한 경호방식은 아니다.
> ③ 전형적인 위력경호(노출경호)에 관한 설명이다.
> ④ 위력경호(노출경호)는 지나친 노출로 경호대상자와 일반시민과의 소통이 단절된다.

 1. ② 2. ①

3. 경호기법 중 기만경호에 관한 설명으로 옳지 않은 것은? (17회)

① 위해기도자에게 행사상황을 오판하도록 허위 흔적을 제공한다.
② 위해기도자로부터 공격행위를 포기하게 하거나 실패하도록 유도하는 비계획적이고 정형적인 경호기법이다.
③ 경호대상자의 차량위치, 차량의 종류를 수시로 바꾼다.
④ 경호대상자와 용모가 닮은 사람을 경호요원이나 수행요원으로 선발하여 배치한다.

> **해설** ② 경호기만이란 위해기도자로 하여금 위해기도를 포기하거나 위해기도자가 실패하도록 유도하는 계획적이고도 변칙적인 기법이다.

4. 근접경호의 특성이 아닌 것은? (18회)

① 노출성   ② 방벽성
③ 예비성   ④ 기동성

> **해설** 예비성은 선발경호의 특성이다.

5. 다음 중 경호기만 방법으로 옳지 않은 것은? (19회)

① 일관성 있는 차량 및 기동로   ② 허위흔적 표시
③ 일반인처럼 자연스러운 옷차림   ④ 연막차장

> **해설 경호기만 방법**
> - 일반인처럼 자연스러운 옷차림
> - 소음과 광채사용
> - 의도하지 않는 방향으로 이동
> - 연막차장
> - 허위흔적 표시
> - 기동대형 변경 등
> - 기만장애물 및 경비시설 설치

6. 근접경호의 특성 중 기만성에 관한 설명으로 옳은 것은? (20회)

① 행사일정과 장소 및 시간이 대외적으로 알려진 상태에서 업무를 수행하여야 한다.
② 행사성격이나 주변 여건, 장비의 특성에 따라 도보대형 및 기동수단에 있어서 유동성이 있어야 한다.
③ 허위정보를 제공하여 위해기도자로 하여금 행사상황을 오판하도록 하기 위한 변칙적인 경호기법이다.
④ 기동수단, 기동로, 기동시기, 기동대형 등 노출의 취약성을 최대화하기 위하여 경호기법에 변화를 주어야 한다.

정답 3. ② 4. ③ 5. ① 6. ③

→**해설** ① 노출성, ②. 기동 및 유동성,
　　　　④ 최대화 → 최소화가 맞는 표현이다.

7. 근접경호의 특성으로 옳지 않은 것은? (21회)

① 위해기도자의 추적을 회피하는 기만전술을 적절히 구사하여 경호의 효과성을 높인다.
② 근접경호원의 신체로 방벽을 형성하여 경호대상자의 시야를 제한하고 공격선을 차단한다.
③ 근접경호원은 대적보다는 경호대상자의 안전한 방호 및 대피에 중점을 둔다.
④ 경호대상자를 따라 이동하거나 변화하는 경호상황에 능동적으로 대처해야 한다.

→**해설** ② 방벽성 : 근접경호원의 신체로 방벽을 형성하여 위해기도자의 시야를 제한하고 공격선을 차단 한다.

8. 근접경호의 특성 중 방벽성에 관한 설명으로 옳은 것은? (22회)

① 경호대상자와 경호행위에 대한 일거수일투족은 외부에 노출될 수 밖에 없다.
② 경호대상자를 따라 항상 이동하거나 움직이면서 변화하는 경호상황에 능동적으로 대처해야 한다.
③ 위해기도자에게 허위정보 제공이나 허위상황 연출 등 기만전술을 구사하여 경호의 효과성을 높인다.
④ 경호원은 자신의 신체를 이용하여 외부의 공격으로부터 경호대상자를 근접에서 보호한다.

→**해설** ① 노출성, ② 기동성 및 유동성, ③ 기만성

9. 다음은 근접경호를 의뢰받아 임무를 수행하고 있는 상황이다. 다음에서 나타나지 않는 근접경호의 특성은? (23회)

> 위드 코로나 시대를 맞아 다채로운 행사가 열렸다. A경호업체는 연예인 B양에 대한 경호의뢰를 받아 행사장에 근접경호를 하고 있었다. 운집된 팬들 사이에서 갑자기 위해기도자로 보이는 한남성이 B양을 공격하려하자 근접경호를 맡고 있던 P경호원은 자신의 몸으로 위해기도자를 막고 B양을 행사장 뒤로 신속히 이동시켰다.

① 노출성　　　　　　　　② 방벽성
③ 대피성　　　　　　　　④ 기만성

→**해설** 위드 코로나 시대를 맞아 다채로운 행사가 열렸다. A경호업체는 연예인 B양에 대한 경호의뢰를 받아 행사장에 근접경호를 하고 있었다. (**노출성**) 운집된 팬들 사이에서 갑자기 위해기도자로 보이는 한남성이 B양을 공격하려하자 근접경호를 맡고 있던 P경호원은 자신의 몸으로 위해기도자를 막고 (**방벽성**) B양을 행사장 뒤로 신속히 이동시켰다. (**대피성**)

7. ②　8. ④　9. ④

10. 근접경호의 특성 중 기만성에 해당하는 것은? (24회)

① 경호대상자의 안전확보를 위해 경고 후 즉각 대피를 실시한다.
② 경호원의 체위를 통한 방벽을 구축하였다.
③ 차량대형, 기동시간 등을 변칙적으로 운영하여 위해기도자가 상황을 오판하도록 한다.
④ 기동수단, 도보대형이 노출되고, 매스컴에 의해 행사일정 등이 알려진다.

해설 기만성
변칙적 경호기법으로 차량대형, 기동시간, 기동로, 기동수단, 승하차지점 기만 등으로 위해기도자가 행사상황을 오판하도록 실제상황 은폐, 허위상황을 제공, 경호의 효율성을 높인다.

11. 경호임무 수행시 상황별 경호요령으로 적절하지 않은 것은? (14회)

① 계단이동시 경호대상자는 계단의 중앙부에 위치하도록 한다.
② 에스컬레이터 이동시 경호대상자의 안전을 위하여 디딤판이 끝나는 지점까지 경호원은 걸음을 멈추고 주위경계를 실시한다.
③ 경호대상자가 문을 통과하기 전에 경호원이 먼저 문의 안전상태나 위해 여부를 확인한 후 경호대상자를 통과시키도록 한다.
④ 가능하면 회전문을 사용하지 않는 것이 좋다.

해설 ② 에스컬레이터에서도 걸음을 멈추지 않고 최단시간 내에 에스컬레이터를 벗어나야 한다.

12. 근접경호의 경호요령에 관한 설명으로 옳지 않은 것은? (14회)

① 도보대형을 장소와 상황에 따라 융통성 있게 변화시킨다.
② 경호원은 경호대상자에 이르는 모든 접근로를 차단하기 위하여 분산되어야 한다.
③ 옥외에서 도보이동시 경호대상자 차량도 근접에서 주행해야 한다.
④ 선정된 근접경호원의 위치는 수시로 변화시키지 않는다.

해설 ④ 선정된 경호원의 위치는 수시로 변화시킨다.

13. 근접경호원의 일반적 근무요령이 아닌 것은? (15회)

① 사전에 행사장의 안전점검을 실시하여 위해물질의 색출 및 제거활동을 수행한다.
② 근접경호시 경호원의 위치와 경호 대형에 수시로 변화를 주어야 한다.
③ 경호에 관련 없는 언론 및 대중과의 불필요한 접촉을 차단하여야 한다.
④ 근접경호원은 예상되는 손님, 방문객, 보도요원 및 경호대상자에게 서비스를 제공하는 종사요원의 명단을 사전에 획득하여야 한다.

해설 ① 사전예방경호 작용의 안전대책 및 검측에 관한 내용이다.

정답 10. ③ 11. ② 12. ④ 13. ①

14. 근접경호 업무가 아닌 것은? (24회)

① 차량 대형 형성
② 우발상황 발생 시 대피
③ 행사장에 대한 현장 답사
④ 돌발상황 발생 시 경호대상자 방호

해설 ③ 선발경호의 업무에 해당한다.

15. 근접경호 임무수행 중 주위경계(사주경계) 방법으로 옳지 않은 것은? (14회)

① 주위경계는 경호대상자를 중심으로 360°전 방향을 감시하면서 위해요인을 사전에 인지하기 위한 경계활동이다.
② 주위경계 시 주위 사람들의 손을 집중하여 감시한다.
③ 따뜻한 날씨에 긴 코트를 입고 있는 등 주변환경과 어울리지 않는 복장을 한 경우 특히 주의한다.
④ 경호대상자 주변에서 신분이 확실한 공무원, 수행원, 기자, 종업원 등을 제외한 모든 인원이 경계의 대상이 된다.

해설 ④ 경호대상자 주변의 모든 인원들이 경계대상이며 신분이 확실한 수행원이나 보도요원들도 예외는 아니다.

16. 근접경호 임무수행 시 주위경계(사주경계) 방법으로 옳지 않은 것은? (16회)

① 주위 사물에 대한 위기의식을 가지고 전체적인 상황에 어울리지 않는 부조화 상황을 찾아야 한다.
② 시각의 한계를 염두에 두고 사주경계의 범위를 선정해야 한다.
③ 경호대상자로부터 먼 곳에서 가까운 곳 순으로 좌우 반복해서 실시한다.
④ 인접해 있는 경호원과의 경계범위를 중첩되게 설정한다.

해설 경호대상자로부터 가까운 곳에서 먼 곳 순으로 좌우반복해서 실시하도록 한다.

17. 사주경계에 관한 설명으로 옳지 않은 것은? (17회)

① 행사상황이나 분위기에 어울리지 않는 복장을 착용하거나 수상한 행동을 하는 사람을 중점 감시한다.
② 사주경계의 대상은 인적 · 물적 · 지리적 취약요소를 망라한다.
③ 사람들의 손, 표정, 행동을 전체적으로 경계한다.
④ 육감에 의지하지 말고 직접 보고 들은 것에만 집중해서 관찰한다.

해설 ④ 경호원은 보고 들은 것에만 집중해서 관찰하는 것이 아니라 경호원의 오관과 육감을 최대한 활용하여야 한다. (육감은 위험을 예견하고 신속한 예방적 행동을 취하는 능력을 말한다.)

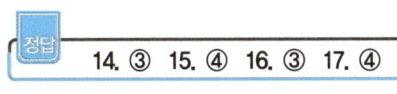

정답 14. ③ 15. ④ 16. ③ 17. ④

18. 근접경호에서 사주경계에 관한 설명으로 옳지 않은 것은? (21회)

① 시각, 청각 등 오감과 육감을 활용한다.
② 위험감지에 대한 단계와 구조를 이해해야 한다.
③ 인적경계대상은 위해 가능한 인원으로 제한하며 사회적 권위와 지위를 고려한다.
④ 경호대상자를 중심으로 360도 전 방향을 감시해야 한다.

> **해설** 인적 경계대상은 경호대상자 주변의 모든 인원이 그 지위나 차림새 등에 상관없이 포함되어야 하고, 특히, 행사 상황이나 분위기에 어울리지 않은 행동이나 복장을 착용한 사람들을 중점적으로 감시한다.

19. 사주경계에 관한 설명으로 옳은 것은 모두 몇 개인가? (22회)

- 행사장이나 주변의 모든 시설물과 물체가 경계대상이다.
- 위해기도자가 은폐하기 좋은 장소나 공격하기 용이한 장소가 경계대상이다.
- 경호대상자 주변의 모든 인원 중 행사상황에 어울리지 않는 행동을 하는 사람들이 중점감시대상이다.
- 경호행사 시 영향을 미칠 수 있는 간접적 위해요인도 경계대상이다.

① 1개　　　　　　　　　② 2개
③ 3개　　　　　　　　　④ 4개

> **해설** 사주경계의 대상

인적 경계대상	경호대상자의 수행원, 보도요원, 경찰근무자, 행사장 종사직원 등 경호대상자 주변의 모든 사람을 경계대상으로 한다. 위해기도자는 접근이 용이한 사람으로 위장하는 경우가 많으므로 신분이 확실한 사람이라도 일단 경계대상이 된다.
물적 경계대상	경호대상자 주변의 모든 시설물과 자연물 등을 경계대상으로 한다. 외관상 안전해 보이는 물체도 폭발물이나 독극물이 은닉되어 있을 가능성을 배제해서는 아니 된다.
지리적 경계대상	경호행사시 영향을 미칠 수 있는 간접적 요인은 물론, 은폐, 엄폐물로 이용하기 쉬운 인공물과 자연물, 감제고지, 창문, 옥상 등 육안으로 식별이 곤란한 원거리에 위치한 지점도 위해자의 저격이 용이한 지점 등을 집중적으로 경계하는 것이 효과적이다.

20. 사주경계에 관한 설명으로 옳지 않은 것은? (24회)

① 시각의 한계를 고려하여 주위경계의 범위를 선정하고, 인접한 경호원과의 경계범위를 중복되지 않게 실시한다.
② 돌발상황을 제외하고는 고개를 심하게 돌리거나 완전히 뒤돌아보는 등의 사주경계를 하지 않는다.
③ 경호대상자의 주위 사람들의 눈과 손, 표정, 행동에 주목하여 경계한다.
④ 사주경계의 대상은 인적 · 물적 · 지리적 취약요소들을 총망라해야 한다.

> **해설** ① 인접한 경호원과 중첩되게 경계범위를 설정한다.

18. ③　19. ④　20. ①

21. 근접경호원의 임무에 관한 설명으로 옳지 않은 것은? (15회)

① 경호대상자 주위의 일반인에게 불편을 초래하지 않는 범위 내에서 경호원 자신의 활동 공간을 확보하여야 한다.
② 위해자의 공격가능성을 줄이고 공격시 피해정도를 최소화하기 위하여 이동속도를 가능한 느리게 하여야 한다.
③ 곡각지나 보이지 않는 공간을 통과할 때는 항상 경호원이 먼저 안전을 확인하고 경호대상자를 통과하도록 하여야 한다.
④ 경호대상자에게 위해를 가하지 않을 것이라는 명백한 확신이 있기 전에는 누구도 경호대상자의 주위에 접근시켜서는 안된다.

해설 ② 위해가능성을 줄이고 공격시 피해를 최소화하기 위해 이동속도를 가능한 빠르게 진행해야 한다.

22. 근접경호원의 임무에 관한 설명으로 옳지 않은 것은? (16회)

① 경호대상자 주변 일반인의 불편을 초래하지 않는 범위에서 경호원 자신의 활동공간을 확보하여야 한다.
② 우발공격시에는 대적 및 제압보다는 방호와 대피를 우선한다.
③ 위해자의 공격가능성을 줄이고 피해를 최소화하기 위해 이동 속도를 가능한 한 빠르게 한다.
④ 타 지역으로 이동하기 전에 보안을 고려하여 이동로, 경호대형, 특이상황 등을 경호대상자에게 알려주지 않는다.

해설 다른 지역으로 이동하기 전에 경호원은 사전에 경호대상자에게 이동로, 소요시간, 경호대형, 주변의 특이사항, 주의사항, 경호대상자의 이동 위치 등을 알려 주어야 한다.

23. 근접도보경호에 관한 설명으로 옳지 않은 것은? (14회)

① 저격 등의 위험이 있을 경우에는 밀착형 대형으로 안전도를 높일 수 있다.
② 근접도보경호 대형을 형성하여 이동할 경우 이동속도가 느리더라도 신중하게 천천히 이동하는 것이 더 안전하다.
③ 근접도보경호 대형 이동시 이동코스는 최단거리 직선로를 이용하는 것이 좋으며, 주변에 비상차량을 대기시켜 놓도록 한다.
④ 근접도보경호 대형 자체가 외부적으로 노출이 크고 방벽효과도 낮아지므로, 가급적 도보이용을 통한 경호는 지양하는 것이 좋다.

해설 ② 근접경호대형을 형성하여 이동시, 주변에 취약요소가 많으므로 신속히 이동하는 것이 좋다.

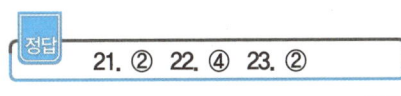

21. ② 22. ④ 23. ②

24. 근접경호원의 임무에 관한 설명으로 옳지 않은 것은? (17회)

① 경호대상자가 심리적 안정감을 느낄 수 있도록 경호대상자가 볼 수 있는 지점에 위치한다.
② 이동속도는 경호대상자의 건강상태, 신장, 보폭 등을 고려하지 않고 최대한 빠르게 하여야 한다.
③ 경호대상자 주위의 모든 사람들의 손을 주의해서 관찰하고, 흉기를 소지하고 있다는 가정 하에 대비책을 구상한다.
④ 타 지역으로 이동하기 전에 이동로, 경호대형, 특이상황, 주의사항 등을 경호대상자에게 알려 주어야 한다.

> **해설** ② 도보시 이동속도는 경호대상자의 건강상태, 신장, 보폭 등을 고려하여야 하며, 상황에 따라 속도조절을 할 때에는 경호원 상호간 연락으로 속도를 조절한다.

25. 근접경호원의 임무에 해당하지 않는 것은? (18회)

① 경호대상자에게 위해를 가하지 않을 것이라는 확신이 있기 전까지는 누구도 경호대상자의 주위에 접근시켜서는 안 된다.
② 경호원은 항상 경호대상자의 최근접에서 움직여야 한다.
③ 위해자의 공격가능성을 줄이고, 공격 시 피해정도를 최소화하기 위하여 이동속도를 가능한 한 빠르게 하여야 한다.
④ 행사장의 제반 취약요소에 대한 안전조치를 강구하고 가용한 모든 경호원을 운용하여 경호대상자의 신변안전을 도모한다.

> **해설** 선발경호는 경호대상자보다 먼저 행사장에 도착하여 위해요소 점검 및 안전을 확보하는 활동으로 즉, 임시로 편성된 경호단위를 행사지역에 사전에 파견하여 제반 취약요소에 대한 안전대책을 강구하고 가용한 전 경호요원을 운용하여 경호대상자의 신변안전을 도모하는 경호작용이다.

26. 근접경호원의 임무수행에 관한 설명으로 옳지 않은 것은? (20회)

① 위해기도자의 공격가능성을 줄이고, 피해정도를 최소화하기 위해서 이동 속도를 가능한 천천히 해야 한다.
② 근접경호 시 경호원의 위치와 경호 대형에 수시로 변화를 주어야 한다.
③ 경호대상자에게 위해를 가하지 않을 것이라는 확신이 있기 전까지는 누구도 경호대상자의 주위에 접근하게 해서는 안 된다.
④ 이동 시 이동속도는 경호대상자의 건강상태 등을 고려하여 정하여야 한다.

> **해설** ① 위해기도자의 공격가능성을 줄이고, 피해정도를 최소화하기 위해서 이동 속도를 가능한 빠르게 진행해야 한다.

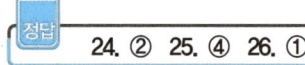

27. 근접경호원의 기본요건 및 임무에 관한 설명으로 옳은 것은? (23회)

① 도보이동 간 근접경호에서 단거리 직선통로를 이용하는 것은 이동시 위험에 노출되는 정도를 최소화하기 위함이다.
② 계획에 없던 지역으로 이동하기 전 이동로, 경호대형, 특이사항은 경호대상자에게도 비밀로 해야 한다.
③ 경호원은 주변 모든 사람들이 위험한 무기를 소지할 수 있다는 가정 하에 표정을 주의깊게 관찰해야 한다.
④ 경호원은 위해발생 시 경호대상자의 방호보다 위해기도자의 제압을 우선해야 한다.

해설 ② 타 지역으로 이동전에 경호원은 이동로, 소요시간, 경호대형, 주의사항 및 이동위치를 사전에 경호대상자에게 알려주어야 한다.
③ 경호원은 항상 경호대상자 주위의 모든 사람들의 손을 주의해서 관찰하고, 흉기를 소지하고 있다는 가정 하에 대비책을 구상해야 한다.
④ 돌발적인 위해발생시 인적방벽을 형성, 경호대상자를 완벽보호, 위해기도자와 대적 및 제압 보다는 신속히 경호대상자를 방호, 안전한 곳으로 대피시키는 것이 우선이다.
① 가능하면 선정된 도보이동시기, 이동로는 변경되어야 하고 최단거리 직선통로를 이용한다.

28. 근접경호 방법에 관한 설명으로 옳지 않은 것은? (16회)

① 엘리베이터는 가능한 한 별도의 전용 엘리베이터를 이용하는 것이 좋다.
② 경호대상자가 공중화장실을 이용할 경우 약간 멀더라도 일반인이 많지 않은 곳을 이용한다.
③ 경호대상자가 조깅을 즐기는 경우 코스 및 시간을 자주 변경하는 것이 좋다.
④ 출입문 통과 시 가급적 회전문을 사용하는 것이 좋다.

해설 ④ 가급적 회전문은 이용하지 않는 것이 좋다.

29. 근접경호 기법에 관한 설명으로 옳지 않은 것은? (18회)

① 근접경호원은 공격자가 경호대상자와 경호원 사이에 끼어들지 못하도록 위치를 계속 조정한다.
② 위해기도자가 위해기도를 포기하거나 실패하도록 유도하는, 계획적이고 변칙적인 경호기법을 육감경호라고 한다.
③ 도보이동간 근접경호에서 이동시에는 위험에 노출되는 정도를 최소화하기 위하여 단거리 직선통로를 이용해야 한다.
④ 차량기동 간 근접경호에서는 차량, 행·환차로, 대형의 구성 및 간격, 속도 등의 사항을 고려하여야 한다.

해설 ② 위해기도자가 위해기도를 포기하거나 실패하도록 유도하는, 계획적이고 변칙적인 경호기법은 경호기만이다.

정답 27. ① 28. ④ 29. ②

30. 근접경호 수행방법에 관한 설명으로 옳지 않은 것은? (19회)

① 근접경호대형은 장소와 상황 등 행사장 환경에 따라 유연하게 적용시켜야 한다.
② 근접경호는 신체에 의한 방호벽을 형성하되 경호대상자 행동의 자유와 프라이버시를 존중해야 한다.
③ 근접경호원은 종사요원, 경호대상자와 친숙한 방문객, 수행원을 신속하게 익혀야 한다.
④ 도보이동 간 근접경호원의 체위확장은 위기 시 방호효과를 극대화 할 수 있으나 평시 노출 및 위력과시의 부정적 효과로 지양해야 한다.

해설 ④ 경호기법 중 위력경호(노출경호)에 관한 설명이다.
위력경호는 경호대상자의 신변안전을 최우선 가치에 두고 위해기도자의 위해기도 의사를 제압할 수 있는 유형적·무형적 힘을 사용하여 경호조치를 취하는 경호방식으로, 경호대상자와 일반인의 소통 단절과 불필요한 통제로 인한 국민 불편 초래로 오히려 경호대상자의 위치노출로 위험상황을 야기하고 인력·예산 낭비 및 일반 국민의 반감을 초래할 가능성도 있다.

31. 경호임무의 활동수칙에 관한 설명으로 옳지 않은 것은? (20회)

① 경호원을 중심으로 내부, 내곽, 외곽으로 구분하여 경호구역을 설정한다.
② 위해상황이 발생하면 최초발견자에 의한 빠른 대응이 필요하다.
③ 경호원은 위해가해자와 타협적인 행동을 하지 않아야 한다.
④ 경호원은 경호대상자의 정상적인 업무 및 사생활을 침해하지 않는 범위에서 임무를 수행하여야 한다.

해설 ① 경호대상자를 중심으로 내부, 내곽, 외곽으로 구분하여 경호구역을 설정한다.

32. 근접경호 수행방법에 관한 설명으로 옳지 않은 것은? (20회)

① 에스컬레이터를 이용하여 이동하는 것은 다른 이동수단으로 이동하는 것에 비해 상대적으로 취약하다.
② 주위경계 시 경호대상자로부터 먼 곳에서 가까운 곳으로 좌우 반복해서 실시하되 인접경호원과 중첩되지 않도록 한다.
③ 외부에 노출되어 있는 개방형 계단을 오르내릴 때는 경호대상자를 계단 중앙에 위치하도록 하여야 한다.
④ 건물 밖에서 안으로 문을 통과할 때는 미는 문일 경우 전방경호원이 안으로 들어가서 문을 잡아 경호대상자가 통과할 수 있도록 하여야 한다.

해설 ② 사주경계 시 경호대상자로부터 가까운 곳에서 먼 곳으로, 좌에서 우로, 인접경호원과 경계범위를 중첩되게 실시하여야 한다.

30. ④ 31. ① 32. ②

33. 근접경호에 관한 설명으로 옳지 않은 것은? (22회)

① 완벽한 경호방패막은 근접경호원들이 형성하는 인적방벽인 경호대형으로 완성된다.
② 위급상황 시 위해자와 경호대상자 사이를 차단하고, 경호대상자를 안전지대로 대피시켜야 한다.
③ 위급상황 시 경호대상자를 방호하여 공격방향으로 신속하게 현장을 이탈시켜야 한다.
④ 경호대형 형성에 허점이 생기지 않도록 인접근무자의 움직임과 상호 연결되어 있어야 한다.

> **해설** ③ 위급상황 시 위해자의 표적이 되는 경호대상자를 방호대형를 형성하여 공격자의 반대방향으로 신속히 비상대피소나 비상대기차량이 있는 곳으로 대피시켜야 한다.

34. 근접경호원의 자세에 관한 설명으로 옳은 것은? (22회)

> ㄱ. 순간적인 경호상황을 정확히 판단하고 대응하기 위한 명석한 판단력을 갖춰야 한다.
> ㄴ. 행사의 성격 및 상황을 직시하여 그에 맞는 적절한 자세를 견지한다.
> ㄷ. 급박한 상황 외에는 경호대상자의 활동에 방해를 해서는 안 된다.
> ㄹ. 경호대상자와 경호환경에 어울리지 않는 복장을 착용한다.

① ㄱ, ㄴ, ㄷ　　② ㄱ, ㄴ, ㄹ
③ ㄱ, ㄷ, ㄹ　　④ ㄴ, ㄷ, ㄹ

> **해설** ㄹ. 근접경호원은 경호대상자와 경호환경에 어울리는 복장을 착용한다.

35. 근접경호대형에 관한 설명으로 옳지 않은 것은? (22회)

① 경호대상자의 성격이나 성향에 따라 경호 대형이 결정될 수 있다.
② 도보대형은 장소나 상황에 따라 융통성 있게 변화시킨다.
③ 도보경호는 이동속도가 빠르기 때문에 외부노출시간이 짧아 위해자가 위해를 가할 기회가 줄어들게 된다.
④ 경호대상자 주위에 경호방패막을 형성하여 동선을 따라 이동하는 선(線)개념이다.

> **해설** ③ 도보경호는 차량이동 등에 비해 이동속도가 느리기 때문에 자연히 외부노출시간이 길어지게 되고, 결국 위해자가 위해를 가할 기회가 많아지게 된다.

36. 근접경호 방법에 관한 설명으로 옳지 않은 것은? (23회)

① 신체에 의한 방호벽을 형성하되 경호대상자 행동의 성향을 고려해야 한다.
② 근접경호원의 신체조건을 충분히 활용하여 경호대상자의 시야를 제한하고 공격선을 차단한다.
③ 경호대상자를 따라 이동하여 변화하는 경호상황에 능동적으로 대처해야 한다.
④ 위해기도자의 추적을 회피하는 기만전술을 구사하여 경호 효과를 높일 수 있다.

> **해설** ② 근접경호원은 경호대상자가 심리적 안정감을 느낄 수 있도록 항상 경호대상자가 볼 수 있는 최근접의 지점에 위치하여, 신체조건을 충분히 활용하여 위해자의 시야를 제한하고 공격선을 차단한다.

37. 경호원의 활동 수칙에 관한 내용으로 옳지 않은 것은? (24회)

① 경호대상자에게 스스로 안전에 대처할 수 있도록 일상적 경호수칙을 만들어 경각심을 높이게 한다.
② 경호업무 효율성 향상을 위해 경호대상자의 종교, 병력, 복용하는 약물에 대해서도 파악한다.
③ 위해자와 타협적인 행동을 하지 않는다.
④ 최대한 비노출경호를 위해 권위주의적 자세를 가진다.

> **해설** 경호원은 권위주의적 자세를 지양하고 항상 국민을 위해 헌신하는 자세로 근무하며 감정을 내세우지 않고 공명정대하게 임무를 수행하여야 한다.

38. 근접경호의 원칙에 관한 설명으로 옳지 않은 것은? (24회)

① 출입문 통과 시 경호원이 먼저 통과하여 안전을 확인한다.
② 이동 속도는 경호대상자의 보폭 등을 고려한다.
③ 복도, 계단, 보도를 이동할 때에는 경호대상자를 공간의 가장자리로 유도하여 위해발생시 여유공간을 확보한다.
④ 경호원은 경호대상자의 최근접에서 움직이도록 한다.

> **해설** ③ 복도, 도로, 계단 등을 수행시 경호대상자를 공간의 중심으로 유도하여 위해발생시 공간을 여유롭게 활용할 수 있도록 확보한다.

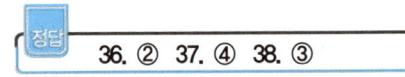
36. ② 37. ④ 38. ③

39. 근접도보경호에 관한 설명으로 옳지 않은 것은? (14회)

① 저격 등의 위험이 있을 경우에는 밀착형 대형으로 안전도를 높일 수 있다.
② 근접도보경호 대형을 형성하여 이동할 경우 이동속도가 느리더라도 신중하게 천천히 이동하는 것이 더 안전하다.
③ 근접도보경호 대형 이동시 이동코스는 최단거리 직선로를 이용하는 것이 좋으며, 주변에 비상차량을 대기시켜 놓도록 한다.
④ 근접도보경호 대형 자체가 외부적으로 노출이 크고 방벽효과도 낮아지므로, 가급적 도보이용을 통한 경호는 지양하는 것이 좋다.

해설 ② 근접경호대형을 형성하여 이동시, 주변에 취약요소가 많으므로 신속히 이동하는 것이 좋다.

40. 도보이동간 근접경호에 관한 설명으로 옳지 않은 것은? (15회)

① 도보대형은 장소와 상황에 따라 융통성 있게 변화시켜야 한다.
② 근접경호원의 위치를 고수하여야 한다.
③ 이동시 위험노출 정도를 최소화하기 위해 최단거리 노선을 선택하여야 한다.
④ 경호대상자에게 이르는 모든 접근로는 통제하여야 한다.

해설 ② 근접경호원의 위치는 수시로 변화시켜야 한다.

41. 도보대형 이동시 경호원의 근무방법으로 옳은 것은? (16회)

① 이동 시 경호대상자와 자주 신체를 접촉하여 경호대상자가 안심할 수 있도록 한다.
② 경호대상자의 체력, 건강상태에 따라 이동속도와 보폭을 적절하게 조절한다.
③ 경호대상자가 군중 속을 통과할 때나 승·하차할 때가 가장 안전하다는 것을 염두에 두어야 한다.
④ 위험에 노출되는 정도를 최소화하기 위해 장거리 우회 통로를 이용한다.

해설 ① 이동시 경호대상자와 신체를 접촉하는 일은 삼가야 한다.
③ 경호대상자가 군중 속을 통과시나 승·하차시가 가장 위험하다는 것을 염두에 두고 돌발사태에 대비한다.
④ 이동시 위험에 노출되는 정도를 최소화하기 위하여 단거리 직선통로를 이용한다.

정답 39. ② 40. ② 41. ②

42. 근접도보경호 기법에 관한 설명으로 옳지 않은 것은? (16회)

① 근접경호대형은 전방위에 대한 사주경계와 신변안전을 담보할 수 있도록 최대한의 인원으로 형성한다.
② 근접도보경호는 차량경호에 비해 위해자가 범행을 가할 수 있는 기회가 많다.
③ 밀착대형은 경호대상자가 선호하지 않으며, 일반인들에게는 위화감을 줄 수 있는 단점이 있다.
④ 우발상황 발생 시 개방대형에서 밀착대형으로 신속하게 전환되어야 한다.

해설 근접경호대형은 전방위에 대한 사주경계와 신변안전을 담보할 수 있도록 최소한의 인원으로 형성한다.

43. 도보이동간 근접경호의 원칙으로 옳지 않은 것은? (19회)

① 근접경호원은 상황변화에도 고정된 대형을 고수한다.
② 근접경호원은 경호대상자에 이르는 모든 접근로를 차단하기 위하여 분산배치 되어야 한다.
③ 위험노출 정도를 최소화하기 위해 최단거리 직선통로를 이용한다.
④ 근접경호대형은 전 방위에 대한 사주경계와 신변안전을 담보할 수 있도록 행사장 여건을 고려하여 최소한의 인원으로 편성한다.

해설 ① 근접경호원은 공격자가 경호대상자와 경호요원 사이에 끼어 들 수 없도록 상황에 따라 융통성 있게 변환시켜야 한다.

44. 근접경호의 도보대형 형성시 고려사항이 아닌 것은? (19회)

① 주변 감제건물의 취약도
② 행사장 기후
③ 행사장 사전 예방경호 수준
④ 인적 취약요소와 이격도

해설 근접경호 도보대형 형성시 고려사항
- 행사의 성격
- 인적 취약요소와 이격도
- 물적·지리적 취약요소의 위치
- 행사장 사전예방경호 수준
- 행사장 참석자 인원 수 및 성향
- 근접경호원 수
- 경호대상자의 취향
- 행사장 취약요소와 안전도

※ 행사장 기후는 경호임무의 절차 중 행사일정 및 임무수행시 포함될 사항으로 선발경호활동이다.

정답 42. ① 43. ① 44. ②

45. 근접경호의 도보대형 형성 시 고려사항이 아닌 것은? (20회)

① 인적 취약요소와의 이격도　　② 행사장의 안전도
③ 경호행사의 성격　　　　　　④ 경호원의 성향과 근접경호의 수준

> **해설** 경호원의 성향 → 경호대상자의 성향, 근접경호의 수준 → 행사장 사전예방경호 수준

46. 근접경호 도보대형을 검토할 때 고려 사항이 아닌 것은? (21회)

① 경호대상자의 성향　　　　② 행사장의 취약요인
③ 비상시 최기병원 위치　　　④ 공식, 비공식행사 등 행사 성격

> **해설** ③ 차량경호시 고려사항이다.

47. 행사장내 경호대상자를 근접경호할 때 도보대형 형성에 관해 고려해야 할 사항으로 옳지 않은 것은? (23회)

① 행사의 형태와 종류　　　　② 경찰관서의 수와 위치
③ 경호대상자의 노출시간　　　④ 인적 취약요소와의 갭(gap)

> **해설** 경찰관서의 수와 위치는 고려사항이 아니다.

48. 도보대형 형성 시 고려사항은 모두 몇 개인가? (24회)

| • 행사장의 안전도 | • 선발경호의 수준 | • 행사의 성격 |
| • 참석자의 성향 | • 경호대상자의 취향 | • 근접경호원의 인원수 |

① 3개　　　　　　　　　　② 4개
③ 5개　　　　　　　　　　④ 6개

> **해설** 전부 해당된다.

49. 에스컬레이터 이용 시 도보대형에 관한 설명으로 옳지 않은 것은? (16회)

① 전방 근무자는 이동로를 확보하여 에스컬레이터에서도 이동시간을 단축시킬 수 있도록 한다.
② 이동속도가 느리기 때문에 우발상황 시 신속하게 대피하기가 어려운 면이 있다.
③ 계단이나 엘리베이터로 이동하는 것보다는 상대적으로 안전하다.
④ 될 수 있는 한 걸음을 멈추지 않고 이동하는 것이 바람직하다.

> **해설** 에스컬레이터는 사방이 노출되어 가급적 계단이나 엘리베이터로 이동하는 것이 안전하다.

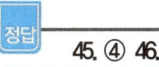

정답 45. ④　46. ③　47. ②　48. ④　49. ③

50. 근접경호에서 경호대상자가 엘리베이터에 탑승할 경우의 경호기법에 관한 설명으로 옳지 않은 것은?

(17회)

① 가능한 한 별도의 전용 엘리베이터를 이용한다.
② 경호대상자를 먼저 신속히 탑승시킨 후 경호원은 내부안쪽에 방호벽을 형성하고 경호대상자를 엘리베이터 문 가까이 위치하도록 하여야 한다.
③ 전용 엘리베이터는 이동층 표시등, 문의 작동속도, 작동상 이상유무를 점검해 두어야 한다.
④ 엘리베이터를 타고 내리는 지점과 경비구역을 사전에 철저히 점검해야 한다.

해설 승강기(엘리베이터) 탑승시 경호
- 가능한 한 별도의 전용승강기를 이용한다.
- 전용승강기는 사전에 이동층 표시등, 문의 자동개폐 속도, 비상시 작동버튼, 이동속도, 창문여부, 정원, 비상용 전화기설치여부, 작동상 이상유무를 점검해 두어야 한다.
- 문이 열렸을 때 경호대상자가 외부인 시야에 바로 노출되지 않는 지점에 위치토록 한다.
- 탑승시 경호원이 먼저 내부를 점검확인 후 목표 층을 누르면 경호대상자를 내부안쪽 모서리부분에 탑승시킨 후 방벽을 형성 경계에 임한다.

51. 경호대상자가 완전히 경호원에 의해 둘러싸여 있는 인상을 주게 되어 대외적인 이미지는 안 좋을 수 있으나 경호효과가 높은 대형은?

(18회)

① V자 대형
② 일렬 대형
③ 쐐기 대형
④ 원형 대형

해설 ① **V자대형** : 외부로부터의 위협이 없다고 판단되거나 안전이 확보된 행사장 입장 시와 같이 주빈인 경호대상자가 바로 스포트라이트를 받도록 할 경우에 사용되는 대형
② **일렬 대형**
- 1인대형 : 취약요소가 거의 없는 안전이 확보된 장소에서의 경호방식
- 2인대형 : 안전한 지역에서 취할 수 있는 대형으로, 좁은 실내나 복잡한 장소 이동시에 적합, 기본적으로 경호대상자의 전방과 후방에서 경계제공
③ **쐐기 대형** : 안전한 지역이지만 좌측이나 우측에서 위험요소와 조우할 가능성이 있을 경우 사용하는 대형 전방에 1인을 두고 경호대상자의 측방이나 후방에 위치하는 대형

52. 아래 설명하는 근접경호 대형은?

(19회)

> 외부로부터 위험이 없다고 판단되며 안전이 확보된 행사장 입장시와 대외적인 이미지를 중시하는 경호대상자에게 적합한 도보대형

① 마름모 대형
② V자(역쐐기)대형
③ 원형 대형
④ 쐐기 대형

해설 V자(역쐐기)대형
외부로부터 위험이 없다고 판단되거나 안전이 확보된 행사장 입장 시와 같이 주빈인 경호대상자가 바로 스포트라이트를 받도록 할 경우에 사용되는 대형

정답 50. ② 51. ④ 52. ②

53. 3명의 경호원이 의뢰자로부터 근접경호를 의뢰받아 업무를 수행하게 되었다. 다음 중 옳게 수행한 자는? (단, 각 경호대상자는 다르며, 경호원은 1인 단독경호로 한다.) (20회)

> A경호원은 시민의 불편을 초래하지 않는 범위 내에서 자신의 활동공간을 확보하며 근접경호를 수행하였고, B경호원은 엘리베이터 안에서 신속한 이동을 위하여 경호대상자를 자신 앞의 출입문 쪽에 위치하게 하였다. C경호원은 우발상황이 발생하여 자신의 대피보다 경호대상자의 대피를 최우선으로 실시하였다.

① A
② A, C
③ B, C
④ A, B, C

해설 A와 C 경호원은 올바른 근접경호임무 수행이며, B경호원은 엘리베이터 탑승시 근접경호는 문이 열렸을 때 경호대상자가 외부인 시야에 바로 노출되지 않도록 내부 안쪽 모서리부분에 탑승시킨 후 방벽형성 경계에 임하여야 한다.

54. 다음에서 설명하는 경호의 방호대형은? (24회)

> - 위해의 징후가 현저하거나 직접적인 위해가 가해졌을 때 형성하는 방어대형
> - 경호원들이 강력한 스크럼을 형성하여 경호대상자를 에워싸는 형태로 보호하면서 군중 속을 헤치고 나가기 위한 방법

① 개방 대형
② 함몰 대형
③ 일렬 세로대형
④ 방어적 원형대형

해설 방호대형

밀착대형	근무자의 사주경계가 어려운 옥외행사시나 위해기도가 예상되는 상황에서 좁은 안전구역(경호막)유지가 필요할 때 취하는 대형
개방대형	안전이 확보된 옥내행사 또는 노출로 인한 경호적 부담이 적은 행사장에서 취할 수 있는 대형, 경호대상자의 노출이 확대됨으로 안정적 측면에서 불리한 단점이 있다.
함몰대형	우발상황시 경호대상자를 밀착방호하거나 수류탄 등 폭발물에 의한 공격을 받았을 경우 경호대상자를 육탄방호하기 위한 대형
일렬대형	복도나 통로 등 좁은 공간에서 신속한 이동에 유리한 대형, 통제가 용이하여 정면 공격에 대한 방어는 유리하나, 시야확보와 대응화력에는 불리하다.
방어적 원형대형	경호행사시 경호대상자가 군중속에 갇히게 되어 최소안전구역 확보 실패로 현장이탈을 시도할 때 사용하는 대형, 경호원들이 강력한 스크럼을 형성하여 각자 왼쪽 경호원의 벨트 뒤쪽을 꽉 잡아 인간고리를 형성 하여 경호대상자 보호한다.

정답 53. ② 54. ④

55. 차량경호기법에 관한 설명으로 옳지 않은 것은? (14회)

① 승차시 차량은 안전점검 후 시동이 걸린 상태에서 대기한다.
② 주행시 경호대상자의 신속한 대피를 위해 차문을 잠그지 않도록 한다.
③ 하차지점에 도착하기 위한 접근로는 가능한 변경하는 것이 좋다.
④ 주차장소는 자주 변경하는 것이 좋으며, 특히 야간에는 밝은 곳에 주차한다.

해설 ② 경호대상자의 차량 운행시 차문은 항상 잠가 두어야 한다.

56. 차량경호 계획 시 사전준비 사항이 아닌 것은? (15회)

① 행차로 및 환차로 선택
② 행사장내 취약요소 확인
③ 대피소 및 최기병원 선정
④ 주도로 및 예비도로의 선정

해설 차량경호시 고려사항
차량 차종선택, 행·환차로 선택, 주·예비코스 선정, 비상대피소 및 최기병원 선정, 차량대형의 결정 등
② 근접도보대형 시 고려사항이다.

57. 경호차량 선정방법으로 옳지 않은 것은? (16회)

① 경호대상자의 권위를 고려하여 최고급 차종의 차량을 선정한다.
② 방향전환이 쉽고 엔진의 성능과 가속장치가 좋은 차량을 선정한다.
③ 차체가 강하고 방탄능력이 있는 차량을 선정한다.
④ 경호대상자의 차량과 성능·모양이 비슷한 차량을 선정한다.

해설 경호차량 선정
- 방향전환이 쉽고 엔진의 성능과 가속장치가 좋은 차량
- 차체가 강하고 무선통신장비와 방탄능력을 갖추어야 한다.
- 경호대상자의 차량과 경호차량은 성능과 모양이 비슷해야 한다.
- 외부시선을 집중시키지 않아야 한다.
- 차체가 지나치게 무거워 기동력과 제동력이 떨어지지 않아야 한다.

58. 기동경호대형 중 차량대형 결정시 고려사항이 아닌 것은? (16회)

① 도로 및 교통상황
② 행사장의 주차장 운용계획
③ 경호대상자의 성향
④ 행사 성격

해설 차량대형 결정시 고려사항
행사 성격, 위협의 정도, 도로 상황, 교통상황, 경호대상자의 성향 등

정답 55. ② 56. ② 57. ① 58. ②

59. 차량경호업무 내용으로 옳지 않은 것은? (17회)

① 차량이동 시 속도를 평상시보다 빠르게 하는 것이 경호에 유리한 여건을 조성한다.
② 차량이 하차지점에 도착하면 제일 먼저 차량 문을 개방하여 경호대상자가 하차하도록 해야 한다.
③ 경호책임자는 경호대상자 승·하차시 차량문의 개폐와 잠금장치를 통제한다.
④ 운전요원은 경호대상자가 하차 후 안전한 곳으로 이동시까지 차량에 대기해야 한다.

해설 차량이 하차지점에 도착하면 선도경호원이 신속히 하차 경호대상자 차량의 문에서 주위경계를, 다른 경호원들도 경호대상자 차량 전후좌우에서 경계임무를 수행하고, 경호대상자와 동승한 경호팀장이 주위상황에 위해요소 없다고 판단 시 잠금장치 해제 후 경호대상자를 하차시킨다.

60. 차량경호에 관한 설명으로 옳지 않은 것은? (18회)

① 주차장소는 가능한 한 자주 변경하며 야간주차시 위해기도자로부터 은닉하기 위해 어두운 곳에 주차한다.
② 차량이 주행 중일 때보다 정차 시에 경호상 위험도가 증가한다.
③ 경호대상자 차량은 선도차량과 일정간격을 유지하며 유사시 선도차량과 같은 방향으로 대피한다.
④ 주도로를 사용할 수 없는 우발상황에 대비하여 예비도로를 선정한다.

해설 ① 차량 기동간 근접경호 시 주차장소는 가능한 한 자주 변경하며 특히 야간에는 밝은 장소에 주차하여야 한다.

61. 경호차량 운전요원 준수사항으로 옳은 것은? (18회)

① 규칙적인 출발과 도착시간을 준수한다.
② 위기상황 시에는 대피를 위하여 창문과 문을 열어둔다.
③ 연료주입구는 항상 잠겨 있도록 해야 한다.
④ 차의 후면이 출입로를 향하게 하여 경호대상자가 바로 탑승할 수 있도록 한다.

해설 ① 규칙적인 출발과 도착시간 준수는 도리어 위해기도자에게 취약요소를 제공할 우려가 있어 위해기도자의 심리적 상태를 이용하여 시간을 앞당긴 기동 및 도착이 효과적이다.
② 주행중은 물론 주차 시에도 차량문이나 창문을 열어놓지 않는다.
④ 차의 정면이 출입로를 향하게 하여 경호대상자가 바로 탑승할 수 있도록 한다.

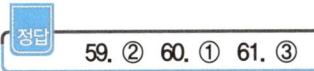
59. ② 60. ① 61. ③

62. 기동간 경호대책의 원칙에 관한 내용으로 옳은 것은? (19회)

① 적절한 차량대형을 형성하여 방어태세를 유지한다.
② 교통흐름에 맞게 자연스런 차량운행을 한다.
③ 저격에 대비하여 혼잡하거나 곡선인 도로를 이용한다.
④ 기동간 경계력 분산을 방지하기 위해 전방 경계에 집중한다.

해설 ② 교통흐름에 맞춘 경호차량 운행은 위험요소에 노출되기 쉬우므로 가능하면 기만기동과 무정차기동으로 적에게 공격기회를 주지 말아야 한다.
③ 기동로는 가급적 교통의 흐름이 원활한 최단거리의 대로를 사용하는 것이 바람직하고, 교통이 혼잡하거나 곡선도로 등이 많은 도로는 피한다.
④ 경호대상자 차량을 중심으로 선도경호차량, 후미경호차량, 경호대상자 예비차량, 경호예비차량으로 대형을 이루어 전후측방에 대한 경계에 만전을 기한다.

63. 경호차량 운용에 관한 설명으로 옳지 않은 것은? (20회)

① 주차 장소는 자주 변경하는 것이 좋다.
② 야간에는 차량을 밝은 곳에 주차한다.
③ 규칙적인 출발 및 도착시간을 가능한 한 피한다.
④ 주차차량의 후면부가 차량출입로를 향하게 주차한다.

해설 ④ 신속한 이동을 위해 출발시 대형(차량 전면부가 출입로 방향)으로 주차하여야 한다.

64. 선도경호차량 – VIP차량 – 후미경호차량으로 구성된 차량대형에서 선도경호 차량의 역할이 아닌 것은? (21회)

① 전방 교통 및 도로상황을 전파한다.
② 행차코스 개척 및 차량대형을 선도한다.
③ 선도경호차량이 기동 간 이동지휘소 역할을 한다.
④ 계획된 시간에 목적지에 도착할 수 있도록 속도를 조절한다.

해설 기동경호 기본대형 (선도경호차 – 경호대상자차 – 후미경호차)
- 선도경호차 : 대형을 리드, 계획된 시간에 목적지 도착토록 속도조절, 주행 간 전방 상황에 대처 주행 간 반대방향의 차량공격에 대비, 경호대상자차보다 차폭의 1/2만큼 좌측 주행
- 후미경호차 : 기동 간 이동지휘소 역할, 팀장은 앞좌석 우측에 탑승 대형운용 및 속도 통제·지휘, 경호요원이나 의료진의 이동수단으로 비상시에는 VIP 예비차량 임무 수행, 기동 간 일반차량의 끼어들기나 차량공격 등을 막아주는 방어수단

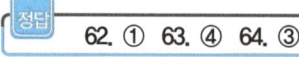

65. 경호차량에 관한 설명으로 옳지 않은 것은? (21회)

① 경호차량은 외부의 시선을 집중시키는 차종이나 색상은 지양한다.
② 경호차는 경호대상자 차량의 성능에 필적할 만한 차량을 선정한다.
③ 승하차가 용이하며, 튼튼한 차체와 높은 가속력을 갖춘 차량을 선정한다.
④ 기만효과를 달성하기 위해 경호대상자 차량과 다른 차종을 선정한다.

해설 경호차량 선정
- 경호차는 경호대상자 차량의 성능에 필적할 만한 차량을 선정한다.
- 경호대상자 차량과 경호차량도 외부의 시선을 집중시키는 차종이나 색상은 지양한다.
- 경호목적에 맞는 차종으로 선택, 승하차가 용이하고 튼튼한 차체와 가속력을 갖추어야 한다.
- 기만효과를 거두기 위해 경호대상자의 차량과 동종의 차종을 선택하는 것이 바람직하다.
  (특히 후미 경호 차량은 고장시 VIP 예비차량 임무수행을 위해 같은 차종을 선정)
- 우발상황 발생시 긴급한 회피기동을 할 수 있는 엔진성능과 기동력을 갖춘 차량으로 선정한다.

66. 차량경호에 관한 설명으로 옳지 않은 것은? (22회)

① 경호 차량으로 방호대형을 형성하여 경호대상자 차량을 보호하기 위한 경호활동이다.
② 기동 간 경호대상자 차량과 경호 차량 사이에 다른 차량이 끼어들지 못하도록 차량 간격을 유지한다.
③ 교차로, 곡각지 등을 기동할 때와 같이 속도를 줄여야 하는 상황은 경호원이 방어하기 가장 좋은 여건을 제공하게 된다.
④ 경호대상자 차량의 문은 급하게 열지 않도록 하고, 경호원이 정위치 상태에서 주변에 위험요소가 없는 것이 확인되고 난 후에 개방한다.

해설 ③ 이동로상 교차로나 모퉁이 등에서는 서행하거나 정차할 수 밖에 없는 상황적 취약성을 안고 있다.

67. 차량경호에 관한 설명으로 옳은 것은? (23회)

① 운전요원은 경호대상자의 위험지역 하차 후 즉시 그 지역을 신속히 벗어나야 한다.
② 같은 방향으로 2대의 경호차량이 교차로에 진입 시 방호차원에서 우측 경호차량이 우선 통과해야 한다.
③ 공격받을 위험성은 정차하고 있는 차량보다 주행하고 있는 차량이 더 높다.
④ 근접도보경호에 비해 차량경호는 위해자가 범행을 가할 수 있는 기회가 더욱 많다.

해설 ① 운전자는 경호대상자가 하차 후 경호대상자가 건물 안으로 안전하게 도착할 때까지 운전석에서 대기하며 즉시 출발할 수 있도록 차의 정면이 출입로를 향하게 하여 안전하게 주차한다.
③ 차량은 주행 중일 때보다 정차 시에 경호 상 위험도가 증가한다.
④ 근접도보경호는 차량이동 등에 비해 이동속도가 느리기 때문에 자연히 외부에 노출되는 시간이 길어 위해자가 위해를 가할 수 있는 기회가 많아진다.

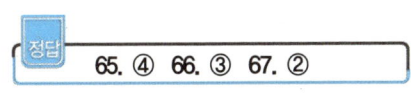

65. ④ 66. ③ 67. ②

68. 차량경호에 관한 일반적인 상황에 관한 내용이다. 다음 차량의 순서(앞-중간-뒤)로 옳은 것은? (24회)

> A차량: 기동간 경호대상자 차량의 방호업무와 경호지휘 업무를 수행하고 있다.
> B차량: 비상사태 시 비상도로를 확보하고 전방에 나타나는 각종 상황에 대한 경계업무를 수행한다.
> C차량: 선도차량과 일정한 간격을 유지하고 유사시 선도차량과 같은 방향으로 대피하며, 경호대상자의 최안전을 위해 문은 잠가 둔다.

① A - B - C
② A - C - B
③ B - C - A
④ C - A - B

해설 기본대형 차량별 임무
- **선도경호차량**(B) : 주행노선을 안내하며 전방의 각종 상황에 대한 경계임무 수행
- **경호대상자 차량**(C) : 선도경호차량과 일정한 간격을 유지하면서 이상 유무를 각 차량 책임자에게 무선연락을 취하고, 유사시 선도경호차량과 같은 방향으로 대피
- **후미차량**(A) : 차선을 바꿔가며 후미에서 접근차량 통제, 추월방지 및 경호차량 방호와 경호지휘업무 수행

69. 행사장 공경호 임무수행 요령에 관한 설명으로 옳지 않은 것은? (15회)

① 정문 근무자는 초청장 등을 확인하고 거동수상자를 검문검색한다.
② 국민의례 등에 참여하지 않고 군중경계에 전념하여 돌발사태 대비 자세를 갖춘다.
③ 돌발사태 대비, 비상통로 확보, 소방차, 구급차 등을 대기시킨다.
④ 외곽경비시는 행사장 주변의 취약요소를 봉쇄감시하고 참석자들의 비표패용 여부를 확인한다.

해설 ④ 내부(안전구역) 경비 근무 중 출입 통제 근무자의 임무이다.

70. 행사장 비상대책 수립시 우선적으로 고려해야 하는 요소가 아닌 것은? (19회)

① 비상장비 ② 비상통로
③ 비상대피소 ④ 비상대기차량

해설 비상대책
비상대책이란 행사장에서 예상되는 위해행위와 시위나 소란행위, 화재나 정전 등 경호행사의 정상적인 진행에 영향을 줄 수 있는 다양한 우발상황에 즉각 대처할 수 있는 수단을 말한다.

비상대피계획	위험이 발생한 현장을 신속히 벗어나 안전한 곳으로 피신하기 위한 계획 (비상대피로, 비상대피소, 비상대기 차량, 예비도로 등)
비상대응계획	정전·화재 등으로 인한 위험상황이 발생 시 그 원인을 제거하고 수습하기 위한 계획 (소방대책, 전기대책, 구조대책, 구급대책 등)

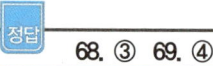
68. ③ 69. ④ 70. ①

71. 비상대책의 내용으로 옳지 않은 것은? (21회)

① 행사장에는 비상대피소를 준비한다.
② 상황에 따른 대피계획은 사전에 결정한다.
③ 비상통로의 출구에는 예비차량을 대기시켜 놓는다.
④ 비상대피계획은 위험상황 발생 시 원인을 제거하기 위한 계획이다.

해설 ④ 비상대응계획에 관한 설명이다.

72. 숙소경호에 관한 설명으로 옳지 않은 것은? (14회)

① 주민들의 불편을 최소화하기 위해 인근 주민들은 경계대상에서 제외한다.
② 호텔 유숙시 위해물 은닉이나 위장침투 등이 가능하기 때문에 일반인, 호텔업무 종사자 등의 위해기도에 대비한 안전대책이 필요하다.
③ 호텔 등 유숙지의 시설물은 일반 업무용 숙박시설 기능을 가지고 있기 때문에 경호적 방어에 취약하다.
④ 주변 민가지역내 위해분자 은거, 감제고지의 불순분자 은신, 숙소주변 차량, 행·환차로 등의 위해요소를 확인한다.

해설 ① 완벽한 경호를 위해서는 인근 주민들도 경계대상에 포함시켜야 한다.

73. 출입자 통제대책에 관한 설명으로 옳지 않은 것은? (14회)

① 행사장 안전확보와 참석인원 등에 안전조치 수단으로서 중요한 것은 비표운용과 금속탐지기 또는 X-ray 검색기를 통한 검색활동이다.
② 비표는 식별이 용이하도록 선명하여야 하며, 위조 또는 복제를 고려하여 복잡하게 제작한다.
③ 인적·물적 출입요소의 이상유무 및 위해물품 반입여부 판단을 위해 금속탐지기를 통한 검색활동을 강화해야 한다.
④ 경호원은 최신 불법무기와 사제 폭발물 제작 및 유통정보에도 정통하여야 한다.

해설 ② 비표는 식별이 용이하도록 간단하면서도 선명해야 한다.

74. 출입자 통제대책에 관한 설명으로 옳지 않은 것은? (17회)

① 경호구역을 설정하여 행사와 무관한 사람의 출입을 차단한다.
② 비표를 운용하여 모든 출입요소의 인가여부를 확인한다.
③ 금속탐지기를 운용하여 위해요소의 반입을 차단한다.
④ 비표는 식별이 용이하도록 선명하여야 하고, 구역의 구분 없이 동일하게 제작·운용한다.

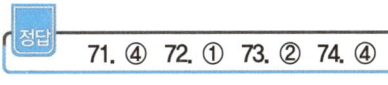

↳해설 ④ 비표는 모양이나 색상이 원거리에서도 식별이 용이하도록 단순하고 선명하게 제작하여야 하며 비표의 종류는 적을수록 좋고 행사지역 구역별로 그 색상을 달리하면 식별 및 통제가 용이하다.

75. 출입통제 담당자의 책임 업무로 옳은 것은? (18회)

① 출입차량 검색 및 지정장소 안내　② 지하대피 시설 점검 및 확보
③ 구역별 비표구분　　　　　　　　④ 병력운용계획 수립

↳해설 ① 승·하차 및 정문담당업무,
　　② 행사장 외부담당업무,
　　④ 작전담당업무,
　　※ **출입통제담당자의 책임업무**
　　　참석대상·구역별 비표구분, 시차별 입장계획, MD·비표설치 장소, 중간집결지 운용, 주차장 운용, 상주자와 민원인대책, 야간근무자 통제계획

76. 출입자 통제대책의 방침에 관한 설명으로 옳은 것은 모두 몇 개인가? (18회)

- 행사장내 모든 인적·물적요소의 인가 여부를 확인한다.
- 모든 출입요소는 지정된 출입통로를 사용하고 기타 통로는 폐쇄한다.
- 출입통로 선정 및 일괄입장 계획을 수립하여 통제가 용이하도록 한다.
- 출입증은 전 참가자에게 운용함을 원칙으로 하되, 행사성격을 고려하여 일부 제한된 행사에서는 지침에 의거 출입증을 운용하지 않을 수 있다.
- 검색은 육감에 의한 방법으로 출입요소를 대상으로 실시하고 경호대상자와 수행원은 예외로 한다.

① 2개　　　　　　　　　　　　② 3개
③ 4개　　　　　　　　　　　　④ 5개

↳해설 • 대규모 행사시에는 참석대상별, 지정좌석별 구분, 출입통로 지정 및 시차입장계획을 수립하여 통제가 용이하도록 한다. (일괄입장 계획은 통제 곤란)
　　• 검색은 MD, 휴대용 금속탐지기, 육안·촉수검사, 오관의 작용 등을 이용하여 모든 출입자 및 물품에 대해 실시하고 예외를 불용함을 원칙으로 한다.

77. 행사장 출입통제에 관한 설명으로 옳은 것은? (18회)

① 각 구역별 출입통로를 다양화하여 통제의 범위를 정한다.
② 1선(안전구역)은 모든 출입요소의 1차 통제점이 되어야 한다.
③ 1선(안전구역)은 행사와 무관한 사람들의 행사장 출입을 통제 또는 제한한다.
④ 2선(경비구역)은 출입구에 금속탐지기 등을 설치하여 출입자와 반입물품을 확인한다.

75. ③　76. ②　77. ③

해설 ① 각 구역별로 가능한 한 출입구를 단일화하거나 최소화하여 출입자를 확인하고 통제한다.
② 2선(경비구역)은 행사참석자를 비롯한 모든 출입요소의 1차 통제점이 되어야 한다.
④ 1선(안전구역)은 출입구에 금속탐지기 등을 설치하여 출입자와 반입물품을 확인한다.

78. 출입자 통제업무 내용으로 옳지 않은 것은? (19회)

① 인적 출입관리는 행사장의 모든 출입구에 대한 검색이나 수상한 자의 색출을 목적으로 한다.
② 비표는 식별이 어렵게 하여 보안성을 강화한다.
③ 참석자가 시차별로 지정된 출입통로를 통하여 입장토록 한다.
④ 모든 출입요소는 출입통로를 사용하여야 하며 기타 통로는 폐쇄한다.

해설 비표는 모양이나 색상이 원거리에서도 식별이 용이하도록 단순하고 선명하게 제작하여 사용함으로써 경호조치의 효율성을 증대시키고, 재생이나 복제가 되지 않아야 한다.

79. 다음을 총칭하는 개념은? (20회)

| 출입통로 지정, 시차입장, 본인여부 확인, 비표 운용, 검문검색, 주차관리 |

① 수행경호 ② 안전검측
③ 출입통제 ④ 안전조사

해설 출입자 통제대책에 관한 내용이다.

80. 출입자 통제대책에 관한 설명으로 옳지 않은 것은? (20회)

① 보안성 강화를 위해 리본, 조끼, 넥타이를 비표로 운용하지 않는다.
② 출입자의 위해 가능 물품의 보관을 위해 물품보관소를 운용한다.
③ 행사장 내 모든 출입요소에 대해서는 인가된 인원의 본인여부를 확인해야 한다.
④ 주차관리는 참석자들의 불편 최소화, 입·퇴장 질서유지 등을 고려한다.

해설 비표의 종류에는 리본, 배지(Badge), 명찰, 완장, 모자, 조끼, 승차입장카드 및 스티커 등이 있으며, 비표는 대상과 용도에 맞게 적절히 운용한다.

81. 출입자 통제업무 수행에 관한 설명으로 옳지 않은 것은? (20회)

① 출입통로는 가능한 단일화 또는 최소화하도록 한다.
② 지연 참석자에 대해서는 검색 후 출입을 허용하지 않도록 한다.
③ 참석자의 지위, 참석자 수 등을 고려하여 시차입장 계획을 수립한다.
④ 행사장 및 행사규모에 따라 참석대상별 주차지역을 구분하여 설정한다.

78. ② 79. ③ 80. ① 81. ②

↘**해설** ② 모든 행사참석자는 행사시작 15분 전까지 입장 완료토록 하며, 지연 참석한 사람도 검색 후 별도로 지정된 통로로 출입을 허용한다.

82. 선발경호업무 시 출입통제에 관한 설명으로 옳지 않은 것은? (21회)

① 출입통제 효과를 극대화하기 위하여 출입구를 다양화 한다.
② 안전구역은 행사와 무관한 사람들의 행사장 출입을 통제 또는 제한해야 한다.
③ 경호구역 설정에 따라 각 통제의 범위를 결정한다.
④ 2선 경비구역은 모든 출입요소에 대한 실질적인 1차 통제점이 된다.

↘**해설** 행사장에 대한 출입통제는 행사자의 안전을 확보하기 위한 가장 기본적인 경호조치로 우선적으로 3선 경호개념에 의거한 경호구역의 설정에 따라 각 구역별 통제의 범위를 정한다.
특히, 1선인 안전구역은 행사와 무관한 사람들의 행사장 출입을 통제 또는 제한하고, 그 효과를 극대화하기 위해서 가능한 한 출입구를 단일화하거나 최소화하여 출입자들을 확인하고 통제한다. 출입구에는 금속탐지기 등을 설치하여 출입자와 반입물품을 확인한다.
2선인 경비구역은 행사참석자를 비롯한 모든 출입요소의 1차 통제점이 되어 상근자 이외에 용무가 없는 사람들의 출입을 가급적 제한한다.

83. 출입자 통제 방법에 관한 설명으로 옳지 않은 것은? (21회)

① 출입증은 모든 참가자에게 운용함을 원칙으로 한다.
② 모든 출입요소는 지정된 출입통로를 사용하며 기타 통로는 폐쇄한다.
③ 대규모 행사 시 참석대상과 좌석을 구분하지 않고 시차입장계획을 수립한다.
④ 행사장 내 출입요소에 대해서는 인가된 인원 및 인가차량 여부를 확인한다.

↘**해설** 참석자 입장계획은 철저한 신분확인 및 검색과 직결된 문제로, 시차별 입장계획과 출입구별 인원 배분계획을 수립하여, 내부 참석위치에 따라 출입구를 지정하여 동선이 서로 교차하지 않도록 조정한다.

84. 출입자 통제에 관한 설명으로 옳은 것은? (22회)

① 행사장의 허가되지 않은 출입요소를 발견하여 통제·관리하는 사전예방차원의 경호방법이다.
② 지연참석자에 대해서는 검색 후 출입을 허용하지 않는다.
③ 금속탐지기 검색을 통하여 위해요소의 침투를 차단하고, 비표를 운용하여 인가자의 출입을 통제한다.
④ 행사와 무관한 사람들의 행사장 출입을 통제하고 그 효과를 극대화하기 위해서 다양한 통로를 통해 출입자를 확인한다.

정답 82. ① 83. ③ 84. ①

↳**해설** ② 지연참석자는 검색 후 별도로 지정된 통로로 출입을 허용한다.
　　　　③ 인적위해요소에 대한 통제는 입장 및 주차계획, 본인여부 확인 및 비표운용, 금속탐지기 운용을 통하여 불순분자의 침투 및 접근을 차단하고 불순한 의도로 사용될 물적위해요소가 반입되지 못하도록 통제한다.
　　　　④ 행사와 무관한 사람들의 행사장 출입을 통제하고 그 효과를 극대화하기 위해서 가능한 한 출입구를 단일화하거나 최소화하여 출입자들을 확인하고 통제한다.

85. 출입자 통제대책에 관한 설명으로 옳지 않은 것은? (22회)

① 출입자 통제업무 시 지정된 통로를 사용하고 기타 통로는 폐쇄한다.
② 주차계획은 입장계획과 연계하여 주차동선과 입장동선에 혼잡상황이 발생하지 않도록 한다.
③ 참석자 통제에 따른 취약요소를 판단함에 있어 경호 기관의 입장에서 행사장의 혼잡을 방지할 수 있는 방안을 강구한다.
④ 비표 운용 시 명찰이나 리본은 모든 구역의 색상을 단일화하여 식별이 용이하도록 하면 효과적이다.

↳**해설** 비표 운용 시 행사참석자를 위한 명찰이나 리본은 구역별로 그 색상을 달리하여 식별 및 통제가 용이하도록 하면 효과적이다.

86. 출입자 통제업무 수행에 관한 설명으로 옳은 것은? (22회)

① 3중경호에 의거한 경호구역의 설정에 따라 각 구역별 통제의 범위를 결정한다.
② 안전구역은 행사참석자를 비롯한 모든 출입요소의 1차 통제지점이 된다.
③ 대규모 행사 시 참석대상과 좌석을 구분하지 않고 시차입장계획을 수립한다.
④ 행사장 및 행사 규모에 따라 참석 대상별 주차지역을 구분·운용하지 않는다.

↳**해설** ② 2선인 경비구역은 행사참석자를 비롯한 모든 출입요소의 1차 통제지점이 된다.
　　　　③ 차량출입문과 행사참석자의 도보출입문을 구분하여 시차별 입장계획을 수립한다.
　　　　④ 주차계획은 입장계획과 연계하여, 주차장별로 승차입장카드를 구분 운용한다.

87. 행사경호 시 차량통제에 관한 설명으로 옳지 않은 것은? (23회)

① 입장계획과 연계하여 운영되어야 한다.
② 주차장별로 승차입장카드를 구분한다.
③ 금속탐지기를 이용하여 탑승한 출입자를 차내에서 검측한다.
④ 행사장 주변 주차장이 충분하지 않을 경우 중간집결지를 운영한다.

↳**해설** ③ 금속탐지기 운용은 행사장의 배치, 행사장의 규모와 성향 등을 고려하여 통제가 용이하고 공간이 확보된 장소에 설치 운용하는데 개인별로 검측하는 것이 원칙인데 만약 차량에 탑승한 출입자를 검측할 상황이라면 승차자 전원을 하차시켜 금속탐지기로 검측하고 차량은 내부 및 차량하부 등을 철저히 검측하여야 한다.

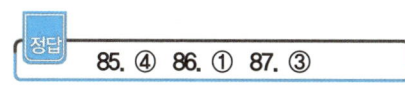

정답 85. ④　86. ①　87. ③

88. 출입통제 담당자의 업무로 옳지 않은 것은? (23회)

① 참석대상의 입장계획을 세운다.
② 비상계획 및 일반예비대를 운용한다.
③ 출입구의 원활한 소통을 위해 출입통로를 지정한다.
④ 위해기도자와 위험물품 확인을 위한 검문검색을 한다.

해설 ② 비상계획 및 일반예비대 운용방법 강구는 안전대책 담당자의 업무이다.

89. 출입자 통제에 관한 설명으로 옳은 것은? (24회)

① 안전구역 설정권 내에 출입하는 인적·물적 제반 요소에 대한 안전활동을 말한다.
② 오관에 의한 검색은 지양하고, 문형 금속탐지기와 휴대용 금속탐지기 등 기계에 의한 검색을 실시한다.
③ 참석자들의 안전을 고려하여 모든 출입통로를 사용하여 출입통제를 실시한다.
④ 행사장으로부터 연도경호의 안전거리를 벗어난 주차장일지라도 통제범위에 포함시켜 운영한다.

해설 ② 금속탐지기가 비교적 정확하기는 하지만 오작동이나 오차가 생길 수 있으므로 금속탐지기에 전적으로 의존해서는 안 되고, 근무자의 오관과 육감을 이용한 감시활동에 만전을 기하여야 한다.
③ 모든 출입요소는 지정된 출입통로를 사용하며 기타 통로는 폐쇄한다.
④ 출입통제란 안전구역 설정권 내에 출입하는 인적·물적 제반요소에 대한 안전활동을 말하므로 연도경호의 안전거리를 벗어난 지역의 경우는 통제범위에 해당되지 않는다.

90. 출입자 통제업무에 관한 설명으로 옳지 않은 것은? (24회)

① 인적 출입관리는 행사장의 모든 출입구에 대한 검색이나 수상한 자의 색출을 목적으로 한다.
② 지연참석자에 대해서는 검색 후 별도 지정된 통로로 출입을 허용한다.
③ 참석자가 시차별로 지정된 출입통로를 통하여 입장하도록 한다.
④ 출입통로지정은 구역별 통로를 다양화하여 통제의 범위를 넓혀 관리의 효율성을 높인다.

해설 ④ 출입통로지정은 가능한 한 단일통로를 원칙으로 하되 행사장 구조, 참가자 수나 성분 등을 고려하여 수개의 출입통로를 지정하여 불편을 최소화 할 수 있으나 통제의 범위는 가능한 좁혀야 관리의 효율성을 높일 수 있다.

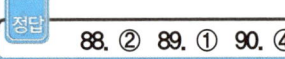

88. ② 89. ① 90. ④

91. 출입자 통제업무에 관한 설명으로 옳지 않은 것은? (16회)

① 지연 참석자에 대해서는 검색 후 별도 지정된 통로로 출입을 허용한다.
② 안내요원은 행사 주최측 요원으로 지정하도록 조정·통제한다.
③ 행사장 및 행사 규모에 따라 참석 대상별 주차지역을 구분하여 선정하고, 본대 주차지역은 행사참석자 주차장을 이용한다.
④ 출입통로는 가능한 한 단일 통로를 원칙으로 한다.

↘해설 ③ 행사장 및 행사규모에 따라 참석대상별 주차지역을 구분하여 선정하고, 경호대상자의 주차지역은 별도 확보하여 운용한다.

92. 폭발사고 방지대책에 관한 설명으로 옳은 것은? (14회)

① 사제폭발물은 규격화된 형태로 제작되기 때문에 검색이 용이하다.
② 폭발물이 외부에서 내부로 유입될 수도 있으므로 환기구, 채광창은 열려 있어야 한다.
③ 폭탄은 차량에 의해 전달되거나 차량에 남겨지는 경우가 많기 때문에 주차는 엄격히 통제되어야 한다.
④ 보일러실, 승강기 통제실 등의 접근통로는 미사용시에도 긴급상황에 대비하여 열려져 있어야 한다.

↘해설 ① 사제폭발물은 특정형태 및 규격이 없고 사용자의 필요형태로 제작되므로 검측이 쉽지 않다.
② 폭발물이 외부에서 내부로 유입될 수도 있으므로 환기구, 채광창은 잠금상태에 있어야 한다.
④ 보일러실, 승강기 통제실 등의 접근통로는 안전검측을 마친 후 잠긴 상태를 유지한다.

93. 우발상황 대응기법에 관한 설명으로 옳지 않은 것은? (14회)

① 우발상황 대응은 공격의 인지-경고-방호-대피-대적의 순으로 이루어진다.
② 경호원의 대응효과 면에서는 군중과의 거리가 멀수록 유리하다.
③ 가장 먼저 공격을 인지한 경호원이 경고를 함으로써 주변 경호원으로 하여금 신속하게 상황대처를 하도록 하여야 한다.
④ 수류탄에 의한 공격을 받았을 때에는 방어적 원형대형으로 경호대상자를 에워싸는 형태를 유지한다.

↘해설 함몰형 대형
• 수류탄, 폭발물 등의 공격을 받았을 때 사용되는 방호대형
• 경호대상자를 지면에 완전 밀착시키고 그 위에 경호원들이 밀착하고 포개어 경호대상자의 신체가 외부에 노출되지 않도록 해야 한다.

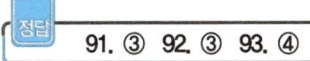

94. 경호활동 중 위해기도나 행사 방해책동과 관련하여 발생시기나 발생여부 및 피해정도를 모르는 우발적 상황에서 즉각적 행동원칙이 아닌 것은? (15회)

① 경고
② 방호
③ 공격
④ 대피

▶해설 ③ 경호행사중 우발상황 발생시 경고 및 방호, 대피를 최우선하여 경호대상자의 신변을 보호한다.

95. 즉각조치에 관한 설명으로 옳지 않은 것은? (16회)

① 즉각조치의 과정은 경고-방호-대피의 순서로 전개된다.
② 대적시에는 경고와 동시에 위해자와 가장 가까이에 있는 경호원이 과감히 몸을 던져 공격선을 차단한다.
③ 총으로 공격하는 위해자를 제압할 경우, 위해자의 총을 위로 편향시키고 제압한다.
④ 대적하는 경호원은 경호대상자를 등지고 위험발생지역으로 향한다.

▶해설 ③ 총으로 공격하는 위해자를 제압할 때에는, 무기와 팔을 제압하기 쉽게 위해자의 총을 아래로 편향시키고 눌러서 제압한다.

96. 우발상황의 특성에 관한 설명으로 옳은 것을 모두 고른 것은? (17회)

ㄱ. 그 발생여부가 불확실하다.
ㄴ. 상황에 대처할 충분한 시간적 여유가 없다.
ㄷ. 경호대상자의 신변에 중대한 결과를 초래할 수 있다.

① ㄱ, ㄴ
② ㄱ, ㄷ
③ ㄴ, ㄷ
④ ㄱ, ㄴ, ㄷ

▶해설 **우발상황의 특성**
불확실성, 돌발성, 시간제약성, 중대성, 현장성

97. 우발상황 발생 시 경호원이 "경고, 방호, 대피"의 조치를 취할 때 '경고'에 해당하는 사항은? (17회)

① 육성이나 무전으로 전 경호원에게 상황 내용을 간단명료하게 전파하는 것
② 최단시간 내에 범인에게 총격으로 제압 및 보복공격을 하는 것
③ 위험지역에서 안전지역으로 신속히 경호대상자를 이동시키는 것
④ 경호원 자신의 체위를 확장하여 방벽효과를 높이는 것

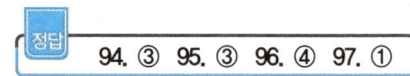
정답 94. ③ 95. ③ 96. ④ 97. ①

> **해설** 우발상황에 대한 대응기법
> 공격의 인지 → 경고(상황전파) → 방벽형성 → 대피 → 대적 및 제압
> ② 대적 및 제압, ③ 대피, ④ 방벽형성 (방호)

98. 우발상황 발생시 경호원의 대처 자세로 옳지 않은 것은? (17회)

① 근접경호원은 경호대상자의 주변에 방벽을 형성하여 방어한다.
② 위해기도자가 단독범이 아니고 공범이 있을 경우를 예상하여 다른 방향에서의 공격에 대비한다.
③ 위해기도자의 위치파악과 대응 및 제압으로 사태가 안정된 후 경호대상자를 대피 시킨다.
④ 위해기도자들의 계략이나 공격여건을 조성하기 위해 유도하는 전술에 휘말려서는 안된다.

> **해설** 우발상황에 대한 대응기법 (공격의 인지 → 경고(상황전파) → 방벽형성 → 대피 → 대적 및 제압 順)

공격의 인지	경호대상자의 안전을 위협하는 우발상황을 신속하게 대응하기 위해서는 사전관찰에 의해 상대방의 공격을 신속히 인지하는 것
경고	공격받고 있다는 상황을 알리고 대응하라는 신호도며, 일반인들에게는 위험을 알리는 것이다. (위해상황을 가장 먼저 인지한 사람이 주변 근무자에게 상황을 간단명료하게 전파)
방벽형성	경고를 인지한 즉시 경호대상자 주변 근무자는 자신의 신체로 방벽을 형성하여 경호대상자의 노출을 최소화하여 직접적인 위해를 방지하는 행위
대피	우발상황 시 위해자의 표적이 되는 경호대상자를 방호대형을 형성하여 공격자 반대방향으로 신속히 비상대피소나 비상대기차량이 있는 곳으로 이동한다.
대적 및 제압	경고와 동시에 위해자와 가장 가까이 있는 근무자가 과감히 몸을 던져(촉수거리의 원칙), 위해자의 공격선을 차단, 경호대상자를 보호한다. 대적시 우선 경호대상자를 등지고 위험발지역으로 향한 다음, 몸을 최대한 크게 벌려(체위확장의 원칙), 방호범위를 확대하고, 경호대상자와 위해자 사이의 일직선상에 위치하여(자연방벽의 원리) 공격을 차단한다.

99. 우발상황 발생 시 경호원의 대응조치로 옳지 않은 것은? (18회)

① 경호대상자에 대한 공격을 최초로 인지한 경호원이 육성으로 경고한다.
② 경호원이 체위를 확장하여 경호대상자에 대한 공격을 방어한다.
③ 공범 또는 제2의 공격을 차단하고 안전을 위하여 경호대상자를 신속히 대피시킨다.
④ 인적방벽의 효과를 극대화하기 위하여 군중이 밀집한 지역으로 경호대상자를 대피시킨다.

> **해설** ④ 인적방벽의 효과를 극대화하기 위하여 적 공격 반대방향이나 비상구 쪽으로 경호대상자를 대피시킨다.

100. 우발상황의 특성으로 옳은 것은? (18회)

① 불확실성 ② 심리적 안정성
③ 예측가능성 ④ 시간여유성

> **해설** 우발상황의 특성
> 불확실성, 돌발성, 시간제약성, 중대성, 현장성

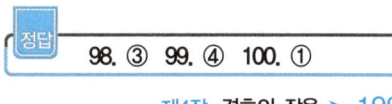

101. 총기공격에 대응하는 즉각조치로 옳은 것은? (18회)

① 방호는 위협상황인식과 동시에 경호원의 신체로 범인을 제압하는 것을 우선으로 한다.
② 방호 시 경호원은 몸을 은폐하여 위해기도자로부터 표적이 작아지도록 한다.
③ 대피 시에는 경호대상자의 품위를 고려하여 조심스럽게 머리를 아래로 향하게 한 상태에서 이동한다.
④ 즉각조치는 경고 – 방호 – 대피 순으로 이루어지되 거의 동시에 실시되어야 한다.

해설 ① 방호는 위협상황인식과 동시에 경호원은 즉각 자신의 몸으로 방호벽을 형성하여 경호대상자를 엄폐시키는 데에 행동의 우선순위를 두어야 하며 대적은 그 다음 행동이다.
② 방호 시 경호원은 자신의 생명을 보호하기 위해 자세를 낮추거나 은폐 또는 은신해서는 안 되며, 체구를 확장하여 위해기도자로부터 표적이 작아지도록 한다.
③ 대피 시에는 경호대상자에게 다소 신체적 무리가 따르고 예의무시가 있더라도 신속·과감하게 행동한다.

102. 우발상황에 관한 설명으로 옳지 않은 것은? (19회)

① 우발상황은 어떠한 일이 예기치 못하게 발생하는 것을 의미하며, 사전예측 불가, 극도의 혼란사태 야기, 즉응적 대응 요구, 자기보호 본능 발동 등의 특성을 갖는다.
② 우발상황 발생시 대응은 "경고 – 방호 – 대피"가 거의 동시에 이루어져야 한다.
③ 우발상황 발생시 경호원은 경호대상자를 신속하게 안전지대로 대피시키기 위해 경호대상자에게 신체적 무리가 있더라도 과감하게 행동하여야 한다.
④ 수류탄 또는 폭발물과 같은 폭발성 화기에 의해 공격받았을 때 사용되는 방호대형은 강화된 사각 대형이다.

해설 함몰형 대형
 • 수류탄 또는 폭발물 등의 공격을 받았을 때 경호대상자를 육탄으로 방호하기 위한 대형
 • 경호대상자를 지면에 완전 밀착시키고 그 위에 경호원들이 밀착하고 포개어 경호대상자의 신체가 외부에 노출되지 않도록 해야 한다.

103. 폭발물에 관한 설명으로 옳지 않은 것은? (19회)

① 폭약은 파괴적 폭발에 사용될 수 있는 것으로 액체산소폭약, 다이너마이트 등이 있다.
② 급조폭발물은 다양한 형태로 제작 가능하며, 재사용이 가능한 장점이 있다.
③ 뇌관에 사용되는 기폭제는 폭발력은 약하나 작은 충격이나 마찰, 정전기 등에 폭발하는 특성이 있다.
④ 폭발물의 폭발효과는 폭풍, 진동, 열, 파편효과 등이 있다.

해설 ② 급조폭발물(사제폭발물)은 제작자의 능력과 상상력에 따라 다양한 종류, 형태로 제작이 가능하나, 일회용으로 제작되어 재사용이 제한되는 단점이 있다.

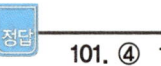
101. ④ 102. ④ 103. ②

104. 우발상황의 특성이 아닌 것은?

(20회)

① 사전 예측의 가능
② 무질서와 혼란 야기
③ 자기보호본능 기제의 발동
④ 즉각조치의 요구

해설 우발상황의 특성

사전예측 불가능	상황발생 전까지 위해기도 발생시간·장소·방법의 사전예측이 곤란하다.
불확실성	우발상황은 경호임무 수행도중 예기치 않게 발생하는 각종 위해상황들이므로 그 발생여부가 확실하지 않다.
혼란 및 무질서상황 도래	방법·규모에는 차이가 있으나 충격적 상황에 대한 심리적 공포와 불안감 조성에 따른 혼란이 야기된다.
자기보호본능 발동	우발상황 시 폭발음이나 총소리가 나면 자기보호본능으로 순간적으로 자세를 낮추어 경호원의 본분을 망각할 수 있다. 이에 대비한 평소 철저한 교육이 필요하다.
즉각적인 조치 요구	자연적이든 인위적이든 우발상황 발생 시 상황에 대처할 시간적 여유가 없으므로 근접경호원은 그 상황을 신속히 파악하여 방벽형성 및 경호대상자의 방호와 대피로 안전유지를 위한 즉각조치가 필요하다.
중대결과 초래	우발상황이 발생하면 경호대상자의 신변에 중대한 결과를 초래할 수 있다.

105. 우발상황에 적절하게 대응하지 못한 경호원은? (단, 경호원의 위치는 고려하지 않는다.)

(20회)

A경호원 : 체위를 확장하여 경호대상자에 대한 방벽효과를 극대화한다.
B경호원 : 간단명료하고 신속하게 경고한다.
C경호원 : 폭발성 화기에 의한 공격 시에는 방어적 원형대형을 형성한다.
D경호원 : 경호대상자의 방호보다는 위해기도자의 제압을 우선으로 한다.

① A, B
② A, C
③ B, D
④ C, D

해설 C경호원 : 폭발성 화기에 의한 공격 시에는 함몰형 대형을 형성 하여야 한다.
D경호원 : 위해기도자의 제압보다는 경호대상자의 안전한 대피를 우선으로 하여야 한다.

106. 경호업무 시 우발상황에 관한 설명으로 옳은 것은?

(21회)

① 위험 요소가 어디서 발생할지 예측하기 어렵다.
② 위험 요소가 언제 발생할지 예측할 수 있다.
③ 위험 요소의 피해정도를 파악할 수 있다.
④ 위험 요소가 어떤 방법으로 발생할지 파악할 수 있다.

정답 104. ① 105. ④ 106. ①

해설 경호에서 우려하는 우발상황이란 '위해기도나 행사 방해책동과 관련하여 발생시기나 발생여부 및 그로 인한 피해정도를 모르는 우발적 위험이 발생한 상황'이라고 할 수 있다.

※ **우발적 위험**
- 위험의 발생시기를 모르는 위험
- 위험의 발생여부를 모르는 위험
- 위험의 발생으로 인한 피해의 정도를 모르는 위험

107. 우발상황 조치에 관한 내용이다. 다음 (   ) 안에 들어갈 내용을 순서대로 옳게 나열한 것은?

(21회)

> 우발상황이 발생하였을 경우 경호대상자를 위험으로부터 보호하기 위한 일련의 순간적인 경호를 말하며, (   )의 결과에 따라 경호대상자를 살릴 수도 있고 죽일 수도 있다. 우발상황이 발생하면 최초에 정확하게 대응해야 한다는데 핵심이 있다. 위험한 것을 (   ) 것으로 판단하면 자칫 (   )를 잃을 수도 있고, 위험하지 않은 것을 (   ) 것으로 판단하면 행사장을 혼란에 빠뜨리거나 행사를 망칠 수도 있다.

① 즉각조치, 위험한, 행사참석자, 위험하지 않은
② 즉각조치, 위험하지 않은, 경호대상자, 위험한
③ 통제조치, 위험하지 않은, 경호대상자, 위험한
④ 통제조치, 위험한, 행사참석자, 위험하지 않은

해설 우발상황이 발생하였을 경우 경호대상자를 위험으로부터 보호하기 위한 일련의 순간적인 경호조치를 말하며, 즉각조치의 결과에 따라 경호대상자를 살릴 수도 있고 죽일 수도 있다.
우발상황이 발생하면, 최초로 위협을 발견한 순간부터 경호대상자를 대피시킬 때까지 겨우 4초밖에 안 걸린다고 한다.
따라서 우발상황이 발생하면 처음에 정확하게 대응해야 한다는데 핵심이 있다.
위험한 것을 위험하지 않은 것으로 판단하면 자칫 경호대상자를 잃을 수도 있고, 위험하지 않은 것을 위험한 것으로 판단하면 행사장을 혼란에 빠뜨리거나 행사를 망칠 수도 있다.

108. 즉각조치에 관한 설명으로 옳지 않은 것은?

(21회)

① 경고 : 공격받고 있다는 상황을 알려주고 대응행동을 하라는 신호이며, 일반인들에게는 위험상황을 알려주는 것이다.
② 방호 : 자신의 몸으로 방호벽을 형성하여 경호대상자를 엄폐시키는 행동에 우선순위를 두어야 한다.
③ 대피 : 방호와 동시에 위험지역을 이탈하기 위해 방호대형을 형성하여 공격방향으로 신속히 이동하여야 한다.
④ 대적 : 경호대상자를 등지고 위험발생지역으로 향한 후 몸을 최대한 확장하여 방호 범위를 확대한다.

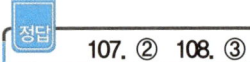

107. ② 108. ③

해설 즉각조치의 단계

경고	공격받고 있다는 상황을 알려주고 대응행동을 하라는 신호이며, 일반인들에게는 위험상황을 알려주는 것이다. (위해상황을 가장 먼저 인지한 사람이 주변 근무자에게 상황을 간단명료하게 전파)
방호	경고를 인지한 즉시 경호대상자 주변 근무자는 자신의 신체로 방벽을 형성하여 경호대상자의 노출을 최소화하여 직접적인 위해를 방지하는 행위
대피	우발상황 발생시 위해자의 표적이 되는 경호대상자를 방호대형을 형성하여 공격자 반대방향으로 신속히 비상대피소나 비상대기차량이 있는 곳으로 이동한다.
대적	경고와 동시에 위해자와 가장 가까이에 있는 근무자가 과감히 몸을 던져 위해자의 공격선을 차단하여 경호대상자를 보호한다. 대적 시 우선 경호대상자를 등지고 위험발생 지역으로 향한 다음, 몸을 최대한 크게 벌려(체위확장의 원칙) 방호범위를 확대하고 경호대상자와 위해자 사이의 일직선상에 위치하여(자연방벽의 원리) 공격을 차단한다

109. 폭발과 총기공격 발생 시 우발상황 대처에 적용되지 않는 원칙은? (21회)

① SCE 원칙
② 체위확장의 원칙
③ 촉수거리의 원칙
④ 예방경호의 원칙

해설 ④ 예방경호의 원칙은 어떤 위해기도가 발생하지 않도록 미리 대비하고 준비하는 것을 의미하는 원칙으로 공격 발생시 대처하는 우발상황 대처와는 거리가 멀다.

※ SCE 원칙
- 경고(Sound off) : 가장 먼저 위기를 포착한 경호원이 상황을 전파
- 방호(Cover) : 우발상황 시 경고와 동시에 경호대상자에 대해 방벽형성
- 대피(Evacuate) : 경호대상자를 위험지역에서 안전한 장소로 신속히 대피시키는 것

110. 범죄발생에 따른 초동조치와 현장보존방법에 관한 설명으로 옳지 않은 것은? (21회)

① 범행현장에서 현행범으로 판단될 경우 경찰뿐 아니라 민간경호원 누구나 영장 없이 체포할 수 있다.
② 범행현장에서 가스누출 발생 시 즉시 선풍기나 배기팬을 작동시켜 환기 시킨다.
③ 범죄현장의 범위를 최초에는 광범위한 지역으로 선정한 후 점차 축소해 간다.
④ 범죄발생 건물 소유자 등 관리권을 가진 자라도 범죄현장에 대해 경찰관의 출입통제에 따라야 한다.

해설 가스누출 시에는 모든 문을 열어 환기시켜야 하는데, 공기보다 무거운 LPG는 출입문 등을 통해 아래로, 공기보다 가벼운 도시가스(LNG)는 창문을 통해 위로 내보낸다.
※ 이때 화기나 선풍기, 배기팬 등 전기기구(전기스파크 발생)를 절대 만져서는 아니 된다.
(출처: 한국가스안전공사)

정답 109. ④ 110. ②

111. 우발상황에 관한 내용으로 옳지 않은 것은? (22회)

① 우연히 또는 계획적으로 발생하여 경호행사를 방해하는 사태
② 상황이 직접적으로 발생하기 전까지는 위해기도가 발생되는 시간, 장소, 방법에 대한 사전예측의 불가능
③ 방법과 규모에 따라 차이가 생길 수 있으나 심리적인 공포와 불안의 조성에 따른 혼란의 야기와 무질서
④ 경호대상자의 방호 및 대피보다 경호원의 자기보호본능에 충실

> **해설** ④ 우발상황 발생시 경호원은 평소의 자기보호본능을 거부하면서 육탄방어의 정신으로 경호대상자의 주변에 방벽을 형성·방어하여 경호대상자를 방호 및 대피시켜야 한다.

112. 우발상황 대응기법에 관한 설명으로 옳은 것을 모두 고른 것은? (22회)

> ㄱ. 경호원의 주의력효과 면에서는 경호원과 군중의 거리가 가까울수록 유리하다.
> ㄴ. 위험을 가장 먼저 인지한 경호원은 동료들에게 신속히 전파하여 공조체제를 유지하도록 한다.
> ㄷ. 수류탄 혹은 폭발물과 같은 폭발성 화기에 의한 공격에는 방어적 원형대형을 유지한다.

① ㄱ, ㄴ
② ㄱ, ㄷ
③ ㄴ, ㄷ
④ ㄱ, ㄴ, ㄷ

> **해설** ㄷ. 수류탄 혹은 폭발물과 같은 폭발성 화기에 의한 공격에 사용되는 방호대형은 함몰형 대형이다.
> ※ 방어적 원형대형은 위해의 징후가 현저하고 직접적 위해가 가해졌을 때 형성하는 방호대형이다.

113. 경호 우발상황에 관한 설명으로 옳지 않은 것은? (23회)

① 우발상황이 예상되는 경호구역에 사주경계를 실시한다.
② 경호원 자신보다는 경호대상자의 안전을 우선으로 한다.
③ 사전예측이 대부분 가능하기 때문에 신속한 대처가 가능하다.
④ 불가항력적 상황에서도 경호원은 경호의 책임과 의무가 있다.

> **해설** ③ 우발상황이란 위해기도나 행사 방해책동과 관련하여 발생 시기나 발생여부 및 그로 인한 피해 정도를 모르는 우발적 위험이 발생한 상황을 말한다. 따라서 사전예측이 불가능하고 신속한 대처가 어려우므로 사전에 철저한 대비책 수립이 필요하다.

정답 111. ④ 112. ① 113. ③

114. 경호 우발상황의 대응기법에 관한 내용이다. 다음에서 설명하는 것은? (23회)

우발상황 발생 시 위해상황을 처음 인지한 경호원이 경호대상자 주변의 근접 경호원과 동시에 신속히 경호대상자를 보호하기 위하여 방벽을 형성한다.

① 경고
② 방호
③ 대피
④ 대적

해설 방호(방벽형성)에 대한 설명이다.

115. 우발상황에 관한 설명으로 옳은 것을 모두 고른 것은? (24회)

ㄱ. 사전예측이 불가능하므로 즉각조치가 어렵다.
ㄴ. 극도의 혼란과 무질서가 발생한다.
ㄷ. 자기보호본능으로 위해가해자에 대한 대적과 제압이 제한적이다.
ㄹ. 즉각조치의 과정은 경고 – 대피 – 방호의 순서로 전개된다.

① ㄱ, ㄹ
② ㄱ, ㄴ, ㄷ
③ ㄴ, ㄷ, ㄹ
④ ㄱ, ㄴ, ㄷ, ㄹ

해설 우발상황의 특성 : 사전예측 불가, 극도의 혼란상태 야기, 즉응적 대응요구, 자기보호본능 발동
즉각조치 과정 : 경고 및 차단 – 방호 – 대피

116. 경호임무수행 중 우발상황 발생 시 각 경호원의 대응으로 옳은 것을 모두 고른 것은? (24회)

A경호원: 경호원의 주의력효과 면에서 자신과 군중과의 거리가 가까울수록 유리하다고 판단하였다.
B경호원: 경호대상자를 대피시키기 위해 다소 신체적인 무리가 오더라도 예의를 무시하고 신속하고 과감하게 행동하였다.
C경호원: 수류탄과 같은 폭발성 화기에 의한 공격을 받았을 때 방어적 원형대형으로 경호대상자를 방호하였다.

① A, B
② A, C
③ B, C
④ A, B, C

해설 A경호원의 판단처럼 경호원의 주의력을 높이기 위해서는 군중(경계대상)을 보다 잘 살필 수 있도록 군중과 거리를 좁히는 것이 효과적이다. 다만 자연히 경호대상자와 거리가 멀어져 경호대응력은 떨어지게 된다.
B경호원은 방어경호의 원칙에 충실하였다.
C경호원의 사례처럼 수류탄과 같은 폭발성 화기에 의한 공격을 받았을 때 적절한 대응조치는 함몰대형이다.

정답 114. ② 115. ② 116. ①

117. 우발상황 시 근접경호원의 대응요령으로 옳지 않은 것은? (16회)

① 체위를 확장하여 최대의 방호벽을 형성한다.
② 가급적 빠른 시간 내 범인을 제압하고 현장을 보존한다.
③ 육성 경고와 동시에 비상조치계획에 따라 경호대상자를 우선 대피시킨다.
④ 공범에 의한 양동작전에 유념해야 하고, 경호원의 주의를 다른 곳으로 전환하도록 하는 위해기도자의 전술에 휘말려서는 안 된다.

▶**해설** 대적 및 제압보다 경호대상자를 안전한 곳으로 대피시키는 것이 우선이다.

정답 117. ②

Chapter 5 경호원의 복장과 장비

🔵 경호원의 복장

◆ 대통령경호처 경호원
- 처장은 필요하다고 인정하는 경우 직원에게 제복을 지급할 수 있고, 직원의 복제에 관해 필요한 사항을 정한다.(대통령 등의 경호에 관한 법률 시행령 제34조)
- 대통령경호처에 근무하는 경찰공무원의 복제는 처장이 정한다.(경찰복제에 관한 규칙 제11조)

◆ 경찰·군·군사경찰기관의 경호원 복제
- 법령으로 복제규정을 두어 정형화 되어 있는 경우가 있다.
- 법령의 규정이 없는 경우는 일반인과 같이 평상복을 입는다.

◆ 청원경찰
- 청원경찰은 근무 중 제복을 착용해야 하고, 복제와 무기휴대에 관한 사항은 대통령령으로 정한다.
- 청원경찰의 복제는 제복·장구·부속물로 구분하고, 필요한 사항은 행정안전부령으로 정한다.
- 청원경찰의 배치지 특수성 등으로 시·도경찰청장의 승인을 받아 특수복장을 착용하게 할 수 있다.

◆ 경비업법상 경비원 복장
- 경비원 복장은 경찰공무원, 군인제복과 색상 및 디자인이 명확히 구별되는 복장을 정해야 하며, 경비업자가 경비원 복장을 정하면 확인할 수 있는 사진첨부, 시·도경찰청장에게 신고
- 경비원 복장 등에 필요한 사항은 행정안전부령으로 정한다.

🔵 경호원 복장 선택시 고려사항
- 경호복장은 기능적이고 튼튼한 것이어야 한다.
- 행사의 성격과 장소에 어울리는 복장을 착용한다.
- 경호대상자보다 튀지 않아야 한다. 개인의 취향이 아니라 경호원에 어울리는 복장을 선택한다.
- 주위의 시선을 끄는 색상이나 디자인은 지양한다.
- 셔츠는 흰색계통이 무난하며 면소재 제품이 활동에 편하다.
- 장신구 착용은 지양한다. 여자 경호원의 경우 필요시 평범하고 단순한 것으로 선택한다.

경호장비

경호대상자 보호에 필요한 호신장비, 방호장비, 감시장비, 검색장비, 통신장비, 경호총기, 기동장비 등

호신장비

- ◆ 자신의 생명·신체가 위험상태에 놓였을 때 스스로를 보호하는데 사용하는 도구
- ◆ **호신장비의 종류**
  총기류, 경봉, 가스봉, 가스총, 가스분사기, 전자충격기, 방어봉, 방탄조끼 등
- ◆ **무기사용의 법적 근거**
  - **경호공무원** (대통령 등의 경호에 관한 법률 제19조 제1항)
    - 경호처장은 직무를 수행하기 위하여 필요하다고 인정할 때에는 소속 공무원에게 무기를 휴대하게 할 수 있다.
    - 무기를 휴대하는 사람은 그 직무를 수행할 때 필요하다고 인정되는 상당한 이유가 있을 경우 그 사태에 대응하여 부득이 하다고 판단되는 한도 내에서 무기를 사용할 수 있다.
  - **청원경찰** (휴대 : 청원경찰법 제8조 제2항 제2조, 사용 : 경찰관직무집행법 제10조의4)
  - **특수경비원** : 경비업법 제14조

호신장비의 사용·관리

- ◆ **경봉**(사용시 유의사항)
  - 경봉을 쥔 손목의 관절은 유연하게 할 것
  - 너무 세게 쥐지 말고 치는 순간에는 힘껏 쥘 것
  - 칠 때에는 손목을 충분히 굽혀서 칠 것
  - 칠 때에는 손, 발, 허리가 일치하도록 동작하며 자세가 흐트러지지 않게 해야 정확한 타격가능
  - 손잡이를 쥘 때는 엄지의 끝과 인지의 끝이 상대하도록 부드럽게 쥘 것
- ◆ **휴대용 가스분사기**
  - 총기에 준하여 관리하고, 공권력행사나 정당방위, 화재 초기 진화에만 사용할 수 있고, 자구행위, 개인감정, 시비 등의 목적으로 사용할 수 없다.
  - 사용방법은 분사목적물(범인, 초기 발화물체)에 **2~3m** 거리에서 조준
  - 휴대 시 「총포·도검·화약류 등의 안전관리에 관한 법률」에 따른 **소지허가**를 받아야 한다.
  - 사용한 후 즉시 **관할지구대(파출소)**에 신고, 구입 시는 구입신청서 복사 관할지구대(파출소) 신고

◆ **휴대용 가스봉** : 분사목적물로부터 2~3m 거리에서 조준, 안전장치를 아래로(ON위치) 풀고 손잡이를 시계방향으로 반바퀴 돌리면 분말가스가 분출한다.

◆ **전자충격기** (모델 SDJG-6)
- **1~2초** 정도의 전기 충격으로 범인 제압가능
- **9볼트** 배터리로 1년간 사용가능, 배터리교환 방식으로 반영구적 사용
- 검문검색, 수사 활동 및 범인체포 시 유용
- 개인호신, 경호, 경비, 동물몰이 및 훈련용으로 유용
- 겨울의류 및 두꺼운 의류에는 효과 저하, 공격자에게 최대 충격효과를 주려면 피하조직이 얇은 목덜미아래, 허벅지 안쪽 등에 가격하는 것이 좋으나 **안면부는 피해서 사용**
- **컴퓨터, 계측기** 등 기기주변과 폭발위험이 있는 **유류, 가스 등**의 주변에선 절대 사용금지

방호장비

- 경호대상자나 경호대상자가 사용하는 시설물을 보호하기 위한 장치
- 방호장비의 분류

자연적 방벽		산악, 절벽, 계곡, 강, 바다, 늪 등
물리적 방벽	시설방벽	울타리, 담벽, 바리케이트, 차량 스파이크 트랩, 출입구설치 등
	인간방벽	청원경찰, 경비원, 자체경비원 등
	동물방벽	공격견, 경비견, 거위 등
	전기방벽	방호조명, 전류방벽, 기계경비 등

※ 이 밖에도 방탄막(방패), 방탄가방, 방독면, 선글라스 등도 방호장비의 일종이다.

기동장비

경호대상자의 경호를 위하여 운용하는 차량, 항공기, 선박, 열차 등

검색장비

행사장, 숙소, 연도 등에 대해 폭발물 탐지·제거, 제반시설물의 안전점검 실시에 활용되는 장비

◆ 검색(검측)장비의 종류

탐지장비	금속탐지기, X-ray검색기, 폭약탐지기, 액체폭발물탐지기, 방사능탐지기, 독가스탐지기, 독극물탐지기, 청진기, 화이버스코프, 서치탭(search tap), 검색경, 폭발물탐지견, 소방점검장비
처리장비	폭발물 처리키트, 물포(water cannon), X-ray촬영기
검측공구	탐침, 손전등, 거울, 개방공구, 다용도칼

◆ 검색장비 설치 시 유의사항
- 사용 전 반드시 전원확인
- 조립식 제품으로 무리한 힘을 가하거나 충격을 주지 말 것
- 정밀전자, 광학장비이므로 취급 운반 시 주의
- 에어컨 등 전압변동이 심한 곳을 피하여 설치할 것
- 고압전류가 흐르는 곳을 가급적 피할 것
- 금속탐지기를 **2대 이상 운용 시 최소3m** 이상 간격유지 할 것
- 무전기와 같은 통신장비 등을 탐지기로부터 **3m 이상** 거리를 유지할 것
- 우천, 강설 등 야외행사시 문형금속탐지기용 천막설치
- X-레이 수하물검색기의 창고보관 시 높이 **5~10㎝** 이상의 깔판위에 보관

◆ 검색요령
- 통과 시 개인간격은 **최소 1.5m** 거리유지, 대상자가 소지한 휴대품은 별도 검색
- 대상자가 움직이거나 탐지기를 건드린 때에는 다시 검색

감시장비

◆ 경호임무의 인력부족으로 인한 경호취약점을 보완하는 수단으로 침입 또는 범죄행위를 사전 감시할수 있는 장비, **전자파, 초음파, 적외선** 등의 광학을 응용한 기계장비

◆ 감시장비의 종류
- **감시장비** : 포대경(M-65), 다기능 쌍안경, 고성능쌍안망원경, 영상감시장비(TOD), 드론 통합안전관리시스템 등
- **기계경보장치** : 침투방지경보시스템으로 전기회로의 파괴, 광선의 방해, 음향 및 진동의 탐지, 초음파 탐지, 전자기의 침투, CCTV설치, 로봇경비원 등

드론 (Drone)

기계 자율 항법 장치에 의해 자동 조종되거나 조종사 없이 무선전파를 이용하여 원격조종되는 **무인 비행물체**(UAV: Unmanned Aerial Vehicle 무인항공기)를 말한다.

- 드론(Drone)의 어원은 벌이 윙윙거린다는 뜻의 영어단어에서 유래
- 드론은 2000년대 초반에 등장하여 처음엔 군사용 무인항공기로 개발되어 공군의 미사일 폭격 연습대상으로 활용하였는데 점차 정찰기와 공격기로 용도가 확대됨 (조종사 탑승 없이 적진 탐색 및 폭격까지 가능한 장점으로 미국은 2000년 중반부터 군사용 무기로 적극 활용하기 시작함)
- 2010년 전후로 군사용도 외의 다양한 민간분야에도 활용되기 시작함
- 우리나라는 초경량 비행장치로 비행제한 공역(관제권, 비행금지구역)에서 비행하려는 사람은 항공안전법 제127조에 따라 국토교통부장관의 비행승인을 받아야 하지만 최대 이륙중량 25kg 이하, 자체중량 125kg 이하, 길이 7m 이하인 무인비행선의 경우는 제외규정에 해당되어 비행제한 공역을 제외한 곳에서는 비행 승인 없이도 비행이 가능하다.

(항공안전법 시행규칙 제308조)

◆ 드론의 특징

간단한 조작성	이륙준비 후 '자동이륙' 버튼을 누르면 1m 정도 고도로 상승하여 바람의 영향을 받지 않고 호버링을 하는 구조, 두 개의 조종스틱으로 전후, 좌우, 상하로 움직이며 희망장소로의 조종이 가능 비행종료 시 '출발지점 복귀' 버튼을 누르면 자동복귀 한다.
안정된 호버링 (정지비행)	고도설정만 한다면 GPS 위치신호, 수평유지의 자이로 센서, 가속센서, 기압센서 등의 데이터를 기반으로 바람의 영향을 고려한 특별한 미세조종 없이도 일정한 위치에서 호버링을 할 수 있다.
장해물 회피기능	드론에는 초음파 센서, 적외선 센서, 이미지센서 등 데이터처리 FC가 있어 비행 시 수집된 각 센서 들의 데이터 처리를 통해 장해물을 회피할 수 있다.
자기 보정 기능	드론은 송수신기의 전파 수신불능 및 현저한 배터리감소 등으로 비행에 장해를 초래할 경우 FC에 설정된 자기 보정기능을 자동적으로 실행한다. 이 모드는 출발지점으로 자동 복귀하는 기능과 현위치에서 호버링하면서 서서히 하강하여 착륙하는 기능이 있어 추락사고 예방을 할 수 있다.

◆ 드론의 분류

1. 프로펠라 수에 따른 분류

    - 듀얼콥터 (Dual copter) : (프로펠러 수 2개) 헬리콥터형
    - **트라이콥터** (Tri copter) : (프로펠러 수 3개) 제작이 간편하고 저렴하나 안정성 부족
    - 쿼드콥터 (Quad copter) : (프로펠러 수 4개) 간단하면서도 경제적이고 안정적임
    - 펜타콥터 (Penta copter) : (프로펠러 수 5개) 안정성과 기동성이 좋음
    - **헥사콥터** (Hexa copter) : (프로펠러 수 6개) 리프팅 능력이 좋고 양력이 높음
    - **옥타콥터** (Octo copter) : (프로펠러 수 8개) 리프팅 능력이 뛰어나고 양력이 가장 높음
    - 데카콥터 (Deca copter) : (프로펠러 수 10개)
    - 도데카콥터 (Dodeca copter) : (프로펠러 수 12개) 헥사콥터 위아래로 프로펠라가 장착됨

2. 날개 형태에 따른 분류

고정익 드론 (Fixed Wing)	• 일반적인 비행기와 같이 고정 날개형태인 무인항공기 시스템 • 장점 : 연료소모가 상대적으로 적어 고효율적, 지형의 신속한 항공사진 촬영과 정사영상 제작에 용이하고 위치정밀도가 높은 편임 • 단점 : 수직 이착륙이 어려워 이착륙을 위한 활주로・개활지 필요하며, 정지된 상태에서 촬영이 어려움 ※ 군사용, 감시 정찰용 드론
회전익 드론 (Rotary Wing)	• 회전하는 프로펠러에 의해 비행에 필요한 양력을 발생케 하는 비행체 • 장점 : 수직 이착륙이 가능하고, 좁은 공간에서 이착륙 가능, 공중에서 정지비행이 가능하며, 상대적으로 급격한 선회 등이 쉽다. • 단점 : 연료효율이 낮아 항속거리 및 장기체공이 제한됨 ※ 항공촬영, 소방방재용 재난구조 드론
혼합형 드론 (Tiltrotor)	• 고정익과 회전익의 장점을 결합한 드론 • 회전날개를 기울일 수 있도록 고안된 것으로 틸티로터 라고도 불린다. • 수직상태에서는 회전익의 헬기처럼 수직이착륙이 가능하고, 수평상태에서는 고정익처럼 고속으로 비행이 가능한 장점이 있다. • 회전익 대비 연료효율이 높음

※ 드론이 비행하는데 가장 취약한 부분은 바람과 짧은 비행시간이라 할 수 있다.

3. 사용용도에 따른 분류

군사용 드론	공격용, 정찰용, 표적용, 감시용 등
산업용 드론	물류운송, 보안, 의료, 농업, 임업, 지질탐사, 전력, 화재진압 등
소비자용 드론	사진촬영, 레이싱, 엔터테인먼트 등

4. 군사목적에 따른 분류

군사용도별	전략드론, 전술드론, 특수임무드론
비행반경별	• 근거리 : 50km 이내, 사단급 이하 • 단거리 : 200km 이내, 군단급 이하 • 중거리 : 650km 이내 사령부급 이하 • 장거리 : 3000km 이내 전략정보를 지원
비행고도별	저고도, 중고도, 고고도
크기별	• 초소형 : 15cm 이내, 손으로 던져 비행 • 소형 ; 1~2명이 휴대할 수 있는 규모 • 중소형 : 차량에 탑재해 이동, 이륙시 발사대 활용 • 중형 : 200km 이하 운용, 고정익 형태, 지상활주로 활용 이륙 • 대형 : 작전반경이 200km 이상일 때 운용, 특수임무에 투입
임무수행 방식별	정찰기, 공격기, 폭격기, 전투기, 전자전기, 표적기, 기만교란기
이륙방식별	지상활주로 이륙, 발사대 이륙, 공중투하 후 비행
착륙방식별	지상활주로 착륙, 낙하산 전개 착륙, 그물망 회수

◆ 민간 드론산업 시장 확대
　• **감시 및 정찰용**
　　실종자나 미아 수색 등 치안분야, 불법건축물 감시, 불법 소각 감시 등 환경관리, 지적 재조사 지구 촬영, 멸종동물의 지역분포와 이동경로 확인, 송전선 및 화력발전소 점검, 기상관측, 산불감시나 화재상황관리 등
　• **업무용 목적**
　　영화·방송촬영, 긴급 의료서비스, 물류운송, 화재진압, 농약살포 등
　• **레저용**
　　취미활동 및 레이싱과 같은 경주목적 (사용이 간단하고, 비용이 저렴하여 사용자 급증)

◆ 드론에 관한 법규제와 한계
　• 드론에 관한 현재 정의와 분류는 「항공안전법」 제2조 제3호 및 시행규칙 제5조 제5호에 초경량비행장치의 하위 부류로 무인비행장치를 분류하면서 해당 무인비행기의 자체중량이 150kg 이하 무인동력비행장치로 정의하고 있으며, **'사람이 탑승하지 않고 원격조종 등의 방법으로 비행하는 항공기'**를 무인항공기로 정의하고 있다.
　• **등록관리**
　　「항공안전법」 제122조 및 시행령 제24조에 신규 등록시 항공기등록규칙, 등록령에 따라 12kg 이상의 드론을 대상으로 등록처리 해야 한다.
　　※ 미국, 일본, 중국 등에서는 200g ~ 250g 이상의 드론에 대한 소유자 등록의무가 있어 우리나라도 200g 이상으로 등록의무를 개선할 필요가 있다.
　• **조종자격 및 교육**
　　드론의 비행과 촬영의 허가 승인의 소관부처가 달라 조종자들의 미허가 비행 및 촬영 적발건수가 증가되고 있으며, 자격교육기관의 경우 교육기관 승인 후 해당교육기관에서 적절한 교육이 시행되고 있는지에 대한 재심사가 제대로 이루어지지 않는 문제점이 있다.
　• **손해보상 및 보험의 경우**
　　「항공사업법」 제70조 제4항에 따라 현재 초경량비행장치사업자, 항공기대여업자, 항공기레저 스포츠사업자만 항공보험 중 제3자 책임보험 가입의무가 있어, 보험자에 지급거절사유에 해당 하여 피해의 보전이 필요한 경우, 민법 제750조 손해배상절차를 거쳐야 하는 복잡성을 가지고 있다.
　• **개인정보보호법의 경우**
　　「항공안전법」 제122조 제1항에 촬영신고 및 허가, 제129조 제4항 개인정보보호법 저촉행위, 위치정보보호법 저촉행위에 대한 사항이 있으나, 12kg 미만 드론은 신고의무가 없어 개인정보 및 개인위치정보 수집 가능여부를 파악할 방법이 없는 현실이다.

- 단속, 벌칙, 사고조사

  「항공안전법」 제149조 제1항 단속 및 벌칙1, 제161조 제3항 단속 및 벌칙2, 제2조 제8호 사고조사에 대한 사항으로 해당하고 있으나 제149조 제1항에 따른 '**과실로 드론을 파손한 사람에 대해 1년 이하의 징역 또는 1천만원 이하의 벌금형**' 처벌의 적정성 여부의 검토가 필요하며, 현재 초경량 비행장치 불법사용 등의 죄의 형량을 취미용 12kg 이하 드론에 적용 하기는 과중하다는 문제점을 갖고 있다.

◆ 초경량 비행장치 조종자 등의 준수사항(항공안전법 제129조)
- 초경량비행장치의 조종자는 초경량비행장치로 인하여 인명이나 재산에 피해가 발생하지 아니하도록 국토교통부령으로 정하는 준수사항을 지켜야 한다.
- 초경량비행장치 조종자는 무인자유기구를 비행시켜서는 아니 된다. 다만, 국토교통부령으로 정하는 바에 따라 국토교통부장관의 허가를 받은 경우에는 그러하지 아니하다.
- 초경량비행장치 조종자는 초경량비행장치사고가 발생하였을 때에는 국토교통부령으로 정하는 바에 따라 지체 없이 국토교통부장관에게 그 사실을 보고하여야 한다.
  다만, 초경량비행장치 조종자가 보고할 수 없을 때에는 그 초경량비행장치소유자 등이 초경량비행장치사고를 보고하여야 한다.
- 무인비행장치 조종자는 무인비행장치를 사용하여 「개인정보 보호법」 제2조제1호에 따른 개인정보 또는 「위치정보의 보호 및 이용 등에 관한 법률」 제2조제2호에 따른 개인위치정보 등 개인의 공적·사적 생활과 관련된 정보를 수집하거나 이를 전송하는 경우 타인의 자유와 권리를 침해하지 아니하도록 하여야 하며 형식, 절차 등 세부적인 사항에 관하여는 각각 해당 법률에서 정하는 바에 따른다.
- 제1항에도 불구하고 초경량비행장치 중 무인비행장치 조종자로서 야간에 비행 등을 위하여 국토교통부령으로 정하는 바에 따라 국토교통부장관의 승인을 받은 자는 그 승인 범위 내에서 비행할 수 있다. 이 경우 국토교통부장관은 국토교통부장관이 고시하는 무인비행장치 특별비행을 위한 안전 기준에 적합한지 여부를 검사하여야 한다.
- 제5항에 따른 승인을 신청하고자 하는 자는 비행승인 신청을 함께 할 수 있다.

◆ 드론의 경호경비 활용

감시업무	감시·경계(시설침입, 행사장 질서위반·폭력), 순찰(주야간 순찰)
정보수집	위법·폭력행위·수상자 정보수집(영상촬영 등 실시간 데이터 수집)
안내 및 경고	군중 한가운데서 통제안내방송 및 경계방송 실시, 대피안내 및 유도역할
수색 및 관련물자 수송	재난 및 안전분야에서 적극 활용(저렴한 유지비, 야간활용도 가능)
드론 위협에 대한 대응	테러수단을 드론이 이용되는 경우 이에 대응하는 업무

출처 : 김계원·서진석 공저 「민간경비에서 드론 활용과 법적 규제에 관한 연구」

◆ 드론시스템의 종류

방범시스템	・인력경비와 기계경비를 대체할 수 있는 시스템 ・드론으로 경비원의 반복되는 행동인 순찰근무 대행

정찰시스템	・정찰 제한지역을 드론을 이용하여 문제점 해소
	  - 원주 비행정찰 : 원점을 중심으로 점차 큰 원을 그리면서 비행하는 것
	  - 바운스 비행정찰 : 상・하 비행하여 거수자 또는 의심나는 부분을 정찰
	  - 전후진 비행정찰 : 광범위한 구역에서의 정밀정찰하는 방법
	  - 군집 비행정찰 : 광범위한 지역에 통합솔루션을 이용 비행하는 것

출입확인시스템	・관리지역에 대하여 인원・물품・차량이 들어오거나 나가는 것을 통제
공세적 드론운용	・추격 및 공격 : 드론이 출동하여 도주하는 차량・인원을 따라가며 추격 ・자폭 : 긴급상황 시 방어드론을 폭파시켜 적 드론공격을 막는 형태 ・포획 : 드론에 그물을 달아서 침입드론을 잡는 행태

출처 : 손경환・강경수 「타겟 경호학」

경호통신의 3대요소

◆ 신뢰성

◆ 정확성

◆ 안전성 (완전성과 혼돈하지 말 것)

※ 4대 요소는 **신속성** 추가

◎ 무선통신 시 금지사항

- ◆ 불필요한 전파발사
- ◆ 과도한 시험발사
- ◆ 긴급사항 제외한 중간에 끼어들기
- ◆ 불요불급한 소통

◎ 무선통신의 우선순위

- ◆ **비상통신** : 국가비상사태 또는 천재지변 등의 긴급사태, 국가원수, 요인경호 및 작전에 관한 통신
- ◆ **긴급통신** : 다중범죄진압, 중요범죄수배, 대형사고, 재해 및 안전에 관한 통신 중 긴급사항
- ◆ **일반통신** : 일반업무에 관한 통신

◎ 무선통신망 분류

구 분	내 용
긴급 지휘무선망	긴급 상황 발생 시 현장에 긴급지휘무전기를 설치, 지휘부와 현장 간에 운용
시·도경찰청 지휘무선망	시·도경찰청 단위의 경찰작전 및 경찰업무 지휘를 위해 운용
경찰서·대 무선망	경찰서, 기동대·의무경찰대 단위의 경찰작전 및 경찰업무를 위해 운용
고속도로 무선망	고속도로순찰대 본대 및 지구대 지령실에서 교통순찰차·T/G·고속도로 인접경찰서와 교신을 위해 운용
기능별 무선망	경비·경호·교통·수사·정보·보안·외사·112 등 각 기능별 업무수행을 위해 운용
비상통신망	유·무선통신망 두절 등 비상상황의 경우 지휘망으로 운용
측방무선망	인접 경찰관서간 업무공조를 위해 구성·운용
군·경 합동무선망	군·경 합동작전을 위해 따라 운용
관공선 무선망	해군통신운용지시에 의거 관공선 통제소와 관공선 및 해안무선국간 교신 운용

경호통신 보안관리

◆ 국가원수 행사 및 경호관련 사항은 경호통신망 이외의 다른 통신수단으로 송·수신할 수 없다.
(단, 부득이한 경우 대통령경호처와 협의한 경우는 예외)

◆ 경호업무 수행 부서의 장이 **보안시스템 사용하여 송·수신할 수 있는 경우**
- 행사준비 단계의 준비사항
- 관련기관 간 행사관련 협조사항
- 대통령행차 및 환차와 관련한 일체의 사항
- 행사 종료 후 지휘보고 사항

※ 행사 중인 **국가원수동정·행사동향**은 보안시스템에 의해서도 송·수신 금지

경호총기의 제원 비교

재원	38구경 권총	45구경 권총	K2 소총	M16 소총
무게	865g	1.1kg	3.26kg	3.18kg
길이	24.1cm	21.9cm	98cm	99cm
구경	0.38인치	0.45인치	5.56mm	5.56mm
강선	6조좌선	6조좌선	6조우선	6조우선
최대사거리	1,500m	1,500m	2,653m	2,653m
유효사거리	50m	50m	460m	460m
특징	반자동식 노출공이식 파지식 공랭식 분리복합작용식	반자동식 반동식 파지식 공랭식 탄창장전식	개머리판접철식(휴대편리) 야간조준기구부착(야간명중률높음) 3발점사장치(연발사격시실탄절약) 소염기부착(명중률 높음)	가스작용식 공냉식 탄알집장전식 견착사격식 반자동·자동식

경찰관 무기 회수사유

- ◆ 절대적 회수사유
  - 직무상 비위로 징계대상인 자
  - 형사사건으로 조사대상인 자
  - 사의를 표명한 자
- ◆ 상대적 회수사유
  - 평소 불평이 심하고 염세비관 자
  - 주벽이 심한 자
  - 가정환경이 불화인 자
  - 변태성벽이 있는 자
- ◆ 일시적 보관사유
  - 술자리 또는 연회 장소에 출입하는 경우
  - 상사의 사무실에 출입하는 경우
  - 기타 정황상 필요하다고 인정되는 경우

기출문제 — 경호원의 복장과 장비

1. 경호원의 복제에 관한 설명으로 옳은 것은? (14회)

① 대통령 비서실장은 필요하다고 인정하는 경우 경호처 직원에게 제복을 지급할 수 있다.
② 경호처 직원의 복제에 관하여 필요한 사항은 경호처장이 정한다.
③ 경호처에 파견된 경호경찰의 복제는 대통령 비서실장이 정한다.
④ 민간경호원의 제복을 정한 때에는 배치지를 관할하는 경찰서장에게 그 형식 및 색상을 확인할 수 있는 사진을 제출하여야 한다.

해설 ① · ③ 대통령 비서실장이 아니라 경호처장이 맞다.
④는 경찰서장이 아니라 시 · 도경찰청장이 맞다.

2. 경호복장과 용모에 관한 설명으로 옳지 않은 것은? (18회)

① 경호원은 항상 단정한 복장과 용모로 주도면밀함과 자신감을 보여야 한다.
② 행사의 성격과 관계없이 경호원의 품위가 느껴지는 검정색 계통의 정장을 입도록 한다.
③ 경호원의 이미지가 경호대상자의 이미지로 연결될 수 있음을 고려하여 언행에 유의하여야 한다.
④ 행사의 성격에 따라 행사에 어울리는 적절한 표정으로 행사에 동화될 필요가 있다.

해설 경호원은 행사의 성격에 따라 보호색원리에 의한 경호현장의 주변환경과 조화되는 복장을 착용하여 신분이 노출되지 않도록 한다.

3. 경호복장에 관한 내용으로 옳은 것은? (20회)

① 일반적으로 경호원은 행사의 성격에 따라 주변 환경과 조화되도록 복장을 착용한다.
② 경호원은 경호대상자와 구분되는 색상이나 스타일의 복장을 착용한다.
③ 경호원으로서의 신분이 노출되지 않도록 화려한 복장을 착용한다.
④ 경호원은 주위의 시선을 빼앗는 색상이나 복장을 착용한다.

해설 경호복장은 행사성격 · 상황에 맞게 선택하고, 가급적 경호요원으로서의 신분이 노출되지 않도록 한다. 경호원은 보호색의 원리에 따라 주위환경에 어울리는 복장을 하고, 주위의 시선을 빼앗는 화려한 색상이나 이상한 스타일의 복장을 착용하여서는 안 된다.

정답 1. ② 2. ② 3. ①

4. 경호복장 선택과 착용에 관한 설명으로 옳지 않은 것은? (21회)

① 주변에 시선을 끌만한 색상이나 디자인은 지양한다.
② 행사의 성격과 장소와 무관하게 기능적이고 튼튼해야 한다.
③ 신발은 장시간 서 있는 근무상황을 고려해서 선택해야 한다.
④ 기상조건을 극복하기에 적절한 복장을 착용한다.

해설 ② 행사의 성격에 따라 주변환경에 어울리도록 착용해야 하며, 경호시 눈에 잘 띄지 않도록 보수적인 색상과 스타일의 복장이 적합하다.

5. 경호복장에 관한 설명으로 옳은 것은? (22회)

① 경호복장은 기능적이고 튼튼한 것이어야 한다.
② 위해기도자에게 주도면밀함과 자신감을 과시하기 위해 장신구의 착용을 지향한다.
③ 경호대상자 보호를 위해 경호대상자보다 튀는 복장을 선택하여 주위의 시선을 빼앗는다.
④ 대통령경호처에서 근무하는 경찰공무원의 복제에 관하여 필요한 사항은 경찰청장이 정한다.

해설 ② 경호원 복장은 간편하여야 하며 액세서리 등을 착용하지 않는 것이 원칙이다.
③ 경호원은 환경에 맞게 단정한 의복을 착용하여 경호대상자의 명예를 실추시키거나 피해를 주는 일이 없어야 한다.
④ 대통령경호처에서 근무하는 경찰공무원의 복제에 관하여 필요한 사항은 경호처장이 정한다.

6. 경호원의 복장에 관한 설명으로 옳은 것은? (23회)

① 경호원은 행사의 성격에 따라 주변 환경과 어울리는 복장을 착용한다.
② 경호원으로서의 신분이 노출되지 않도록 화려한 복장을 착용한다.
③ 잠재적 위해기도자의 범행동기를 사전에 제거하기 위해 장신구를 착용한다.
④ 행사의 성격과 관계없이 경호대상자 품위를 높이기 위해 검정색 계통의 정장을 착용한다.

해설 경호원 복장 선택시 고려사항
- 경호복장은 기능적이고 튼튼한 것이어야 한다.
- 행사의 성격과 장소에 어울리는 복장을 착용한다.
- 경호대상자보다 튀지 않아야 한다. 개인의 취향이 아니라 경호원에 어울리는 복장을 선택한다.
- 주위의 시선을 끄는 색상이나 디자인은 지양한다.
- 셔츠는 흰색계통이 무난하며 면소재 제품이 활동에 편하다.
- 장신구 착용은 지양한다. 여자 경호원의 경우 필요시 평범하고 단순한 것으로 선택한다.

정답 4. ② 5. ① 6. ④

7. 경호원의 복제에 관한 설명으로 옳지 않은 것을 모두 고른 것은? (24회)

> ㄱ. 경호현장의 주변 환경과 조화를 이루는 복장을 선택한다.
> ㄴ. 경호활동 시 필요한 장비착용이 가능한 복장을 선택한다.
> ㄷ. 대통령경호처에 파견된 경찰공무원의 복제는 경찰청장이 정한다.
> ㄹ. 행사의 성격에 관계없이 경호대상자의 권위유지를 위한 복장을 선택한다.

① ㄱ, ㄴ   ② ㄱ, ㄹ
③ ㄴ, ㄹ   ④ ㄷ, ㄹ

해설 ㄷ. 대통령경호처에 파견된 경찰공무원의 복제는 대통령경호처장 정한다. (경찰복제에 관한 규칙 제11조)
ㄹ. 행사의 성격에 따라 주변환경과 어울리도록 착용해야 하며, 경호 시 눈에 잘 띄지 않도록 보수적인 색상과 스타일의 복장이 적합하다.

8. 경호장비에 관한 설명으로 옳지 않은 것은? (14회)
① 감시장비에는 CCTV, 쌍안경, 망원경 등이 있다.
② 검색장비에는 금속탐지기, 가스탐지기 등이 있다.
③ 기동장비란 도보, 차량, 항공기, 선박 등을 말한다.
④ 통신장비에서 경호통신은 신뢰성, 정확성, 안전성이 고려되어야 한다.

해설 ③ 기동장비 : 경호대상자와 경호원이 운용하는 차량, 항공기, 선박, 열차 등을 말한다.

9. 대통령 등의 경호에 관한 법률상 무기의 휴대 및 사용에 관한 설명이다. ( )안에 들어갈 내용으로 옳은 것은? (14회)

> ( )은 직무를 수행하기 위하여 필요하다고 인정할 때에는 ( )에게 무기를 휴대하게 할 수 있다.

① 대통령 비서실장, 소속공무원   ② 대통령 비서실장, 경호처 직원
③ 경호처장, 소속공무원   ④ 경호처장, 경찰공무원

해설 경호처장은 직무를 수행하기 위하여 필요하다고 인정할 때에는 소속공무원에게 무기를 휴대하게 할 수 있다.
(대통령 등의 경호에 관한 법률 제9조 제1항)

10. 업무수행 중 총기를 휴대할 수 없는 자는? (15회)
① 청원경찰   ② 호송경비원
③ 경호공무원   ④ 특수경비원

해설 ② 경비업법상 총기를 휴대할 수 있는 경비원은 특수경비원만 해당된다.

7. ④ 8. ③ 9. ③ 10. ②

11. 경호대상자를 보호하는데 필요한 호신장비가 아닌 것은? (15회)

① 전자충격기 ② 가스분사기
③ 금속탐지기 ④ 경봉

해설 ③ 금속탐지기는 검색장비에 해당한다.

12. 폭발물 처리장비가 아닌 것은? (16회)

① 금속탐지기 ② 물포(water cannon)
③ 폭발물 처리키트 ④ X-Ray 촬영기

해설 검색(검측)장비의 종류

탐지장비	금속탐지기, X-ray검색기, 폭약탐지기, 액체폭발물탐지기, 방사능탐지기, 독가스탐지기, 독극물탐지기, 청진기, 화이버스코프, 서치탭(search tap), 검색경, 폭발물탐지견, 소방점검장비
처리장비	폭발물 처리키트, 물포(water cannon), X-ray촬영기
검측공구	탐침, 손전등, 거울, 개방공구, 다용도칼

※ 물포에 대해 수험생들이 제기한 이의가 받아들여져 전부 정답처리

13. 경호관련 장비의 휴대 및 사용에 관한 사항을 규정한 법률의 연결로 옳은 것은? (16회)

① 신변보호업무를 수행하는 경비원의 분사기 - 위험물안전관리법
② 청원경찰의 권총 - 경찰관 직무집행법
③ 특수경비원의 소총 - 경비업법
④ 경찰관의 권총 - 총포·도검·화약류 등의 안전관리에 관한 법률

해설 ① 신변보호를 수행하는 경비원의 분사기 - 경비업법
② 청원경찰의 권총 - 청원경찰법(휴대), 경찰관 직무집행법(사용)
④ 경찰관의 권총 - 경찰관 직무집행법

14. 경호장비에 관한 설명으로 옳지 않은 것은? (16회)

① 호신장비에는 단봉, 분사기, 쌍안경 등이 있다.
② 분사기는 총기에 준하여 관리하여야 한다.
③ 기동장비에는 차량, 항공기, 선박 등이 있다.
④ 검색장비에는 금속탐지기, 가스탐지기 등이 있다.

해설 쌍안경은 **감시장비**에 해당한다.

11. ③ 12. ①,②,③,④ 13. ③ 14. ①

15. 대통령경호처에 파견된 사람에게 직무수행을 위하여 필요하다고 인정할 때 무기를 휴대하게 할 수 있는 사람은? (16회)

① 경찰청장
② 대통령경호처장
③ 대통령경호처 차장
④ 국가정보원장

해설 처장은 직무를 수행하기 위하여 필요하다고 인정할 때에는 소속공무원(경호처 직원과 경호처에 파견된 사람을 말한다)에게 무기를 휴대하게 할 수 있다. (대통령 등의 경호에 관한 법률 제19조 제1항)

16. 경호장비에 관한 설명으로 옳지 않은 것은? (19회)

① 검색장비란 위해도구나 위해물질을 찾아내는데 사용하는 장비로 금속탐지기, X-Ray 수화물 검색기 등이 있다.
② 방호장비란 경호원이 자신의 생명·신체가 위험상태에 놓였을 때 스스로를 보호하는 장비로 가스분사기, 전자충격기 등이 있다.
③ 감시장비란 경호 취약점을 보완하는 수단으로 침입 또는 범죄행위를 사전에 알아내는 역할을 하는 장비로 쌍안경, 열선감지기 등이 있다.
④ 통신장비란 경호임무수행에 있어 필요한 보고 또는 연락을 위한 장비로 차량용무전기, 휴대용 무전기 등이 있다.

해설 ②는 호신장비에 대한 설명이다.

- **방호장비** (경호대상자나 경호대상자가 사용하는 시설물을 보호하기 위한 장치)

자연적 방벽		산악, 절벽, 계곡, 강, 바다, 늪 등
물리적 방벽	시설방벽	울타리, 담벽, 바리케이트, 차량 스파이크 트랩, 출입구설치 등
	인간방벽	청원경찰, 경비원, 자체경비원 등
	동물방벽	공격견, 경비견, 거위 등
	전기방벽	방호조명, 전류방벽, 기계경비 등

※ 이 밖에도 방탄막(방패), 방탄가방, 방독면, 선글라스 등도 방호장비의 일종이다.

17. 검측장비 중 탐지장비가 아닌 것은? (19회)

① 서치탭(search tap)
② 청진기
③ 검색경
④ 물포(water cannon)

해설 **검측장비** (위해물질의 존재 여부를 검사하거나 시설물의 안전점검에 사용되는 도구)

탐지장비	금속탐지기, X-ray검색기, 폭약탐지기, 액체폭발물탐지기, 방사능탐지기, 독가스탐지기, 독극물탐지기, 청진기, 화이버스코프, 서치탭(search tap), 검색경, 폭발물탐지견, 소방점검장비
처리장비	폭발물 처리키트, 물포(water cannon), X-ray촬영기
검측공구	탐침, 손전등, 거울, 개방공구, 다용도칼

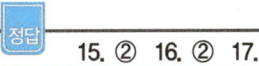

18. 경호경비에 관한 분류로 옳지 않은 것은? (20회)

① 호신장비 : 총기, 가스분사기
② 감시장비 : 금속탐지기, X-Ray 수화물 검색기
③ 방호장비 : 방폭담요, 방폭가방
④ 기동장비 : 차량, 항공기

▶해설 감시장비

감시장비	포대경(M-65), 다기능 쌍안경, 고성능쌍안망원경, 영상감시장비(TOD), 드론, 통합안전관리시스템 등
기계경보장치	방범경보시스템, 출입통제시스템, 침입감지시스템, CCTV설치, 로봇경비원 등

※ 금속탐지기, X-Ray 수화물 검색기는 검측장비 중 탐지장비

19. 민간경비원별 휴대 가능한 무기(장비)의 연결이 옳지 않은 것은? (21회)

① 호송경비원 : 권총, 경적, 단봉, 분사기
② 특수경비원 : 권총, 소총, 경적, 단봉, 분사기
③ 기계경비원 : 경적, 단봉, 출동차량, 분사기
④ 시설경비원 : 경적, 단봉, 분사기

▶해설 경비업법상 특수경비원만 무기(권총, 소총)를 휴대 할 수 있다.

20. 경호 장비에 관한 설명으로 옳지 않은 것은? (22회)

① 호신장비란 자신의 생명과 신체가 위험한 상태에 놓였을 때 스스로를 보호하는데 사용하는 도구를 말한다.
② 검측장비는 가스분사기, 전기방벽, 금속탐지기, CCTV 등이다.
③ 대통령경호처장은 직무를 수행하기 위하여 필요하다고 인정할 때에는 소속공무원에게 무기를 휴대하게 할 수 있다.
④ 경비업법상 경비원이 휴대할 수 있는 장비의 종류는 경적·단봉·분사기 등으로, 근무 중에만 이를 휴대할 수 있다.

▶해설 ② 가스분사기(호신장비), 전기방벽(방호장비), CCTV(감시장비)

21. 검측장비에 해당하지 않는 것은? (23회)

① X-ray 검색기
② 전자충격기
③ 금속탐지기
④ 폭발물탐지기

▶해설 ② 전자충격기는 경봉, 휴대용 가스분사기, 휴대용 가스봉 등과 같이 호신장비에 해당한다.

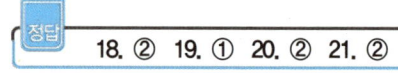
정답 18. ② 19. ① 20. ② 21. ②

22. 입국하는 국빈, 장관급 이상의 관료 등에 대한 경호를 목적으로 총포를 소지하고 입국하려는 사람이 총포의 일시 반출입 및 일시 소지 허가를 신청할 경우 경찰청장에게 신고하여야 할 내용이 아닌 것은?
(23회)

① 입국자의 국적 및 여권번호
② 입국이나 출국의 일시, 이용 항공 등 교통편명
③ 총포의 종류, 제품명, 일련번호
④ 총포의 이력추적관리 내역

해설 경호목적 총포의 일시 반출입 및 일시 소지허가
(총포·도검·화약류 등의 안전관리에 관한 법률 시행령 제14조의3)
1. 허가권자 : 경찰청장
2. 신청서류
   - 입국자의 성명, 생년월일, 국적 및 여권번호
   - 총포의 종류, 제품명, 일련번호, 수량 및 실탄 수량
   - 입국이나 출국의 일시, 이용 항공 등 교통편명, 출발지 및 도착지

23. 경호장비에 관한 설명으로 옳지 않은 것은?
(23회)

① 호신장비는 자신의 생명과 신체가 위험한 상태에 놓였을 때 스스로 보호하는데 사용하는 도구이다.
② 방호장비는 경호대상자가 사용하는 시설물을 보호하기 위한 장치를 말한다.
③ 검측장비는 위해기도자의 침입이나 범죄행위를 감시하고, 거동수상자의 동태를 추적하는 장비를 말한다.
④ 기동장비는 경호대상자의 경호를 위하여 사용하는 기동수단을 말한다.

해설 ③ 감시장비에 대한 설명이다.

24. 경호장비에 관한 설명으로 옳지 않은 것은?
(24회)

① 「대통령 등의 경호에 관한 법률」에서 호신장비와 관련하여 무기에 대한 규정을 두고 있다.
② 경비원이 사용하는 단봉, 분사기는 호신장비에 포함된다.
③ 경호업무에서 사용되는 드론은 감시장비에 포함된다.
④ 경호현장에서 설치되는 바리케이드나 차량 스파이크 트랩은 인적 방호장비이다.

해설 방호장비의 분류

사람에 대한 방호장비	방패, 방탄가방, 방폭담요, 방독면, 선글라스, 인간방벽
시설에 대한 방호장비	바리케이트, 차량 스파이크 트랩

정답 22. ④ 23. ③ 24. ④

25. 다음에서 설명하는 경호장비는? (24회)

- 유해물질 존재여부의 검사
- 시설물의 안전 점검
- 사람이 직접 확인할 수 없는 밀폐공간의 확인

① 호신장비 ② 감시장비
③ 방호장비 ④ 검측장비

해설 검측장비
위해물질의 존재여부를 검사하거나 시설물의 안전점검에 사용되는 도구를 말하며, 인간의 능력으로 그 실체 및 위해성 여부의 식별이 불가능하거나 과학적 근거가 요구되는 경우, 또는 사람이 직접 확인할 수 없는 밀폐된 공간의 확인 등에 사용된다.

정답 25. ④

Chapter 6 경호의 윤리

학·습·목·표

○ **경호공무원의 6대의무**

성실의무, 복종의무, 친절공정의 의무, 비밀엄수의 의무, 청렴의무, 품위유지의 의무

○ **경호공무원의 5대 금지사항**

직장이탈 금지, 영리 및 겸직금지, 정치운동 금지, 집단행동 금지, 권력남용 금지

○ **경호원의 5대정신**

- **삼불문율** : 보고, 듣고, 말하지 않는다.
- **의전정신** : 최고의 예의를 갖춘다.
- **보호관찰** : 시선을 집중한다.
- **긴장자세** : 방심하지 않는다.
- **초인정신** : 육탄경호로 임무를 완수한다.

○ **경호원 직원윤리 정립 방안**

- 성희롱 유발요인 분석 철저 및 예방교육 강화
- 총기 안전관리 및 정신교육 강화
- 정치적 논리 지양 등 경호환경 조성 및 탄력적 경호력 운영
- 사전예방경호활동을 위한 경호경비 위해의 인지능력 배양
- 경호경비교육기관 및 경호 관련학과의 경호윤리 과목 개설 운영
- 경호지휘단일성의 원칙에 의한 경호임무수행과 위기관리 대응능력 구비
- 경호원 채용시 인성평가 방법 강화 및 자원봉사 활성화

◎ 경호원의 윤리규제 근거법령
- 대통령 등의 경호에 관한 법률
- 국가공무원법
- 국가공무원복무규정
- 부패방지 및 국민권익위원회의 설치와 운영에 관한 법률
- 공무원행동강령
- 대통령경호처복무규정

◎ 경호원의 자격
1. 올바른 가치관
2. 유능성(전문적 역량)
3. 헌신성
4. 신체적 능력

Chapter 7 경호의전과 구급법

우리나라 의전서열

1. 대통령
2. 국회의장
3. 대법원장
4. 헌법재판소장
5. 국무총리
6. 중앙선거관리위원장
7. 국무위원

※ 행정부 주관 국경일 행사에 국무총리가 대통령 대리자격 참석 시 국회의장, 대법원장보다 상석 예우

행사시 의전서열

- 국가원수급 외빈 공식방문 국빈 환영행사 시 예포 21발 발사
- 국빈 환영행사, 국가원수내외예방, 국가원수내외주최 리셉션 및 만찬행사, 환송행사 順
- 외국방문시 의전관행은 자국보다 항상 **방문국 관행 우선**
- 지위가 비슷한 경우 남자보다 **여자**가 우선, 연소자보다 **연장자**, 내국인 보다 **외국인**이 상위 서열
- 여성의 서열은 기혼부인 - 미망인 - 이혼부인 및 미혼자 순으로 하고, 기혼부인간의 서열은 **남편의 지위**에 따른다.
- 남편이 국가대표로서 자격을 가지고 있는 경우 등에는 Lady-first 원칙을 적용치 않는다.
- 한사람이 2개 이상의 사회적 지위가 있을 때에는 원칙적으로 상위직을 기준으로 하되, 행사성격에 따라 행사관련 직위를 적용할 수 있다.
- 공식적인 서열을 가지지 않은 사람이 공식 행사에 참석 시 좌석은 개인적 · 사회적 지위, 연령 등을 고려하여 정한다.
- 공식서열은 신분별 지위 서열로 국제적으로 동일하지 않고, 나라마다 의전관행과 관습에 따라 차이 있음
- 비공식서열의 경우 원만하고 조화된 좌석배치를 위해 서열결정의 원칙이 다소 조정될 수 있다.

• **서열 결정 기준** (정부의전편람 참고)

직위에 의한 서열	공적지위가 없는 인사의 서열
1. 직급(계급) 순위 2. 헌법 및 정부조직법상의 기관 순위 3. 기관장 선순위 4. 상급기관 선순위 5. 국가기관 선순위	1. 전직(前職) 2. 연장자 순 3. 주최행사 관련성 4. 정부 산하단체 및 관련 민간단체장

의전서열의 일반원칙

- 서열에 신경 (Rank Conscious)
- 숙녀를 항상 상석인 우측 (Lady on the Right)
- 대접을 받았으면 상응한 답례 (Reciprocate)
- 현지의 관행이 우선 (Local Custom Respected)

외교관 서열

- 공관장은 직책에 따라 교황청대사, 특명전권대사, 특명공사, 대리대사, 대사대리 등 順
- 공관장인 대사 및 공사 상호간의 서열은 **신임장 제정順**(신임장사본 제출順 국가도 있음)
- 대사대리 상호간 서열은 계급과 관계없이 **지명통고가 외교부에 접수된 순서**에 따른다.
- 공관장 外의 외교관은 외교관 계급에 따르고, 동일계급간에는 **착임순서**에 따른다.
  (각국은 재외공관 외교직, 무관, 일반직 상호간 서열에 관해 별도규정 있는 것이 관례)
- 같은 계급이라도 외교관은 무관보다 앞서고, 무관은 타주재관보다 앞선다.
- 외빈 방문시 같은 나라 주재 자국대사가 귀국 시, 주재외국대사 다음으로 할 수 있다.
- 국가원수 대행하여 참석하는 정부각료는 외국대사보다 우선한다.
- 우리측 주최 연회에서는 자국측 빈객은 동급의 외국측 빈객보다 하위에 둔다.
- 女子대사의 경우 대사의 남편은 공식행사 등에서 예외에 속한다.

국가원수 취임식 기관별 업무분장

기 관 별	업 무 분 장 별		
행정안전부	·취임식 기본계획 수립 ·국기게양및 공휴일지정 ·지방경축행사 주관 등	·각종행사 종합조정, 경축연 주관 ·시내경축장식 기념메달 제작 ·지방 가두장식 및 가로기 게양	·초청범위결정 ·경호경비
외교부	외교단 경축연회 주관, 경축사절 영접 안내		
기획재정부	소요경비의 예비비 지원 및 지출		
법무부	특별사면 및 재소자 특별급식		
과학기술정보통신부	기념우표 발행		
문화체육관광부	국내외 홍보 및 특별좌담, 경축공연 주관, 각종 영문인쇄물 준비, 고궁. 공원 무료공개		
서울특별시	가로기 게양 및 가두장식		
각 부처	가두 장식 등 관련사항 협조		

국가원수의 외국방문시 기관별 준비업무 분장

일정확정	대통령실, 외교부	공보활동 계획	문화체육관광부
항공기 결정		기념우표	과학기술정보통신부
연설문 성명서작성		회담 및 교섭자료 작성	외교부, 관계부처
선물, 기념품 준비		훈장준비, 교환	외교부, 행정안전부
방문국 의전설명	외교부	국내공항 행사	행정안전부
예산편성			

행사경호의 목적

◆ 신변보호
◆ 품위(권위) 유지
◆ 참석자 예우 (친화도모)
◆ 질서 유지

국기에 대한 경례방법

◆ 제복을 입지 않은 국민은 국기를 향해 오른손을 펴서 왼쪽가슴에 대고 국기를 주목
◆ 제복을 입지 않은 국민 중 모자 쓴 국민은 국기를 향해 **오른손**으로 모자를 벗어 왼쪽 가슴에 대고 국기를 주목, 모자를 벗기 곤란한 경우 오른손을 펴서 왼쪽가슴에 대고 국기를 주목할 수 있다.
◆ 제복을 입은 국민은 국기를 향해 거수경례를 한다.

국기 게양시점

◆ 국기게양일
- 국경일(3·1절, 제헌절, 광복절, 개천절, 한글날)
- 현충일(**조기게양**)
- 국군의 날
- 국가장(**조기게양**)
- 정부가 따로 지정한 날
- 지방자치단체가 조례 또는 지방의회 의결로 정하는 경사스러운 날(당해 지방자치단체에 한함)
  ※ 다른 날에도 게양할 수 있다.

◆ 국가와 지방자치단체, 기타 공공단체 청사 등에는 국기를 **연중 게양**해야한다.
- 가능한 한 연중 국기게양을 해야 하는 장소
  - 공항, 호텔 등 국제적 교류장소
  - 대형건물, 공원, 경기장 등 많은 사람들이 왕래하는 장소
  - 주요 정부청사 울타리
  - 많은 깃대가 함께 설치된 장소
  - 그 밖의 대통령령이 정하는 장소
  ※ 국기가 심한 비바람으로 훼손 우려되고 존엄성유지가 어려울 때 게양치 않을 수 있다.

◆ 국기게양 및 강하시간
- 국기는 24시간 게양할 수 있다. 이 경우 야간에는 **적절한 조명**을 해야 한다.
- 각급 학교 및 군부대의 주된 게양대에는 국기를 **매일 낮에만 게양**한다.
  - 게양시간 : **오전 7시**
  - 강하시간 : 3~10월은 오후 6시, 11~다음해 2월은 오후 5시
- 국기게양 및 강하시각을 변경할 수 있는 경우
  - 야간행사 등에 있어서 국기를 게양할 필요가 없는 경우
  - 국가장 등 조기를 게양해야 하는 경우
  - 기타 특별한 사유로 중앙행정기관의 장이 행정안전부장관과 협의한 경우

국기의 게양 및 강하방법

◆ 깃대 또는 국기게양대에 게양, 다만, 다음의 경우 벽면에 게시할 수 있다.
- 실내여건, 교육목적 등으로 실내벽면에 국기를 게시
- 경축 등의 목적으로 건물 벽면 등에 대형국기를 게시하는 경우

- 국기는 깃면의 건괘가 왼쪽 위로 오게 하여 건괘와 이괘가 있는 쪽의 깃면 너비부분이 깃대에 접히도록 게양
- 현충일, 국가장 등의 조의를 표하는 날은 깃봉과 깃면 사이를 깃면의 너비만큼 떼어 조기(弔旗)를 게양하되,
  - 게양할 때는 깃면의 왼쪽 윗 모서리가 깃봉에 닿도록 올렸다가 깃면 너비만큼 다시 내려달고
  - 강하할 때도 깃면의 왼쪽 윗 모서리가 깃봉에 닿도록 올렸다가 다시 내린다.
- 국기와 다른 기를 함께 게양할 때는 다른 기는 국기게양과 **동시 또는 그 후에 게양**하고, 국기와 다른 기를 함께 강하할 때는 다른기는 국기강하와 **동시 또는 그 전에 강하**한다.

국기의 게양위치

- 단독주택 대문과 공동주택 각 세대 난간에는 중앙이나 앞에서 바라보아 왼쪽에 국기게양
- 주택을 제외한 건물에는 앞에서 보아 지면중앙이나 왼쪽, 옥상의 중앙, 현관차양시설 중앙 또는 주된 출입구의 위 벽면 중앙에 국기 게양
- 건물內 회의장·강당 등에서는 내부전면을 앞에서 보아 전면의 왼쪽 또는 중앙에 국기 게양
- 각종 차량에는 전면을 밖에서 보아 왼쪽(조수석 방향)에 국기 게양
  - 차량에는 앞에서 보아 왼쪽 전면에 차량 전면보다 기폭 만큼 높게 부착
  - 외국원수가 방한, 우리나라 대통령과 동승시 앞에서 보아 **태극기는 왼쪽**(조수석), **외국기는 오른쪽**(운전석)에 위치
- 다만, 건물 또는 차량의 구조 등으로 부득이한 경우 국기게양 위치를 달리할 수 있다.
- 국기와 다른 기를 동시 게양할 때에는 국기를 가장 높은 깃대에 게양한다. 다만 2개 이상의 게양대 높이가 동일할 때에는, 홀수인 경우 국기를 중앙에, 짝수일 경우 앞에서 보아서 **왼쪽 첫 번째**에 게양한다.
- 국기와 외국기의 게양
  - 외국기는 우리나라를 **승인한 국가**에 한해 게양한다. (국제회의, 체육행사 등은 예외)
  - 국기와 외국기를 동시 게양시, 크기와 높이를 같게 게양 (외국기 게양은 영문 알파벳 순서)
  - 국기와 외국기를 교차 게양시, 앞에서 보아 국기의 깃면이 왼쪽, 깃대는 외국기 깃대 앞쪽 위치
- 국기와 유엔기의 게양
  - 국기와 유엔기만 게양시, 앞에서 보아 **왼쪽에 유엔기**, 오른쪽에 국기게양
  - 국기, 유엔기, 외국기 동시 게양시, 유엔기, 국기, 외국기(알파벳 順) 순으로 가장 윗자리부터 차례로 게양
- 국기기 더러워지거나 훼손시, 지체 없이 소각 등 적절한 방법으로 폐기조치
- 국기를 영구에 덮을 때에는 영구덮개를 위에서 내려다보아 윗부분 오른쪽에 건괘가, 왼쪽에 이괘가 오도록 하고, 국기가 땅에 닿지 않도록 하며, 영구와 함께 매장해서는 안된다.

악수예절

◆ 악수를 청하는 순서
- 윗사람이 아랫사람에게 먼저 청한다.
- 상급자가 하급자에게 먼저 청한다.
- 여성이 남성에게 먼저 청한다.
- 기혼자가 미혼자에게 먼저 청한다.

◆ 악수방법
- 악수는 서양식 인사로 악수하며 절까지 할 필요는 없다. (두손으로 하는 것도 부적절)
- 신분이 높은 사람이 연소자일 때는 연장자라도 먼저 손을 내밀면 결례
- 이성간 악수는 여성이 먼저 손을 내밀되, 남성이 장갑을 끼고 있으면 반드시 벗는 것이 예의 여성의 예장으로서의 장갑은 실내에서도 벗지 않는다.
- 연령차가 많거나 사회적신분이 대단히 높은 사람과 악수할 때에는 오른손 손목을 왼손으로 가볍게 잡고 받들어 모시는 듯한 동작이 정중함을 나타내는 자세
- 슬픈 일, 좋지 않은 일에 있어서는 절대로 악수를 하지 말아야 한다.
- 국가원수, 왕족, 성직자 등은 기준에서 예외가 될 수 있다.
  - 남성은 먼저 머리 숙여 인사하고 상대가 악수를 청하면 머리 숙여 인사 후 악수에 응하고,
  - 여성은 왼발을 뒤로 빼고 무릎을 굽혔다 펴는 정도의 예의를 표한 후 악수에 응한다.

목례 예절

◆ **목례** : 바로선 자세에서 **15°가량** 앞으로 숙인다.
◆ **보통례** : 바로선 자세에서 **35°정도** 앞으로 숙인다.
  인사시 숙인 상태에서 2~3초 후 상대방이 답례하면 서서히 고개를 든다.
◆ **정중례** : 상체를 **60°정도** 숙여서 하는 절이다.
  신분이 높은 사람이나 의식 등에서 하는 절로서 한번만 한다.

명함예절

◆ 명함을 줄때는 반드시 일어서서 이름을 먼저 밝히고 오른손으로 주고, 받을 때도 일어서서 두 손으로 받는다.
◆ 명함을 받자마자 보지 않고 바로 넣지 않아야 하며, 모르는 한자는 정중히 물어본다.
◆ 명함 교환상대가 많으면 지위가 높은 사람부터 명함을 교환한다.
◆ 명함에 쓰이는 약자
  - P.R : 감사, · P.F : 축하, · P.C : 조의, · P.P : 소개, · P.P.C : 작별
    ※ 명함좌측 하단 연필로 기입 인사에 대신 가능

🔵 탑승예절

◆ **승용차**
- 운전기사 있을시
    - 3인탑승시 : 뒷좌석 오른쪽이 상석, 그 다음이 왼쪽, 앞자리 順
    - 4인탑승시 : 뒷좌석 오른쪽이 상석, 그 다음이 왼쪽, 앞자리, 가운데 順
- 자가운전 : 운전석 옆자리가 상석, 뒷좌석 오른쪽, 왼쪽. 가운데 順
  (지프는 운전석 옆자리가 상석)
- 여성과 동승시 승차 시는 여성이 먼저 타고, 하차시는 남성이 먼저 내려 문을 열어준다.
  (윗사람의 경우도 동일)

◆ **기차**
- 둘이 나란히 앉는 좌석은 **창가 쪽이 상석**
- 넷이 마주앉는 자리는 기차 진행방향 창가좌석이 상석, 그 맞은편, 상석옆자리, 그 앞좌석 順
- 침대차는 **아래쪽** 침대칸이 상석

◆ **비행기**
- 상급자가 마지막으로 타고 먼저 내리는 것이 순서
- 창가 좌석이 상석, 통로 쪽이 차석, 그 다음이 상석과 차석사이
- 여성의 경우 언제나 먼저 타고 먼저 내린다.

◆ **선박**
- 상급자가 마지막으로 타고, 먼저 내린다. (함정은 상급자가 먼저 타고 먼저 내린다)
- 객실의 등급이 없을 땐, 선체의 **중심부**가 상석

◆ **엘리베이터**
- 안내자 있을 때 : 상급자가 먼저 타고 먼저 내린다.
- 안내자 없을 때 : 하급자가 먼저 타서 층수 조작, 내릴 때는 상급자가 먼저 내린다.

◆ **에스컬레이터** : 상급자(여성)가 먼저 올라가고, 하급자(남성)가 먼저 내려온다.

🔵 응급처치

◆ **응급처치 주의사항**
- 환자나 부상자에 대한 생사판정은 하지 않는다.
- 환자나 부상자의 상태조사 및 편안한 자세를 유지시킨다.
- 원칙적으로 의약품 사용을 금한다.
- 병원이송 전까지 환자의 2차 쇼크를 방지하고 생명력을 유지토록 한다.
- 의사의 치료를 받기 전까지 응급처치로 그친다.
- 응급 처치원 자신의 안전을 확보한다.

◆ **응급처치의 기본적 진단법 (ABC 진단) – 1차 조사**
- **기도** : 기도가 열려 있는지 확인 **(구조호흡)**
- **호흡** : 숨을 쉬고 있는지 확인 **(심폐소생)**
- **순환** : 심장이 박동하고 있는지 확인 **(심박동)**

◆ **환자의 진단 – 2차 조사**
- 의식이 있을 때 : 환자에게 직접 이름 나이 등을 물어보고, **10분 간격**으로 말을 시킨다.
- 의식이 없을 때 : 외모에 나타난 증상관찰, 호흡·맥박·체온 등 생체징후를 살펴본다.
  - **호흡 및 맥박확인** : 환자의 가슴을 보고, 소리 듣고, 느낀다 (약 10초간)
    성인의 경우 경동맥 촉지 (5~10초간)
  - 얼굴색, 피부색, 체온확인
    1. 청홍색 : 안색, 피부색, 특히 **입술과 손톱색**이 청홍색이면 호흡곤란 상태 심장이 멎기 직전상태, 약물중독 등으로 위험상태.
    2. 창백 : **쇼크**, 대출혈, 질식, 심장발작 등 혈압이 낮고 혈액순환 악화증세
    3. 붉은색 : 고혈압, **일산화탄소 중독**, 일사병, 열사병, 고열 등 증상
  - 동공의 반사작용
    1. 동공의 양쪽 크기가 다르면 두부손상 의심
    2. 동공이 확장된 경우는 의식장애나 심장정지 후 30초 이내에 나타나는 증상
    3. 사망시 동공은 **확장**된다.

응급처치시 감각기능의 여부

환자의 증상	의심상태
피부의 감각을 동반한 심한통증	동맥절단 뇌손상 의심
운동기능은 있으나 감각기능이 없는 경우	척추손상 의심
의식은 있는데 손발이 움직이지 않는 경우	신경계통 상처 의심
말단 쪽이 움직이지 않는 경우	골절 의심
살을 꼬집어도 아픔을 느끼지 못하는 경우	척추에 심한 손상 의심
양손, 양다리가 움직이지 않는 경우	경추이상 의심
양다리만 움직이지 않는 경우	허리손상 의심
한손과 다리가 움직이지 않는 경우	뇌손상 우려

응급처치 구명 4대요소

지혈, 기도유지, 쇼크방지 및 치료, 상처보호

응급처치 시 환자의 올바른 자세

- 의식이 있을 때에는 물어서 가장 편한 자세를 취하도록 한다.
- 의식이 없을 때에는 수평으로 눕힌다.
- 환자가 호흡하기 편한 자세로 해준다.
- 얼굴이 붉은 환자의 경우
    - 환자를 바로 눕히고 머리와 어깨를 **약간 높여준다**.
    - 머리에 찬 물수건을 대어주어 **열을 식힌다**.
    - 환자를 옮길 때 눕힌 상태로 주의해서 옮긴다.
- 구토하거나 토혈환자는 의식이 있는 경우 얼굴을 옆으로 돌려주고 **머리가 발보다 낮게** 한다.
- 호흡장애가 있는 경우 앉게 하거나 하반신을 기대게 하고 발을 뻗어 편한 자세를 취하게 한다.
- 기도확보(혀가 기도를 막는 것을 방지)
    - 목 뒤에 손을 넣어 턱을 들어 올린다.
    - 한쪽 손은 이마에 놓고 다른 손은 목뒤에 대 턱을 들어 올리며 머리를 뒤로 젖힌다.
    - 잘 되지 않거나 인공호흡을 실시할 때에는 어깨 밑에 두께 20㎝정도의 베개를 놓고 머리를 뒤로 젖힌다.
    - 아래턱을 앞으로 민다. 아래턱 양쪽에 양손을 대어 아랫니 열이 윗니열 보다 앞이 되도록 끌어당긴다.
    - 어린이는 머리 쪽에 앉아 양손으로 턱 아래를 밀어내는 방식이 안전하다.

응급처치시 환자에게 마실것을 주면 안되는 경우

- 의식이 없을 때
- **메스껍거나 토할 때**
- 복부 상처, **복통** 시
- 수술 전
- 쇼크 상태

※ 열사병, 일사병, 심한 설사로 인한 탈수 등은 오히려 수분섭취를 하도록 하는 것이 좋다.

심폐소생술(CPR)

부상이나 질병으로 인해 호흡이 정지되거나 심장이 정지되었을 때 의료요원이 도착하기 전까지 인공호흡과 흉부압박을 이용한 심장마사지를 시행함으로써 환자의 생존가능성을 높여주는 응급처치

※ Cardio(심장), Pulmonary(폐), Resuscitation(소생)

◆ 심폐소생술 지침 (CAB) (대한심폐소생협회)
1. 흉부압박(Compressions) : 순환
2. 기도(Airway) : 기도유지
3. 호흡(Breathing) : 인공호흡

◆ 심폐소생술 실시 순서
1. 의식의 확인
2. 협력자 요청 및 구조연락 (AED요청)
3. 호흡 및 맥박확인(10초 이내)
   흉부압박 : 순환 (1분 : 최소한 100회)
4. 기도유지
5. 인공호흡 2회
6. 반복실시 : CPR
   ※ 흉부압박 심장마사지(30회)+인공호흡(2회) : 반복실시

◆ 흉부압박 3대포인트
1. **올바른 압점** (Position)
   심장의 위치는 흉골의 안쪽 중앙에 있으며(흉골 아래 1/3위치),
   압점이 정확하지 않으면 늑골이나 장기 손상 초래 우려
   (일반인 : 유두라인과 흉골의 교점, 영아는 유두라인 조금 밑)
2. **올바른 압력** (Pressure)
   성인의 경우에는 가슴표면이 5cm~6cm정도 내려갈 정도의 압력 (6cm 초과금지)
3. **올바른 페이스** (Pace)
   심장마사지 30회(18초)와 인공호흡 2회(4초)를 병행하여 5사이클(120초)의 페이스로 실시, 분당 약 100 ~ 120회의 속도로 실시한다.
   ※ 어린이와 영아의 경우도 성인과 같은 페이스로 실시. (소아와 영아의 2인 CPR은 15 : 2)

◆ 심폐소생술의 적용시기
   심폐소생술은 심장과 호흡이 멈춘 지 4분 이내에 시작하면 살아날 가능성이 높으며,
   시간이 지날수록 뇌손상이 지속되어 사망하게 된다. 따라서 빠르면 빠를수록 그 효과가 높다.

- 4분 이내 : 뇌손상 가능성이 전혀 없다. 심박동이 회복되면 뇌손상 없이 회복
- 4분~6분 : 뇌손상 가능성이 높다
- 6분~10분 : 뇌손상이 확실하다.
- 10분 이상 : 심한 뇌손상 또는 뇌사상태가 된다.

◆ 심폐소생술의 종료
- 환자의 맥박과 호흡이 회복된 경우
- 심폐소생술 교육을 받은 다른 사람과 교대할 경우
- 의사 또는 전문구조사가 도착하여 환자의 응급처치를 맡은 경우
- 구조자가 지쳐서 더 이상 심폐소생술을 계속할 수 없는 경우
- 사망으로 판단할 수 있는 명백한 증거가 있는 경우

◆ 심폐소생술의 방법
- 하악거상법 : 환자의 이마를 뒤로 젖히면서 동시에 턱을 잡고 윗니와 아랫니가 거의 닿을 정도로 턱을 앞으로 잡아당긴다.
- 하악견인법 : 경추부분 손상이 의심될 때 머리와 목을 움직이게 해서는 아니 되고 머리를 자연스럽게 둔 상태로 실시
- 3중기도 유지법 : 환자의 머리를 향해 앉아서 네 손가락을 환자 턱의 각진 부분에 놓고 머리를 젖힌 후, 엄지손가락으로 환자 아랫입술을 아래쪽으로 향하게 실시

○ 자동제세동기(AED) 사용법

1. **전원 켜기** : 전원이 켜지면 자동제세동기에서 나오는 안내에 따라 행동한다.
2. **패드 부착** : 상의를 벗긴 후 음성안내에 따라 가슴에 패드를 붙인다.
   (우측 : 쇄골 아래 가슴, 좌측 : 유두아래 겨드랑이)
3. **심전도(심장리듬) 분석** : '모두 물러나세요' 라고 외치며 환자와 접촉하지 않는다.
4. **전기충격(제세동)** : 안내에 따라 쇼크 버튼(황색)을 눌러 심장충격을 가한다.
5. **심폐소생술(CPR) 재시행** : 심장충격을 시행한 뒤 지체 없이 가슴압박을 시행한다.
6. **반복** : 자동심장충격기는 2분마다 심전도(심장리듬)를 자동으로 재분석하므로, 그 사이 심폐소생술(CPR)을 시행한다.

쇼크의 종류

구분	증상	응급처치방법
출혈성 쇼크	외상 후 출혈에 의한 혈액손실이 원인	• 기도확보와 산소투여 • 출혈부위 지혈 • 하지거상
저체액성 쇼크	구토·설사 등의 탈진상태가 지속되면 혈압이 저하되어 나타나는 증상	신속한 병원의 후송요구
패혈성 쇼크	세균감염에 의한 쇼크, 주로 장기간 입원환자나 수술 후 감염된 자들에 나타남	
과민성 쇼크	일종의 알레르기 면역반응의 한 증상, 가장 중증인 것이 특징, 원인물질과 접촉 발생	신속히 원인물질제거, 약물투여

쇼크의 증상

- ◆ 얼굴이 창백해진다.
- ◆ 식은땀이 나며 현기증을 일으킨다.
- ◆ 메스껍고 구토나 헛구역질을 한다.
- ◆ 맥박이 약하고, 때로는 빠르다.
- ◆ 호흡이 불규칙하다
- ◆ 심하면 의식이 없다.
- ◆ 빛에 대한 동공반사가 느리다.
- ◆ 체액이 손실되어 갈증이 난다.

창상(상처)

- ◆ 외부출혈 종류
  - · 찰과상 : 피부나 점막이 심하게 마찰 또는 긁힌, **출혈은 심하지 않으나 감염되기 쉽다.**
  - · 절창 : 칼, 면도날, 유리 등으로 베어진 상처, **잘 감염되지 않으나 대부분 출혈이 심하다.**
  - · 열창 : 둔한 물건에 타박·압박 혹은 면(面)에 부딪혔을 때 생기는 상처, 조직파괴를 초래, 출혈이 작아 관계로 혈액에 의한 병균이나 오염물질 씻지 못해 **감염의 위험성이 크다.**
  - · 자창 : 못, 바늘, 철사, 총알 등에 찔리거나 조직이 뚫고 나간 상처, 부위가 좁고 깊어 소독곤란, **출혈은 많지 않아도 감염위험성이 크다.**

- ◆ 창상의 위험성
  - · 감염 : 창상은 크고 작고를 불문하고 감염 위험성이 있다.
  - · 출혈 : 체중 50~60kg인 사람은 4,000~5,000cc의 피가 있는데 1,000cc(20%)의 피를 흘리면 생명이 위험하고, **1,500cc**(30%)의 피를 흘리면 생명을 잃는다.

◆ 창상의 응급처치
- 출혈이 심하지 않은 경우 : 국소압박 등을 통해 지혈
  - 출혈이 심하지 않은 상처에 대한 처치는 병균의 침입을 막아 예방
  - 상처를 손이나, 비위생적 헝겊으로 건드리지 말고 엉킨 핏덩이를 떼지말아야 한다.
  - 흙이나 더러운 것이 묻었을 때는 깨끗한 물로 상처를 씻어준다
  - 소독한 거즈를 상처에 대고 드레싱을 한다.
  - 의사의 치료를 받게 한다.
- 출혈이 심한 경우
  - 즉시 지혈을 하고 출혈부위를 **심장보다 높게** 하여 안정이 되게 눕힌다.
  - 출혈이 멎기 전에는 음료를 주지 않는다.
  - 지혈방법은 **직접압박, 지압점압박, 지혈대** 사용 등의 방법이 있다.
  - 소독된 거즈나 헝겊으로 세게 직접 압박한다.
  - 환자를 편안히 눕히고 보온한다.

◆ 지혈대 사용방법
- 출혈부위 가까운 곳에 **7~10cm** 넓이의 띠를 2회 감는다.
- 띠를 묶어 매듭을 짓고, 그 위에 막대를 놓는다.
- 막대를 매듭하고 출혈이 멈출 때까지 막대를 감는다.
- 출혈이 멈추면 막대 감는 것을 멈추고 막대를 다시 고정한다.

◆ 지혈대 사용시 주의사항
- 가능하면 폭이 넓은 것을 사용
- 무릎이나 팔꿈치 아래에는 착용하지 않는다.
- 지혈대 착용시킨 시간을 환자 이마에 표기
- 피부에 민감한 재료는 가급적 피한다.
- 일단착용한 뒤에는 병원도착 전까지 느슨하게 하면 안 된다.

◎ 눈 화상에 대한 조치

◆ **빛화상** : 빛을 보지 않도록 **검은 천** 등으로 가려 준다.
◆ **열화상** : 촉촉한 거즈를 눈 주위에 덮어준다.
◆ **화학화상** : **생리식염수** 등으로 **10분 이상** 세척한다.

화상의 증상 및 치료방법

구 분	증상	치료방법
1도화상 (표피화상)	열에 의해 붉어진 정도의 화상, 표피에만 손상	시원한 물수건 등으로 화상부위를 식혀준다
2도화상 (진피화상)	피부에 물집생긴 정도의 화상, 진피도 손상, 땀샘이나 모낭손상 있을 수 있고 수포형성	화상면적이 크지 않으면 물수건 등으로 부위를 덮어줌
3도화상 (전층화상)	화상정도가 매우 심함, 조직파괴까지 동반됨, 피하지방 조직까지 손상	쇼크, 생명위험으로 긴급후송 필요, 병원에서 상처진단 시 장애되므로 소독약 등 사용금지

유형별 응급조치

구 분	증상	응급조치
일사병	• 두통, 무력감, 현기증, 식욕부진 등 • 얼굴이 창백해지고 피부는 차갑고 축축하다.	• 시원한 장소로 이동시켜 안정을 취하게 한다. • 의식이 있으면 수분, 전해질 용액을 투여한다.
열사병	• 체온상승, 두통과 어지러움증, 의식상실 등 • 피부가 뜨겁고 건조하며 붉은 빛을 띈다. • 땀을 분비하는 기능억제로 땀을 흘리지 않는다.	• 시원한 장소로 옮겨 옷을 느슨하게 해주고 상체를 높여서 바로 눕히고 차가운 물수건을 대어준다. • 심장을 향해 사지를 문질러 혈액순환을 돕는다. • 의식이 회복되면 냉수를 마시게 한다.
감전	• 질식된 듯한 모습을 보이고, • 갑자기 심장이 멈추어 호흡을 못하는 경우 얼굴이 잿빛으로 변한다. • 전류가 들어왔다 나간 부위에는 심한 화상의 흔적이 있고 쇼크증상을 보일 수도 있다.	• 전원을 차단시키고 안전한 곳으로 옮긴다. • 심정지가 발생한 경우 심폐소생술을 시행한다. • 기도를 유지하고 산소를 공급해 준다. • 쇼크증상을 보이면 다리를 높여주고 체온이 올라가도록 해준다.
익수사고	• 물을 많이 마신 경우 고열이 발생한다. • 구토를 한다. • 뇌손상으로 신경결손을 야기한다.	• 밧줄, 주변의 도구를 이용, 조난자에게 던져준다. • 구조 즉시 인공호흡을 실시한다. • 신속하게병원으로 이송조치 한다.
약물중독	• 구토, 복통, 동공수축·확장, 경련, 호흡곤란 등 • 과다한 타액 분비 및 발한 증세	• ABC확인 후 피부노출 시 씻거나 닦아준다. • 흡입한 경우 시원한 공기를 마시게 한다. • 섭취한 경우 물을 많이 마시게 하여 희석시킨다. • 접촉한 경우 피부-의복-피부 순으로 물로 세척
식중독	• 메스껍고, 구토, 복통, 설사, • 집단에서 2명 이상이 같은 증상 발생	• 탈수에 주의하며 편안하게 안정시킨다. • 정수한 물이나 보리차를 마시게 한다. • 보온조치하고 쇼크를 방지한다.

환자 운반법

구 분	내용
부축법	• 환자 손을 잡고 환자 팔을 목주위에 두르고, 다른 팔은 환자허리를 두른 상태로 환자가 걷도록 도와주는 방법
안기법	• 환자 등을 감싸 한 손을 어깨아래, 다른 팔은 무릎아래 넣고 들어 올려 운반 • 운반자의 등에 상당한 하중을 주므로 주로 가벼운 환자 운반 시 사용방법
어깨운반법	• 부상에 지장 없을 시 어깨에 환자를 걸치고 운반하는 방법
매기운반법	• 환자를 세워 등에 대고, 환자 팔을 어깨에 올리고 가슴부근에서 팔을 교차, 가능한 환자 팔을 곧게 펴고 어깨에 환자의 겨드랑이가 오게 한 다음, 환자의 팔목을 잡고 구부려서 등위로 올려 운반하는 방법
업기운반법	• 환자를 세운 후 환자 손을 어깨에 걸쳐 가슴에서 교차시켜 환자를 업고, 환자가 자신의 팔을 잡는 동안 다리를 잡고 등위로 환자를 들어올리고, 팔을 환자 무릎아래 넣어서 손목을 잡고 운반
2인 부축법	• 환자의 팔을 두 구조자의 어깨에 걸치고 각 구조자는 한 팔로는 환자의 손을 잡고 또 다른 팔은 환자허리를 두르고 환자가 걷게 도와주는 방법
의자운반법	• 환자의 체중을 받쳐 줄만한 의자를 이용 운반하는 방법 • 좁은 통로나 계단에서 유용한 운반법
수평운반법	• 3~6명의 구조자가 환자 양편에서 환자 밑으로 손을 맞잡고 서서 운반, • 척추가 움직이지 않도록 해야 한다.

환자자세의 적용 및 방법, 효과

구분	적용	방법	효과
앙와위 자세	• 의식장애가 있을 때 • 몸에 상처 있을 때 • 손,발에 상처 있을 때	환자를 위로 향하도록 눕혀 양 무릎 조금 벌리고 두부, 흉부, 사지의 수평상태 유지	인체생리학상 골격과 근육에 긴장 주지 않음
측와위 자세	• 의식장애 있을 때 • 구토를 할 때 • 흉부 손상이 있을 때	환자를 옆으로 편안하게 눕혀 안정시키는 방법	의식불명, 구토시 혀의 이완방지, 질식방지유용, 흉부 움직임 억제와 통증완화, 2차 손상 방지
복와위 자세	• 의식장애, 구토, • 등부위 손상	환자를 엎드려 눕혀 얼굴을 옆으로 향하게 한다.	의식 없거나 구토 시 질식방지에 유용
반좌위 자세	• 심장질환 • 천식에 의한 호흡곤란	환자 상체를 45도 일으키고 의자 등에 의해 자세확보	흉곽을 넓혀 호흡을 편하게 할 수 있다.
트렌델렌버그 자세	• 쇼크 상태	적합한 경우에 한해 다리를 8~12인치 정도 높여준다.	

기출문제 — 윤리, 의전, 구급법

1. 우리나라 경호공무원의 의무사항으로 옳지 않은 것은? (15회)

① 소속 상관의 허가 없이 직장을 이탈할 수 없다.
② 영리목적으로 다른 직무와의 겸업을 할 수 없다.
③ 자신이 희망하는 종교와 정당가입은 가능하다.
④ 공무원으로서 집단행위를 할 수 없다.

➤ **해설** ③ 자신이 희망하는 종교는 가질 수 있으나 정당가입은 정치운동금지에 해당된다.

경호공무원의 6대 의무	성실의무, 복종의무, 친절공정의 의무, 비밀엄수의 의무, 청렴의무, 품위유지의 의무
경호공무원의 5대 금지의무	직장이탈 금지, 영리 및 겸직금지, 정치운동 금지, 집단행동 금지, 권력남용 금지

2. 경호원 직원윤리 정립을 위한 내용으로 옳지 않은 것은? (18회)

① 안전사고 예방을 위한 정신교육 강화
② 경호대상자와의 신뢰를 통한 정치적 활동 지향
③ 사전예방활동을 위한 경호위해요소 인지능력 배양
④ 지휘단일성의 원칙에 의한 위기관리 대응능력 함양

➤ **해설** **경호원 직원윤리 정립 방안**
- 성희롱 유발요인 분석 철저 및 예방교육 강화
- 총기 안전관리 및 정신교육 강화
- 정치적 논리 지양 등 경호환경 조성 및 탄력적 경호력 운영
- 사전예방경호활동을 위한 경호경비 위해의 인지능력 배양
- 경호경비교육기관 및 경호 관련학과의 경호윤리 과목 개설 운영
- 경호지휘단일성의 원칙에 의한 경호임무수행과 위기관리 대응능력 구비
- 경호원 채용시 인성평가 방법 강화 및 자원봉사 활성화

3. 경호원의 자격과 윤리에 관한 내용으로 옳은 것은? (22회)

① 경호환경 조성 및 탄력적 경호 운영을 위한 정치적 활동 지향
② 경호대상자의 생명과 재산을 지키기 위한 올바른 가치관 함양
③ 경호원의 권위주의 강화를 위한 일방적 주입식 교육의 확립
④ 경호원의 직업윤리 강화를 위한 성희롱 예방교육 배제

➤ **해설** ① 경호활동에서 개인적 감정이나 사상적(이념적) 중립성을 지키는 것은 기본적 정신자세로 정치적, 사상적 이념의 중립성이 요구된다.
③ 경호원은 업무수행관련 전 분야에 걸쳐 전문적인 지식과 술기가 요구되므로 일방적 주입식 교육을 지양하고 인성교육, 자원봉사활동 등을 포함한 다양한 분야의 교육이 필요하다.
④ 경호원의 직업윤리 강화를 위해 관계법규에 따라 프로그램에 의한 건전한 성문화가 조성되도록 철저한 교육이 실시되어야 한다.

정답 1. ③ 2. ② 3. ②

4. 경호원의 자격과 윤리에 관한 설명으로 옳지 않은 것은? (23회)

① 성희롱 예방교육의 철저한 관리로 경호원의 직업윤리 강화 풍토를 조성한다.
② 경호위해요소에 대한 인지능력 향상 훈련으로 사전예방활동의 중요성을 부각시킨다.
③ 경호원 간 상하 지휘체계 확립을 위하여 권위주의적, 상호보완적 동료의식을 강조한다.
④ 워라밸 근무환경 조성을 위한 경비인력의 탄력적 운영으로 정부시책 사업에 능동적으로 참여한다.

> **해설** 경호원 간 상하 지휘체계 확립을 위해서는 권위주의적이어서는 아니 되며 상호간 협동하고 상호보완적 동료의식을 발휘하여야 한다.

5. 경호원의 직업윤리에 관한 내용으로 옳지 않은 것은? (24회)

① 경호원으로 준법정신의 자세가 필요하다.
② 경호원은 자율적 규제보다 타율적 규제가 우선시되어야 한다.
③ 경호대상자의 생명과 재산을 지키기 위한 올바른 가치관을 함양한다.
④ 경호대상자의 안전을 위하여 자기희생의 자세를 갖춘다.

> **해설** ② 경호원은 규율이나 조직에 의한 타율적 규제보다 스스로의 자율적 규제가 우선시되어야 한다.

6. 의전에 있어 태극기 게양방법으로 옳지 않은 것은? (14회)

① 태극기 게양일은 3월 1일, 7월 17일, 8월 15일, 10월 1일, 10월 3일이며, 6월 6일은 조기를 게양한다.
② 공항·호텔 등 국제적인 교류장소는 태극기를 되도록 연중 게양한다.
③ 차량에 태극기를 게양하는 경우 차량 운전석에서 볼 때 왼쪽에 게양하며, 외국기와 동시에 게양하여 총 2개의 국기를 게양할 경우에도 태극기를 왼쪽에 게양한다.
④ 국제 행사가 치러지는 건물밖에 여러개의 국기를 동시에 게양시 총 국기의 수가 짝수이고 게양대의 높이가 동일할 경우 건물 밖에서 바라볼 때를 기준으로 태극기를 가장 왼쪽에 게양한다.

> **해설** ③ 차량에 태극기 게양 시에는 차량 운전석에서 볼 때 오른쪽에 게양하며, 외국기와 동시에 2개의 기를 게양 시에도 태극기를 오른쪽에 게양한다.

정답 4. ③ 5. ② 6. ③

제7장 경호의전과 구급법

7. 탑승예절에 관한 설명으로 옳은 것은? (15회)

① 에스컬레이터는 올라갈 때는 하급자가 먼저 올라가고 내려올 때는 상급자가 먼저 내려온다.
② 승용차 탑승시 운전기사가 있을 경우 자동차 좌석의 서열은 뒷좌석 왼쪽이 상석이며 그 다음이 오른쪽, 가운데, 앞자리 순이다.
③ 비행기를 타고 내릴 때는 상급자가 먼저 타고 먼저 내린다.
④ 비행기 탑승시 창문가 좌석이 상석이며 통로쪽 좌석이 차석, 상석과 차석 사이가 말석이다.

> **해설** ① 에스컬레이터는 올라갈 때는 상급자가 먼저 올라가고, 내려 올때는 하급자가 먼저 내려온다.
> ② 운전기사 있는 승용차 탑승은 뒷좌석 오른쪽이 상석, 그 다음이 왼쪽, 앞자리, 가운데 순이다.
> ③ 비행기는 상급자가 마지막으로 타고 먼저 내린다.

8. 국가원수의 외국 방문시 준비업무에 대한 각 주관부처의 업무분장 내용으로 옳지 않은 것은? (14회)

① 항공기 결정 - 외교부
② 연설문, 성명서 작성 - 대통령실
③ 국내 공항 행사 - 국토교통부
④ 예산조치 - 외교부

> **해설** 국가원수의 외국방문시 준비업무에 대한 부처별 업무분장

일정확정	대통령실, 외교부	공보활동 계획	문화체육관광부
항공기 결정		기념우표	과학기술정보통신부
연설문, 성명서작성		회담 및 교섭자료 작성	외교부, 관계부처
선물, 기념품 준비		훈장준비, 교환	외교부, 행정안전부
방문국 의전설명	외교부	국내공항 행사	행정안전부
예산편성			

9. 경호의전 상황에서 각종 탑승예절에 관한 설명으로 옳은 것은? (14회)

① 엘리베이터의 경우 안내자가 있을 때는 상급자가 나중에 타고 먼저 내린다.
② 비행기는 객석 양측 창가 좌석이 상석이고, 통로쪽이 차석, 상석과 차석사이의 좌석들이 하석이다.
③ 선박의 경우 객실등급이 정해져 있지 않을 경우 선체의 중심부가 상석이 되며, 일반선박은 상급자가 먼저 타고 나중에 내린다.
④ 자가운전 차량을 탑승할 경우 진행방향을 기준으로 뒷자리 오른편이 상석이며, 왼쪽, 가운데 순서로, 운전석 옆자리가 가장 하석이 된다.

> **해설** ① 엘리베이터는 안내자가 있을 때는 상급자가 먼저 타고 먼저 내린다. 안내자가 없을 때는 상급자가 나중에 타고 먼저 내린다.
> ③ 선박은 객실등급 미지정시 선체중심부가 상석, 일반선박은 상급자가 나중에 타고 먼저 내린다. 객실등급이 정해져 있을 때는 지정된 좌석에 앉고, 함정의 경우 상급자가 먼저타고 먼저 내린다.
> ④ 자가운전 차량 탑승시 자진해서 운전자 옆자리에 앉는 것이 통례이며 상석이 되고, 진행방향 기준으로 뒷좌석 오른편이 제2상석, 맨 왼쪽이 3석, 중앙이 말석이다.

정답 7. ④ 8. ③ 9. ②

10. 경호의전에서 국기의 게양방법으로 옳지 않은 것은? (16회)

① 옥내 회의장이나 강당 등에 국기를 깃대에 달아서 세워 놓을 때에는 단상 등 전면 왼쪽에 위치하도록 한다.
② 옥내 회의장이나 강당 등에 국기의 깃면만을 게시할 경우에는 전면 중앙에 위치하도록 한다.
③ 차량용 국기 게양은 차량의 본네트 앞에 서서 차량을 정면으로 바라볼 때 본네트의 오른쪽이나 오른쪽 유리창문에 단다.
④ 옥외 정부행사장의 경우 이미 설치되어 있는 주게양대에 대형 태극기를 게양하는 것을 원칙으로 한다.

해설 차량용 국기게양의 경우 차량의 본네트 앞에 서서 차량을 정면으로 바라보아 본네트의 왼쪽이나 왼쪽 유리창문에 단다.

11. 의전에 있어 태극기 게양방법으로 옳지 않은 것은? (17회)

① 국군의 날은 태극기를 전국적으로 게양해야 하는 날이다.
② 현충일은 조기를 게양한다.
③ 공항·호텔 등 국제적인 교류장소는 태극기를 가능한 한 연중 게양하여야 한다.
④ 국제행사가 치러지는 건물 밖에 여러 개의 국기를 동시에 게양 시, 총 국기의 수가 짝수이고 게양대의 높이가 동일할 경우 건물 밖에서 바라볼 때를 기준으로 태극기를 가장 오른쪽에 게양한다.

해설 국기와 다른 기를 동시 게양할 때에는 국기를 가장 높은 깃대에 게양한다.
다만 2개 이상의 게양대 높이가 동일할 때에는, 홀수인 경우 국기를 중앙에, 짝수일 경우 앞에서 보아서 왼쪽 첫 번째에 게양한다.

12. 경호의전과 예절에 관한 설명으로 옳지 않은 것은? (17회)

① 비행기를 타고 내릴 때는 상급자가 마지막에 타고 먼저 내린다.
② 기차에서 두 사람이 나란히 앉는 좌석에서는 창가 쪽이 상석이다.
③ 여성과 남성이 승용차에 동승할 때에는 여성이 먼저 타고, 하차 시에는 남성이 먼저 내려 차 문을 열어 준다.
④ 선박의 경우, 객실 등급이 정해져 있지 않을 경우 선체의 오른 쪽이 상석이 된다.

해설 선박의 경우 상급자가 마지막으로 타고 먼저 내린다. (함정은 상급자 먼저 타고 먼저 내린다)
객실의 등급이 없을 때에는 선체의 중심부가 상석이다.

정답 10. ③ 11. ④ 12. ④

13. 우리나라 정부 의전행사시 적용하고 있는 주요 참석인사에 대한 예우에서 공적 직위가 있는 경우의 서열기준이 아닌 것은? (18회)

① 직급(계급) 순위
② 전직 순위
③ 헌법 및 정부조직법상의 기관순위
④ 기관장 선순위

▶해설 **직위에 의한 서열기준** (정부 의전편람 참고)
1. 직급(계급)순위
2. 헌법 및 정부조직법상의 기관순위
3. 기관장 선순위
4. 상급기관 선순위
5. 국가기관 선순위

14. 탑승시 경호예절에 관한 설명으로 옳은 것은? (19회)

① 기차의 경우 2인용 좌석일 때 창가 쪽이 상석이고 통로 쪽이 말석이다. 침대차에서는 위쪽의 침대가 상석이다.
② 비행기를 타고 내릴 때에는 상급자가 먼저 타고 먼저 내리는 것이 올바른 순서이다.
③ 일반 선박의 경우 상급자가 나중에 타고 하선할 때는 먼저 내리나, 함정의 경우에는 상급자가 먼저 타고 먼저 내린다.
④ 에스컬레이터 탑승시 올라갈 때는 남성이 먼저 올라가고, 내려올 때는 여성이 먼저 내려온다.

▶해설 **탑승예절**

승용차	운전기사 있을시	• 3인탑승시 : 뒷좌석 오른쪽이 상석, 그 다음이 왼쪽, 앞자리 順 • 4인탑승시 : 뒷좌석 오른쪽이 상석, 그 다음이 왼쪽, 앞자리, 가운데 順
	자가운전	운전석 옆자리가 상석, 뒷좌석 오른쪽, 왼쪽, 가운데 順 (지프는 운전석 옆자리가 상석)
	여성과 동승시	승차는 여성이 먼저 타고, 하차는 남성이 먼저 내려 문을 열어준다. (상급자의 경우도 동일)
기차		• 둘이 나란히 앉는 좌석은 창가 쪽 상석 • 넷이 마주앉는 자리는 기차 진행방향 창가좌석이 상석, 그 맞은편, 상석옆자리, 그 앞좌석 順 • 침대차는 아래쪽 침대칸이 상석
비행기		• 상급자가 마지막으로 타고 먼저 내리는 것이 순서 • 창가 좌석이 상석, 통로 쪽이 차석, 그 다음이 상석과 차석사이 • 여성의 경우 언제나 먼저 타고 먼저 내린다.
선박		• 상급자가 마지막으로 타고, 먼저 내린다. (함정은 상급자가 먼저 타고 먼저 내린다) • 객실의 등급이 없을 땐, 선체의 중심부가 상석
엘리베이터		• 안내자 있을 때 : 상급자가 먼저 타고 먼저 내린다. • 안내자 없을 때 : 하급자가 먼저 타서 층수 등 조작하고, 내릴 때는 상급자가 먼저 내린다.
에스컬레이터		상급자(여성)가 먼저 올라가고, 하급자(남성)가 먼저 내려온다.

정답 13. ② 14. ③

15. 태극기 게양일 중에 조기(弔旗)를 게양해야 하는 날은? (19회)

① 3·1절
② 제헌절
③ 현충일
④ 국군의 날

↳**해설** **국기게양일**
- 국경일(3·1절, 제헌절, 광복절, 개천절, 한글날), 국군의 날,
- 현충일, 국가장 기간 (조기게양)
- 정부가 따로 지정한 날
- 지방자치단체가 조례 또는 지방의회의결로 정한 날
※ 다른 날에도 게양할 수 있다.

16. 의전에 관한 설명으로 옳지 않은 것은? (20회)

① 3부(府)의 초청인사 집단별 좌석배치순서는 관행상 행정·입법·사법의 순이다.
② 정부 의전행사에서 적용하고 있는 주요 참석인사에 대한 예우 기준에 따라 공적직위가 없는 인사 서열의 경우 직급, 기관장, 전직, 연령을 기준으로 한다.
③ 주한외교단은 신임장을 제정한 일자 순으로 배치한다.
④ 우리나라 정부인사가 외국정부의 같은 급의 인사를 초청한 경우에는 외빈인사를 상위의 좌석에 배치하는 것이 일반적인 관례이다.

↳**해설** **서열 결정기준** (정부의전편람 참고)

직위에 의한 서열기준	공적직위가 없는 인사의 서열기준
1. 직급(계급) 순위 2. 헌법 및 정부조직법상의 기관 순위 3. 기관장 선순위 4. 상급기관 선순위 5. 국가기관 선순위	1. 전직(前職) 2. 연장자 순 3. 주최행사 관련성 4. 정부 산하단체 및 관련 민간단체장

17. 의전의 원칙에 관한 설명으로 옳지 않은 것은? (20회)

① 의전의 바탕은 상대 생활양식 등의 문화와 상대방에 대한 존중 및 배려에 있다.
② 정부행사에서 의전행사 서열은 관례적으로는 정부수립 이후부터 시행해온 정부 의전행사를 통하여 확립된 선례와 관행을 기준으로 한다.
③ 정부행사에서 공식적으로는 헌법, 정부조직법, 국회법, 법원조직법 등 법령에서 정한 직위 순서를 기준으로 한다.
④ 행사 주최자의 경우 손님에게 상석인 왼쪽을 양보한다.

↳**해설** **의례의 원칙** (행정안전부 정부의전편람)
1. 상대에 대한 존중과 배려   2. 문화의 반영 등 가변성
3. 상호주의   4. 서열
5. 오른쪽(Right)이 상석

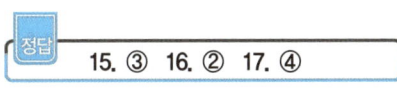

18. 국기게양에 관한 설명으로 옳은 것은? (20회)

① 조의를 표하는 날은 현충일 및 국가장법 제6조에 따른 국가장 기간이다.
② 국경일은 3·1절, 제헌절, 광복절, 개천절 및 국군의 날이다.
③ 국기를 전국적으로 게양해야 하는 날은 국경일 및 기념일, 조의를 표하는 날이며, 국기는 일출부터 일몰까지 게양해야 한다.
④ 국가, 지방자치단체 및 공공기관의 청사 등에는 목적을 고려하여 국기를 낮에만 게양할 수 있다.

해설 국기게양일 (대한민국 국기법 제8조)
- 국경일(3·1절, 제헌절, 광복절, 개천절, 한글날)
- 현충일(조기게양), 국군의 날
- 국가장 기간(조기게양)
- 정부가 따로 지정한 날
- 지방자치단체가 조례 또는 지방의회의결로 정한 날 (당해 지방자치단체에 한함)
※ 위의 규정에 불구하고 국기는 매일 24시간 게양할 수 있다.

19. 탑승예절에 관한 설명으로 옳지 않은 것은? (21회)

① 승용차 탑승 시 운전기사가 있을 경우 좌석의 가장 상석은 조수석 뒷좌석, 다음이 운전석 뒷좌석, 마지막이 뒷좌석의 가운데이다.
② 기차 탑승 시 네 사람이 마주 앉을 경우 가장 상석은 진행방향의 창가 좌석, 다음이 맞은편 좌석, 다음은 가장 상석의 옆좌석, 그리고 그 앞좌석이 말석이 된다.
③ 비행기 탑승 시 객석 창문 쪽이 상석이고, 통로 쪽이 차석, 상석과 차석 사이가 하석이다.
④ 선박 탑승 시 일반선박일 경우 상급자가 먼저 타고, 하선할 때는 나중에 내리며, 함정일 경우는 상급자가 나중에 타고 먼저 내린다.

해설 선박 탑승예절
- 상급자가 마지막으로 타고, 먼저 내린다. (함정은 상급자가 먼저 타고 먼저 내린다)
- 객실의 등급이 없을 땐, 선체의 중심부가 상석

20. 경호의전과 예절에 관한 설명으로 옳지 않은 것은? (23회)

① 비행기를 타고 내릴 때에는 상급자가 최우선하여 타고 내린다.
② 기차에서 두 사람이 나란히 앉는 좌석에서는 창가 쪽이 상석이다.
③ 여성과 남성이 승용차에 동승할 때에는 여성이 먼저 탄다.
④ 승강기를 타고 내릴 때에는 상급자가 나중에 타고, 먼저 내린다.

해설 비행기의 경우 상급자가 나중에 타고 먼저 내리는 것이 순서이다. 여성의 경우 언제나 먼저 타고 먼저 내린다.

18. ① 19. ④ 20. ①

21. 경호의전에 관한 설명으로 옳지 않은 것은? (24회)

① 우리나라의 공식적 국가 의전서열은 대통령-국무총리-국회의장-대법원장-헌법재판소장 순이다.
② 공식적인 의전서열을 가지지 않은 사람의 좌석은 당사자의 개인적·사회적 지위 및 연령 등을 고려한다.
③ 우리나라가 주최하는 연회에서는 자국 측 빈객은 동급의 외국 측 빈객보다 하위에 둔다.
④ '상대에 대한 존중과 배려'는 의전의 중요한 원칙 중 하나이다.

해설 우리나라의 공식적 의전서열은 대통령 - 국회의장 - 대법원장 - 헌법재판소장 - 국무총리 순이다.

22. 심한 출혈시 응급처치 요령으로 옳지 않은 것은? (14회)

① 소독된 거즈나 헝겊으로 세게 직접 압박한다.
② 감염에 주의하면서 출혈부위의 이물질을 물로 씻어낸다.
③ 출혈 부위를 심장부위보다 높게 하고 압박점을 강하게 압박한다.
④ 환자를 편안하게 눕히고 보온한다.

해설 심한 출혈시 응급조치
- 즉시 지혈을 하고 출혈부위를 심장보다 높게 하여 안정이 되게 눕힌다.
- 출혈이 멎기 전에는 음료를 주지 않는다.
- 지혈방법은 직접압박, 지압점압박, 지혈대 사용 등의 방법이 있다.
- 소독된 거즈나 헝겊으로 세게 직접 압박한다.
- 환자를 편안히 눕히고 보온한다.
② 심하지 않은 출혈시의 지혈조치 요령이다.

23. 경호임무수행 중 출혈이 심한 경우 응급처치에 관한 설명으로 옳지 않은 것은? (15회)

① 출혈부위를 심장보다 낮게 하여 안정되게 눕힌다.
② 출혈이 멎기 전에는 음료를 주지 않는다.
③ 즉시 지혈한다.
④ 지혈방법은 직접압박, 지압점 압박, 지혈대 사용 등의 방법이 있다.

해설 ① 출혈이 심할 경우 즉시 지혈을 하고 출혈부위를 심장보다 높게 하여 안정되게 눕힌다.

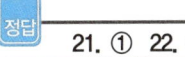

24. 응급처치를 하는 경호원이 지켜야 할 사항으로 옳지 않은 것은? (16회)

① 응급처치는 전문적인 치료를 받기 전까지의 임시적인 처치임을 숙지한다.
② 의약품을 사용하여 처치하는 것이 원칙이다.
③ 환자의 생사판정은 하지 않는다.
④ 빠른 시간 내에 전문 응급의료진에게 인계할 수 있도록 한다.

해설 응급처치시 주의사항
- 환자나 부상자에 대한 생사판정은 하지 않는다.
- 환자나 부상자의 상태조사 및 편안한 자세를 유지시킨다.
- 원칙적으로 의약품 사용을 금한다.
- 병원이송 전까지 환자의 2차 쇼크를 방지하고 생명력을 유지토록 한다.
- 의사의 치료를 받기 전까지 응급처치로 그친다.
- 응급 처치원 자신의 안전을 확보한다.
- 현장에서 응급처치 후 곧바로 이송하여야 한다.

25. 다음 ( )에 알맞은 내용은? (17회)

> ( )(이)란 의식장애나 호흡, 순환기능이 정지되거나 현저히 저하된 상태로 인하여 사망의 위험이 있는 자에 대하여 즉시 기도를 개방하고 인공호흡과 심장압박을 실시해서 즉각적으로 생명유지를 도모하는 처치방법이다.

① 환자관찰 ② 심폐소생술
③ 응급구조 ④ 보조호흡

해설 심폐소생술에 관한 설명이다.

26. 경호현장에서 응급상황 발생 시 최초반응자로서 경호원의 역할에 관한 내용으로 옳지 않은 것은? (18회)

① 심폐소생술 및 기본 외상처치술을 시행할 수 있어야 한다.
② 자동세제동기를 사용할 줄 알아야 하며 장비를 사용하는 구급요원을 지원할 수 있어야 한다.
③ 응급구조사의 업무를 도와줄 수 있어야 한다.
④ 교육받은 행위 외에 의료진과 같이 치료를 할 수 있어야 한다.

해설 응급처치법은 갑작스런 사고나 질병에 의한 부상자나 환자가 전문적인 의료서비스를 받기 전까지 적절하게 돌보아 줄 수 있는 지식과 기능이다.

정답 24. ② 25. ② 26. ④

27. 경호원의 기본응급처치 요령으로 옳지 않은 것은? (19회)

① 호흡이 없을 시 즉시 심폐소생술을 실시하고, 전문의료진에게 신속하게 인계한다.
② 의식이 없을 경우에는 경호대상자를 옆으로 눕혀 이물질에 의한 질식을 예방한다.
③ 가슴 및 복부 손상 시 지혈을 하고 물을 마시게 한다.
④ 목 부상 시 부목 등의 도구를 이용하여 고정시켜 목의 꺾임을 방지한다.

해설 응급처치시 환자에게 마실 것을 주면 안되는 경우
- 의식이 없을 때
- 메스껍거나 토할 때
- 복부 상처, 복통 시
- 수술 전
- 쇼크 상태
※ 열사병, 일사병, 심한 설사로 인한 탈수 등은 오히려 수분섭취를 하도록 하는 것이 좋다.

28. 경호원의 응급처치 사항으로 옳지 않은 것은? (20회)

① 가슴 및 복부 손상 시 지혈과 동시에 음료를 마시게 한다.
② 심한 출혈 시 출혈부위를 심장보다 높게 하여 안정 상태를 유지한다.
③ 의식과 호흡이 없을 경우 빠른 시간에 심폐소생술을 실시한다.
④ 원칙적으로 환자의 생사판정은 하지 않는다.

해설 복부 상처, 복통 시에는 환자에게 마실 것을 주면 아니 된다.

29. 경호임무 수행 시 발생한 환자유형별 응급처치 방법으로 옳지 않은 것은? (21회)

① 얼굴이 붉은 인사불성환자의 경우 머리와 어깨를 낮게 안정시킨다.
② 두부손상환자는 귀나 코를 통해 혈액과 함께 흘러나오는 액체를 막지 말고 그냥 흐르게 한다.
③ 화상환자는 화상부위를 심장보다 높게 올리도록 한다.
④ 골절환자의 경우 찬물 찜질을 하고 부상부위를 높여 준다.

해설 얼굴이 붉은 환자의 경우
- 환자를 바로 눕히고 머리와 어깨를 약간 높여준다.
- 머리에 찬 물수건을 대어주어 열을 식힌다.
- 환자를 옮길 때 눕힌 상태로 주의해서 옮긴다.

30. 경호행사 시 쇼크환자의 일반적인 증상이 아닌 것은? (21회)

① 호흡이 얕고 빨라진다. ② 맥박이 강하고 때로는 늦어진다.
③ 메스꺼움이나 구토를 호소한다. ④ 지속적으로 혈압 하강이 나타난다.

27. ③ 28. ① 29. ① 30. ④

➥해설 쇼크의 증상
- 얼굴이 창백해진다.
- 식은땀이 나며 현기증을 일으킨다.
- 메스껍고 구토나 헛구역질을 한다.
- 맥박이 약하고, 때로는 빠르다.
- 호흡이 불규칙하다.
- 심하면 의식이 없다.
- 빛에 한 동공반사가 느리다.
- 체액이 손실되어 갈증이 난다.

31. 응급처치의 기본 요소에 해당하지 않는 것은? (22회)
① 기도확보 ② 지혈
③ 상처보호 ④ 전문치료

➥해설 **응급처치 구명 4대요소** : 지혈, 기도유지, 쇼크방지 및 치료, 상처보호

32. 경호원의 응급처치 사항으로 옳지 않은 것은? (23회)
① 가슴 및 복부 손상 시 지혈을 하고 음료를 마시지 않게 한다.
② 심한 출혈 시 출혈 부위를 심장보다 높게 하여 안정한 상태를 유지한다.
③ 맥박과 호흡이 없을 경우 빠른 시간에 보조호흡을 실시한다.
④ 환자의 생사판정을 하지 않는 것을 원칙으로 한다.

➥해설 맥박과 호흡이 없을 경우 심폐소생술(CPR)을 실시한다.
심폐소생술(CPR) : 인공호흡과 흉부압박술을 이용한 심장마사지를 시행함으로써 환자의 생존가능성을 높여주는 응급처치
※ 보조호흡 : 폐 기능의 이상치를 측정할 때 그 호흡을 보조하여 환기를 충분히 시키는 일

33. 심폐소생술에 관한 내용으로 옳지 않은 것은? (24회)
① 심정지 환자는 골든타임 내에 신속하게 심폐소생술을 실시한다.
② 심폐소생술의 흉부(가슴)압박은 분당 100~120회 속도로 실시한다.
③ 심폐소생술 실시 중 자발적인 호흡으로 회복되어도 계속 흉부(가슴)압박을 실시한다.
④ 인공호흡에 자신이 없는 경우 흉부(가슴)압박을 실시한다.

➥해설 **심폐소생술을 종료할 수 있는 경우**
- 환자의 맥박과 호흡이 회복된 경우
- 심폐소생술 교육을 받은 다른 사람과 교대할 경우
- 의사 또는 전문구조사가 도착하여 환자의 응급처치를 맡은 경우
- 구조자가 지쳐서 더 이상 심폐소생술을 계속할 수 없는 경우
- 사망으로 판단할 수 있는 명백한 증거가 있는 경우

31. ④ 32. ③ 33. ③

34. 경호임무 수행 중 자동심장충격기(AED)를 사용하는 방법으로 옳지 않은 것은? (24회)

① 전원이 켜져 있는 상태에서 음성 안내에 따라 사용한다.
② 환자의 피부에 땀이나 물기가 있으면 수건 등으로 닦아내고 패드를 부착한다.
③ 제세동 후 소생 징후가 없는 경우 지체 없이 심폐소생술을 실시한다.
④ 긴박한 상황에서 정확한 심장충격을 위해 환자를 붙잡은 상태에서 제세동을 실시한다.

해설 자동제세동기(AED) 사용법
1. 전원 켜기 : 전원이 켜지면 자동제세동기에서 나오는 안내에 따라 행동한다.
2. 패드 부착 : 상의를 벗긴 후 음성안내에 따라 가슴에 패드를 붙인다.
   (우측 : 쇄골 아래 가슴, 좌측 : 유두아래 겨드랑이)
3. 심전도(심장리듬) 분석 : '모두 물러나세요' 라고 외치며 환자와 접촉하지 않는다.
4. 전기충격(제세동) : 안내에 따라 쇼크 버튼(황색)을 눌러 심장충격을 가한다.
5. 심폐소생술(CPR) 재시행 : 심장충격을 시행한 뒤 지체 없이 가슴압박을 시행한다.
6. 반복 : 자동심장충격기는 2분마다 심전도(심장리듬)를 자동으로 재분석하므로, 그 사이 심폐소생술(CPR)을 시행한다.

정답 34. ④

Chapter 8 경호의 환경

경호환경

일반적 환경	특수적 환경
• 국민의식 · 생활양식 변화로 개인주의 · 이기주의화 • 인구의 도시집중, 주거지역 밀집화로 각종 범죄 증가 • 경제생활 향상과 경제거래 증가로 경제사범 증가 • 정보화 발전으로 범죄의 광역화, 지능화, 기동화, 흉포화 • 대중통신매체 확산으로 첨단 사이버 범죄 증가 • 국제화 · 개방화로 밀수 · 테러 등 국제범죄 증가	• 세계 경제전쟁으로 지역이기주의 · 경제주의로 발전 • 소수민족 · 소외집단의 테러단체 투쟁 증가 • 우리나라 국제지위 향상으로 테러, 암살 등 위협 증가 • 소수 인종 · 민족, 종교적 편견에 의한 증오범죄 등장 • 북한의 정치적 불안, 경제적 곤궁으로 테러 유발

4차산업시대의 전개

◆ **4차산업시대의 특성**
  • 4차산업시대는 정보통신기술의 발달로 인공지능에 의해 자동화와 연결성이 극대화되는 융합과 연결이 주가 되는 산업 환경의 변화를 의미한다.
  • 4차산업의 특징은 **초연결성**과 **초지능성**을 이용하여 분석한 결과를 바탕으로 인간의 행동을 예측하고 대응하는 예측 가능성에 있다.
  • **초연결성** : 사람과 사물, 사물과 사물이 인터넷 통신망으로 연결
  • **초지능성** : 연결에 따라 발생하는 빅데이터를 분석하여 일정한 패턴을 파악
  • 4차산업의 주요기술
    사물인터넷(IoT), 소셜미디어 플랫폼, 인공지능, 3D 프린팅, 자동차의 자율 주행 기능, 바이오테크놀로지 등이 있다.

◆ **4차산업시대의 경호환경**
  • 다양한 변화가 예상되나 드론을 이용한 범죄가 심각한 위험요인으로 대두되어 이에 대한 안티드론 대책 등 대비책이 마련되어야 한다.

◆ **안티드론(Anti Drone)**
  테러나 범죄, 사생활 영역 침입이나 감시, 조작미숙에 의한 사고의 문제 등을 야기하는 나쁜 드론을 무력화하는 드론을 말한다. (**불법드론 탐지 - 식별 - 무력화**)
  • 특정 공역(空域)에 들어온 소형 물체를 탐지하고,
  • 이것이 드론인지 새와 같은 다른 비행체인지 식별하여
  • 만약에 승인되지 않은 드론의 침입일 경우 이를 무력화시키는 기술이 핵심이다.

◆ 드론을 활용한 테러공격 유형과 사례

· 가시권내 직시 무선조종에 의한 근거리 공격

공격자가 드론의 비행 상황을 직시하면서 무선 조종기를 이용해 드론을 원격조종하여 공격 대상 타겟을 공격하는 방법이다.
직시에 의한 원격 무선조종의 경우 드론의 기수방향을 정확히 확인해야 한다.
수백미터의 범위 내에서 타겟까지 볼 수 있는 건물(옥상과 창문) 등이 테러 공격시도자들의 거점이 되는 경우가 많고 또한 드론비행 출발지점은 공격자의 시야가 확보되는 장소라면 주변 건물 옥상 등에서도 공격이 가능하므로 다중이 모인 장소, 국가중요시설경비에 있어 주의가 필요하다.

· FPV 무선조종에 의한 중거리 공격

· 공격자가 드론에 탑재한 카메라로부터 촬영되어 전송된 라이브영상을 보면서 파일롯 시점으로 드론을 원격 무선 조종하여 타겟을 공격하는 방법이다.

> ※ FPV(First Person View) : 1인칭 시점이란 뜻.
> 드론에서 FPV는 탑재한 비디오카메라에서 촬영한 라이브영상을 의미

· 이 공격을 수행하기 위해서는 드론과 공격자간의 전파를 차단하는 건물 등이 없어야 하며 드론으로부터의 라이브 영상전송용 전파가 공격자까지 반드시 도달해야 한다.
일반적인 무인 이동체 화상전송 시스템 전파 영역의 경우 장해물만 없다면 도심부의 경우 5km 이상의 원거리 공격도 가능하다.

· GPS를 활용한 자율비행 원거리 공격

공격자가 타겟의 위치 및 통과지점의 정보를 드론에 설정, GPS 위성으로부터 수신한 측위 신호를 기반으로 통과점을 경유하여 타겟까지 자동으로 비행 및 도착시켜 공격하는 방법이다.
이 공격에서 공격자는 드론을 무선 조종할 필요가 없기 때문에 드론과 공격자 사이에 전파를 차단하는 건물이 있더라도 지장을 초래하지 않는다.
공격자가 드론이 송신하는 라이브 영상 송신용 전파나 텔레메트리 전송용 전파를 수신하면 충분히 공격 진행상황을 파악할 수 있다.
항속거리가 긴 드론이라면 수십Km 이상의 먼거리에서의 공격도 가능하지만 이동하는 타겟에 대한 공격은 적합하지 않아 시설 등 고정된 타겟에 효율적인 공격이다.

· 탐지 및 식별방법

액티브 방식	레이더를 활용하여 탐지, 촬영한 사진을 통해 드론인지 여부를 식별하는 방법 • 장점 : 탐지거리가 길고, 정확성이 높은 편임 • 단점 : 사각지대가 발생하고, 초소형 물체를 잘못 식별함
패시브 방식	라디오 통신, 외형, 소리 등의 특성을 활용하여 탐지와 식별하는 방법 • 장점 : 비용이 저렴하고, 오탐지율이 낮음 • 단점 : 탐지거리가 짧다.
복합방식	방어목표에 따라 액티브 방식과 패시브 방식을 조합하여 사용하는 방식으로 탐지와 식별능력을 극대화하는 방법

· 일반적인 드론 탐지 기술

레이더 탐지기술	특정 펄스를 전송하고 반사되어 오는 전파의 에너지 또는 주파수 등을 가지고 물체의 위치(거리, 고도, 방향) 속도 등을 판단하는 기술 • 장점 : 탐지거리 최대 3km까지 가능하며 탐지의 정확성이 높음 • 단점 : 낮은 고도에서 탐지에 어려움이 있고, 조류(鳥類)로 인한 오탐지가 많고, 사각지대가 많다. (건물이나 언덕이 있는 구역의 탐지불능)
RF 탐지기술	드론의 조종신호 또는 드론에서 전송하는 영상신호를 구분하여 드론을 탐지한다. 주로 통신방식으로 ISM대역을 사용하는 와이파이(Wifi)를 많이 사용한다. • 장점 : 레이저 장비 대비 초기비용과 운용비용이 저렴하고, 드론 고유의 RF를 통한 원거리 탐지가 가능하다. • 단점 : 동일 주파수대역에 신호가 혼재할 경우 정확도가 낮아진다. 식별거리가 반경 약 1km로 레이저 장비에 비해 매우 짧다.
음향 탐지기술	드론 고유의 독특한 모터·프로펠러의 소리를 데이터베이스화 하여 탐지 하는 방식 최대 150m 거리에서 탐지가 가능하다. • 장점 : 드론 고유의 소리를 데이터베이스화로 드론의 종류 구별이 용이 • 단점 : 환경 잡음에 취약하다.
영상 탐지기술	• 열영상 탐지 : 열을 가진 물체가 그 열을 적외선으로 방출하는 성질을 이용 • 영상인식 : 정지 또는 연속된 이미지에서 탐지대상을 찾아내고 드론여부를 판별 ※ 영상탐지는 일반·적외선 카메라를 통해 수집된 영상에서 드론 외형모양이나 패턴을 인식하여 최대 150m의 거리에서 드론을 탐지한다. 장점으로 드론의 종류 구별은 용이하나 단점으로 궂은 날씨에 취약하다.

- 드론 무력화 기술

전파교란 방식	• 드론과 조종자 간 라디오 통신 또는 드론의 GPS통신을 교란함으로써 추락, 강제착륙, 또는 강제귀환(Back-home) 등을 유도하는 방식. • 우리나라에서는 전파법에 따라 전파교란에 제약이 따른다는 한계가 있다.
드론파괴 방식	• 레이저나 산탄총, 전자기펄스(EMP)등 화력으로 조준 사격함으로써 드론을 직접 파괴하는 방식. • 불타면서 수직낙하 하는 드론에 의해 인명피해나 대형폭발사고 같은 2차 피해가 발생할 수 있다는 단점이 있다.
드론포획 방식	• 독수리를 이용한 포획, 지상 또는 드론에 장착된 그물망을 발사하여 포획하는 방식 • 드론 추락으로 인한 2차 피해를 막을 수 있어 파괴기술의 단점을 보완할 수 있으나 — 독수리를 활용한 포획은 포획과정에 부상의 위험이 있고, — 드론에 그물망 장착 시 고속이동중인 드론의 포획에 적합지 않으며, — 지상에서 그물망 발사 시에는 사거리가 짧은 단점이 있다.
지오팬싱 방식	• 드론의 운용 소프트웨어에 비행금지구역을 GPS 정보로 입력해 특정지역에서는 강제적으로 비행하지 못하게 하는 방식. • 불법적인 사용자에게는 전혀 효과가 없다는 단점이 있다.
회피방식	• 드론의 침입이 경보되면 인원소개(疏開), 정보보호대상 은폐, 조종사 색출 등 다양한 방식으로 드론에 의한 피해를 방어하며 드론의 공격대상을 보호하거나 없앰으로써 피해를 낮추는 방식. • 고정시설에 대한 테러에 대해서는 방어가 불가능하다는 단점

◆ 드론을 활용한 테러사건 및 사례

- 2019. 9. 14 사우디아라비아 아브카이크 석유시설 단지에 대한 예멘 반군의 무인 공격으로 폭발과 화재가 발생하여 사우디 전체 산유량 700만 배럴의 70%에 달하는 가동량이 중단됨

- 2018. 8. 4 베네수엘라 수도 카라카스에서 열린 국가방위군 창설 81주년 행사 현장에서 마두로 대통령이 연설을 하던 중 암살테러로 추정되는 무인비행체가 공중에서 폭발하여 주변 경호원들이 신속히 방탄장비로 대통령을 감싸고 대피하는 장면이 TV에 중계됨

- 2018. 12. 19 크리스마스 연말을 앞둔 영국 개트윅 공항 활주로로 두명이 불법 드론 비행을 하는 것이 목격되면서 1,000여기의 항공기 이륙이 취소되거나 인근 공항으로 회항하는 등 36시간 이상 운항이 전면 중단되는 사건 발생함 영국 현지 군 당국에 의하면 이스라엘에서 드론 공습을 막기 위해 사용하는 '드론 돔 시스템' 기술을 사용한 것으로 알려짐

※ **우리나라의 경우**
- 2014. 3~4월 사이 경기도 파주와 백령도, 강원도 삼척 등지에서 잇달아 무인기 잔해가 발견되었는데 특히 파주에서 발견된 무인기 카메라에는 청와대 등 서울 시내를 찍은 사진이 들어 있었고, 같은 해 9월에도 백령도 인근 바닷 속에서 북한 무인기 잔해가 발견됨
- 2017. 6. 9 강원도 인제군 의 한 야산에서 길이 1.8m, 폭 2.4m의 2014년 3월 백령도에서 발견되었던 유사한 크기와 외형의 카메라가 장착된 북한 무인기가 주민의 신고로 발견됨
- 2020. 1월경 서부전선 군사분계선을 북한군 무인기가 넘어와 군이 경고방송과 사격을 가함
- 위의 사례 처럼 드론은 원거리에서 침입 및 공격이 언제든지 가능하며, 드론에 위험물(폭발물, 화학물질 등) 탑재여부에 따라 테러 공격 시 공항, 항만 등의 국가 중요시설은 물론 민간 초고층 빌딩 등 다중이용 시설과 인명에 대해 심각한 피해를 초래할 수 있다.

암살범의 특징

◆ 심리적 특징
- 자기 자신을 학대하고 대개가 무능력자이다.
- 대개 인내심이 부족하다.
- 허황된 사고와 행동에 빠지기 쉬운 자들이 많다.
- 적개심과 과대망상적인 사고를 소유한 자들이 많다.

◆ 환경적 특성
- 대략 30세 미만의 미혼으로 가정적 불안정으로 고정 여자 친구가 없는 경우가 많다.
- 범행시도 즈음하여, 정상적 생활습관에서 벗어난 정신적 무질서에 빠지게 된다.
- 자신을 정치적, 종교적운동가로 여겨 암살대상자 인물보다는 직위를 목적으로 함이 많다.

◆ 신체적 특징
- 외모로 식별하기 어려울 정도로 평범하고 단정하다.

암살의 실행단계

◆ 경호 정보의 수집
◆ 무기 및 장비획득
◆ 임무의 분배
◆ 범행의 실행

암살의 동기

정치적 동기	정권을 바꾸거나 교체하려는 욕망에 개인 또는 집단의 정부수반 제거 목적
개인적 동기	복수, 증오, 분노 또는 지극히 개인적 감정에 의한 동기
이념적 동기	자신들이 중요시하는 이념적, 사상적 신념의 성취를 위한 갈등
경제적 동기	악조건의 경제적 불황 타개하거나 금전적 보상을 위한 동기
심리적 동기	정신분열증, 조울증, 편집증, 노인성 치매 등 정신병적 문제
적대적 동기	전쟁・대치중인 국가 간 갈등, 적국 지도자 제거 목적

암살무기 및 사용방법

◆ 단거리 개인화기 (단도, 권총, 만년필형 권총, 라이터형 권총 등)
◆ 고성능화기 (장거리 개인화기)
◆ 차량 고속강습 (자살폭탄)
◆ 폭발물에 의한 폭발
◆ 개인휴대용 미사일 및 로켓탄에 의한 공격
◆ 화학무기(기체・액체・고체의 화학물질)

화학무기의 분류 (김두현 교수)

신경작용제	흡입, 섭취 또는 피부를 통해 체내 흡수되면 근육경련, 신체마비, 동공축소, 가슴압박, 혼수상태 및 뇌중추부 치명적인 장애로 사망에 이른다. ※ VX : 김정남 암살시, 후세인이 쿠르드족 학살시 사용된 독극물 (유엔 대량살상무기로 지정)
질식작용제	폐조직을 공격하여 주로 폐수종(육지 익사)을 일으킨다.
혈액작용제	호흡에 의해 체내에 흡수되면 혈액에 의한 체내세포로의 산소운반을 불능케 한다.
수포작용제	신체 내외부에 쉽게 흡수되어 염증과 수포를 형성함으로써 신체조직을 파괴한다.
최루작용제	많은 눈물을 흘리게 하고 일시적 강렬한 통증을 일으키며 점막을 자극, 호흡장애 유발
구토작용제	구토와 멀미를 일으키는 작용제로 고농도 사용시 화상, 멀미, 구토를 유발한다.
무능화작용제	중추신경계통의 조절기능을 방해하여 신경, 눈, 귀 등의 일시적 마비를 일으킨다.
대식물작용제	살초제를 말하는데 식물을 죽이거나 피해를 주는 작용제
독소	박테리아, 곰팡이 조류 및 식물 등 다양한 생유기체에 의해 만들어지는 유독성 화학물질 인체의 생리적 활동을 억제하고 신경계통에 독성효과를 일으킨다.

테러의 개념

- 정치적·사회적 목적달성을 위해 특정 표적을 대상으로 직접 폭력을 행사·위협하여 공중에 대한 심리적, **상징적 효과**를 노리는 조직적·계획적인 폭력 활동
- 국가단계에 이르지 못한 단체나 어떤 국가의 비밀요원이 다중에 영향을 미칠 의도로 비전투 목표물에 대해 자행하는 **정치적 동기**를 가진 계획적인 폭력행위
- 정치적·사회적 목적을 가진 집단·개인 또는 어떤 국가의 비밀공작원이 목적달성 또는 상징적 효과를 위한 수단으로 비전투요원인 타인의 생명·재산에 위해를 가하는 계획적인 폭력행위

테러의 특성

- 폭력적 파괴행위
- 군사활동과 유사한 정확성
- 타의 복종을 요구하는 강제적 행위
- 공포감을 주는 극단적 행위
- 공공 및 개인 소유물의 파괴 및 인명피해 초래

테러리즘의 유형

이데올로기적 테러리즘	특정 이데올로기의 확산·관철을 위한 테러리즘(좌익, 우익구분)
민족주의적 테러리즘	분리·독립을 주장하는 특정민족(종교)단체를 기반으로 한 테러리즘
국가 테러리즘	국가자체가 테러의 주체가 되는 경우, 국가가 특정 테러집단 지원도 포함
사이버 테러리즘	인터넷 정보망에 침입, 정보시스템 파괴목적의 테러리즘

테러리즘의 증후군

스톡홀름 증후군	인질사건에서 인질이 인질범에게 정신적으로 동화되어 자신을 인질범과 동일시 하는 현상
리마 증후군	인질사건에서 인질범이 인질에게 동화되면서 자신을 인질과 동일시하고 결과적으로 공격적인 태도가 완화되는 현상 (1996년 페루 리마(Lima) 일본 대사관저 점거 인질사건에서 유래)
런던 증후군	인질사건의 협상단계에서 통역이나 협상자가 인질범 사이에 생존 동일시 현상이 일어나는 현상
항공교통기피증후군	9.11 테러 이후 사람들이 항공기의 이용을 기피하는 사회적 현상

🔵 테러의 원인

사상적 원인	민족사상	종족 간 갈등, 민족주의가 우세한 경우 발생
	폭력사상	폭력을 통해 피지배층에 대한 불평등, 열등감, 절망 해소 수단
	식민사상	2차 세계대전을 겪으며 식민주의에 반대하는 방법으로 사용
	정치사상	마르쿠제는 저서에 "고도 선진사회에서 인간성회복을 위한 폭력 사용은 신성한 수단"이라며 폭력의 정당화를 용인하는 주장을 함
환경적 원인	정치적 환경	정치적 부패, 정치참여의 박탈 등이 원인
	경제적 환경	경제적 빈곤 제공 무능력정부나 독재자에 대한 증오심 등이 원인
	사회적 환경	산업사회의 역기능은 테러발생을 자극한다.
심리적 원인		· 유아기 강렬한 증오심 · 복수 · 울분 등을 체험한 경우 · 비인간화의 욕구 · 어린 시절 심한 좌절 등으로 자기도취 · 편집증적 성격소유자 · 정치적 성향이 불분명한 경우 정신적 불안이 심한 자 · 자기 자신으로 부터 도피 성향 · 폭력에 대한 강한 믿음

🔵 테러조직의 유형

구 분	내용
적극적 지원조직	조직, 선전효과 증대, 자금획득, 조직 확대에 기여, 테러활동에 주요역할
수동적 지원조직	테러집단의 생존기반, 정치적 전위집단, 반정부시위나 집단행동 지원
전문적 지원조직	체포된 테러범은닉, 법적비호, 기만, 의료지원제공, 유리한 알리바이 제공
직접적 지원조직	대피소, 차고, 공격차량준비, 핵심요원훈련, 무기.탄약지원,정보 및 전술.작전지원
행동조직	공격현장에서 직접 테러행위를 실시하는 테러조직의 가장 중요한 요소
지도자 조직	정책수립, 계획, 통제 및 집행임무수행, 테러조직의 정치적, 전술적 두뇌

사이버테러 기법

구 분	내 용
논리폭탄	일정한 조건 충족되면 자동 컴퓨터 파괴활동을 시작하는 일종의 컴퓨터 바이러스
바이러스	사용자 모르게 컴퓨터에 침입, 다른 개체에 자신 또는 변형을 복제하고 덧붙임으로 컴퓨터 작동에 피해를 주는 복제 프로그램
웜(Worm)	운영체제나 시스템 유틸리티 소프트에어의 취약점을 이용, 컴퓨터에 침입하여 자신을 무제한 복제, 이를 네트워크에 뿌려 타 컴퓨터를 감염시키는 프로그램
트로이목마	사용자가 소프트웨어에 숨겨져 있는 특정명령을 실행시키면 컴퓨터시스템을 파괴하고, 잘못된 연산자를 제시하거나 시스템을 고의로 다운시키는 등 다양한 명령 수행
해킹	컴퓨터시스템의 코드를 해독하고 침입방지장치를 무력화시키는 행동
스니핑	네트워크상에서 자신이 아닌 다른 상대방들의 패킷교환을 훔쳐보는 행위
스누핑	네트워크상에 떠도는 중요정보를 몰래 가로채는 행위
패스워드 크레킹	패스워드로 보안화한 리소스에 접근하기 위해 틀을 사용 네트워크, 시스템, 리소스로 공격하는 것
스푸핑	어떤 프로그램이 정상적인 상태로 유지되는 것처럼 믿도록 속임수를 쓰는 것
서비스 거부	공격대상 서버에 과도한 트래픽을 유발시키거나, 정상적이지 못한 접속시도로 서버 네트워크를 독점하거나 시스템 리소스의 낭비를 유발, 서버의 정상적 작동방해
디도스 공격	해커들이 특정사이트의 서비스를 이용하지 못하도록 무차별 클릭하는 수법 (분산서비스거부 공격)
트랩도어	OS나 대형응용프로그램을 개발하며 전체 시험실행시 발견되는 오류를 쉽게 하거나 처음부터 부정루틴을 삽입, 컴퓨터정비·유지보수 핑계로 내부자료를 빼내는 행위, 즉, 프로그래머가 내부에 일종의 비밀통로를 만들어 두는 것
허프건	고출력 전자기장을 발생시켜 컴퓨터의 자기기록 정보를 파괴
스팸	악의적인 내용을 담은 전자우편을 인터넷상의 불특정 다수에게 무차별로 살포
스토킹	인터넷을 이용, 타인의 신상정보를 공개하고 거짓메시지를 남겨 괴롭히는 행위
전자폭탄	약 100억w의 고출력에너지로 순간적으로 마이크로웨이브파를 발생시켜 컴퓨터내의 전자 및 전기회로를 파괴
피싱	가짜사이트를 만들어 금융기관으로부터 은행계좌 정보나 개인정보를 불법적으로 알아내 이를 이용하는 인터넷 사기수법
보이스피싱	전화를 통해 불법으로 개인정보(주민번호,신용카드번호,은행계좌번호 등)를 빼내어 이를 범죄에 이용하는 전화금융사기 수법
메신저피싱	도용한 타인의 메신저 아이디로 로그인 후 등록된 지인에게 메시지를 보내 금전을 요구하는 수법
스미싱	인터넷 접속이 가능한 스마트폰의 문자메시지를 이용한 휴대폰 해킹
APT	해커가 다양한 보안위협을 만들어 특정기업이나 조직의 네트워크에 지속적으로 가하는 공격
플레임	네티즌들이 공통의 관심사 논의위해 개설한 토론방에 고의로 가입, 개인 등에 대한 악성루머 유포
살라미 기법	눈치 채지 못할 정도의 적은 금액을 많은 사람들로부터 빼내는 컴퓨터 사기수법, 이태리음식인 살라미소시지를 조금씩 얇게 썰어먹는 모습을 연상시킨다 해서 붙인 이름
슈퍼재핑	컴퓨터가 작동 정지되어 복구할 수 없을 때 사용하는 만능키 같은 프로그램으로 이 프로그램의 강력한 힘을 이용, 범죄행위를 하는 것
스카벤징	컴퓨터의 작업완료 후 체계주변에서 정보를 획득하는 방법(일명 쓰레기 주워 모으기)
AMCW	테러목표를 설정, 순항하여 특정정보 또는 특정컴퓨터시스템만 파괴하는 사이버무기
이메일 폭탄	특정기관 컴퓨터에 집중 이메일을 발송 전산망을 마비시키는 기법, 컴퓨터 바이러스나 트로이 목마 등 파괴적 프로그램이 삽입된 파일을 이메일 메시지에 첨부 발송하는 메일폭탄
데이터 디들링	데이터 입력·변환하는 최종입력 순간 데이터를 변경, 허위자료를 입력하는 수법 (주로 금융기관 사용)
랜섬웨이	악성코드의 일종, 컴퓨터에 감염되면 이를 해제하기 위해 제작자에게 대가를 제공해야 하는 악성프로그램

테러의 수행단계

제1단계(정보수집단계)	대상에 대한 정밀관찰
제2단계(계획수립단계)	공격 장소·방법·시기 등 세부계획 수립
제3단계(조직화단계)	공격조 편성단계, 조직의 구성, 훈련, 임무분배, 무기·장비결정
제4단계(공격준비단계)	공격대상 주위에 은거지 마련, 식량 및 탄약휴대
제5단계(실행단계)	공격 후 현장 이탈, 변칙공격, 양동작전 강구

테러리즘의 발생원인

박탈감 이론	열망적, 점감적, 점진적 박탈감 등이 테러의 원인(기대치와 현실의 불일치)
동일시 이론	사회심리적 동일시 현상이 테러의 원인(유사성 인정)
국제정치체제 이론	일부 국가에 의해 테러리즘을 정치목적 달성의 합리적 도구로 이용 (테러리즘의 마키아벨리안적 수용 유발)
현대사회구조 이론	고도의 도시집중화 현상 등 현대의 생태적 상황조건이 테러의 원인

사이버 테러의 특징

비대면성	서로 얼굴을 마주하지 않으므로 죄책감은 희박해지고 범죄는 대담해진다.
익명성	신분 비노출로 발각의 염려가 적어 범죄가능성을 높이고 대담하게 행동한다.
전문화 및 기술화	고도의 실력과 전문성의 실력과시를 위한 사이버범죄는 금전적 이득, 특정시스템에 해를 입히기 위한 목적의 전문범죄로 변질되고 있다.
시·공간적 무제약성	가상공간의 행위는 인터넷이 되는 곳이면 시간과 장소제약을 받지 않고 범죄를 저지를 수 있어 범행 사전파악 곤란
광역성	사이버범죄 피해는 빠른 전파력으로 광역적으로 펼쳐져 엄청난 피해규모 발생
증거인멸 용이성	사이버범죄의 대부분은 쉽게 조작 또는 삭제가 가능한 디지털자료로 범행 후 흔적발견 곤란
암수성	사이버범죄의 집계는 극히 일부분으로, 알려진 것보다 더 큰 피해발생 양상이다.

테러리즘의 종류

구분	내용
백색 테러리즘	프랑스혁명직후 공포정치를 펴는 정부에 대한 공격행위, 현재는 우익에 의한 테러행위 지칭
흑색 테러리즘	나치의 유대인 학살행위를 지칭
적색 테러리즘	공산주의를 상징하는 빨간색과 관련, 서방 자유세계에 대한 공산주의자들의 공격행위
사이버 테러리즘	상대방 컴퓨터나 정보기술 해킹 등 정보통신망을 무력화하는 새로운 형태 테러리즘
슈퍼 테러리즘	21세기 등장 새로운 테러리즘, 명분도 없이 불특정 다수인에게 무차별적 살상이 특징
메가 테러리즘	최대한 많은 인명살상으로 사회전체를 공포와 충격으로 몰아넣고자 하는 최근 테러리즘
테크노 테러리즘	사이버무기, 레이저무기, 생물·생화학무기, 전자무기 등 최첨단공격무기 동원 테러 총칭
바이오 테러리즘	박테리아, 바이러스, 독극물 등 생물학적작용제를 고의적 살포·보급해서 일으키는 테러
뉴 테러리즘	일반대중들의 공포를 목적으로 적도 모르고, 전선과 전쟁규칙도 없으며, 대량살상무기, 사이버무기 생물학무기, 생화학무기 등 사용, 큰 혼란을 일으키는 새로운 테러리즘
외로운 늑대	특정 이념을 가진 조직이나 단체가 아니라 정부에 대한 개인적 반감을 이유로 스스로 행동하는 자생적 테러리스트, 정보수집이 쉽지 않아 예방이 거의 불가능

핵커(Hacker) 교수의 테러형태분류

- 정신이상자형 테러리스트
- 범죄형적인 테러리스트
- 십자군형 테러리스트

미코러스(Mickolus)박사의 테러형태 분류

- 영토복고주의,
- 민족혁명가
- 세계적 무정부주의자
- 범죄 집단
- 정신착란자
- 장난꾼
- 전위혁명을 갖는 집단
- 질서유지를 위한 자원(자경단원)

페처(Fetscher)의 분류

- 소수 인종에 의한 테러
- 환경의 변화나 환경에 저항하는 테러리스트

권역별 주요 국제테러조직

지역별	테러조직	구 성 및 활 동 내 용
중동	아브니달 (ANO)	• 팔레스타인 문제에 부정적 입장 고수하는 아랍국가 공격, • 리비아 카다피 원수가 지원
	팔레스타인 해방전선 (PFLP)	• 이스라엘의 파괴를 통해 팔레스타인 문제 해결 • 최종목표는 팔레스타인 지역에서 이스라엘을 축출하고 자신들의 영토로 만드는 것
	팔레스타인 이슬람지하드 (PIJ)	• 가자지구 활동요원들이 만든 단체 회교국가 건설이 목표 • 이스라엘에 미국지원, 미국도 공격대상, 자살폭탄테러 자행
	검은9월단 (Black September)	• 팔레스타인 해방기구에서 분리된 단체 • 뮌헨 올림픽에서 이스라엘선수 납치 등을 자행
	하마스 (HAMAS)	• 팔레스타인 과격단체 • 이슬람 전통과 혁명정신 강조
	헤즈볼라 (Hezbollah)	• 무슬림 이데올로기를 신봉하는 중동지역 최대 테러조직 • 레바논 지역에서 이슬람운동의 선구자적 역할목표
	알카에다 (Al – Qaeda)	• 오사마 빈 라덴이 알지하드를 흡수, 과격테러조직 • 반미적 성향으로 9・11테러 자행 • 목표는 이슬람세력 규합, 세속적인 이슬람 정부 붕괴
	알지하드 (Al– Jihad)	• 1980년 후반 오사마 빈라덴의 주치의 알 자와히리가 만든 조직 • 유대인과 십자군에 반하는 성전을 기치로 미국을 테러공격을 목표로 함 (9.11테러에 알카에다와 연계된 조직)
	알타우히드 왈지하드	• 알자르카위가 이끄는 무장단체, 유일신과 성전이라는 뜻의 조직 • 2004년 우리나라 김선일씨를 납치 사살한 테러조직
	이슬람국가 (IS, ISIL)	• 2004년 알카에다에게 충성을 맹세하고 만든 테러조직으로 이라크와 시리아 지역을 점령하고 있는 미승인 국가 • 이라크, 시리아를 포함한 수니파 칼리프제도 부활을 목적으로 2006년 10월 이슬람 국가 설립을 선포 • 2014년 2월 8개월간 권력투쟁 이후 알카에다와 결별 선언
유럽	서독적군파 (RAF)	• 1968년 독일에서 조직된 과격무장단체 • 독일에서 막스주의 실현을 위해 반체제활동, 테러리즘 자행
	북아일랜드공화국군 (IRA)	• 구성원 대다수가 아일랜드 지도자로 구성 • 아일랜드가 영국으로부터 독립한 것에 영향 받아 조직 • 테러와 합법적인 정치활동으로 양동정책을 펼침
	바스크독립운동 (ETA)	• 스페인 정부에 대해 무장공격으로 막스주의를 완성한다는 것을 목표로 함
	붉은 여단 (Red Brigade)	• 혁명을 통해 이태리 정부 전복 • 사회를 억압하는 경찰, 기업인, 정치인에 대해 테러자행
	터키 인민해방군 (TPLA)	• 터키정부를 전복하고 극좌 정권을 수립하는 것이 목표
아시아	타밀타이거 (LTTE)	• 스리랑카 테러조직, 이슬람국가건설 방해 정치인 암살 등 자행
	신인민군 (NPA)	• 필리핀 공산당조직, 노동자와 농민혁명으로 정치적 목적 달성
	일본적군파 (JPA)	• 팔레스타인 해방전선과 연계, 테러를 통해 막스・레닌주의 완성

테러조직의 분류

구분	테러조직
이슬람 테러조직	회교 지하드(알지하드), 아부니달, 알카에다, 하마스, 헤즈볼라
유럽권 테러조직	아일랜드 공화군, RZ, 아르메니아 해방군
분리주의운동 테러조직	바스크 분리주의 그룹(이라울차, ETA), 스리랑카 타밀반군(LTTE) 푸에르토리코 분리주의그룹(AFNL, AFNR),
기타 테러조직	프랑스 악시옹 디렉트그룹, 팔레스타인M-15, 아프가니스탄 무자헤딘, 일본 적군파, 터키인민해방군(TPLA), 콜롬비아M-19, 독일 바더마인호프단, 이탈리아 붉은여단

각국의 대테러부대

구분		주요임무
미국 (SWAT)		• 대테러임무를 수행하는 경찰 특수기동대 • 미국 각 주 경찰서 위치 테러진압활동 • 주요요인 신변경호, 인질 구출작전 수행 전문 테러진압부대 • 그 밖에 육군 델타포스, 레인져스, 해군 네이비씰 등이 있다
영국(SAS)		• 육군소속 대테러부대 세계최초의 전문화된 특수부대 • 유괴, 폭파, 암살 등의 대테러 임무수행
독일(GSG-9)		• 1972년 뮌헨올림픽 검은9월단 사건계기 창설된 대테러 경찰특공대 • 연방내무부장관의 명을 받아 중대한 테러사건 전담 • 지휘반, 통신반, 전투반으로 편성
프랑스(GIGN)		• 국가헌병대 소속 대테러부대, 1994년 에어 프랑스 납치사건 해결 • 위험인물검거, 인질난동사건 해결, 주요인사 경호 임무 수행
러시아(스페츠나츠)		• 주요경제 및 군사시설 첩보활동 · 파괴활동 무력화임무, • 저항세력 응징작전 수행, 해외 반란군 조직 및 훈련
일본(SAT)		• 1996년 창설 최초 2개 현 운영, 현재 각 현 1개팀씩 총10개팀 운영 • 버스, 기차, 항공기대상 테러진압이 주 임무
이스라엘 13전대 (Shetrt13)		• 해군소속의 대테러 특수부대, 지중해에서 주로 활동 • 자국 비행기 납치예방, 아랍국가의 테러공격방지 등의 임무수행
대한민국	KNP868	• 1983년 10월 아시안게임과 서울올림픽 대비 창설 • 테러사건 예방 및 진압, 인질 · 총기사건 등 진압, 재해 · 재난시 인명구조
	707특임대	• 1982년 창설, GSG-9과 델타포스대원이 훈련받을 정도로 세계적 명성
중국 마귀반(魔鬼般)		• 특수임무와 신속 대응업무 목표, 광저우 군구 창설, 현재 7개군구 운용
대만 벽력소조 (Thunder Sqaud)		• 1993년 중국비밀부대의 영토잠입 대응 및 무장단체 진압목적 창설, • 일명 자객방탄복면두건 부대, 경찰관중 최고엘리트 선발 편성

대테러활동의 수행단계

1단계	준비과정	군중격리, 경계배치, 범인의 신원 파악, 진압작전계획 수립
2단계	선무공작과정	설득 유도, 테러조직의 와해 공작, 부수 피해방지
3단계	공격검거과정	저격, 침투 후 테러범 검거 과정
4단계	수습과정	테러범 검거 후 위해요소 제거, 사상자 후송, 테러범 조사 실시 등

인질협상의 8단계

1단계(협상준비)	테러를 일으켜서 이루어질 목표, 원하는 사항에 대해 메모
2단계(논쟁개시)	상대방이 흥정하도록 유도
3단계(신호)	협상을 원한다는 메시지 전달
4단계(제안)	협상진행방법, 협상상대 등에 대해 고지
5단계(타결안 제시)	포괄적이 아닌 개별 사안에 대한 내용이어야 하고, 상대방 요구조건 처리 등 상세히 설명 일괄타결 유도
6단계(흥정)	상대방 제시사항 변동·추가사항 요구시 흥정은 다시 한다.
7단계(정리)	합의 성사 시 내용을 정리하고 확인 과정을 거친다.
8단계(타결)	서로 합의된 내용 확인 후 실제 이행

인질협상과정 고려사항

- 인질범과 통신수단을 마련한다.
- 보도진으로부터 사건현장 차단
- 협상기법으로 인질범 도주할 수 있는 루트는 만들어 접근하며, 대책강구 및 실행
- 상호간 어느 정도 신뢰가 형성되어야 협상이 수월해진다.
- 단답형을 유도하는 질문보다 **긴 대화를 유지**하는 것이 좋다.
- 요구사항 처리는 타협에 의한 방식임을 주지시키고, 요구조건 중 일정부분 포기치 않으면 얻을 수 있는 것이 없다는 사실을 각인 시킨다.
- 인질범의 부모나 여자친구 등은 현장에 나타나지 않도록 한다.
- 인질에게 위해 가하지 않도록 인질에게 주의를 끌지 않도록 해야 한다.

■ 국민보호와 공공안전을 위한 테러방지법

○ **목적** (법 제1조) : 테러의 예방 및 대응활동 등에 관하여 필요한 사항과 테러로 인한 피해보전 등을 규정함으로써 테러로부터 국민의 생명과 재산을 보호하고 국가 및 공공의 안전을 확보하는 것을 목적으로 한다.

○ **용어의 정의** (법 제2조)

◆ 테러 : 국가·지방자치단체, 외국정부(외국 지방자치단체와 조약·국제적인 협약으로 설립된 국제기구 포함)의 **권한행사를 방해하거나 의무 없는 일을 하게 할 목적** 또는 **공중을 협박할 목적**으로 하는 다음 행위

> 가. 사람을 살해·신체상해로 생명에 대한 위험을 발생하게 하는 행위 또는 사람을 체포·감금·약취·유인하거나 인질로 삼는 행위
>
> 나. 항공기(항공안전법 제2조 제1호)와 관련된 다음에 해당하는 행위
>   1) 운항중인 항공기를 추락시키거나 전복·파괴하는 행위, 운항중인 항공기의 안전을 해칠 만한 손괴를 가하는 행위
>   2) 폭행이나 협박, 그 밖의 방법으로 운항중인 항공기를 강탈하거나 항공기의 운항을 강제하는 행위
>   3) 항공기의 운항과 관련된 항공시설을 손괴·조작방해로 항공기의 안전운항에 위해를 가하는 행위
>
> 다. 선박 또는 해상구조물과 관련된 다음에 해당하는 행위
>   1) 운항중인 선박 또는 해상구조물을 파괴하거나, 그 안전을 위태롭게 할 만한 정도의 손상을 가하는 행위 (운항중인 선박이나 해상구조물에 실려 있는 화물에 손상을 가하는 행위 포함)
>   2) 폭행·협박, 그 밖의 방법으로 운항중인 선박 또는 해상구조물을 강탈·선박의 운항을 강제하는 행위
>   3) 운항중인 선박의 안전을 위태롭게 하기 위하여 그 선박의 운항과 관련된 기기·시설을 파괴하거나 중대한 손상을 가하거나 기능장애 상태를 야기하는 행위
>
> 라. 사망·중상해 또는 중대한 물적 손상을 유발하도록 제작되거나 그러한 위력을 가진 생화학·폭발성·소이성 무기나 장치를 다음의 차량 또는 시설에 배치하거나 폭발시키거나 그 밖의 방법으로 이를 사용하는 행위
>   1) 기차·전차·자동차 등 사람 또는 물건의 운송에 이용되는 차량으로서 공중이 이용하는 차량
>   2) 차량의 운행을 위하여 이용되는 시설 또는 도로, 공원, 역, 그 밖에 공중이 이용하는 시설
>   3) 전기나 가스를 공급하기 위한 시설, 공중의 음용수를 공급하는 수도, 전기통신을 이용하기 위한 시설 및 그 밖의 시설로서 공용으로 제공되거나 공중이 이용하는 시설
>   4) 석유, 가연성 가스, 석탄, 그 밖의 연료 등 원료물질을 제조·정제, 연료로 만들기 위하여 처리·수송 또는 저장하는 시설
>   5) 공중이 출입할 수 있는 건조물·항공기·선박으로서 1)부터 4)까지 해당하는 것을 제외한 시설
>
> 마. 핵물질, 방사성물질 또는 원자력시설과 관련된 다음에 해당하는 행위
>   1) 원자로를 파괴하여 사람의 생명·신체·재산을 해하거나 공공의 안전을 위태롭게 하는 행위
>   2) 방사성물질 등과 원자로 및 관계 시설, 핵연료주기시설·방사선발생장치의 부당조작으로 사람의 생명·신체에 위험을 가하는 행위
>   3) 핵물질을 수수·소지·소유·보관·사용·운반·개조·처분 또는 분산하는 행위
>   4) 핵물질이나 원자력시설을 파괴·손상 또는 그 원인을 제공하거나 원자력시설의 정상적인 운전을 방해하여 방사성물질을 배출하거나 방사선을 노출하는 행위

- ◆ 테러단체 : 국제연합(UN)이 지정한 테러단체
- ◆ 테러위험인물 : 테러단체의 조직원이거나 테러단체 선전, 테러자금 모금·기부, 그 밖에 테러 예비·음모·선전·선동을 하였거나 하였다고 의심할 상당한 이유가 있는 사람
- ◆ 외국인테러전투원 : 테러를 실행·계획·준비, 테러참가 목적으로 국적국이 아닌 국가의 테러단체에 가입하거나 가입하기 위하여 이동 또는 이동을 시도하는 내국인·외국인
- ◆ 테러자금 : **공중 등 협박목적 및 대량살상무기확산을 위한 자금조달행위의 금지에 관한 법률**에 따른 공중 등 협박목적을 위한 자금
- ◆ 대테러활동 : 테러 관련 정보의 수집, 테러위험인물의 관리, 테러 이용가능 위험물질 등 테러수단의 안전관리, 인원·시설·장비의 보호, 국제행사의 안전 확보, 테러위협에의 대응 및 무력진압 등 테러 예방과 대응에 관한 제반 활동
- ◆ 관계기관 : 대테러활동을 수행하는 국가기관, 지방자치단체, 그 밖에 대통령령으로 정하는 기관
- ◆ 대테러조사 : 대테러활동에 필요한 정보나 자료를 수집하기 위하여 현장조사·문서열람· 시료채취 등을 하거나 조사대상자에게 자료제출 및 진술을 요구하는 활동

◯ 국가 및 지방자치단체의 책무 (법 제3조)

- ◆ 테러대책 수립·시행 : 국가 및 지방자치단체는 테러로부터 국민의 생명·신체 및 재산을 보호하기 위하여 테러의 예방과 대응에 필요한 제도와 여건을 조성하고 대책을 수립하여 이를 시행하여야 한다.
- ◆ 국민의 기본권 침해방지 노력 : 국가 및 지방자치단체는 제1항의 대책을 강구할 때 국민의 기본적 인권이 침해당하지 않도록 최선의 노력을 하여야 한다.
- ◆ 헌법 및 법률 준수의무 : 이 법을 집행하는 공무원은 헌법상 기본권을 존중하여 이법을 집행하여야 하며 헌법과 법률에서 정한 적법절차를 준수할 의무가 있다.

◯ 다른 법률과의 관계 (법 제4조) : 이 법은 대테러활동에 관하여 다른 법률에 우선하여 적용한다.

◯ 국가테러대책위원회 (법 제5조) (시행령 제3조, 제4조)

- ◆ 대테러활동에 관한 정책의 중요사항을 심의·의결하기 위해 국가테러대책위원회를 둔다.
- ◆ 대책위원회는 국무총리 및 관계기관의 장 중 대통령령으로 정하고 **위원장은 국무총리**로 한다.

◆ **대책위원회의 심의·의결사항**
  1. 대테러활동에 관한 국가의 정책수립 및 평가
  2. 국가 대테러기본계획 등 중요 중장기 대책 추진사항
  3. 관계기관의 대테러활동 역할 분담·조정이 필요한 사항
  4. 그 밖에 위원장 또는 위원이 대책위원회에서 심의·의결할 필요가 있다고 제의하는 사항

◆ **위원**(시행령 제3조)
  ① 기획재정부장관, 외교부장관, 통일부장관, 법무부장관, 국방부장관, 행정안전부장관, 산업통상자원부장관, 환경부장관, 국토교통부장관, 해양수산부장관, 국가정보원장, 국무조정실장, 금융위원회 위원장, 원자력안전위원회 위원장, 대통령경호처장, 관세청장, 경찰청장, 소방청장, 질병관리청장 및 해양경찰청장
  ② 위원 외에 안건심의를 위해 위원장이 회의참석을 요청하는 관계기관의 장 또는 그 밖의 관계자
  ③ 대책위원회의 사무 처리를 위해 간사를 두되, 간사는 **대테러센터장**이 된다.

◆ **운영**(시행령 제4조)
  ① 대책위원회 회의는 위원장이 필요하다고 인정하거나 위원 과반수의 요청이 있는 경우 위원장이 소집한다.
  ② 대책위원회는 재적위원 과반수의 출석으로 개의하고, 출석위원 과반수의 찬성으로 의결한다.
  ③ 대책위원회의 회의는 공개하지 아니한다. 다만, 공개가 필요한 경우 대책위원회 의결로 공개할 수 있다.
  ④ ①~③에서 규정한 사항 외에 대책위원회 운영에 관한 사항은 대책위원회 의결을 거쳐 위원장이 정한다.

○ 테러대책 실무위원회 구성 등 (시행령 제5조)

① 대책위원회를 효율적으로 운영하고 대책위원회에 상정할 안건에 관한 전문적인 검토 및 사전조정을 위하여 대책위원회에 테러대책 실무위원회를 둔다.
② 테러대책 실무위원장 : **대테러센터장**
③ 실무위원회 위원 : 국가테러대책위원회 위원이 소속된 관계기관 및 그 소속기관의 고위공무원단에 속하는 일반직공무원(특정직, 별정직공무원 포함)중 관계기관의 장이 지명하는 사람
④ ①~③에서 규정 사항 외에 실무위원회 운영에 관한 사항은 대책위원회 의결을 거쳐 위원장이 정한다.

대테러센터 (법 제6조)

① 대테러활동과 관련하여 **국무총리 소속**으로 관계기관 공무원으로 구성되는 대테러센터를 둔다. (국가 대테러활동의 원활한 수행을 위해 필요한 사항과 대책위원회의 회의 및 운영에 필요한 사무 등 처리)

※ 대테러센터장은 관계기관의 장에게 직무수행에 필요한 협조와 지원을 요청할 수 있다.

◆ 대테러센터의 수행사항
1. 국가 대테러활동 관련 임무분담 및 협조사항 실무 조정
2. 장단기 국가 대테러활동 지침 작성·배포
3. 테러경보 발령
4. 국가 중요행사 대테러안전대책 수립
5. 대책위원회의 회의 및 운영에 필요한 사무의 처리
6. 그 밖에 대책위원회에서 심의·의결한 사항

※ 대테러센터 소속 직원의 인적사항은 공개하지 아니할 수 있다.

대테러 인권보호관 (법 제7조) (시행령 제7~10조)

◆ 관계기관의 대테러활동으로 인한 **국민의 기본권 침해방지**를 위해 대책위원회 소속으로 대테러 인권보호관 1명을 둔다. **(테러대책위원회 위원장이 위촉)**

◆ 인권보호관의 자격(시행령 제7조)
1. 변호사 자격이 있는 사람으로 10년 이상의 실무 경력이 있는 사람
2. 인권분야에 전문지식이 있고 4년제 대학 부교수 이상 10년 이상 재직 또는 재직하였던 사람
3. 국가기관 또는 지방자치단체 3급 이상 공무원 재직하던 사람 중 인권관련 업무 有경험자
4. 인권분야 비영리 민간단체·법인·국제기구 근무 등 인권관련 활동 10년 이상 종사 경력자

◆ 인권보호관의 임기는 2년 **(연임가능)**

◆ 인권보호관은 다음 경우를 제외하고는 그 의사에 반하여 해촉되지 아니한다.
1. 국가공무원법 제33조 각 호의 결격사유에 해당하는 경우
2. 직무와 관련한 형사사건으로 기소된 경우
3. 직무상 알게 된 비밀을 누설한 경우
4. 그 밖에 장기간의 심신쇠약으로 인권보호관의 직무를 계속 수행할 수 없는 특별한 사유가 발생한 경우

◆ **인권보호관의 직무** (시행령 제8조)
   1. 대책위원회에 상정되는 관계기관의 대테러정책·제도 관련 안건의 인권 보호에 관한 자문 및 개선 권고
   2. 대테러활동에 따른 인권침해 관련 민원의 처리
   3. 그 밖에 관계기관 대상 인권 교육 등 인권 보호를 위한 활동
   ※ • 인권보호관은 인권침해 관련 민원을 접수한 날부터 **2개월 내에** 처리하여야 한다. (부득이 기간 내 처리가 어려운 경우 사유와 처리 계획을 민원인에게 통지해야 한다)
   • 위원장은 인권보호관의 효율적 직무수행을 위해 필요한 행정적·재정적 지원을 할 수 있다.
   • 대책위원회는 인권보호관 직무수행 지원을 위하여 지원조직을 둘 수 있으며, 필요한 경우에는 관계 중앙행정기관 소속 공무원의 파견을 요청할 수 있다.

◆ **인권보호관의 시정권고** (시행령 제9조)
   • 인권보호관은 직무수행 중 인권침해 행위가 있다고 인정할 만한 상당한 이유가 있는 경우에는 위원장에게 보고한 후 관계기관의 장에게 시정을 권고할 수 있다.
   • 권고를 받은 관계기관의 장은 그 처리 결과를 인권보호관에게 통지하여야 한다.

◆ **인권보호관의 비밀의 엄수** (시행령 제10조)
   • 인권보호관은 재직 중 및 퇴직 후에 직무상 알게 된 비밀을 엄수하여야 한다.
   • 인권보호관은 법령에 따른 증인, 참고인, 감정인 또는 사건 당사자로서 직무상의 비밀에 관한 사항을 증언하거나 진술하려는 경우에는 미리 위원장의 승인을 받아야 한다.

전담조직 (법 제8조) (시행령 제11조)

◆ 관계기관의 장은 테러예방 및 대응을 위하여 필요한 전담조직을 둘 수 있다.

◆ **전담조직**(관계기관 합동으로 구성하거나 관계기관의 장이 설치)
   1. 지역 테러대책협의회
   2. 공항·항만 테러대책협의회
   3. 테러사건대책본부
   4. 현장지휘본부
   5. 화생방테러대응지원본부
   6. 테러복구지원본부
   7. 대테러특공대
   8. 테러대응구조대
   9. 테러정보통합센터
   10. 대테러합동조사팀
   ※ 관계기관의 장은 위 전담조직 외에 대테러업무수행 하부조직을 전담조직으로 운영가능

◆ 관계기관의 장은 전담조직 외에 테러예방 및 대응을 위하여 필요한 경우에는 대테러업무를 수행하는 하부조직을 전담조직으로 지정·운영할 수 있다.

지역 테러대책협의회 (시행령 제12조)

특별시·광역시·특별자치시·도·특별자치도에 해당 지역에 있는 관계기관 간 테러예방활동에 관한 협의를 위해 지역 테러대책협의회를 둔다.

◆ 구성
- 의장 : 국가정보원의 해당지역 관할 지부장 (특별시는 대테러센터장)
- 위원
    1. 시·도에서 대테러업무를 담당하는 고위공무원단 나급 상당 공무원 또는 3급상당 공무원 중 시·도지사가 지명하는 사람
    2. **법무부·환경부·국토교통부·해양수산부·국가정보원·식품의약품안전처·관세청·검찰청·경찰청 및 해양경찰청**의 지역 기관에서 대테러업무를 담당하는 고위공무원단 나급 상당공무원 또는 3급상당 공무원 중 해당 관계기관의 장이 지명하는 사람
    3. 지역 관할 군부대 및 국군방첩부대의 장
    4. 지역 테러대책협의회 의장이 필요하다고 인정하는 관계기관의 지역기관에서 대테러업무를 담당하는 공무원 중 해당 관계기관의 장이 지명하는 사람 및 국가중요시설의 관리자나 경비·보안 책임자

◆ 심의·의결사항 (시행령 제12조)
1. 대책위원회의 심의·의결 사항 시행 방안
2. 해당 지역 테러사건의 사전예방 및 대응·사후처리 지원 대책
3. 해당 지역 대테러업무 수행 실태의 분석·평가 및 발전 방안
4. 해당 지역의 대테러 관련 훈련·점검 등 관계기관 간 협조에 관한 사항
5. 그 밖에 해당 지역 대테러활동에 필요한 사항

※ 관계기관의 장은 심의·의결사항에 대하여 그 이행결과를 지역테러대책협의회에 통보하고, 지역테러대책협의회 의장은 그 결과를 종합하여 대책위원회에 보고하여야 한다.

공항·항만 테러대책협의회 (시행령 제13조)

공항 또는 항만 내에서의 관계기관 간 대테러활동에 관한 사항을 협의하기 위해 공항·항만별로 테러대책협의회를 둔다.

◆ 구성
- 의장 : 공항·항만내 대테러업무 담당 국가정보원 소속 공무원 중 국가정보원장이 지명하는 사람
- 위원 : 해당 공항·항만에 상주하는 **법무부·농림축산식품부·국토교통부·해양수산부·관세청·경찰청·소방청·질병관리청·해양경찰청 및 국군방첩사령부** 소속 기관의 장

◆ **심의 · 의결사항** (시행령 제13조)
  1. 대책위원회의 심의 · 의결 사항 시행 방안
  2. 공항 또는 항만 내 시설 및 장비의 보호 대책
  3. 항공기 · 선박의 테러예방을 위한 탑승자와 휴대화물 검사 대책
  4. 테러 첩보의 입수 · 전파 및 긴급대응 체계 구축 방안
  5. 공항 또는 항만 내 테러사건 발생 시 비상대응 및 사후처리 대책
  6. 그 밖에 공항 또는 항만 내의 테러 대책

  ※ 관계기관의 장은 심의 · 의결사항에 대하여 그 이행결과를 공항 · 항만테러대책협의회에 통보하고, 공항 · 항만테러대책협의회 의장은 그 결과를 종합하여 대책위원회에 보고하여야 한다.

테러사건 대책본부 (시행령 제14조)

◆ **외교부장관, 국방부장관, 국토교통부장관, 경찰청장 및 해양경찰청장**은 테러가 발생하거나 발생할 우려가 현저한 경우에는 테러사건대책본부를 설치 · 운영하여야 한다. (국외테러는 대한민국 국민에게 중대한 피해가 발생하거나 발생 우려가 있어 긴급조치가 필요한 경우에 한함)

기관별	대책본부 명칭
외교부장관	국외테러사건 대책본부
국방부장관	군사시설 테러사건 대책본부
국토교통부장관	항공테러사건 대책본부
경찰청장	국내일반 테러사건 대책본부
해양경찰청장	해양테러사건 대책본부

◆ 대책본부 설치시 관계기관의 장은 즉시 위원장에게 보고하여야 하며, 같은 사건에 2개 이상 대책본부 관련 시 위원장이 테러사건의 성질 · 중요성 등을 고려, 대책본부를 설치할 기관을 지정할 수 있다.

◆ 대책본부의 장은 대책본부를 설치하는 관계기관의 장(군사시설테러사건대책본부는 합동참모의장)이 되며, 현장지휘본부의 사건 대응 활동을 지휘 · 통제한다.

◆ 대책본부의 편성 · 운영에 관한 세부사항은 대책본부의 장이 정한다.

현장지휘본부 (시행령 제15조)

① 대책본부의 장은 테러사건 발생시 사건현장의 대응활동 총괄을 위해 현장지휘본부를 설치할 수 있다.
② 현장지휘본부의 장은 대책본부의 장이 지명한다.

③ 현장지휘본부의 장은 테러의 양상·규모·현장상황 등을 고려하여 협상·진압·구조·구급·소방 등에 필요한 전문조직을 직접 구성하거나 관계기관의 장에게 지원을 요청할 수 있다. (관계기관의 장은 특별한 사정이 없으면 현장지휘본부의 장이 요청한 사항을 지원하여야 한다.)

④ 현장지휘본부의 장은 현장에 출동한 관계기관의 조직을 지휘·통제한다.
(대테러특공대, 테러대응구조대, 대화생방테러 특수임무대 및 대테러합동조사팀 포함)

⑤ 현장지휘본부의 장은 현장에 출동한 관계기관과 합동으로 통합상황실을 설치·운영할 수 있다.

화생방테러대응지원본부 (시행령 제16조)

① **환경부장관, 원자력안전위원회 위원장** 및 **질병관리청장**은 화생방테러사건 발생 시 대책본부를 지원하기 위하여 분야별로 화생방테러대응지원본부를 설치·운영한다.

※ 분야별 화생방테러대응지원본부
1. 환경부장관 : 화학테러 대응 분야
2. 원자력안전위원회 위원장 : 방사능테러 대응 분야
3. 질병관리청장 : 생물테러 대응 분야

② 화생방테러대응지원본부의 임무
1. 화생방테러 사건 발생 시 오염 확산 방지 및 독성제거 방안 마련
2. 화생방 전문 인력 및 자원의 동원·배치
3. 그 밖에 화생방테러 대응 지원에 필요한 사항의 시행

③ 국방부장관은 관계기관의 화생방테러 대응을 지원하기 위하여 대책위원회의 심의·의결을 거쳐 오염 확산 방지 및 제독 임무 등을 수행하는 대화생방테러 특수임무대를 설치·지정할 수 있다.

④ 화생방테러대응지원본부 및 대화생방테러 특수임무대의 설치·운영 등에 필요한 사항은 해당 관계기관의 장이 정한다.

🔵 테러복구 지원본부 (시행령 제17조)

① **행정안전부장관**은 테러사건 발생 시 구조·구급·수습·복구활동 등에 관하여 대책본부를 지원하기 위하여 테러복구지원본부를 설치·운영할 수 있다.

② 테러복구지원본부의 임무
  1. 테러사건 발생 시 수습·복구 등 지원을 위한 자원의 동원 및 배치 등에 관한 사항
  2. 대책본부의 협조 요청에 따른 지원에 관한 사항
  3. 그 밖에 테러복구 등 지원에 필요한 사항의 시행

🔵 대테러특공대 등 (시행령 제18조)

① **국방부장관, 경찰청장 및 해양경찰청장**은 테러사건에 신속히 대응하기 위하여 대테러특공대를 설치·운영한다. **(대테러특공대 설치·운영은 대책위원회의 심의·의결을 거쳐야 한다)**

② 대테러특공대의 임무
  1. 대한민국 또는 국민과 관련된 국내외 테러사건 진압
  2. 테러사건과 관련된 폭발물의 탐색 및 처리
  3. 주요 요인 경호 및 국가 중요행사의 안전한 진행 지원
  4. 그 밖에 테러사건의 예방 및 저지활동

③ 국방부 소속 대테러특공대의 출동 및 진압작전은 군사시설내의 테러사건에 대하여 수행한다. (다만, 경찰력 한계로 대책본부의 장이 긴급지원 요청시 군사시설 밖에서도 경찰 대테러 작전 지원가능)

④ 국방부장관은 군 대테러특공대의 신속한 대응의 제한 상황에 대비하기 위해 군 대테러 특수임무대를 지역 단위로 편성·운영할 수 있다.

🔵 테러대응구조대 (시행령 제19조)

① **소방청장**과 **시·도지사**는 테러사건 발생 시 신속히 인명을 구조·구급하기 위하여 중앙 및 지방자치단체 소방본부에 테러대응구조대를 설치·운영한다.

② 테러대응구조대의 임무
  1. 테러발생 시 초기단계에서의 조치 및 인명의 구조·구급
  2. 화생방테러 발생 시 초기단계에서의 오염 확산 방지 및 독성제거
  3. 국가 중요행사의 안전한 진행 지원
  4. 테러취약요인의 사전 예방·점검 지원

테러정보통합센터 (시행령 제20조)

① **국가정보원장**은 테러관련 정보 통합관리를 위해 관계기관 공무원으로 구성되는 테러정보통합센터를 설치·운영한다.
② 테러정보통합센터의 임무
   1. 국내외 테러 관련 정보의 통합관리·분석 및 관계기관에의 배포
   2. 24시간 테러 관련 상황 전파체계 유지
   3. 테러 위험 징후 평가
   4. 그 밖에 테러 관련 정보의 통합관리에 필요한 사항
③ 국가정보원장은 관계기관의 장에게 소속공무원의 파견과 테러정보의 통합관리 등 업무수행에 필요한 협조를 요청할 수 있다.

대테러합동조사팀 (시행령 제21조)

① **국가정보원장**은 국내외에서 테러사건이 발생, 발생우려가 현저할 때 또는 테러 첩보가 입수되거나 테러관련 신고 접수 시에는 예방조치, 사건 분석 및 사후처리방안 마련 등을 위하여 관계기관 합동으로 대테러합동조사팀을 편성·운영할 수 있다.
② 국가정보원장은 합동조사팀이 현장출동, 조사한 경우 그 결과를 대테러센터장에게 통보해야 한다.
③ 군사시설에 대해서는 국방부장관이 자체 조사팀을 편성·운영할 수 있다.
(국방부장관은 자체 조사팀이 조사한 결과를 대테러센터장에게 통보하여야 한다)

테러위험인물에 대한 정보 수집 등 (법 제9조)

① 국가정보원장은 테러위험인물에 대하여 **출입국·금융거래 및 통신이용 등 관련 정보**를 수집할 수 있다. (정보 수집은 **출입국관리법, 관세법, 특정 금융거래정보의 보고 및 이용 등에 관한 법률, 통신비밀보호법**의 절차에 따른다)
② 국가정보원장은 정보 수집 및 분석결과 테러에 이용되었거나 이용될 가능성이 있는 금융거래에 대하여 지급정지 등의 조치를 취하도록 금융위원회 위원장에게 요청할 수 있다.
③ 국가정보원장은 테러위험인물에 대한 개인정보(개인정보 보호법상 민감정보 포함)와 위치정보를 개인정보 보호법상 **개인정보처리자**와 위치정보의 보호 및 이용 등에 관한 법률 상 **개인위치정보사업자 및 사물위치정보사업자**에게 요구할 수 있다.
④ 국가정보원장은 대테러활동에 필요한 정보나 자료를 수집하기 위하여 대테러조사 및 테러위험인물에 대한 추적을 할 수 있다. 이 경우 사전 또는 사후에 대책위원회 위원장에게 보고하여야 한다.

○ 테러취약요인 사전제거 (법 제11조)

① 테러대상시설 및 테러 이용수단의 소유자 또는 관리자는 보안장비를 설치하는 등 테러취약요인 제거를 위하여 노력하여야 한다.
② 국가는 테러대상시설 및 테러 이용수단의 소유자 또는 관리자에게 필요한 경우 그 비용의 전부 또는 일부를 지원할 수 있다.
③ 테러대상시설 및 테러 이용수단의 소유자 또는 관리자는 관계기관의 장을 거쳐 대테러센터장에게 테러예방 및 안전관리에 관하여 적정성 평가·현장지도 등 지원을 요청할 수 있다.
④ 요청을 받은 대테러센터장은 관계기관과 합동으로 테러예방활동을 지원할 수 있다.

◆ **테러취약요인의 사전제거 비용 지원** (영 제28조)
국가기관의 장은 다음사항을 종합적으로 고려, 비용의 지원여부 및 지원금액을 결정할 수 있다.
1. 테러사건이 발생할 가능성
2. 해당 시설 및 주변 환경 등 지역 특성
3. 시설·장비의 설치·교체·정비에 필요한 비용의 정도 및 시설소유자 등의 부담능력
4. 테러예방대책 및 안전관리대책의 적정성 평가와 그 이행실태 확인 결과
5. 테러예방 및 안전관리의 적정성 평가, 현장지도 결과
6. 1~5의 사항에 준하는 것으로서 국가기관의 장이 대테러센터장과 협의하여 정하는 사항
※ 지원되는 비용 한도, 세부기준, 지급방법 및 절차 등에 관하여 필요한 사항은 **대책위원회의 심의·의결**을 거쳐 국가기관의 장이 정한다.

○ 테러선동·선전물 긴급 삭제 등 요청 (법 제12조)

① 관계기관의 장은 테러를 선동·선전하는 글 또는 그림, 상징적 표현물, 테러에 이용될 수 있는 폭발물 등 위험물 제조법 등이 인터넷이나 방송·신문·게시판 등을 통해 유포될 경우 해당 기관의 장에게 긴급 삭제 또는 중단, 감독 등의 협조를 요청할 수 있다.
② 협조를 요청받은 관계기관의 장은 필요한 조치를 취하고 그 결과를 관계기관의 장에게 통보하여야 한다.

○ 외국인테러전투원에 대한 규제 (법 제13조)

① **관계기관의 장**은 외국인테러전투원으로 출국하려 한다고 의심할 만한 상당한 이유가 있는 내국인·외국인에 대하여 일시 출국금지를 **법무부장관**에게 요청할 수 있다.
② 일시 출국금지 기간은 **90일**로 한다.(상당한 이유가 있는 경우 사유명시, 연장가능)
③ 관계기관의 장은 외국인테러전투원으로 가담한 사람에 대하여 여권의 효력정지 및 재발급 거부를 외교부장관에게 요청할 수 있다.

테러경보의 발령 (시행령 제22조)

① 대테러센터장은 테러위험 징후 포착시 테러경보 발령의 필요성, 발령 단계, 발령 범위 및 기간 등에 관하여 실무위원회의 심의를 거쳐 테러경보를 발령한다.
 (다만, 긴급한 경우 또는 **주의 이하**의 테러경보 발령 시에는 실무위원회의 심의절차를 생략가능)
② 테러경보는 테러위협의 정도에 따라 **관심·주의·경계·심각**의 **4단계**로 구분
③ 대테러센터장은 테러경보 발령시 즉시 위원장에게 보고하고, 관계기관에 전파해야 한다.
④ ①~③외에 테러경보 발령 및 테러경보에 따른 관계기관의 조치사항에 관하여는 대책위원회 의결을 거쳐 위원장이 정한다.

상황전파 및 초동조치 (시행령 제23조)

① 관계기관의 장은 테러사건이 발생하거나 테러 위협 등 그 징후를 인지한 경우, 관련 상황 및 조치사항을 관련기관의 장과 대테러센터장에게 즉시 통보하여야 한다.
② 테러사건 발생시 초동 조치사항
  1. 사건 현장의 통제·보존 및 경비 강화
  2. 긴급대피 및 구조·구급
  3. 관계기관에 대한 지원 요청
  4. 그 밖에 사건 확산 방지를 위하여 필요한 사항
③ 국내 일반테러사건의 경우 대책본부 설치 전까지 테러사건 발생 지역 **관할 경찰관서의 장**이 초동 조치를 지휘·통제한다.

테러사건 대응 (시행령 제24조)

① 대책본부의 장은 테러사건 대응을 위해 필요한 경우 현장지휘본부를 설치하여 상황 전파 및 대응 체계를 유지하고, 조치사항을 체계적으로 시행한다.
② 대책본부의 장은 테러사건에 신속한 대응을 위하여 필요한 경우 관계기관의 장에게 인력·장비 등의 지원을 요청할 수 있다. (관계기관의 장은 특별한 사유가 없으면 요청에 따라야 한다)
③ 외교부장관은 해외 테러발생으로 정부차원의 현장 대응이 필요한 경우 관계기관 합동으로 정부 현지대책반을 구성하여 파견할 수 있다.
④ 지방자치단체의 장은 테러사건 대응 활동을 지원하기 위한 물자 및 편의 제공과 지역주민의 긴급대피 방안 등을 마련하여야 한다.

안전대책의 수립 (법 제10조)

관계기관의 장은 국가중요시설과 많은 사람이 이용하는 시설 및 장비(**테러대상시설**)에 대한 테러예방대책과 테러의 수단으로 이용될 수 있는 폭발물·총기류·화생방물질(**테러이용 수단**), 국가중요행사에 대한 안전관리 대책을 수립하여야 한다.

◆ 테러대상시설 및 테러이용수단 안전대책 수립 (시행령 제25조)
  ① 국가중요시설과 많은 사람이 이용하는 시설 및 장비
    1. 국가중요시설 : 통합방위법에 따라 지정된 국가중요시설 및 보안업무규정에 따른 국가보안시설
    2. 다중이용시설 (다음 중 관계기관의 장이 소관업무와 관련 대테러센터장과 협의하여 지정하는 시설)
       가. 도시철도법에 따른 도시철도
       나. 선박안전법에 따른 여객선
       다. 재난 및 안전관리 기본법 시행령에 따른 건축물 또는 시설
       라. 철도산업발전기본법에 따른 철도차량
       마. 항공안전법에 따른 항공기
  ② 관계기관의 장이 테러이용수단의 제조·취급·저장 시설에 대한 안전관리대책 수립 시 포함사항
    1. 인원·차량에 대한 출입 통제 및 자체 방호계획
    2. 테러 첩보의 입수·전파 및 긴급대응 체계 구축 방안
    3. 테러사건 발생 시 비상대피 및 사후처리 대책
  ③ 관계기관의 장이 테러대상시설 및 테러이용수단의 제조·취급·저장시설에 대해 수행해야 할 업무
    1. 테러예방대책 및 안전관리대책의 적정성 평가와 그 이행 실태 확인
    2. 소관분야 테러이용수단의 종류 지정 및 해당 테러이용수단의 생산·유통·판매에 관한 정보 통합관리

◆ 국가 중요행사 안전관리대책 수립 (시행령 제26조)
  ① 안전관리대책을 수립해야 할 국가 중요행사는 국내외에서 개최되는 행사 중 관계기관의 장이 소관 업무와 관련 주관기관, 개최근거, 중요도 등을 기준으로 대테러센터장과 협의하여 정한다.
  ② 관계기관의 장은 대테러센터장과 협의하여 국가 중요행사의 특성에 맞는 분야별 안전관리대책을 수립·시행하여야 한다.

③ 관계기관의 장은 국가 중요행사에 대한 안전관리대책의 협의·조정을 위하여 필요한 경우에는 대책위원회의 심의·의결을 거쳐 관계기관 합동으로 대테러·안전대책기구를 편성·운영할 수 있다.
④ 대통령과 국가원수에 준하는 국빈 등의 경호 및 안전관리에 관한 사항은 **대통령경호처장**이 정한다.

◯ 신고자 보호 및 포상금 (법 제14조)

- 국가는「특정범죄신고자 등 보호법」에 따라 테러에 관한 신고자, 범인검거를 위하여 제보하거나 검거활동을 한 사람 또는 그 친족 등을 보호하여야 한다.
- 관계기관의 장은 테러의 계획 또는 실행에 관한 사실을 관계기관에 신고하여 테러를 사전에 예방할 수 있게 하였거나, 테러에 가담 또는 지원한 사람을 신고하거나 체포한 사람에 대하여 포상금을 지급할 수 있다.

◆ 포상금 지급기준 및 지급 시 고려사항 (시행규칙 제31조)
- 포상금의 세부적 지급기준은 대책위원회의 의결을 거쳐 위원장이 정하며, 포상금은 다음사항을 고려하여 1억원의 범위에서 차등 지급한다.
  1. 신고내용의 정확성이나 증거자료의 신빙성
  2. 신고자 등이 테러신고와 관련하여 불법행위를 하였는지 여부
  3. 신고자 등이 테러예방 등에 이바지한 정도
  4. 신고자 등이 관계기관 등에 신고·체포할 의무가 있는지 또는 직무와 관련하여 신고·체포를 하였는지 여부
- 포상금 신청은 신고를 한사람이나 범인을 체포하여 관계기관의 장에게 인도한 **증명서**와 관계기관의 장이 추천한 **통지서**를 받은 날부터 **60일 이내에 청구**하여야 한다.
- 관계기관의 장은 특별한 사유가 없으면 포상금 신청일부터 **90일 이내**에 지급여부 및 금액을 결정 (기간 내 지급할 수 없는 특별한 사유가 있을 시 연장 가능, 사유를 신청인에게 통지해야 한다.)

◯ 특별위로금 (법 제16조)

테러로 인하여 생명의 피해를 입은 사람의 유족 또는 신체상의 장애 및 장기치료가 필요한 피해를 입은 사람에 대해서는 그 피해의 정도에 따라 등급을 정하여 특별위로금을 지급할 수 있다. (다만, 여권법에 따른 외교부장관의 허가를 받지 아니하고 방문 및 체류가 금지된 국가 또는 지역을 방문·체류한 사람은 제외)

◆ **특별위로금의 종류** (시행령 제36조)
- 유족특별위로금 : 테러로 인하여 사망한 경우
- 장해특별위로금 : 테러로 인하여 신체상의 장애를 입은 경우
- 중상해특별위로금 : 테러로 인하여 장기치료가 필요한 피해를 입은 경우

고유식별정보의 처리 (시행령 제45조)

- 관계기관의 장은 사무를 수행하기 위하여 불가피한 경우「개인정보보호법시행령」제19조에 따른 **주민등록번호, 여권번호, 운전면허의 면허번호 또는 외국인등록번호**가 포함된 자료를 처리할 수 있다.

- 해당사무
  1. 테러위험인물에 대한 정보 수집, 대테러조사 및 테러위험인물 추적 등에 관한 사무
  2. 테러선동·선전물 긴급 삭제 등 요청에 관한 사무
  3. 외국인전투원에 대한 규제 등에 관한 사무
  4. 신고자 보호 및 포상금 지급 등에 관한 사무
  5. 테러피해의 지원 등에 관한 업무
  6. 특별위로금 지급 등에 관한 사무

테러단체 구성죄 등 (법 제17조)

① **테러단체 구성, 구성원 가입자에 대한 처벌**
  1. 수괴(首魁)는 사형·무기 또는 10년 이상의 징역
  2. 테러를 기획 또는 지휘하는 등 중요한 역할을 맡은 사람은 무기 또는 7년 이상의 징역
  3. 타국의 외국인테러전투원으로 가입한 사람은 5년 이상의 징역
  4. 그 밖의 사람은 3년 이상의 징역

② 테러자금임을 알면서도 자금조달·알선·보관·취득 및 발생원인 사실 가장 등 테러단체 지원자
  ⇨ 10년 이하의 징역 또는 1억원 이하의 벌금

③ 테러단체 가입지원, 타인에게 가입권유 또는 선동한 사람은 5년 이하의 징역

④ ①,②의 미수범은 처벌, 죄를 범할 목적으로 예비 또는 음모한 사람은 3년 이하의 징역

⑤ 형법 등 국내법에 죄로 규정된 행위가 테러에 해당하는 경우 해당 법률에서 정한 형에 따라 처벌

◯ 무고, 날조 (법 제18조)

① 타인으로 하여금 형사처분을 받게 할 목적으로 법 제17조의 죄에 대하여 무고 또는 위증을 하거나 증거를 날조·인멸·은닉한 사람은 형법 제152조부터 157조까지에서 정한 형에 **1/2을 가중**하여 처벌한다.

② 범죄수사 또는 정보의 직무에 종사하는 공무원이나 이를 보조하는 사람 또는 이를 지휘하는 사람이 직권을 남용하여 1항의 행위를 한 때에도 같다.
(다만, 그 법정형의 최저가 2년 미만일 때에는 이를 2년으로 한다.)

※ 형법 : 제152조(위증, 모해위증), 제153조(위증, 모해위증 자백, 자수), 제154조(**허위의 감정, 통역, 번역**), 제155조(**증거인멸 등과 친족 간의 특례**), 제156조(**무고**), 제157조(**무고 자백, 자수**)

◯ 세계주의 (법 제19조)

법 제17조의 죄는 대한민국 영역 밖에서 범한 외국인에게도 **국내법**을 적용한다.

기출문제 경호의 환경

1. 현대사회의 경호환경 요인 중 범죄현상에 관한 설명으로 옳지 않은 것은? (15회)

① 범죄수법의 양상이 획일화되어 가고 있다.
② 범죄가 양적으로 증가 추세이며 광역화되어 가고 있다.
③ 범죄현상이 국제화되어 가고 있다.
④ 범죄의 흉폭화, 첨단화, 지능화 현상을 보이고 있다.

해설 ① 범죄수법이 다양화, 흉폭화, 조직화, 광역화되고 있다.

2. 경호의 특수적 환경에 관한 설명에 해당되지 않는 것은? (16회)

① 북한의 경제적 곤경과 정치적 불안정으로 인하여 테러 및 유격전의 유발이 우려되고 있다.
② 우리나라의 국제적 지위향상과 더불어 해외에서 우리 국민을 대상으로 한 테러위협이 증가되고 있다.
③ 소수인종 및 민족 등 약자층을 대상으로 이유 없는 증오심을 갖고 테러를 자행하는 증오범죄가 등장하고 있다.
④ 생활양식 및 국민의식이 자유주의적이고 개인적으로 변하여 경호작용에서 비협조적 경향이 나타날 우려가 있다.

해설 경호환경

일반적 환경	특수적 환경
• 국민의식 · 생활양식 변화로 개인주의 · 이기주의화 • 인구의 도시집중, 주거지역 밀집화로 각종 범죄 증가 • 경제생활 향상과 경제거래 증가로 경제사범 증가 • 정보화 발전으로 범죄의 광역화, 지능화, 기동화, 흉폭화 • 대중통신매체 확산으로 첨단 사이버 범죄 증가 • 국제화 · 개방화로 밀수 · 테러 등 국제범죄 증가	• 세계 경제전쟁으로 지역이기주의 · 경제주의로 발전 • 소수민족 · 소외집단의 테러단체 투쟁 증가 • 우리나라 국제지위 향상으로 테러, 암살 등 위협 증가 • 소수 인종 · 민족, 종교적 편견에 의한 증오범죄 등장 • 북한의 정치적 불안, 경제적 곤궁으로 테러 유발

3. 경호의 환경에 관한 설명으로 옳지 않은 것은? (18회)

① 과학기술의 향상으로 인한 경호위해요소의 증가
② 개인주의 보편화로 경호작용의 협조적 경향 증가
③ 개방화로 인한 범죄조직의 국제화
④ '외로운 늑대(lone wolf)' 등 자생적 테러 가능성 증가

해설 ② 생활양식 및 국민의식의 이기주의화로 경호작용의 비협조적 경향이 증가한다.

정답 1. ① 2. ④ 3. ②

4. 경호의 일반적 환경요인으로 옳지 않은 것은? (19회)

① 경제발전과 과학기술의 발전
② 사회구조와 국민의식 구조의 변화
③ 정보의 팽창과 범죄의 다양화
④ 우리나라에 대한 북한 테러 위협 증가

해설 ④ 특수적 환경요인이다.

5. 경호 환경에 관한 설명으로 옳지 않은 것은? (24회)

① 국제 관계와 정세로 인하여 해외에서 우리 국민을 대상으로 한 테러위협이 증가되는 것은 특수적 환경 요인이다.
② 국민의식과 생활양식의 변화로 경호에 비협조적 경향이 나타나는 것은 특수적 환경요인이다.
③ 북한의 핵실험 등 도발위협은 특수적 환경 요인이다.
④ 과학기술의 발전이 상대적으로 경호환경을 악화시키는 것은 일반적 환경 요인이다.

해설 ② 일반적 환경요인이다.

6. 위해기도자의 암살계획수립 내용에 관한 설명으로 옳지 않은 것은? (15회)

① 경호정보수집
② 무기 및 장비의 획득
③ 공모자들의 임무분배
④ 인명 및 재산 손실에 대한 분석

해설 암살의 실행단계
경호 정보의 수집 → 무기 및 장비획득 → 임무의 분배 → 범행의 실행

7. 다음에서 설명하는 암살의 동기는? (16회)

> 어떤 암살자들은 자신들이 극히 중요하다고 생각하는 사상을 위태롭게 하고 있다고 생각하는 자를 암살하기도 한다.

① 이념적 동기
② 경제적 동기
③ 심리적 동기
④ 우발적 동기

해설 암살의 동기

정치적 동기	정권을 바꾸거나 교체하려는 욕망에 개인 또는 집단의 정부수반 제거 목적
개인적 동기	복수, 증오, 분노 또는 지극히 개인적 감정에 의한 동기
이념적 동기	이념적, 사상적 신념의 성취를 위한 갈등
경제적 동기	경제적 궁핍계층의 갈등, 민족·특수집단 등 경제적 악조건 타개
심리적 동기	정신분열, 조울증, 편집증, 노인성 치매 등 정신병적 문제
적대적 동기	전쟁·대치중인 국가 간 갈등, 적국 지도사 제거 목적

정답 4. ④ 5. ② 6. ④ 7. ①

8. 암살의 동기에 관한 설명으로 옳지 않은 것은? (17회)

① 이념적 동기 - 전쟁 중에 있는 적국의 지도자를 제거함으로써 승전으로 이끌 수 있다고 판단하는 경우
② 개인적 동기 - 복수·증오·분노와 같은 개인의 감정으로 인한 경우
③ 정치적 동기 - 현존하는 정권이나 정부를 재구성하려는 욕망으로 인한 경우
④ 심리적 동기 - 정신분열증, 편집증, 조울증, 노인성 치매 등의 요소 들 중 한 가지 또는 그 이상의 요소들이 복합적으로 작용하는 경우

해설 ① 정치적 동기에 관한 설명이다.

9. 암살에 관한 설명으로 옳지 않은 것은? (24회)

① 암살범의 적개심과 과대망상적 사고는 개인적 동기에 해당된다.
② 뉴테러리즘의 일종으로 불특정 다수를 대상으로 한다.
③ 암살범은 자신을 학대하고 무능력을 비판하는 심리적 특징을 보이는 경우도 있다.
④ 암살범은 암살에 대한 동기가 확연해지면 빠른 수행방법을 모색하는 경향이 있다.

해설 뉴테러리즘
일반대중들의 공포를 목적으로 적도 모르고, 전선과 전쟁규칙도 없으며, 대량살상무기, 사이버무기, 생물학무기, 생화학무기 등 사용, 큰 혼란을 일으키는 새로운 테러리즘을 말한다.
※ **슈퍼 테러리즘** : 21세기 등장 새로운 테러리즘, 명분도 없이 불특정 다수인에게 무차별적 살상이 특징이다.

10. 테러조직의 유형 중 수동적 지원조직에 관한 내용인 것은? (14회)

① 정치적 전위집단, 후원자
② 목표에 대한 정보제공, 의료지원
③ 선전효과 증대, 자금획득
④ 폭발물 설치, 무기탄약 지원

해설 테러조직의 유형

적극적 지원조직	선전효과 증대, 자금획득, 조직 확대에 기여, 테러활동에 주요역할
수동적 지원조직	테러집단의 생존기반, 정치적 전위집단, 반정부시위나 집단행동 지원
전문적 지원조직	체포된 테러범은닉, 법적비호, 기만, 의료지원제공, 유리한 알리바이 제공
직접적 지원조직	대피소, 차고, 공격차량준비, 핵심요원훈련, 무기·탄약지원, 정보 및 전술·작전지원
행동조직	공격현장에서 직접 테러행위를 실시하는 테러조직의 가장 중요한 요소
지도자 조직	정책수립, 계획, 통제 및 집행임무수행, 테러조직의에 정치적, 전술적 두뇌

정답 8. ① 9. ② 10. ①

11. 각국의 대테러조직에 관한 설명으로 옳지 않은 것은? (14회)

① SAS는 영국의 대테러부대로 유괴, 납치, 암살 등 테러에 대응한다.
② 미국의 대테러부대에는 SWAT, 델타포스가 있다.
③ 독일의 대테러부대에는 GIGN, GSG-9이 있다.
④ 한국의 대테러부대에는 KNP-868이다.

해설 ③ GIGN은 프랑스 대테러 조직이다.

12. 다음에서 설명하고 있는 사이버테러 기법은? (14회)

> 은행시스템에서 이자계산 시 떼어버리는 단수를 1개의 계좌에 자동적으로 입금되도록 프로그램을 조작하는 방법으로서 어떤 일을 정상으로 실행하면서 관심 밖에 있는 조그마한 이익을 긁어모으는 수법

① 패킷 스니퍼링
② 쓰레기 주워 모으기
③ 수퍼 재핑
④ 살라미기법

해설 ④ 살라미 기법은 이탈리아 음식인 살라미소시지를 조금씩 얇게 썰어먹는 모습을 연상시킨다 해서 붙인 이름이다.

13. 뉴테러리즘(New Terrorism)의 특성에 관한 설명으로 옳지 않은 것은? (17회)

① 요구조건이나 공격 주체가 구체적이고 분명하다.
② 과학화·정보화의 특성을 반영하여 조직이 고도로 네트워크화 되어 있다.
③ 테러행위에 소요되는 시간이 짧아 대처할 시간이 부족하다.
④ 전통적 테러리즘에 비해 그 피해가 상상을 초월한다.

해설 뉴 테러리즘 (New Terrorism)
일반대중들의 공포를 목적으로 적도 모르고, 전선과 전쟁규칙도 없으며, 대량살상무기, 사이버무기, 생물학무기, 생화학무기 등 사용, 큰 혼란을 일으키는 새로운 테러리즘

14. 다음이 설명하는 것은? (21회)

> 문자메시지(SMS)와 피싱(phishing)의 합성어로, 인터넷 접속이 가능한 스마트폰의 문자메시지를 이용한 해킹 범죄

① APT
② 메신저피싱
③ 스미싱
④ 보이스피싱

해설 ① **APT** : 해커가 다양한 보안위협을 만들어 특정기업이나 조직의 네트워크에 지속적으로 가하는 공격
② **메신저피싱** : 도용한 타인의 메신저 아이디로 로그인 후 등록된 지인에게 메시지를 보내 금전을 요구하는 수법
④ **보이스피싱** : 전화를 통해 불법으로 개인정보(주민번호, 신용카드번호, 은행계좌번호 등)를 빼내어 이를 범죄에 이용하는 전화금융사기 수법
③ **스미싱** : 인터넷 접속이 가능한 스마트폰의 문자메시지를 이용한 휴대폰 해킹

15. 국민보호와 공공안전을 위한 테러방지법령상 테러사건에 신속한 대응을 위해 대테러특공대를 설치·운영할 수 있는 사람으로 옳지 않은 것은? (14회)

① 경찰청장　　　　　　　　　　② 국가정보원장
③ 국방부장관　　　　　　　　　④ 해양경찰청장

해설 국방부장관, 경찰청장 및 해양경찰청장은 테러사건에 신속히 대응하기 위하여 대테러특공대를 설치·운영한다. (국민보호와 공공안전을 위한 테러방지법 시행령 제18조)

16. 국민보호와 공공안전을 위한 테러방지법상 국가테러대책위원회의 위원이 아닌 사람은? (14회)

① 기획재정부장관　　　　　　　② 관세청장
③ 과학기술정보통신부장관　　　④ 국무조정실장

해설 국가테러대책위원회 구성 (국민보호와 공공안전을 위한 테러방지법 제5조 제2항)
- 위원장 : 국무총리
- 위원
  기획재정부장관, 외교부장관, 통일부장관, 법무부장관, 국방부장관, 행정안전부장관, 산업통상자원부장관, 환경부장관, 국토교통부장관, 해양수산부장관, 국가정보원장, 국무조정실장, 금융위원회 위원장, 원자력안전위원회 위원장, 대통령경호처장, 관세청장, 경찰청장, 소방청장, 질병관리청장, 해양경찰청장
- 간사 : 대테러센터장

17. 국민보호와 공공안전을 위한 테러방지법령상 테러대책위원회에 두어 테러대책위원회의 효율적인 운영과 테러대책위원회에 상정할 안건에 관한 전문적인 검토 및 사전조정을 담당하는 곳은? (15회)

① 테러대책 실무위원회　　　　　② 테러대책 상임위원회
③ 대테러센터　　　　　　　　　④ 테러정보통합센터

해설 대책위원회를 효율적으로 운영하고 대책위원회에 상정할 안건에 관한 전문적인 검토 및 사전 조정을 위하여 대책위원회에 테러대책 실무위원회를 둔다. (국민보호와 공공안전을 위한 테러방지법 시행령 제5조 제1항)

15. ② 16. ③ 17. ①

18. 국민보호와 공공안전을 위한 테러방지법령상 인권보호관에 관한 설명으로 옳지 않은 것은?

(15회)

① 직무상 알게 된 비밀을 누설한 인권보호관은 그 의사에 반하여 해촉될 수 있다.
② 인권보호관은 직무수행 중 인권침해행위가 있다고 인정할 만한 상당한 이유가 있는 경우 대책위원장에게 보고해야 하며, 위원장은 해당 관계기관의 장에게 시정을 권고하여야 한다.
③ 인권보호관의 직무에는 관계기관을 대상으로 인권교육 등 인권보호 활동이 포함되어 있다.
④ 인권보호관은 법령에 따른 증인, 참고인 또는 사건 당사자로서 직무상 비밀에 관한 사항을 증언하거나 진술하려는 경우에는 미리 테러대책위원장의 승인을 받아야 한다.

해설 인권보호관의 시정권고(시행령 제9조)
- 인권보호관은 직무수행 중 인권침해 행위가 있다고 인정할 만한 상당한 이유가 있는 경우에는 위원장에게 보고한 후 관계기관의 장에게 시정을 권고할 수 있다.
- 제1항에 따른 권고를 받은 관계기관의 장은 그 처리 결과를 인권보호관에게 통지하여야 한다.

19. 국민보호와 공공안전을 위한 테러방지법령상 테러사건이 발생한 경우 현장에 출동한 대테러특공대, 테러대응구조대, 대화생방테러 특수임무대 및 대테러합동조사팀을 지휘·통제 하는 사람은?

(15회)

① 현장지휘본부의 장
② 테러사건대책본부장
③ 대테러센터장
④ 지역 테러대책협의회의 의장

해설 현장지휘본부의 장은 현장에 출동한 관계기관의 조직(대테러특공대, 테러대응구조대, 대화생방테러 특수임무대 및 대테러합동조사팀 포함)을 지휘·통제한다.(시행령 제15조 제4항)

20. 국민보호와 공공안전을 위한 테러방지법상 용어의 정의 중 "대테러활동"에 해당되지 않는 것은?

(16회)

① 테러관련 정보의 수집 및 테러위험인물의 관리
② 대테러활동에 필요한 정보나 자료를 수집하기 위해 현장조사, 문서열람, 시료채취를 하는 활동
③ 테러에 이용될 수 있는 위험물질 등 테러수단의 안전관리
④ 테러위협에의 대응 및 무력진압 등 테러예방과 대응에 관한 제반활동

해설 대테러활동
테러 관련 정보의 수집, 테러위험인물의 관리, 테러에 이용될 수 있는 위험물질 등 테러수단의 안전관리, 인원·시설·장비의 보호, 국제행사의 안전확보, 테러위협에의 대응 및 무력진압 등 테러 예방과 대응에 관한 제반 활동을 말한다. (국민보호와 공공안전을 위한 테러방지법 제2조 제6호)
② 대테러조사에 관한 내용이다.

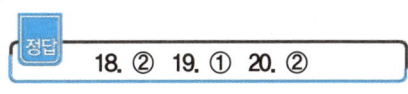

21. 테러관련 정보를 통합관리하기 위하여 국가정보원장이 관계기관 공무원으로 구성하여, 설치·운영되는 테러정보통합센터가 수행하는 임무가 아닌 것은? (17회)

① 국내외 테러 관련 정보의 통합관리·분석 및 관계기관에의 배포
② 24시간 테러 관련 상황 전파체계 유지
③ 테러 위험 징후 평가
④ 테러취약요인의 사전 예방·점검 지원

해설 **테러정보통합센터의 임무** (국민보호와 공공안전을 위한 테러방지법 시행령 제20조)
    1. 국내외 테러 관련 정보의 통합관리·분석 및 관계기관에의 배포
    2. 24시간 테러 관련 상황 전파체계 유지
    3. 테러 위험 징후 평가
    4. 그 밖에 테러 관련 정보의 통합관리에 필요한 사항
    ④ 테러대응구조대의 임무 중 하나이다.

22. 국민보호와 공공안전을 위한 테러방지법령상 테러경보의 발령에 관한 설명으로 옳지 않은 것은? (17회)

① 대테러센터장은 테러 위험 징후를 포착한 경우 테러경보 발령의 필요성, 발령 단계, 발령 범위 및 기간 등에 관하여 실무위원회의 심의를 거쳐 테러경보를 발령한다.
② 테러경보는 테러위협의 정도에 따라 관심·주의·경계·심각의 4단계로 구분한다.
③ 긴급한 경우 또는 경계 이하의 테러경보 발령 시에는 실무위원회의 심의 절차를 생략할 수 있다.
④ 대테러센터장은 테러경보를 발령하였을 때에는 즉시 위원장에게 보고하고, 관계기관에 전파하여야 한다.

해설 ③ 긴급한 경우 또는 주의 이하의 테러경보 발령 시에는 실무위원회의 심의 절차를 생략할 수 있다.
(국민보호와 공공안전을 위한 테러방지법 시행령 제22조 제3항)

23. 국민보호와 공공안전을 위한 테러방지법령상 테러사건에 신속히 대응하기 위하여 대테러특공대를 설치·운영할 수 있는 자는? (18회)

① 해양경찰청장　　　　　　② 외교부장관
③ 대통령경호처장　　　　　④ 국가정보원장

해설 **국방부장관, 경찰청장** 및 **해양경찰청장**은 테러사건에 신속히 대응하기 위하여 대테러특공대를 설치·운영한다.
(국민보호와 공공안전을 위한 테러방지법시행령 제18조)

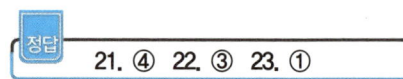
21. ④　22. ③　23. ①

24. 국민보호와 공공안전을 위한 테러방지법의 내용으로 옳지 않은 것은? (18회)

① 테러단체란 국가정보원이 지정한 테러단체를 말한다.
② 국민보호와 공공안전을 위한 테러방지법은 대테러활동에 관하여 다른 법률에 우선하여 적용한다.
③ 국가테러대책위원회는 국무총리 및 관계기관의 장 중 대통령령으로 정하는 사람으로 구성하고 위원장은 국무총리로 한다.
④ 대테러활동과 관련하여 국무총리 소속으로 관계기관 공무원으로 구성되는 대테러센터를 둔다.

▶**해설** 테러단체란 국제연합(UN)이 지정한 테러단체를 말한다. (국민보호와 공공안전을 위한 테러방지법 제2조 제2항)

25. 국민보호와 공공안전을 위한 테러방지법령상 테러위협의 정도에 따른 테러경보 4단계에 속하지 않는 것은? (19회)

① 주의   ② 경계
③ 심각   ④ 대비

▶**해설** 테러경보는 테러위협의 정도에 따라 관심, 주의, 경계, 심각의 4단계로 구분한다.
(국민보호와 공공안전을 위한 테러방지법 시행령 제22조 제2항)

26. 국민보호와 공공안전을 위한 테러방지법령상 국가테러대책위원회의 심의·의결사항에 해당하지 않는 것은? (19회)

① 테러 경보 발령
② 국가 대테러 기본계획 등 중요 중장기 대책 추진사항
③ 대테러활동에 관한 국가의 정책수립 및 평가
④ 위원장이 대책위원회에서 심의·의결할 필요가 있다고 제의하는 사항

▶**해설 국가테러대책위원회의 심의·의결사항** (국민보호와 공공안전을 위한 테러방지법 제5조)
  1. 대테러활동에 관한 국가의 정책수립 및 평가
  2. 국가 대테러 기본계획 등 중요 중장기 대책 추진사항
  3. 관계기관의 대테러활동 역할 분담·조정이 필요한 사항
  4. 그 밖에 위원장 또는 위원이 대책위원회에서 심의·의결 필요가 있다고 제의하는 사항
  ① 대테러센터에서 수행하는 업무이다.

정답 24. ① 25. ④ 26. ①

27. 국민보호와 공공안전을 위한 테러방지법의 내용으로 옳은 것은? (19회)

① 테러위험인물이란 테러를 실행·계획·준비하거나 테러에 참가할 목적으로 국적국이 아닌 국가의 테러단체에 가입하거나 가입하기 위하여 이동 또는 이동을 시도하는 내국인·외국인을 말한다.
② 테러수사란 대테러활동에 필요한 정보나 자료를 수집하기 위하여 현장조사·문서열람·시료채취 등을 하거나 조사대상자에게 자료제출 및 진술을 요구하는 활동을 말한다.
③ 관계기관의 대테러활동으로 인한 국민의 기본권 침해 방지를 위하여 대책위원회 소속으로 대테러 인권보호관 2명을 둔다.
④ 국가정보원장은 테러위험인물에 대하여 출입국·금융거래 및 통신이용 등 관련정보를 수집할 수 있다.

> **해설** ① 외국인테러전투원에 대한 설명이다. (법 제2조 제4호)
> ② 대테러조사에 대한 설명이다. (법 제2조 제8호)
> ③ 관계기관의 대테러활동으로 인한 국민의 기본권 침해 방지를 위하여 대책위원회 소속으로 대테러 인권보호관 1명을 둔다. (법 제7조제 1항)
> ④ 법 제9조 제1항

28. 국민보호와 공공안전을 위한 테러방지법상 테러단체를 구성하거나 구성원으로 가입한 사람의 처벌에 관한 내용으로 옳은 것은? (20회)

① 수괴(首魁)는 사형·무기 또는 7년 이상의 징역
② 테러를 기획하는 등 중요한 역할을 맡은 사람은 무기 또는 5년 이상의 징역
③ 타국의 외국인테러전투원으로 가입한 사람은 5년 이상의 징역
④ 테러를 지휘하는 등 중요한 역할을 맡은 사람은 무기 또는 5년 이상의 징역

> **해설** 테러단체 구성, 구성원 가입자에 대한 처벌 (국민보호와 공공안전을 위한 테러방지법 제17조 제1항)
> 1. 수괴(首魁)는 사형·무기 또는 10년 이상의 징역
> 2. 테러를 기획 또는 지휘하는 등 중요한 역할을 맡은 사람은 무기 또는 7년 이상의 징역
> 3. 타국의 외국인테러전투원으로 가입한 사람은 5년 이상의 징역
> 4. 그 밖의 사람은 3년 이상의 징역

29. 국민보호와 공공안전을 위한 테러방지법상 테러위험인물에 대하여 출입국·금융거래 및 통신이용 등 관련 정보를 수집할 수 있는 자는? (20회)

① 대통령 경호처장　　② 국가정보원장
③ 대테러센터장　　　④ 금융감독원장

> **해설** **국가정보원장**은 테러위험인물에 대하여 출입국·금융거래 및 통신이용 등 관련 정보를 수집할 수 있다. 이 경우 출입국·금융거래 및 통신이용 등 관련 정보의 수집에 있어서는 「출입국관리법」, 「관세법」, 「특정 금융거래정보의 보고 및 이용 등에 관한 법률」, 「통신비밀보호법」의 절차에 따른다.
> (국민보호와 공공안전을 위한 테러방지법 제9조 제1항)

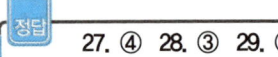

27. ④ 28. ③ 29. ②

30. 국민보호와 공공안전을 위한 테러방지법상 대테러활동과 관련하여 대테러센터의 수행사항으로 옳은 것은?
(20회)

① 국가 대테러활동 관련 임무 분담 및 협조사항 실무 조정
② 대테러활동에 관한 국가의 정책 수립 및 평가
③ 국가 대테러 기본계획 등 중요 중장기 대책 추진사항
④ 관계기관의 대테러활동 역할 분담·조정이 필요한 사항

> **해설** 대테러센터의 수행사항 (국민보호와 공공안전을 위한 테러방지법 제6조 제1항)
> 1. 국가 대테러활동 관련 임무분담 및 협조사항 실무 조정
> 2. 장단기 국가대테러활동 지침 작성·배포
> 3. 테러경보 발령
> 4. 국가 중요행사 대테러안전대책 수립
> 5. 대책위원회의 회의 및 운영에 필요한 사무의 처리
> 6. 그 밖에 대책위원회에서 심의·의결한 사항
> ②,③,④는 국가테러대책위원회의 심의·의결사항이다.

31. 국민보호와 공공안전을 위한 테러방지법상 목적에 관한 내용이다. ( )에 들어갈 용어로 옳은 것은?
(22회)

> 테러의 (ㄱ) 및 (ㄴ) 활동 등에 관하여 필요한 사항과 테러로 인한 (ㄷ) 등을 규정함으로써 테러로부터 국민의 생명과 재산을 보호하고 국가 및 공공의 안전을 확보하는 것을 목적으로 한다.

① ㄱ: 예방, ㄴ: 대비, ㄷ: 피해보전
② ㄱ: 대비, ㄴ: 대응, ㄷ: 피해보상
③ ㄱ: 예방, ㄴ: 대응, ㄷ: 피해보전
④ ㄱ: 대응, ㄴ: 수습, ㄷ: 피해보상

> **해설** 테러의 예방 및 대응활동 등에 관하여 필요한 사항과 테러로 인한 피해보전 등을 규정함으로써 테러로부터 국민의 생명과 재산을 보호하고 국가 및 공공의 안전을 확보하는 것을 목적으로 한다.
> (국민보호와 공공안전을 위한 테러방지법 제1조)

32. 국민보호와 공공안전을 위한 테러방지법상 외국인테러전투원에 대한 규제에 관한 내용이다. ( )에 들어갈 숫자로 옳은 것은?
(22회)

> ① 관계기관의 장은 외국인테러전투원으로 출국하려 한다고 의심할 만한 상당한 이유가 있는 내국인·외국인에 대하여 일시 출국금지를 법무부장관에게 요청할 수 있다.
> ② 제1항에 따른 일시 출국금지 기간은 ( )일로 한다. 다만, 출국금지를 계속할 필요가 있다고 판단할 상당한 이유가 있는 경우에 관계기관의 장은 그 사유를 명시하여 연장을 요청할 수 있다.

① 15
② 30
③ 60
④ 90

정답 30. ① 31. ③ 32. ④

해설 외국인테러전투원에 대한 규제 (국민보호와 공공안전을 위한 테러방지법 제13조)
① 관계기관의 장은 외국인테러전투원으로 출국하려 한다고 의심할 만한 상당한 이유가 있는 내국인·외국인에 대하여 일시 출국금지를 법무부장관에게 요청할 수 있다.
② 일시 출국금지 기간은 90일로 한다.(상당한 이유가 있는 경우 사유명시, 연장가능)

33. 국민보호와 공공안전을 위한 테러방지법상 대테러활동에 해당하는 것으로 옳은 것은 모두 몇 개인가? (22회)

- 테러위험인물의 관리
- 인원·시설·장비의 보호
- 국제행사의 안전 확보
- 테러위협에의 대응 및 무력진압

① 1개 ② 2개
③ 3개 ④ 4개

해설 대테러활동 (국민보호와 공공안전을 위한 테러방지법 제2조 제6호)
테러 관련 정보의 수집, 테러위험인물의 관리, 테러 이용가능 위험물질 등 테러수단의 안전관리, 인원·시설·장비의 보호, 국제행사의 안전 확보, 테러위협에의 대응 및 무력진압 등 테러 예방과 대응에 관한 제반 활동을 말한다.

34. 국민보호와 공공안전을 위한 테러방지법령상 국가테러대책위원회의 구성원인 자는? (22회)

① 관세청장 ② 검찰총장
③ 보건복지부장관 ④ 합동참모의 장

해설 국가테러대책위원회 구성 (국민보호와 공공안전을 위한 테러방지법 제5조, 시행령 제3조)
- 위원장 : 국무총리
- 위원
  기획재정부장관, 외교부장관, 통일부장관, 법무부장관, 국방부장관, 행정안전부장관, 산업통상자원부장관, 환경부장관, 국토교통부장관, 해양수산부장관, 국가정보원장, 국무조정실장, 금융위원회 위원장, 원자력안전위원회 위원장, 대통령경호처장, 관세청장, 경찰청장, 소방청장, 질병관리청장 및 해양경찰청장
- 간사 : 대테러센터장

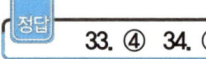
33. ④ 34. ①

35. 국민보호와 공공안전을 위한 테러방지법상 용어의 정의로 옳지 않은 것은? (24회)

① 외국인테러전투원: 테러를 실행·계획·준비하거나 테러에 참가할 목적으로 국적국인 국가의 테러단체에 가입하기 위하여 이동을 시도하는 외국인
② 테러단체: 국제연합(UN)이 지정한 테러단체
③ 테러위험인물: 테러단체의 조직원이거나 테러단체 선전, 테러자금 모금·기부, 그 밖에 테러 예비·음모·선전·선동을 하였거나 하였다고 의심할 상당한 이유가 있는 사람
④ 대테러조사: 대테러활동에 필요한 정보나 자료를 수집하기 위하여 현장조사·문서열람·시료채취 등을 하거나 조사대상자에게 자료제출 및 진술을 요구하는 활동

> **해설 외국인테러전투원**
> 테러를 실행·계획·준비, 테러참가 목적으로 국적국이 아닌 국가의 테러단체에 가입하거나 가입하기 위하여 이동 또는 이동을 시도하는 내국인·외국인

36. 국민보호와 공공안전을 위한 테러방지법상 테러피해에 관한 내용으로 옳지 않은 것은? (24회)

① 국가 또는 지방자치단체는 테러의 피해를 입은 사람에 대하여 치료 및 복구에 필요한 비용의 전부 또는 일부를 지원할 수 있다.
② 테러로 인하여 생명의 피해를 입은 사람의 유족에 대해서는 그 피해의 정도에 따라 등급을 정하여 특별위로금을 지급할 수 있다.
③ 외교부장관의 허가를 받지 아니하고 방문 및 체류가 금지된 국가 또는 지역을 방문·체류한 사람의 테러피해의 치료 및 복구에 필요한 비용도 예외 없이 지원하도록 하고 있다.
④ 테러로 인하여 신체 또는 재산의 피해를 입은 국민은 관계기관에 즉시 신고하여야 한다.

> **해설 특별위로금** (국민보호와 공공안전을 위한 테러방지법 제16조)
> 테러로 인하여 생명의 피해를 입은 사람의 유족 또는 신체상의 장애 및 장기치료가 필요한 피해를 입은 사람에 대해서는 그 피해의 정도에 따라 등급을 정하여 특별위로금을 지급할 수 있다. (다만, 여권법에 따른 외교부장관의 허가를 받지 아니하고 방문 및 체류가 금지된 국가 또는 지역을 방문·체류한 사람은 제외)

정답 35. ① 36. ③

Reference 참고문헌

- 엑스퍼드 김두현 교수 경호학 개론
- 진영사 이두석 교수 경호학 개론
- 백산출판사 김계원 교수 경호학
- 진영사 이상철 교수 경호현장운용론
- 경찰대학교 경호학 교재
- 중앙경찰학교 경호학 교재
- 한국 경비지도사협회 경호학 교재 등

편저자 약력

최영길

■ 경력
- 성남수정·중원경찰서, 용인경찰서 청문감사관 근무
- 수원서부경찰서, 수원중부경찰서 경비교통과장 근무
- 분당경찰서, 수원남부경찰서 경무과장 근무

■ 현재
- 사단법인 경기(남부)도 재향경우회 부회장
- 사단법인 한국 경비지도사협회 지도위원
- 경찰인복지 사회적협동조합 감사

■ 출강
- 경비지도사협회 경비지도사 기본교육과정 전임교수
- 경비지도사협회 경비지도사양성과정 경비업법 전임교수
- 경기도 인재개발원 청원경찰 직무교육 초빙강사
- 대구광역시 공무원교육원 청원경찰 직무교육 초빙강사
- 경상북도 도청산하기관 청원경찰 직무교육 초빙강사
- 한국 수자원공사 전국 방호관리자 직무교육 초빙강사
- 신안산대학교 경호학 초빙강사
- 국립 경찰대학(경비업법, 경호학) 초빙강사

Sub Note식 요점정리
경비지도사 2차 시험대비 **경호학**

2014년	9월 1일	초 판	인쇄·발행
2015년	6월 25일	개정판	인쇄·발행
2016년	3월 25일	개정2판	인쇄·발행
2017년	4월 20일	개정3판	인쇄·발행
2018년	4월 30일	개정4판	인쇄·발행
2019년	4월 15일	개정5판	인쇄·발행
2020년	4월 24일	개정6판	인쇄·발행
2021년	6월 11일	개정7판	인쇄·발행
2022년	8월 5일	개정8판	인쇄·발행
2023년	5월 8일	개정9판	인쇄·발행

저 자·최영길　**발행인**·김성권　**발행처**·도서출판 웅비
주 소·서울시 강남구 강남대로 136길 5-4, 501호(논현동, 정빌딩)
교재문의·www.woongb.co.kr
Tel·02) 2264-4543 / 070-8740-5900
Fax·02) 2264-4544

본서의 무단전재·복제행위는 저작권법 제136조 제1항에 의거 5년 이하의 징역 또는 5,000만 원 이하의 벌금에 처하거나 이를 병과할 수 있습니다.

*파본은 구입처에서 교환하시기 바랍니다.

ISBN 979-11-5506-663-8(13350)　　　　　　　　　　　　정가 30,000원